马克思主义理论研究
和建设工程重点教材

考古学概论

（第二版）

《考古学概论》编写组

主　编　栾丰实

副主编　钱耀鹏　方　辉

主要成员

（以姓氏笔画为序）

王　芬　王　青　刘军民

宋艳波　陈洪海　陈雪香

陈淑卿　靳桂云

高等教育出版社·北京

图书在版编目（ＣＩＰ）数据

考古学概论／《考古学概论》编写组编 . -- 2 版
. -- 北京：高等教育出版社，2018.9（2025.7 重印）
马克思主义理论研究和建设工程重点教材
ISBN 978-7-04-050113-1

Ⅰ．①考… Ⅱ．①考… Ⅲ．①考古学 - 高等学校 - 教
材 Ⅳ．①K85

中国版本图书馆 CIP 数据核字（2018）第 207128 号

考古学概论（第二版）
KAOGUXUE GAILUN

责任编辑	张 林	封面设计	王 鹏	版式设计	于 婕
插图绘制	于 博	责任校对	刘 莉	责任印制	刘弘远

出版发行	高等教育出版社	网 址	http://www.hep.edu.cn
社 址	北京市西城区德外大街 4 号		http://www.hep.com.cn
邮政编码	100120	网上订购	http://www.hepmall.com.cn
印 刷	唐山市润丰印务有限公司		http://www.hepmall.com
开 本	787mm×1092mm 1/16		http://www.hepmall.cn
印 张	25	版 次	2015 年 2 月第 1 版
字 数	470 千字		2018 年 9 月第 2 版
购书热线	010-58581118	印 次	2025 年 7 月第 17 次印刷
咨询电话	400-810-0598	定 价	48.00 元

本书如有缺页、倒页、脱页等质量问题，请到所购图书销售部门联系调换
版权所有 侵权必究
物 料 号 50113-00
审 图 号 GS(2018)4174 号

目　　录

绪　论

人类社会发展到一定阶段，社会文化达到一定的发展水平之后，人们便会对人类自身的历史产生兴趣，其中包括对前代遗留下来的古物和古迹进行搜集、整理甚至做简单的研究。这些搜集和整理工作虽然与考古学有一定关系，但还不是真正意义上的考古学。在世界学术之林中，考古学是一门比较年轻的学科，而现代考古学在中国的诞生至今也只有不足百年的历史。随着考古学的发展，它的一些基本概念、研究对象、技术、方法和理论等，也在不断地发展变化，各个时代都会有一些新的发明和创造，学者们对这些问题也有着不同的理解和认识。所以，对于初学者来说，了解考古学的基本概念和研究对象等问题及其来龙去脉，将有助于加深对考古学学科的全面理解。

第一节　什么是考古学

考古学学科产生的时间较短，研究手段具有浓厚的自然科学色彩。随着现代科学技术的迅速发展，考古学的研究内容、获取资料的技术和研究方法，都在不断地发展和变化之中。以下将简要归纳和论述关于考古学的定义、学科定位、作用和局限性等基本问题。

一、考古学的定义

（一）考古和考古学

在中国早期文献《尚书·尧典》等篇章中有"稽古"一词，其意思有考古的成分，主要指的是后人叙说古人的事情。至于《后汉书》里说的贾逵"为古学"的"古学"，实际上是专指"古文经学"，其中也包括古文字学的内容。北宋中叶，在皇家和士大夫阶层逐渐兴起了金石学，其研究对象主要为古代的"吉金"（青铜彝器）和石刻，进而产生了一批著名的金石学家，写出一直流传至今的《考古图》的吕大临，就是其中之一。清末民初，金石学所研究的领域已经由铜器和石刻扩展至各种古代器物，金石学成为名副其实的古器物学，在一定程度上已经接近现代意义的考古学。但应该明确的是，中国的现代考古学不是从本土的金石学或古器物学直接发展而来的，而是源自于西方，是在19世纪末至20世纪初西学东渐的大潮中被介绍到中国的。

正如以田野考古为基本特征的中国现代考古学是从西方传入的一样，"考古学"一词也是从西方文字中翻译过来的。欧洲各主要文字的考古学一词,如英文(Archaeology)、法文(Archéologie)、德文(Archäeologie)、俄文(Археология)、意大利文(Archeologia)等,均源于希腊文 Αρχαιολογία。希腊文中这一词汇的原意为"古代的科学",在古代希腊时期此词泛指古代史的研究。到17世纪以后,逐渐演变为泛指对一切古迹和古物的研究。① 所以,目前一般认为"考古学"一词,从内涵和意义上讲,主要来自西方文字。日本现代考古学产生于19世纪80年代,他们率先把 Archaeology 译为"考古学"。在中国,"考古学"一词最早见于梁启超在1901年出版的史学论著——《中国史叙论》。

(二) 考古学的定义

关于考古学的定义,不同时期和不同地区及不同学者的表述是有差异的,甚至可以说是众说纷纭。所以学贯中西的美国华裔考古学家张光直认为,不必尝试给考古学下一个尽善尽美的定义,"现代的考古学基本上是实地研究与实地发掘地上材料与地下材料的学科……是一种特殊的历史学"②。

早年留学英国,归国后曾长期主导着新中国考古学发展的夏鼐认为,"考古学是根据古代人类通过各种活动遗留下来的实物以研究人类古代社会历史的一门科学"。他把作为考古学研究资料的实物限定在古代人类各种活动遗留下来的范围之内,大约反映了20世纪80年代以前中国考古学的实际情况。夏鼐在讨论这一问题时,曾指出考古学主要有三种涵义:一是指考古研究所得的历史知识,有时还可引申为记述这种知识的书籍;二是指借以获得这种知识的方法和技术,包括搜集和保存、审定和考证、编排和整理资料的方法和技术;三是指理论性的研究和阐释,用以阐明包含在各种考古资料中的因果关系,论证存在于古代社会历史发展过程中的规律。③

英国学者科林·伦福儒和保罗·巴恩认为,"考古学部分是搜寻过去的珍宝,部分是科学工作者缜密的探究,部分是从事创造性的想象"④。其中包括了发现、分析、解释以及对文化遗产的保护等基本内涵。

美国学者罗伯特·沙雷尔、温迪·阿什莫尔认为,"考古学就是通过实物遗存研究人类历史的一门学科"。他们还进一步阐述了考古学研究的四项目标,即揭示过去存在的形式、确定功能、了解文化的过程和从考古学遗存中获取有意义的

---

① 夏鼐:《什么是考古学》,《考古》1984年第10期。
② [美] 张光直:《考古学专题六讲》,文物出版社1986年版,第54—57页。
③ 夏鼐:《什么是考古学》,《考古》1984年第10期。
④ [英] 科林·伦福儒、保罗·巴恩:《考古学:理论、方法与实践》(第六版),陈淳译,上海古籍出版社2015年版,第7页。

解释。①

综合以上及其他未一一列举的各种观点，我们认为，考古学是通过实物资料来研究人类古代社会历史的科学。在理解考古学的定义时，可以从以下几个方面来加以深化和扩展：一是研究的对象是实物资料，它包括的内容极其丰富，囊括了人类活动遗留下来的各种遗存和与人类的生存、发展有关的各种非人工遗存以及这些遗存之间的相互关系。二是获取、整理、分析、解释和研究这些资料需要具有专门的技术、方法和理论。三是研究的终极目标是人类古代社会和历史。此外，考古学发展到今天，越来越重视对古代文物和古代遗址等文化遗产的保护、传承、展示和利用。并且，随着时代和研究的发展，考古学的研究资料、技术手段、方法和理论也在不断发展变化。至于考古学研究的时间范围，其上限一般限定在人类的起源和诞生时期，对于下限世界各国没有统一的规定，中国大体在明清之际，并有逐渐后移的趋势。

（三）考古学的学科定位

随着考古学的发展，考古学的多样性特点越来越充分地显示出来。改革开放之前，考古学是历史学科的一个组成部分这一认识，在中国考古学界并无异议。此后，随着与国际考古学界的联系和交流日益增多，国外关于考古学科的定位和性质的各种观点传播到中国。所以，学界逐渐出现了作为历史学的考古学和作为人类学的考古学之争。有人甚至假设，如果中国考古学肇始阶段发掘的不是能和文献记载相印证的安阳殷墟，而是一个完全没有文字记载的史前时期遗址，那么中国考古学很可能会走向不同的发展方向。虽然历史不能假设，而这种假设也没有什么实际意义，但它却表明当时学界对考古学定位和性质的认识出现了歧义。②

其实，对考古学学科的定位和性质的认识，国外也存在着不同的意见。如科林·伦福儒等在《考古学：理论、方法与实践》一书的开篇中，就明确总结了关于这一问题的三种基本观点，即所谓"作为人类学的考古学""作为历史学的考古学"和"作为科学的考古学"。

在中国，传统的观点认为考古学是历史科学的一个组成部分，③ 这从中国考古学的发展历程中可以看得十分清楚。在中国和美国接受过教育并且长期任教于美国大学的张光直，认为自己的理论倾向是"在美国考古学界生存所培养出来的"，他对考古学定义所作的三点总结中，列为第一点的是："考古学从实质上说就是历

---

① ［美］罗伯特·沙雷尔、温迪·阿什莫尔：《考古学：发现我们的过去》（第三版），余西云等译，上海人民出版社2009年版，第13—14页。

② 安志敏：《考古学的定位和有关问题》，《东南文化》2002年第1期。

③ 《辞海》和《中国大百科全书·考古学》等在表述考古学的定义时均采用这一观点。

史学；但是它有独特的对象和独特的技术、方法，是一种特殊的历史学"①。罗伯特·沙雷尔也认为，考古学与历史学"都是要获得对人类过去的认识，它们之间的主要区别在于信息来源的不同，而这也导致了研究过去的方法论和技术的差异"②。这与以夏鼐为代表的大部分中国学者的观点是一致的。

在中国的学科分类目录中，一直把考古学放在历史学之中，属于历史学科之下若干个二级学科中的一个。这一现象最近有了变化，国务院学位委员会于2011年新调整的学科分类目录，把历史学划分为三个一级学科，即考古学、中国史和世界史。这一变化客观地反映了考古学与文献史学之间在研究对象、技术手段、理论方法方面的巨大差异。但从学科本质特征即研究的终极目标上看，这种新的划分并未改变三个新的一级学科仍属于历史科学的属性。

另一种观点认为考古学属于人类学特别是文化人类学的范畴。这一观点在以美国为代表的西方国家比较流行，美国大学中的史前考古大都设置在人类学系。人类学包括的内容十分广泛，一般将其分为四个相对独立的分支，即体质人类学（或称为生物人类学）、文化人类学（或称为社会人类学）、考古学和语言人类学。

近年来，一些学者认为"考古学是一门极富活力的综合性交叉学科"，它既不属于历史学，也不属于人类学。③

综上所述，我们认为考古学具有自己的独特研究对象，逐渐发展出一套完整的专门技术和方法体系，是一门相对独立的学科。但从学科的终极目标的高度来看，考古学无疑属于人文科学中的历史科学。

二、考古学的作用、意义和局限性

考古学的研究目标，从总体上说是研究人类古代社会历史，所以我们认为它是历史科学的一个组成部分。那么，考古学和历史学的区别主要体现在哪些方面呢？

我们理解的历史科学，有广义和狭义之分。广义历史学就是利用所有可以利用的资料来研究人类历史的学科，包括文献史学和考古学。而狭义历史学主要是利用传世的文献资料来研究人类历史，所以也可以称为文献史学。当然，狭义历史学也不排斥其他的资料和手段，如田野调查（如近代义和团事迹的民间调查、口述史等）和考古资料等。

---

① ［美］张光直：《考古学专题六讲》，文物出版社1986年版，第53、57页。
② ［美］罗伯特·沙雷尔、温迪·阿什莫尔：《考古学：发现我们的过去》（第三版），余西云等译，上海人民出版社2009年版，第22页。
③ 钱耀鹏主编：《考古学概论》，高等教育出版社2011年版，第44—47页。

（一）文献资料的局限性

中国历代保存下来的文献资料十分丰富，这是世界上任何一个国家所不能企及的。但是，文献资料除了本身的优势之外，也存在着以下列举的一些局限性。

第一，中国古代社会历史，根据文献的有无和多少可以分为三个阶段：一是夏代及其之前，没有留下当代的文献记载；二是商周两代，留传下来的当时文献不多；三是秦汉及以后，进入文献记载比较丰富的历史时期。在这种情况下，依靠文献资料来研究前两个阶段的人类历史，显然是远远不够甚至无能为力的。

第二，所有的历史文献，无不受到作者本人的知识结构和价值取向等因素的直接影响，尤其是超出作者知识结构的记录对象。就像我们无法充分了解东汉时期张衡发明的候风地动仪，因为相关的历史文献并不是张衡本人撰写的。

第三，已有的文献记载，因为代代相传，往往真伪杂处，存在的问题也很多。如有的文献是经过后人的增删甚至是伪造出来的，所以引用古代文献不能不加鉴别地使用。

第四，文献记载的内容，多是以社会上层人物和政治、军事事件为主，关于社会下层普通人群各种活动的记载甚少。所以二十四史记载的主要是帝王将相的历史，而创造社会历史的平民群众被边缘化甚至完全没有记载。

第五，文献中关于边疆地区少数民族的记载甚少。即使有一部分，其中有的还带有偏见，文献记载与历史的真实之间存在一定差距。

对以上文献资料存在的局限性，文献史学本身很难解决和克服，在某种程度上可以利用实物资料来弥补其不足。

（二）考古学的作用和意义

考古学的作用和意义是多方面的，宏观来看，可以归纳为以下几个方面。

首先，人类产生至今已经有二三百万年的历史，而有确切文字记载的历史在世界范围内也只有数千年。换言之，在人类诞生以来99%以上的时间范围内，考古学是基本的信息来源。所以，在没有文字记载的史前时代，史前史也便等于史前考古学了。[①] 认识并科学地阐释人类自身的产生和发展历史、人类早期社会的发展历史，只能依靠考古学。史前时代在考古学上又分为旧石器时代和新石器时代前后两个阶段。这一时期大到像人类起源和发展、农业起源和发展，小到不同聚落的不同人群的生活细节，全部要依靠考古学来获取资料和信息并加以阐释。

其次，研究国家的起源和早期国家的发展，主要依靠考古学。在中国，我们习惯上一般把对国家起源的研究称为文明起源研究。文明社会和国家的产生是人类历史上最伟大的进步之一，这一过程一般认为始于新石器时代，在青铜时代得

---

① 夏鼐：《什么是考古学》，《考古》1984年第10期。

到广泛发展和进步。因为这一时期没有传世文献或者数量极少，所以这一问题的解决也只能依靠考古学。据后世文献记载，夏朝是中国历史上的第一个中央王朝，但夏代的当代文献并没有保留下来，商代的文献也极少，即使是保存文献略多的周代，传世文献的数量也屈指可数。所以，研究夏商周三代的社会和历史，考古学的作用虽不及这之前的旧石器和新石器时代，但也极其重要。过去所谓"古不考三代以下"，可能也主要是从文献的有无和多寡方面考虑的。

再次，对于历史时期的人类社会和历史研究，考古学也能够发挥自己的独特作用。一般说来，中国从秦汉时期开始，传世的历史文献逐渐增多，进入文献资料比较丰富的时期。但如前所述，传世文献记载的主要是不同朝代社会上层的历史，并且以政治史为主线，而普通的民众和一般的社会历史文献中较少涉及。对于历史时期的考古学研究，在某种意义上可以说，都城重要，普通的聚落可能更重要；王陵重要，而一般的居民墓葬可能更重要。这大约是新史学特别强调平民历史在考古学研究中的体现。因此，要全面地了解和研究历史时期的社会和历史，特别是中下层社会和历史，考古学不仅可以发挥其特有的作用，而且是不可或缺的。

最后，考古学可以在一系列关乎人类生存的研究领域发挥独特的关键性作用。支撑社会存在和发展的核心因素是人，而人的生存离不开所依存的环境和必需的各种资源。对人类历史上各时期环境的研究、复原和重建，是考古学的重要任务之一。资源的重要性更是不言而喻，随着人类生产力水平的发展和提高，特别是进入农业社会以后，人类创造了生产经济，获取的资源种类和数量不断增多。而对这些领域的研究和认识，更是离不开考古学。

（三）考古学的局限性

考古学在研究人类社会和历史方面，除了以上讲的优势和长处之外，也存在着明显的弱点和不足，或者说是局限性。

考古学获取的资料只是人类历史上存在过的资料中的极少一部分，对此可以从三个层面来进行说明和理解：其一，古代人类各种活动的遗存，并不能全部保存下来，而能够保存于当时地上和地下的，只是其中的一部分；其二，保存在地上和地下的遗存在存续过程中，相当大一部分被其后不同时期的人类活动或自然因素所破坏，而能够一直保存到今天的只是其中的一部分；其三，我们今天能够进行考古发掘和揭露出来的，只是现在保存的遗存中的极少一部分。上述三个"一部分"相叠加，使得我们在运用考古资料来研究和阐释人类历史的时候，可以说是管中窥豹。所以，在研究和阐释过程中，要充分考虑到考古资料的上述局限性，以尽量避免出现以偏概全的现象。

除了个别的出土文字资料，作为考古资料的实物都是不会说话的"哑巴"材料，所承载的历史信息往往都是隐性的，需要研究者采用一定的理论和方法进行整理、分析和解读，进而重建和阐释人类的古代社会和历史。在人为的解释过程中，理论和方法的差异，研究者的知识结构和看问题的角度、立场以及研究目的的不同等，都会使解释工作出现各种各样的问题，从而产生偏差和错误。

如此看来，狭义历史学和考古学既各有所长，也各有所短。所以，在考古学研究中既不能迷信文献（特别是传说时期的文献），更不能排斥文献资料。科学的态度是将两者有机地结合起来，共同为研究和构筑历史科学大厦贡献力量。正如著名考古学家夏鼐所说，考古学和历史学，是历史科学（广义历史学）的两个主要的组成部分，犹如鸟的双翼，车的两轮，不可偏废。但是，两者的关系虽然很密切，却是各自独立的。①

第二节　考古学的研究对象

考古学的研究对象是实物资料，而实物资料包括的内容和范围都极其广泛，甚至可以说是包罗万象。特别是近年来随着自然科学技术在考古学中的广泛运用，获取了许多过去传统方法所不能得到的新资料和新信息。于是，如何区分考古学的研究对象就出现了不同意见。

夏鼐认为考古学的研究对象主要是古代人类活动遗留下来的实物，包括遗物和遗迹两大类。同时，也包括能够反映古代人类活动的自然物（如农作物、家畜和渔猎采集品的遗骸）。② 张光直在讨论考古学研究的材料时，将其归纳为五类，即包括遗迹和遗物的人工制品遗存、古代工业制作过程中的废弃品、动植物遗存、实验室提供的资料、古代遗存中的文字资料。同时，他认为遗址也是考古学研究资料的基本构成内容，并且特别强调考古遗存之间相互关系的重要性。③

从宏观上归纳，考古学的研究对象主要包括人类活动产生的（或与人类生存有关的）文化遗物和自然遗物、遗迹以及它们在空间上集合而成的遗址和区域。

一、遗物

遗物是人类各种活动遗留下来的可移动的物品，也包括与人类生存和活动相

---

① 夏鼐：《什么是考古学》，《考古》1984 年第 10 期。
② 夏鼐、王仲殊：《考古学》，中国大百科全书总编辑委员会《考古学》编辑委员会、中国大百科全书出版社编辑部编：《中国大百科全书·考古学》，中国大百科全书出版社 1986 年版，第 2 页。
③ ［美］张光直：《考古学专题六讲》，文物出版社 1986 年版，第 54—58 页。

关的自然物。

（一）人工制品

人工制品包含的内容十分庞杂。按功能粗略划分，大体有以下若干类别。

1. 生产工具和武器。生产工具是社会生产力发展水平的标志，不同时代和从事不同的生产活动，制作和使用的工具存在着巨大差别。

按质料划分，有玉石器、骨角牙蚌器、铜器、铁器、竹木器、陶器等。

按功能划分，有农牧业工具、手工业工具、渔猎采集工具、交通运输工具等。

按器形划分，有铲、刀、镰、耜、犁、斧、锛、凿、锤、锯、锉、镞、矛、磨盘、磨棒等（图1）。

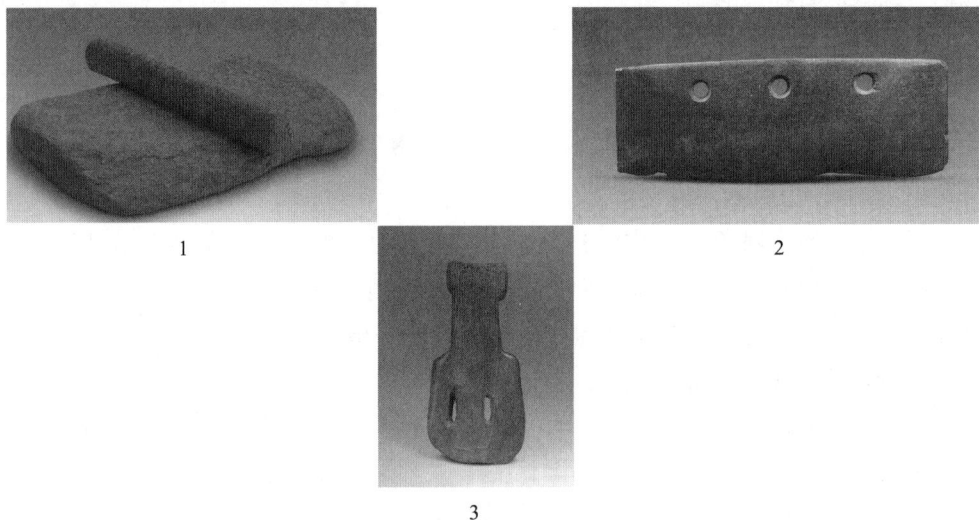

图 1　新石器时代的生产工具

1. 石磨盘和磨棒（阜新查海）　2. 石刀（潜山薛家岗）　3. 骨耜（余姚河姆渡）

从人类历史发展的角度看，制作生产工具和武器的主要材料经历了石器、铜器、铁器等几个大的发展阶段。石器时代、青铜时代、铁器时代的"三期说"即本于此。

最初，生产工具和武器是不分的，一件器物既是工具，又是武器。到新石器时代中后期，随着社会的分化和发展，武器逐渐从生产工具中分离出来，成为一个相对独立且十分重要的门类。进入阶级社会以后，战争频繁发生，成为国之大事，并出现了职业军队，武器的改进和发展成为科技进步的重要标志。

制作武器的材料也多种多样，一般说来，新石器时代以石材为主，青铜时代以青铜多见，铁器时代则基本是钢铁制品。

2. 日用生活器皿。日用生活器皿是指人们平时生活所使用的器具。旧石器时代，人们使用的器具可能以自然物品为主，由于年代久远而难以保存下来。新石器时代陶器发明之后，逐渐成为人们最常用的物品，因为陶器有型式多、变化快、易破碎且不会腐烂等特点，故成为考古学研究的重要对象。如发现和确定古遗址，判别遗址的年代和文化特征，了解人们的生活内容和方式，研究其制作技术和生产组织、流通和交换方式及其反映的社会关系等，陶器均具有不可替代的重要价值。

陶器之外，日用生活器皿还有瓷器、玉石器、骨角牙器、竹木器、漆器、各种金属器等。

3. 礼器和乐器。随着社会的分化和分层，产生了规范人们行为的礼制，而作为礼制载体的礼器应运而生。礼器和乐器产生于史前时期，商周两代达到一个高峰。礼乐器的质料随着时代的变化而有所不同。早期主要为陶器和玉器，进入青铜时代以后，青铜成为制作礼器、乐器和车马器的主要材料（图2），而玉器一直是礼器的重要组成部分。

图2　商周时期的青铜礼乐器

1. 妇好鼎　2. 利簋　3. 对罍　4. 父甲觚　5. 楚王酓章镈钟

4. 货币。货币的收集与研究历来受到重视。中国目前发现的最早的货币是海贝，不仅见于商代晚期的安阳殷墟（也发现少量铜贝），也见于一些时代更早的新石器时代晚期遗址。西周以后，由于诸侯割据，各诸侯国都铸造有自己的独特货币，如齐燕的刀币、三晋的布钱、秦国的圜钱、楚国的蚁鼻钱和郢爰等。秦始皇统一中国之后，推行圜钱，并一直沿用到清代。

5. 艺术品。艺术品的种类很多，考古学上可以观察到的主要有两大类：一类是雕塑品，其质料十分庞杂，几乎无所不包；另一类是画作，既有画在纸、帛以及白灰、泥土等墙皮材料之上的，也有绘制或雕刻、铸造于岩石、砖瓦、陶器、金属器的表面。

6. 装饰品。旧石器时代就发现了人类制作和使用的装饰品，如山西峙峪遗址出土的穿孔石墨珠，北京周口店山顶洞人用石、骨、贝壳做成的各种装饰品等。新石器时代以来，装饰品的种类和数量均大量增多，几乎所有的材质都可以用来制作装饰品。玉器最早就是用于装饰的，如玉玦、玉环、玉珠等。

7. 文字资料。考古发现的古代文字资料，与其他出土物品相比具有更大的学术价值，所以极受学术界的重视。文字资料的种类较多，有甲骨文、金文、石刻文字、竹木简册、陶文、盟书、帛书和纸质文书等。其中以甲骨文、金文和竹木简册的数量最多，也最为重要。

8. 废料。手工业者制作的成品被人们所使用，但制作过程中会产生一些半成品和废料等。随着考古学研究的发展，这些过去常常被忽视的半成品、废料和碎屑等，对于研究和复原古代手工业的生产过程、场地、技术和工艺、生产组织及产品流通等，具有不可替代的作用。

由于一些古代遗物存在着多种功能和用途，所以不同类别遗物之间往往存在着交集现象。如一些造型特殊、制作精美的礼乐器和装饰品，今天看来都是不可多得的艺术品。而许多具有较高艺术价值的雕塑和绘画作品，在当时社会中可能主要承载着某种特定功能和用途，如石窟寺内的各种佛像、壁画等。

（二）人类遗骸和动植物遗存

这一类遗存过去一般将其作为自然遗物来对待，在早期的考古发掘中多是有选择地采集，如只采集那些保存相对较好、个体较大的或其中比较重要的部位等。随着考古学的发展，此类遗存的研究价值和重要性越来越显现出来。

人类遗骸是研究人类起源和进化、人种起源和发展、古病理学、习俗与礼仪、族群迁徙、人的食性、社会组织关系等十分重要的资料。同时，出于对人的尊重和对先人的敬畏，要求考古工作者在考古发掘中，应该采取更为审慎的态度和细致而周密的方法来对待遇到的人类遗骸。

动物遗骸在田野发掘时经常可见，其中既有人类饲养的家畜家禽，也有渔猎所获取的大量野生动物，后者还可以进一步区分为陆生和水生两大类。考古遗址中的动物遗骸的研究价值是多方面的，例如：环境的状况及其变迁，家畜饲养业的产生、发展及区域特征，渔猎经济的状况及其在生业经济中的地位，人类的食物构成、肉食来源、营养及其与人类体质变化的关系等。

植物遗存在考古遗址中的保存多是隐性的，一般情况下肉眼不易发现。所以，收集遗址中的植物遗存需要有专门的技术和方法，如水洗浮选等。遗物中的植物遗存既可以与动物遗骸相结合，来研究不同时期和不同地区的环境状况及其变迁，也是探讨生业经济的基本资料，如关于农业的起源、传播与发展，农业和采集经济在社会经济中的地位和作用等。

二、实验室提供的信息

随着现代自然科学技术在考古学中的广泛运用，从考古遗存中提取的资料和信息呈现出越来越多的趋势。所以，逐渐地在考古学中形成一类新的研究资料，采用这样的方法来开展考古学研究，或称为科学考古学或科技考古。[①] 例如：

以碳十四检测技术为代表的各种自然科学测年方法得到的年代数据，极大地提高了考古学家对古代文化和考古学遗存绝对年代的认识水平。

隐藏在土壤中的微体植物化石，如孢粉和植硅体，用特定的技术和方法进行检测，能够分辨出所在层位的植物种类和组合，进而可以开展古代环境、生态和植被、古代农业、生业经济结构等多方面的分析和研究（图3）。

对加工植物遗存的工具（如石器、陶器、木器等）进行淀粉粒检测，可以分析出所加工植物的类别和种属，不仅有助于了解器物本身的使用功能，还能够探讨食物的种类及其来源等问题。同样，像碳十三、氮十五等同位素的检测，也可以大体了解人类的食物类别（不同种类的植物类食物和肉类等）及其构成。

锶同位素检测提供的信息，可以研究人类的迁徙及贸易关系等。而检测、分析人和动植物的遗传基因（DNA），则可以解决更多的考古学问题，如人类的亲族和血缘关系、世系和继嗣方式、动植物的驯化等。

陶瓷器、玉石器和金属器等化学成分的检测和分析结果，不仅有助于我们寻找其产地，而且能够帮助我们了解其制作技术和工艺，进而研究其生产过程、生产组织和产品的分配、交换及近远程贸易关系等问题。

类似以上所述的情况还有很多，更多的内容会在后面的章节中加以介绍和论述。

三、遗迹

遗迹是人类各种活动遗留下来的不可移动的遗存。遗迹包含的内容十分丰富，

[①]　中国社会科学院考古研究所：《科技考古的方法与应用》，文物出版社 2012 年版。

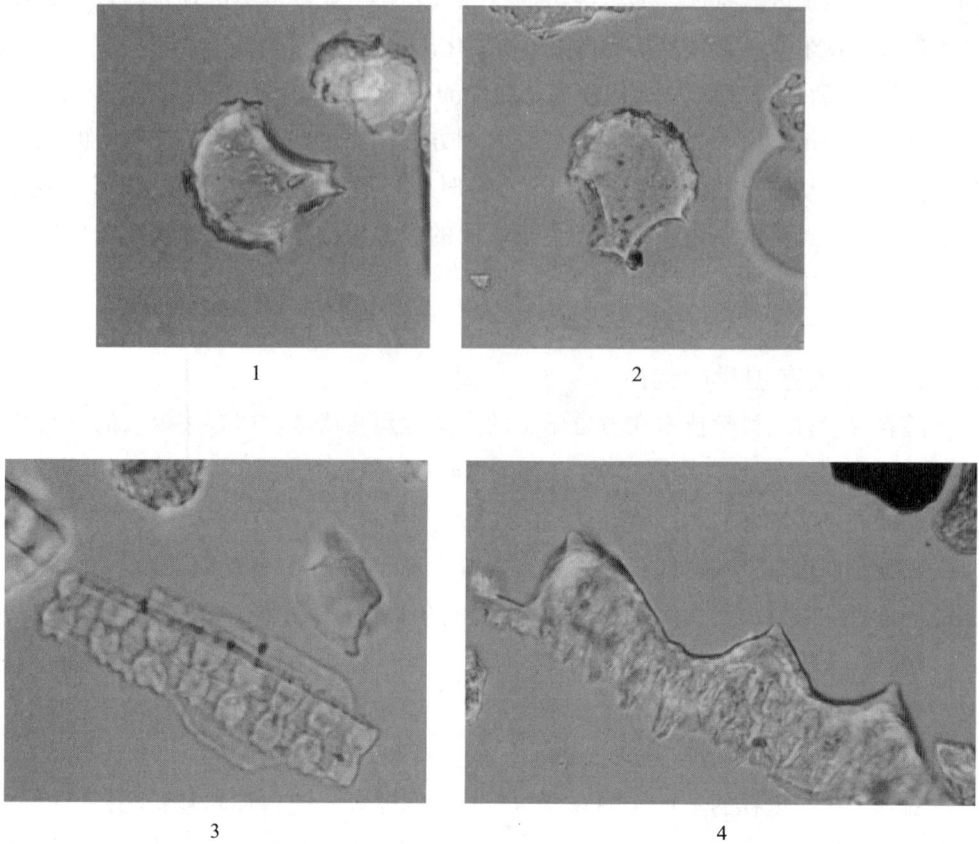

图 3　显微镜下显示的水稻植硅体图像（日照两城镇遗址）
1、2. 水稻扇形植硅体图　3. 水稻哑铃形植硅体图　4. 水稻双峰形植硅体图

概括起来主要有以下类别。

1. 居住遗迹。包括以居住址为中心的相关遗存，如房址、水井（水源）、道路、窖穴、灰坑（垃圾坑）、沟以及其他特殊遗迹等。在年代久远的旧石器时代，人们多居住在天然或略加整修的洞穴里以及旷野的临时营地；进入新石器时代以后，逐渐形成聚集而居的村落；而随着经济的发展和社会的分化，最终出现城堡和城市（图 4）。

2. 墓葬和墓地。墓葬是逝世者安息的场所。人类大约从旧石器时代中晚期开始产生有意识地埋葬同伴的行为，进入新石器时代之后出现集中埋葬的墓地，这种传统一直持续到今天。从世界范围看，不同地区和不同时期有着多种多样的丧葬习俗和越来越规范的埋葬制度，它们是人类不同社会文化和思想意识的具体体现。

3. 手工业遗存。原始的手工业产生较早，随着社会的发展，逐渐进入不同规模的专业化生产阶段。手工业的种类繁多，例如：采石场和制作玉石器的遗存，制作陶瓷器的遗存，制作骨角牙蚌器的遗存，开采、冶炼和铸造金属器的遗存，

1

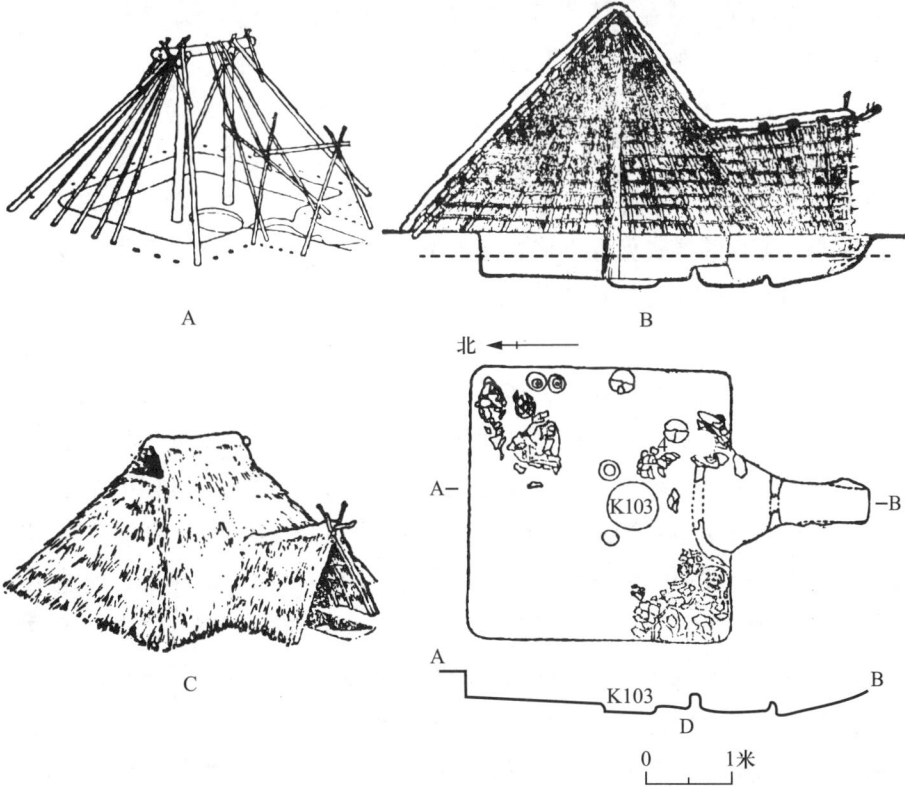

2

图 4　仰韶文化的房址

1. 秦安大地湾 F901　2. 临潼姜寨 F46

木材加工遗存，制作以酒为主的各种饮料的遗存，建筑、编织、纺织遗存等。

4. 农牧业遗存。以农牧业为代表的生产经济的出现，是人类社会历史发展进程中的一个里程碑。农牧业生产遗存主要有旱田和水田、水利设施、牧场和圈栏以及与农业有关的遗存等，如加工粮食的遗存、存储粮食的粮仓粮窖等。

5. 祭祀和宗教活动遗存。祭祀活动和原始宗教产生较早，相应的遗存如岩画、祭坛、宗庙、祭祀坑等，聚落内外均有分布。进入历史时期之后，宗教逐渐成熟，其中既有本土宗教，也有外来宗教。保存下来的宗教遗存，如寺院、庙宇、道观、石窟、摩崖造像和石刻、壁画等，便成为考古学的重要研究对象。

6. 战争遗存。人类战争的产生可以追溯到史前时代，这一方面的遗存比较丰富。如不同时期的战场、各种防御工事如城墙、壕沟、长城、地道、关隘、烽燧、暗堡、哨所、海防设施等。

7. 交通设施遗存。人类产生以来，其活动就带有一定的移动性，与人的迁徙和文化交流相关的交通遗存随之产生。如道路、桥梁、隧道、驿站、港口、人工运河等。

8. 文化体育活动遗存。人类建造的文化体育设施内容广泛，包括各种与文体活动相关的场所，如剧院及舞台等文化设施和各种体育场所等。

四、遗址和区域

遗址是指遗物和遗迹连续分布的空间范围。古代人们居住和生活的村落，废弃之后便会以废墟的形式保存下来，即所谓聚落遗址。前述各种类别的遗迹，多数会以各自的形态保存在地下和地上，属于不同门类的遗址。

遗址内的遗迹种类很多，不管是哪一类的遗迹，它们最小的构成部分就是一个考古学的基本单位，如居住过的房子、废弃的水井、填充垃圾的灰坑、埋葬死者的墓葬等。许多时候，它们还可以细分为更小的单位，如墓葬的地上建筑、墓上封土、墓内填土、椁室和棺室，灰坑中的不同层次，等等。这样的基本单位在田野考古发掘中需要给予单独的编号，如H10②，就是指10号灰坑的第2层堆积。散落和埋藏于文化堆积中的任何一件遗物都应该有自己的归属单位，或遗留在废弃的房址内，或安放在墓葬中，或散落在不同的文化层里。有具体出土单位的遗物，其研究价值远远高于考古调查发现的有出土地点的地表采集物品，而与连出土地点都不清楚的大量流散文物相比更是不可同日而语。

遗址内考古遗存的单位存在着明显的层级区别，即基本单位可以组合成高一级或更大的有社会意义的单位。如灶坑、柱洞、地面、基槽和墙体、门道等，都是基本单位一级的遗迹，如果它们在空间上连成一体并存在时间一致，就可以组合成一座房址，这些分散的遗迹单位就成为一座房址的有机组成部分。

　　以房址（可以是一座，也可以是几座）为中心，如果其周围发现有同时存在的其他附属建筑、道路、窖穴、灰坑、牲畜圈栏、加工和活动场地等遗迹，那它们又可以组合成一个高一级的单位。而手工业作坊、墓地、宗教和祭祀遗存等，都可能存在这样的单位。这些具有一定内在联系的遗存，"如果符合空间上具有连续性、功能上具有互补性、时间上具有共时性这三个标准"，可称之为"聚落组成单位"①，它们是聚落中最低一级社会组织的载体，通过这样的载体可以了解当时社会的基层组织结构。

　　考古单位在同一聚落内聚集到最高一级，就是遗址。遗址也是一个考古上的单位，只是它包含的遗存更丰富，空间范围更大，结构和内部关系更为复杂。但从空间形态、内部结构和功能用途等方面考虑，作为考古单位的遗址应该是一个具有内在联系的有机整体。如果我们能够认定其为历史长河中存在过的一个聚落，那么它就代表了当时社会中相对独立的一级社会组织。因此，遗址又成为采用聚落考古的方法研究古代社会的基本单位（图5）。

图5　内蒙古敖汉旗兴隆洼聚落遗址

　　比遗址更高的层次则是区域，区域可大可小，也可以区分为不同的层级。② 像

---

①　栾丰实、方辉、靳桂云：《考古学理论·方法·技术》，文物出版社2002年版，第123页。

②　这些不同层级的区域，在中国考古学的习惯表述中一般称为文化小区、文化类型之下的亚型或子型、地方文化类型、考古学文化、考古和历史文化区等。

遗址内部的基本单位是单个遗迹或聚落组成单位一样，区域内的基本单位是遗址。在某些空间区域内，一定数量的遗址按功能和结构等聚合在一起，可以组成不同类别的有特定意义的实体，如以都城遗址为中心的统治和管理区域（疆域）、以集市为中心的产品交换贸易圈、以庙宇或祭坛为中心的宗教信仰圈、以剧院为中心的文化活动圈等。这样的区域同样也是考古学研究的对象和资料。

在这些不同层级的考古学遗存的单位中，有两种关系甚为重要，即共时关系和先后关系。前者是研究考古学遗存所承载的时空有别的文化和社会的基础，后者则是探索不同文化的发展和社会变迁的前提。对此，后续的相关章节会进行专门介绍。

第三节　考古学的学科体系

随着考古学的发展，从研究资料、获取资料的技术和手段、分析和研究方法、阐释理论和对社会发展规律的总结等不同层面，考古学逐渐形成了一套完整而系统的学科体系。在考古学内部逐渐产生和形成了一些具有相对独立性的研究领域，一般被称为考古学的分支。同时，因为考古学研究的资料涉及方方面面，在考古学研究过程中必定会和许多学科发生关系，这些学科包括了人文社会科学、自然科学和工程技术科学。所以，可以认为考古学是一门边缘学科，或者说是文理交叉学科。

一、考古学的学科分支

考古学经过百余年的发展，已经成长为一门具有特定研究对象、系统的技术、方法和理论体系、结构严密的学科。如前所述，考古学的研究对象为古代人类各种活动遗留下来或与人类生存活动有关的实物资料。从整体和宏观上看，其内容几乎无所不包，丰富而极其庞杂。但细究之，这些资料的形成时间、分布空间和内涵及特征各不相同，能够解决和阐明的问题又各有侧重，可以划分为不同的门类并各有内在规律。于是，随着资料的积累和增多，检测、分析技术及研究方法的创新和日益拓展，在考古学内部逐渐形成了一些相对固定并自成体系的研究领域或专题。对此，学界多以考古学的分支来看待。

如何划分考古学的分支，夏鼐在探讨这一问题时曾指出："按照研究的年代范围、具体对象、所用手段和方法等的不同，考古学可以划分为史前考古学、历史考古学、田野考古学及各种特殊考古学等分支。"[1] 一般说来，年代范围、空间范

---

① 夏鼐、王仲殊：《考古学》，中国大百科全书总编辑委员会《考古学》编辑委员会、中国大百科全书出版社编辑部编：《中国大百科全书·考古学》，中国大百科全书出版社 1986 年版，第 16 页。

围、研究对象和内容、采用的技术和方法等方面的不同，是划分考古学分支的主要依据。

随着考古学的发展，源于考古学研究对象的复杂化和研究者的偏好，不断有人提出新的考古学分支。按研究的年代（以文字制度为准）范围，有史前考古学（可再分为旧石器时代考古学、新石器时代考古学）和历史考古学（可再分为原史考古学和历史考古学）；按研究的空间范围，有中国考古学、日本考古学、埃及考古学、美洲考古学、沙漠考古学、海洋考古学等；按研究对象和内容，有宗教考古学、美术考古学、古钱学、古文字学和铭刻学、环境考古学、动物考古学、植物考古学、农业考古学、饮食考古学、公共考古学等；按技术和方法，有田野考古学、实验考古学、水下考古学、航空考古学等。其实这些考古学分支之间的界限并不十分严格，往往相互交叉。如学术界公认的史前考古学、历史考古学和田野考古学，前两者与后者又怎么能够分得开呢？

（一）史前考古学

史前考古学主要是研究没有文字记载阶段的人类历史，其与历史考古学的区别在于是否发明文字并利用文字来记载人类历史。在中国，一般认为夏代之前（公元前 21 世纪之前）阶段的考古属于史前考古学。实际上，夏代和商代早期也没有留下确切的文献，中国保存下来的最早当代文献是商代晚期，再加上殷墟遗址出土的大量甲骨文和青铜器铭文，有充足的证据证明商代晚期已经进入有文字记载的历史时期。如此看来，早于殷墟的商代早期（二里冈文化时期）和夏代（新砦期和二里头文化时期），就目前的资料而言，或可划分到史前考古学的范畴之内。不仅如此，在世界许多地区，史前考古学甚至可以包括早期铁器时代。

由于史前阶段没有可靠的文献记载，研究这一时期的人类历史完全依赖于考古学，从这一意义上说，史前考古学等同于史前史。所以，在资料获取、分析和研究中，更多地借重于与考古学关系密切的地质学、古生物学、古人类学、民族学以及物理学、化学等自然科学和遥感、地理信息系统（GIS）、分子生物学等新兴学科。

按研究的时代差异和经济、技术和社会及文化的发展水平，史前考古学又可以划分为前后两大期，即旧石器时代考古学和新石器时代考古学。旧石器时代考古学研究的年代跨度非常大，占据了人类产生以来 99% 以上的时间，其研究重点在于人类自身的产生和发展、人种的产生和发展、人类早期文化和社会的产生和发展；新石器时代考古学则主要围绕着农业的产生和发展、人类社会组织和社会结构的发展、文明的起源和形成（或称为国家的起源和形成）、文化的区域性和整体演进及年代架构、人与环境及资源的相互关系等课题展开。不过，并非所有地区都在新石器时代发明了农业，还有不少地区依然沿袭了采集渔猎的经济方式。

（二）历史考古学

历史考古学研究的是有文字记载以来的人类历史。就目前所知，中国有确切文字记载的历史是从商代晚期开始的，而按照传统的历史学观点，比商代更早的夏代也应该有文字记载，所以中国考古学界一般认为夏代及其以后都属于历史考古研究的范围。但仅从保存下来的文献看，与青铜时代相当的夏、商、周三代的当时文献均不多，所以也被称为原史时期。而东周以后传世文献的数量才逐渐增多，从而进入了比较成熟的历史时期。这样，历史考古学又被划分为原史考古学和历史考古学两个阶段。

由于这一时期有了文献记载，历史考古学要与文献史学分工合作，相辅相成。同时，还要和古文字学、古钱学、美术史、宗教学、古建筑学等学科互相渗透，密切结合，将这些学科的手段、方法和研究成果为己所用。从而共同研究和阐明人类进入有文字记载时期的历史。

历史考古学与完全没有文献记载的史前考古学，既有联系也有明显区别。如研究的对象都是实物资料（历史时期有的存在文字），获取、分析和研究实物资料的技术和方法基本相同。但在资料获取、分析和研究的不同阶段，都可以通过参证文献记载，进而明确研究对象的性质和内涵。而在确定考古遗存的绝对年代方面，历史考古学主要依据的是文献记载和年历学研究，这些都明显区别于史前考古学。从时间的早晚和文献的多寡看，原史时期考古更接近于史前考古学，而历史时期考古的独立性则更强一些。

（三）田野考古学

以考古调查、勘探和发掘为基本内容的田野考古是现代考古学产生的标志。最初的田野考古主要是依靠地图对散布于地面上的遗迹和遗物进行考古调查，有时会根据需要测绘地图，并以此作为记录的附件。随着考古学的发展，世界各地的田野考古不断扩大调查的对象和范围，并逐渐转变为以田野考古发掘为中心，各种现代自然科学技术在考古学中的运用越来越广泛和深入，关于考古调查、勘探和发掘的技术、方法不断发展和进步，各种记录、采样、检测技术日益完善。至此，田野考古工作形成了一整套科学的技术和方法体系，同时也广泛地采用了现代自然科学技术和手段，具有相对的独立性，从而成为考古学一个相对独立的分支。

田野考古学是一个整体，它包括了不同过程和内容。野外考古调查、勘探和发掘是田野考古学的基本手段和核心，虽然其产生已经有100余年，但随着考古学研究的需要和科学的进步仍在继续发展。调查工作如区域系统调查的普及、遥感调查的实施、水下考古调查的开展等。勘探工作除了常规的传统钻探之外，各种物理学遥感探测技术也日臻成熟。田野发掘的技术和方法更是得益于科学技术的发展而日新月异，不断拓展其深度和广度。室内整理和编写考古报告是田野考古工作的延续和有机组成部分，不能因为这一工作是在室内完成的而将两者割裂开来。所以，从田野考古工作的规划、实施到后期出土资料的整理、分析直至编写出完备而翔实的考古报告，是田野考古工作不可分割的完整链条，共同构成田野考古学的基本内容。

（四）环境考古学

环境考古学是将考古学与地质学、古动物学、古植物学相结合而产生的考古学分支。环境考古学以包括气候、地质地貌、水文、动物、植物在内的自然环境为研究对象，探讨古代的自然环境是如何影响和制约人类的生存，而人类又是怎样适应并改造环境的，进而揭示古代自然环境与人类生存活动的互动关系。

环境考古学所研究的资料，既有与人类发生直接关系的环境因素，如遗址的微观环境、各种资源、用于耕种的土壤、可资利用的水源等。也有间接与人类活动产生联系的环境因素，如虽然没有利用价值但可以研究、了解生态和环境的相关遗存。在诸多环境因素中，温度、降水等气候因素和地貌、植被、土壤、矿藏、水源等对人类的生存活动影响最为明显。

环境考古学获取资料的方法，既有需要与田野考古工作相配合的内容，如田野调查中对地形地貌的观察和记录，考古发掘中的系统采样等。也有一套环境考古学所特有的程序和工作方法，如重视野外自然剖面的观察和采样、非遗址区域的钻孔取样、实验室内的检测和分析等。

（五）动物考古学

动物考古学是由考古学和古动物学相结合而产生的考古学分支。动物考古学以考古遗址出土的动物类遗存为研究对象，旨在揭示古代人们的肉类食物选择、渔猎捕捞、野生动物的驯养和家畜家禽饲养业的产生及发展等生产、生活情况。同时，也是研究古代人类居址附近的环境状况及变迁和肉食资源的重要依据。动物考古学与第四纪古动物学关系密切，但两者的侧重点有所不同。

对考古遗址中出土的动物遗骸，从野外提取、记录到室内修复和保护、种属鉴定和统计、观察和测量以及进行各种科学检测分析，已经形成一整套系统的方法和操作规范。动物考古学的研究工作包括分类鉴定各类动物的种属，在统计可鉴定标本数和最小个体数的基础上进行相关分析和研究。旧石器时代偏重于统计和分析绝灭种和现生种的比例，以作为确定遗址年代和划分地层的依据，并通过动物群的变化研究和复原不同地质时期的古环境。新石器时代和历史时期则注重家畜和野生动物之间比例的消长，通过野生动物的种类、捕获季节和方法、家畜的种类和饲养技术的分析、研究等，了解人类肉食的生产方式和来源途径。同时，越来越多的现代科学技术被运用到动物考古学研究之中，除了常规的标本比对和利用各种显微镜进行观察、分析之外，像各种同位素检测分析、DNA 分析技术等，都在动物考古研究中发挥着积极而有意义的作用。

（六）植物考古学

植物考古学是由考古学和古植物学相结合而产生的考古学分支。植物考古学以考古遗址出土的植物类遗存为研究对象，旨在探讨古代人类的植物类食物选择、植物采集活动、植物栽培和农业的起源及发展、植物类材质的利用等生产和生活情况。同时，植物遗存也是研究和复原古代生态环境状况及其变迁的重要依据。植物考古学与古植物学关系密切，但也存在着较为明显的区别。

植物考古学的研究对象主要包括大植物遗存、植物的孢子花粉、植物硅酸体、植物淀粉粒等。为了提取上述研究资料，研究者采用了一系列的专门技术和方法，如孢粉检测、植硅体检测、淀粉粒检测、碳同位素检测、DNA 分析、浮选法等。这些检测技术和分析方法的发明和不断发展完善，特别是可以获取大植物遗存的浮选法的发明和广泛运用，使考古工作者在田野发掘中可以收集到大量植物类遗存的资料，从而为农业的起源和发展，植物类食物中野生和栽培植物的种类及比例变化所反映的农业经济和采集经济的消长，农业的区域化特点，农作物的种类和演变及传播，通过植物群的种属变化来研究和复原古代生态及环境等研究工作奠定了坚实的基础。

（七）古文字学和铭刻学

作为考古学分支的古文字学和铭刻学所研究的资料与一般的传世文献不同，它是专门研究通过考古调查和发掘而获得的文字资料，即写、刻、铸在遗迹和遗物上的文辞。从文辞与载体的关系来划分，大体有两类：一类文辞是主体，遗物只是载体，如墓志、碑碣、印章、简牍、泥板、帛书等；另一类遗迹和遗物是主体，文辞是附属的，如纪念性建筑物、雕刻品、绘画、货币、度量衡器、容器、镜鉴、工具和武器等。此外，也有介于两者之间的情况。如占卜用的甲骨及其留下的刻辞，今天的考古学家一般十分重视刻辞内容的释读，而作为当时人的占卜行为和过程，甲骨及其上面的其他人工遗存，如钻凿的孔、灼痕、卜兆及其解读等，对于占卜行为的当事者可能更为重要（图6）。

古文字学和铭刻学的主要任务是考释铭辞的文字，研读文辞的内容及其含义，并与考古学其他分支及文献资料相结合，进而达到研究人类社会历史的目的。目前世界上发现的古文字，如古印度文字、玛雅文字、契丹文字等，至今还不能完全释读。而古埃及文字、苏美尔文字、商周甲骨文等，则已经能够详细解读，为全面了解和研究这些古文字记载的古代文化和社会发挥了巨大作用。此外，对铭辞的释读还可以研究确定考古遗存的年代、制作者和所有者、功能和用途以及其他属性等。

1

2

3

图6　安阳殷墟出土的刻辞甲骨文

1. 卜甲　2、3. 卜骨（均出自安阳殷墟）

由于出土文字资料是其所属时代的产物，故其可靠程度远高于经过后人之手的传世文献和书籍。就目前的发现而言，地下出土的文字资料既可补传世文献之缺失，也能够纠正传世文献之错误。这也是为什么许多学者十分看重出土文字和文献资料，甚至将其单独列为考古学研究对象的一个门类的原因所在。

（八）美术考古学

美术考古学的研究对象涉及的范围比较广泛，主要是古代人类遗留下来的各种图像资料，如雕刻、造像、建筑、各种工艺美术品和壁画、岩画、绘画、纹饰等。此外，人类在生产和生活等活动中制作和使用的各种器具，许多本身也具有一定甚至较高的艺术价值，理所当然地被视为美术考古的研究对象，如玉石器、陶瓷器、骨角牙器、青铜器、金银器、漆木器等。这些资料从旧石器时代的雕塑、洞穴壁画、岩画，到新石器时代和历史时期的各种艺术品，几乎无所不包。所以，美术考古学研究对象所涉及的时代包括了人类历史的不同时期，其与史前考古学、历史考古学和田野考古学均有密切关系（图7）。

与美术考古学相近的是美术史。美术考古学是采用考古学的方法，收集和研究上述资料，进而达到研究和复原人类古代历史的目的。而美术史则是通过分析古代美术作品和相关艺术现象，来研究人类古代历史问题的一门人文学科。所以，考古学研究方法如类型学等，也适用于古代美术史研究，两者的研究对象多有重叠，相互之间关系密切。

（九）宗教考古学

宗教考古学是以宗教类遗存为研究对象的考古学分支。一般认为，自旧石器时代开始，人类就已经开始了祭祀等宗教性活动，经过新石器时代的长期发展，到历史时期形成了不同的区域性宗教，如欧洲的基督教、中西亚和北非的伊斯兰教、南亚和东亚的佛教、东亚的道教等。这些不同时代的宗教活动都留下了丰富的遗迹和遗物，如祭坛、祭具、寺庙、神殿、造像、壁画、经卷和符箓等，都是宗教考古学的具体研究对象。由于许多宗教类遗存具有一定的美术价值，所以宗教考古学与美术考古学的关系较为密切。

普遍存在的宗教信仰是人类精神文化的重要组成部分，采用考古学方法调查、发掘、记录、研究宗教和祭祀类遗存，是研究和复原人类古代历史特别是精神文化活动的重要途径。

二、与其他学科的关系

由于考古学的研究对象极为广泛，几乎无所不包，而获取、保护、整理、分析和研究这些实物资料，进而对人类古代社会历史做出科学的阐释，除了考古学自身的技术、方法和理论之外，还需要众多不同学科的支持和帮助，才能完成上

图 7　敦煌莫高窟第 112 窟南壁反弹琵琶壁画

述艰巨的任务。所以,考古学是一门与人文社会科学、自然科学和现代工程技术科学都有密切关系的交叉学科。

人文社会科学方面,主要有文献历史学、文化人类学、民族学、社会学、民俗学、人口学、语言学、宗教学、政治学、经济学、美术史学等。这些学科除了可以对考古遗存中与各自有关的内容进行研究和阐释,追溯各自学科的产生和发展历史,同时经过多种学科的整合研究,又可以更为全面地认识和解释人类的历史、社会和文化。

自然科学方面,主要有地质学、自然地理学、生物学、生态学、体质人类学、气象学、物理学、化学、统计学、医学等。这些学科一方面可以利用考古资料追溯本学科的发展历史,另一方面可以从不同的角度为考古学研究人类历史提供帮助。例如不同地区古代自然地理、地貌环境和生态的变迁、各种资源的获取和利用、实物资料材质的鉴定和分析、不同时期遗存绝对年代的测定、地下遗存的探测和分析等。进而对人的行为,人类社会、生态和环境、资源及其相互关系做出全方位的综合研究。

现代工程技术科学方面,主要有各种测年技术、各种勘探技术、建筑技术、各种遗物的成分结构检测分析技术、孢粉和植硅体及淀粉粒检测分析技术、各种稳定同位素的检测分析技术、DNA 分析技术、计算机科学技术、地理信息系统和虚拟现实技术(VR 技术)、航空遥感技术、文物保护和修复技术等。这些新的工程技术科学在考古学各个阶段和研究的各个层面中的运用,极大地拓展了考古学研究的广度和深度,为全面研究和复原人类历史提供了强大的科学技术支撑。

下面以地质学、生物学、体质人类学、文化人类学和地理信息系统等为例予以说明。

(一) 地质学

地质学是研究地球及其演变过程的科学,与考古学关系最密切的是人类产生之后的第四纪地质学。田野考古发掘中运用的"地层"概念和"地层学"方法,均直接来自地质学,而考古学的兴起也与近代地质学的产生和发展密切相关。考古学研究在许多方面要借助于地质学的研究成果和技术手段。第四纪地质学研究成果表明,在人类生存早期阶段的更新世时期,地球表面的气候和地貌曾发生过一系列剧烈变化。其中对人类生存影响最大的气候变化是冰期和间冰期的多次交替出现,这类事件引发的海平面大幅度下降和上升,直接影响了人类的生存空间。而广泛分布于中国北方的黄土堆积在更新世时期的形成,以黄河为代表的河流长期泛滥及其形成的冲积平原,地震、火山爆发、泥石流等自然灾害,等等,都对人类的生存活动产生过巨大影响。此外,人类在旧石器时代、新石器时代和青铜时代制作和使用的各种石质工具及采用的石质建筑材料,各个时代制作和使用的以玉器为主的各类宝石，不同时代开采、冶炼、铸造和使用的各种矿物等，其鉴定和寻找产地等研究工作，均需要得到地质学者的配合和帮助。所以，现代考古学越来越重视和利用地质学的研究成果。

（二）生物学

生物学是研究生命系统各个层次的种类、结构、功能、行为、发育和起源进化以及生物与周围环境的关系等的科学。作为考古学研究基本方法之一的类型学，一般认为是借鉴了生物分类学而产生的。李济早年对殷墟陶器的研究，就直接采用了门、目等生物分类学中的名称，由此可见两者在方法上的渊源关系。生物学与考古学关系最密切的是动物学和植物学两大门类。如前所述，随着技术手段和方法的发展和创新，考古发现的动植物类遗存越来越多，研究工作不断拓展和深入，以至分别产生了动物考古学和植物考古学两个考古学分支。

考古学与动物学的关系十分密切。动物群的对比研究可以确定地层堆积的年代，鉴定、统计和分析不同时期不同区域的动物遗骸，对于研究古代社会经济和复原其生态环境、自然景观等，均具有极为重要的价值和意义。

植物学在考古学中应用得十分广泛。主要包括通过对植物种子的鉴定，进而可探讨农业的产生和发展、采集经济状况等；对竹木材料的鉴定，可以了解人类对竹木材料的加工和利用；对纤维的鉴定，进而可以研究纺织品的质料种类及纺织业的发展状况；对植硅体和孢粉的检测分析，结合种子、木材等的鉴定分析，可以了解和复原不同时期不同区域的植物组合及其反映的植被和环境等。

（三）体质人类学

体质人类学是研究人类的体质特征和类型变化规律的科学。体质人类学在探讨人类的起源、分布、演化，人种的形成及各类型的特点，人类自身的社会和文化行为等问题方面，与考古学关系十分密切。体质人类学主要依靠田野考古学为其提供人类产生以来各个时期的人类学研究标本，同时，史前考古学和历史考古学都需要借助体质人类学来拓展本学科的研究。在考古学研究中，体质人类学的首要任务是鉴定墓葬和其他遗迹中发现的人类骨骼的性别和年龄，进而探讨和研究古代人类的习俗和埋葬制度、劳动分工、婚姻家庭形态、人口和社会组织结构等社会考古方面的问题。此外，系统测量出土人类骨骼的各种数据和细致观察、分析骨骼上保存的特征，还可以进行人种学、特殊习俗（如拔牙、头骨变形、颌骨变形等）、古病理学等方面的研究。随着现代科学技术的进步，人类骨骼的检测分析技术也在不断拓展，如各种同位素和 DNA 等检测分析技术的运用，可以获取更多的新信息和新资料。

（四）文化人类学

文化人类学是研究人类的行为、信仰、习惯和社会组织的科学。文化人类学与民族学在研究内容、方法等方面的共性大于差异，所以，许多学者干脆认为两者是等同的。文化人类学主要从人和文化的角度来研究古今的人类，为了探究人类社会和文化的变迁过程，往往十分注重对处于不同社会发展阶段人类文化和社会关系的调查和研究。研究的内容包括了婚姻和家庭、亲属关系、继嗣制度、宗教信仰、社会组织和社会结构等，有的甚至把经济类型、原始技术和工艺等也包括在内。上述内容，特别是其中可以作为"活化石"的部分，如不同类型的婚姻形式、社会组织形态、信仰和仪式活动、各种手工技术和工艺等，以及由于人的各种行为产生的可以观察到的遗存，为解释和研究不同时期的考古学遗存提供了有重要价值的借鉴和参考，进而可以弥补作为"哑巴"材料的实物资料之不足。同时，文化人类学的许多理论流派对解释阶段的考古学也有重要的借鉴意义。由此看来，考古学与文化人类学的关系十分密切，这也可能是有的学者把考古学作为文化人类学的一个分支的原因所在。

（五）地理信息系统

地理信息系统简称 GIS，是 20 世纪 60 年代中期开始产生并迅速发展起来的地理学研究技术系统，具有空间数据的采集、存储、管理、操作、分析、模拟和表达等功能。GIS 最初是为了解决自然资源的管理等地理学问题，至今已经发展成为一门涉及计算机技术、测绘学、环境学、信息学、管理学等多学科的交叉学科。[①] 1985 年以来，在国家的大力扶持下，作为一种新的科学技术手段，地理信息系统在中国获得长足发展，在城市规划和管理、国民经济和资源管理等领域发挥了巨大作用。

20 世纪 80 年代以来，欧美等地区的一些学者开始运用 GIS 技术开展考古学研究。由于 GIS 在空间数据采集、处理和分析等方面的强大功能，在考古学研究中所涉及的领域日益拓展，比如遗址预测、聚落考古、环境考古、遗址域分析、可视域分析、遗址位置和自然环境的关系、虚拟考古、考古资料数据库和图形图像库建设以及文化遗产保护等。随着 GIS 技术的迅速进步，GIS 与测绘、遥感、虚拟现实、数据库和网络等空间信息技术一起，必将为考古学研究的发展提供更加强大的技术支撑和支持。

思考题：

　　1. 如何从考古学的作用和意义角度来看待当前社会上的"考古热"？

---

① 高立兵：《时空解释新手段——欧美考古 GIS 研究的历史、现状和未来》，《考古》1997 年第 7 期；刘建国：《考古测绘、遥感与 GIS》，北京大学出版社 2008 年版，第 191—234 页。

2. 试分析考古学研究对象的遗物、遗迹和遗址之间的联系与区别。

3. 如何理解和认识考古学的学科体系？

4. 为了学好考古学，你打算如何扩充自己的人文社会科学、自然科学和工程技术科学知识？

▶ 拓展阅读

第一章　考古学发展简史

从世界范围看，科学的考古学产生时间并不长，是近代以来才逐渐发生发展起来的一门学科。与其他许多学科一样，考古学也是从欧洲和北美地区诞生并发展起来的。之后，这种学术思想和理论方法逐步传播和扩散到世界各地，取代或引导古器物学转变为考古学。即便从 1819 年丹麦博物学家汤姆森率先按"三期说"布置博物馆的展览开始算起，考古学的历史至今也不过区区 200 年。这期间，一代又一代执著的学者献身于世界各地的考古事业，从而使这门学科从一棵幼小的树苗逐渐成长为参天大树，屹立于世界现代学术之林。回顾世界和中国考古学的发展历程，总结各个阶段的成就与不足，无疑对于把握考古学的未来发展方向具有积极的意义。

第一节　欧美考古学简史

目前所知最早对古代实物进行探索的事件，是公元前 6 世纪巴比伦国王纳波尼德挖到一座神庙地板下面约 2000 年前的基石。然而在古物学及考古学研究出现之前，对于大多数人来说，关于过去的知识仅来自文字记载、口碑传说和宗教迷信等。直到中世纪末期，随着人文主义在意大利的再度出现，对世界史前史的研究才有一定进展。15 世纪盛行于欧洲的文艺复兴运动，复活了人们对古典世界和古物的兴趣，从而促进了对世界史前史的研究和认识。考古学是从古物学的基础上发展而来的，至 19 世纪作为一个独立的研究领域在欧美出现。

一、从古物学到考古学（1840 年以前）

（一）文艺复兴运动早期的古物学

欧洲文艺复兴运动促进了人们对古典时代的研究，从而开始了对古希腊-罗马时代的雕刻和铭刻的搜集。15 世纪后半叶，罗马收藏之风兴起，教皇、红衣主教和显贵们纷纷把自己的别墅装点成古代艺术的宝库。不久收藏者又对基督教圣地巴勒斯坦地区的古迹和古物发生兴趣，后来这种兴趣还扩大到对埃及、巴比伦等地更为古老的古迹和古物的寻访和搜集。

随着对探究民族起源兴趣的日益增强，人们不再满足于收集艺术品，开始意识到关于自己国家和民族的史前史和早期史的知识，可以通过研究田野中发现的古物而获得。这种真正意义上的古物研究之风始于 16 世纪的英国。1533 年，约翰·利兰被亨利八世任命为英国王室古物学家，他周游了英格兰和威尔士，对具有文物价值的器物作了登记和说明。1586年，都铎王朝的古物学家和历史学家威廉·卡姆登发表《不列颠》一书，首次对不列颠早期遗存作了全面描述。① 这种从古物收藏到野外规范地发现和记述古物的转变，推动了英国的古物学研究之风，并传播到北欧、中欧和东欧等地区，也促生了人们对非古典时代古物的兴趣。

（二）拿破仑远征埃及

18世纪下半叶，伴随希腊学第二次在英国的复兴，许多收藏家和旅行家游历了古典地区。其中画家詹姆斯·斯图尔特和建筑师尼古拉斯·列维特曾在雅典用三年的时间进行测绘和记录，最终发表了《雅典古物》一书（1762—1816年，共四卷）。② 这些18世纪的旅行家为古物学家打开了地中海文明的一扇窗户。而1798年拿破仑远征埃及，则使人们初次感受到埃及考古学的魅力和诱惑。拿破仑的远征军有167位专家学者组成的小组随行，负责对埃及进行详细的调查，包括埃及的地理、动植物、风土人情和古代建筑。他们在开罗建立了埃及研究院，收集可移动古物，其中包括举世闻名的"罗塞达碑"，并于1809年出版了多卷本《埃及的描述》，成为考察工作不朽的记录。由"罗塞达碑"引发的商博良等人对埃及象形文字的释读，则开启了埃及文明研究的先河。随后兴起的埃及学，既利用文献线索研究埃及文明，也关注考古发现的艺术和建筑，比古典研究更加期待考古学资料的获取。

（三）温克尔曼与《古代艺术史》

大量艺术品的出现，引发了相关的研究。其中最著名的是德国人约翰·温克尔曼的大作《古代艺术史》（1764年），该书首次对希腊和罗马雕塑作了全面分期，并对雕塑艺术风格变迁的原因进行探讨。③ 结合文献资料以及有铭刻可以分辨年代的作品，温克尔曼提出，不同时期艺术品具有独特的风格，利用风格可以对没有文字参照的雕塑进行断代。这种从历史的角度研究艺术品的方法，对后世考古学观察、展示和讨论问题的方式影响深远。温克尔曼也因此被称为"古典考古学之父"。然而他的主要兴趣在于艺术品本身而非其出处，其研究带有浓厚的古物学色彩，因此更偏向于艺术史而不是考古学研究。

（四）田野发掘活动的出现与进展

田野发掘活动始于17世纪下半叶。18世纪，考古学系统发掘取得了进展，特别是对公元79年被维苏威火山喷发所摧毁的罗马赫库拉尼姆和庞贝遗址的发掘，激发了古物学家系统研究特定遗址的建筑以及艺术品的兴趣，首次开始利用发掘

---

① ［英］格林·丹尼尔：《考古学一百五十年》，黄其煦译，文物出版社2009年版，第6页。
② 杨建华：《外国考古学史》，吉林大学出版社1999年版，第3页。
③ 陈淳：《考古学理论》，复旦大学出版社2004年版，第20页。

成果以更好研究古代建筑相关文献（图1-1）。布鲁斯·炊格尔认为，这一进展在古物学到古典考古学转变中的重要性不亚于约翰·温克尔曼的工作。[①]

图1-1 画家笔下的庞贝古城

而"考古学史上的第一次科学发掘"，应归功后来就任美国总统的托马斯·杰弗逊。1784年，为搞清弗吉尼亚州土墩墓的性质，杰弗逊采用探沟法发掘，识别出不同的地层，由此推论土墩墓在不同时期曾反复作为墓地利用。这种基于发掘材料的逻辑推理正是现代考古学的基础。进入19世纪，英国古物学家进行考古调查和发掘的手段逐渐科学化。最有代表性的工作是威廉·坎宁顿对索尔兹伯里平原土冢的发掘和理查德·霍尔对威尔特郡土冢的发掘。理查德·霍尔还发表了《古代威尔特郡的历史》（1812年第1卷，1821年第2卷），尝试用古物资料讨论威尔特郡的历史，这标志着从艺术爱好的古物学向历史研究的考古学的转变。[②]

（五）认识石器

对石器的认识经历了从确认石器工具是人类制作而非超自然的产物，到指出石器工具先于金属工具的缓慢过程。在16世纪，欧洲和美洲发现的石器多被视为

① ［加拿大］布鲁斯·G.特里格：《考古学思想史》（第2版），陈淳译，中国人民大学出版社2010年版，第50页。《考古学思想史》作者Bruce G. Trigger，中文译名有布鲁斯·G.特里格和布鲁斯·G.炊格尔两种，正文从后一种译法。

② ［英］格林·丹尼尔：《考古学一百五十年》，黄其煦译，文物出版社2009年版，第20页。

"雷电和某种雾状体与金属物质的混合物"。1655年，伊萨克·拉皮莱在他的著作中将"雷石"视为某个前亚当时期古老民族的制品，该书在巴黎被宗教裁判所没收，并当众焚毁，而作者则被迫在教皇面前公开认错。到17世纪末叶，由于田野发掘证据的出现，石器与人类骨骼的共存关系才开始被普遍接受。1723年，法国人安东尼·德·朱西厄将"雷石"与加拿大和加勒比地区的民族学石斧标本加以比较，提出它们属于尚不知铁器为何物的远古时期，在认识人类古老性上迈进了一大步。①

（六）从灾变论到均变论

从古物学到考古学的转变，直到19世纪中叶才得以完成。这一过程离不开新兴地质学的重大成就。19世纪上半叶，在法国、比利时和英国的洞穴发现了多处人骨、人工制品与灭绝动物共存的现象。但受灾变论学说的影响，这些材料在很长时期内没有被接受。乔治·居维叶认为，根据岩层提供的证据，人们只能设想在地球史上曾发生过一系列巨大的灾祸。《创世记》中的诺亚大洪水，就是保留这些灾祸中最近一次的历史记录。

随着时间的推移，对灾变论的反对者日益增多。苏格兰地质学家詹姆斯·赫顿在《地球理论》（1785年）中指出，岩层叠压现象是由海洋、河流和湖泊中一直在发生的自然作用引起的，这些作用至今仍在继续，即不同岩层的叠压现象存在逐渐形成的过程，这就是均变论原理。查尔斯·莱尔在《地质学原理》（1833年）中对这一原理又进行了深入讨论。他提出，从地质学上讲，古代的情况在本质上与现代类似，都经历过一个极为漫长的时期。这意味着埋藏在钟乳石层之下很深处的人骨与人工制品肯定是很久以前就堆积在那里的，这一观点对于确认远古人类的存在发挥了关键作用。伴随地质学的成就，远古人类的存在逐渐成为一般科学思想的组成部分，为19世纪史前学的发展奠定了坚实的基础。

（七）汤姆森提出"三期说"

人类的历史远远超出了《圣经》故事中仅有几千年历程的描述，史前史研究势在必行。18世纪末19世纪初，古物学家尝试对文物古迹进行分类说明，但进展不大。他们深切感受到，在没有年代学尺度的条件下，史前史研究是多么艰辛。这种困境随着"三期说"的提出而得到解决。

尽管18世纪已经有学者提出石、青铜和铁三个时代依次相继的想法，真正使三期说成为年代学突破的，却是丹麦学者汤姆森。19世纪初，丹麦民族主义高涨，丹麦皇家委员会收集大量古物成立国家古物博物馆，旨在唤起民众对民族过去的

---

① 陈淳：《考古学理论》，复旦大学出版社2004年版，第26页；[英]格林·丹尼尔：《考古学一百五十年》，黄其煦译，文物出版社2009年版，第14—16页；[英]保罗·G.巴恩主编：《剑桥插图考古史》，郭小凌、王晓秦译，山东画报出版社2000年版，第44页。

回忆。时任馆长的汤姆森面临的首要任务，是要寻找某种编排顺序，以便陈列日益增多的藏品。1819 年，他依据藏品尤其是工具和武器的制作材料，按照石器、铜器和铁器时代依次归组陈列，面向公众开放（图 1-2）。1836 年，汤姆森出版了《斯堪的纳维亚古物指南》（英译本《北方古物指南》于 1848 年刊行），详细阐述了他的划分方案。

图 1-2 汤姆森向观众介绍博物馆藏品

汤姆森的三期说提出后，延斯·沃尔索进一步推广这一学说，并以发掘中所见地层关系作为证明。1843 年，沃尔索发表《丹麦原始时代古物》一书，使三期说理论成为史前考古学的研究基础。[1] 1853—1854 年，瑞士康斯坦茨湖的奥伯尔美伦湖居遗址的发掘证实，遗址的地层可以和石器、铜器和铁器三个时代依次对应，从而证明了三期说的正确性，也使考古学家认识到观察地层的重要性。这一学说逐渐得到整个欧洲学者的认可。

然而，三期说并不完全适用于非洲和美洲，因为非洲撒哈拉沙漠以南没有使用过铜器；而在美洲，铜器并不重要，铁器的使用则晚到欧洲人殖民的 16 世纪。[2] 尽管如此，三期说确立了一个原则，即通过史前遗物的研究和分类，可以提供一个编年序列，进而探讨各时期的问题。三期说理论为史前史研究奠定了科学的基

---

① ［加拿大］布鲁斯·G. 特里格：《考古学思想史》（第 2 版），陈淳译，中国人民大学出版社 2010 年版，第 106 页。

② ［英］科林·伦福儒、保罗·巴恩：《考古学：理论、方法与实践》（第六版），陈淳译，上海古籍出版社 2015 年版，第 10 页。

础，考古学正在超越对历史揣测的阶段，逐渐成为一门包含细致发掘以及对出土遗物系统研究的学科。

二、考古学的发展和成熟（1840—1960 年）

这一阶段大致以 1918 年第一次世界大战结束为界，又可以分为考古学的初步发展和成熟两个时期。

（一）考古学的初步发展（1840—1918 年）

达尔文进化论思想的出现，对这一时期考古学的发展产生重要影响。1867 年，国际博览会和巴黎国际会议的召开，首次提出了史前时代的概念，被视为考古学证明进化论学说的一次胜利。这一阶段初步建立了年代学研究方法和编年框架，主要成就包括科学的田野考古工作方法的出现、类型学的产生和以三期说为基础的新分期框架的讨论等内容。

1. 田野考古工作方法的科学化

19 世纪后半叶是考古学发展成为一种严肃学术活动的时期，准确地收集资料是它至高无上的使命。在欧洲，庞贝古城的进一步发掘以及德国人海因里希·谢里曼、英国人皮特-里弗斯等人的早期发掘，为考古学的田野工作方法，特别是地层学方法做出了重要贡献。

从 1863 年起，意大利考古学家朱塞佩·菲奥雷利改进了对庞贝古城遗址的发掘方法。他以恢复这一古城的原貌为目标，对遗址中的房屋遗存按单元进行全面的揭露，讲求层位关系，并将发掘出来的遗迹保存在原地。在希腊，按照荷马史诗的记载于 1870 年寻找到古特洛伊城而闻名的谢里曼，在希沙立克首次大规模使用地层学方法发掘土丘遗址，分辨出了七层人类活动的层位。在英国，曾获得将军军衔的皮特-里弗斯，退役后在威尔特郡进行有关史前时期、罗马时期和撒克逊历史遗址的发掘研究。他在发掘期间制定出严格的发掘和记录方法，要求全面揭露遗址，观察地层并逐件记录发现的器物与位置，成为科学发掘的典范，他本人因此而被誉为"科学考古学之父"（图 1-3）。他还强调完整发表发掘报告的重要性。1887—1889 年，他自费出版的四卷本《在克兰伯恩切斯的发掘》，达到了考古出版物的最高标准。他于 1904 年写出《考古学的目的和方法》一书，总结了自己的工作经验。

在北美，通过对密西西比土墩的详细查勘和发掘，最终由赛勒斯·托马斯确认了北美印第安人才是土墩的建造者。在北非，在法国埃及学家奥古斯特·马里埃特的努力下，建立了第一个国家文物管理部门以及伊斯兰世界的第一个国家博物馆——开罗博物馆，以培养人们保护埃及考古遗产的意识。英国考古学家弗林德斯·皮特里在埃及发掘 40 余年时间里，在考古技术和方法上加以革新，与

图 1-3 皮特-里弗斯

皮特-里弗斯一样强调细致发掘、记录和及时出版报告。科学的田野考古工作方法的出现，使得考古学逐渐成为利用实物证据以探索古代人类历史的一门科学。

2. 考古类型学的产生

在建立可以涵盖广大时间和空间的编年体系过程中，类型学这种以编年或发展序列来排列遗物的研究方法越来越受到关注。在整个 19 世纪的类型学家中，最著名的是瑞典考古学家奥斯卡·蒙特柳斯。1903 年，蒙特柳斯在《东方和欧洲的古代文化诸时期》一书中，系统总结了考古类型学方法。受达尔文进化论思想的影响，他认为器物类型学的研究可以根据特征变化来追溯其发展历程和年代学序列（图 1-4）。根据人工制品在类型上的细微变化，蒙特柳斯将欧洲北部的青铜时代划分为六个连续的发展阶段；随后又把新石器时代划分为四个时期。[①] 随着类型学研究的发展，欧洲铁器时代也出现了几种分期方案。在北美，威廉·霍姆斯对美国东部陶器进行综合标准划分，不仅用于年代的区分，而且划分出以陶器为代表的文化区，建立了文化区的研究方法。类型学的出现，不仅为建立区域年代序列提供了有效的方法，而且由于各期和各区器物形制的差异，还引发了考古学家对于广阔时空范围内文化遗存之间关系的关注，为后来的考古学文化谱系研究奠

---

① 陈淳：《考古理论》，复旦大学出版社 2004 年版，第 67 页。

定了方法论基础。

图 1-4 蒙特柳斯用火车车厢演化来说明类型学原则

3. 以三期说为基础的新分期框架

考古地层学和考古类型学所关注的都是同一个问题，即考古遗存的相对年代问题。汤姆森的"三期说"提出后，首先面临的问题是，三期序列是否适用于整个欧洲？换句话说，能否建立一个适用范围更广的分期框架，成为考古学研究面临的新问题。这个分期框架的焦点，首先就集中在史前时期。

伴随着越来越多的考古发现，19 世纪科学界已经承认了石器与远古人类的存在。1859 年，约翰·伊文思把石器时代分成"砾石层期"和"石器时代"。1860年，埃杜瓦·拉尔泰首次提出石器时代的分期法，即洞熊时代、猛犸和披毛犀时代、驯鹿时代和野牛时代。1865 年，约翰·卢伯克在《史前时代》一书中把石器时代细分为"旧石器时代"和"新石器时代"。随着考古发现密度增大，1869—1883 年，加布里埃尔·德·莫尔蒂耶在《石器时代各时期的分类》一书中将旧石器时代分作五期，即舍利、阿舍利、莫斯特、梭鲁特和马格德林期。后来，法国人步日耶在莫尔蒂耶划分的莫斯特和梭鲁特期之间增加了奥瑞纳期，这种六期说的分法成为旧石器时代文化的标准分期，长期为学术界沿用。早在 1866 年，爱尔兰考古学家霍德·韦斯特罗普已经提出一个"中石器时代"阶段的设想，到 19 世纪 80—90 年代，法国学者爱德华·皮埃特在发掘勒·马斯德·阿齐尔的旧石器时代洞穴遗址时，确认了这一过渡阶段的存在。中石器时代的提出又促进了新石器时代的分期研究，如蒙特柳斯就曾把北欧新石器时代分作四期。此外，沃尔索和蒙特柳斯对青铜时代、莫尔蒂耶和奥托·蒂施勒等人对欧洲铁器时代也都提出了分期意见。①

与此同时，受达尔文进化论思想影响，学者们开始对人类社会形成和发展过程进行探讨。1881年，英国学者爱德华·泰勒提出人类历史发展的蒙昧、野蛮和文明三阶段。美国人类学家路易斯·摩尔根又进一步充实了这种"三期说"，并被恩格斯在《家庭、私有制和国家的起源》（1884年）一书中所接受，对后来的苏联学术界以及戈登·柴尔德等西方学者的研究产生重要影响。

（二）考古学的成熟（1919—1960年）

第一次世界大战以后，考古学在许多方面发生变革。田野考古工作真正在世界范围内普及开来，中国考古学也正是在这一时期形成和发展起来的。此期涌现出一批重要考古发现，如图坦卡蒙墓（图1-5）、哈尔迪斯的乌尔墓地、拉斯考克斯洞穴等。同时其他领域以及科学的进步，也对考古学科的日益成熟具有重大意义。

图1-5　霍华德·卡特发现图坦卡蒙墓

---

① 杨建华：《外国考古学史》，吉林大学出版社1999年版，第36—40页。

1. 田野考古工作方法进一步完善

伴随着考古工作者数量增加和田野工作采用更加严格的发掘和分析技术，地面考古工作越发复杂。20世纪初的考古发掘出现了三个相关要素，即垂直发掘以揭示早晚序列、水平观察以准确记录遗物的分布和对遗址出土所有遗物予以系统关注。代表这一时期田野考古发掘最高水平的是英国考古学家惠勒，他采用布方系统将垂直发掘与水平揭露结合起来，在遗址上布置一系列探方，探方之间以隔梁分开，以便对每个探方四个剖面的地层做详细观察和记录。这种布方系统被称为"惠勒方格"，今天仍在广泛使用（图1-6）。

图1-6　惠勒在印度南部阿里卡梅都的发掘场景

2. 自然科学技术的广泛应用

越来越多的科技手段被引入考古学中来，使测定年代、勘测遗存和分析遗存的方法越来越丰富。用于绝对年代测试的碳十四测年和树轮测年技术的引入，考古学研究的时间框架逐渐建立起来，使得人们对史前文化和历史文化的特性有了更为清晰的认识（图1-7）。其他测年方法还包括测定绝对年代的钾-氩断代法、古地磁法、热释光测年和测定相对年代的氮分析法、氟分析法和铀分析法等。在田野勘测方面，空中摄影技术和地球物理法的应用更加有利于探寻地面和地下遗迹。分析实物遗存的手段也更为丰富，地质学、物理学、化学的方法被用于判别岩石、矿物和金属制品的质地和成分，体质人类学、动物学、植物学的方法被用于分析生物遗存等。上述自然科学手段的介入，为全面收集和分析考古遗存提供了有力支持。

图 1-7 放射性碳元素断代法的发明人威拉德·利比

3. 文化区域和谱系研究

田野考古工作方法的改进和自然科学技术在考古学中的广泛应用，新考古资料的不断涌现，使学者们意识到笼统的分期研究不能解决考古学面临的主要问题，地域性已经成为各种分期意见产生分歧的主要原因。因此，文化区域和谱系研究成为这一阶段研究的热点内容之一。其重要研究进展是"考古学文化"概念的提出。

德国考古学家古斯塔夫·科西纳最早使用考古学文化来研究区域文化历史。这一概念用文化来表示特定时期特定区域具体的考古遗存，从而解决了考古遗存的空间差异问题。英国考古学家戈登·柴尔德真正普及了这一概念。他把考古学文化的研究看成是史前考古学者的主要任务，并在《欧洲文明的曙光》（1925 年）等著作中，用一种时空镶嵌分布的考古学文化模式来阐释一个区域的史前文化演变，对考古学文化做了深入研究。此外，他提出的农业革命和城市革命论说，成为其后几十年内考古研究的重大课题，大大推动了农业起源和文明起源的相关研究（图 1-8）。①

图 1-8 戈登·柴尔德

无论在欧洲还是美洲，采用地层学和类型学方法，建立和完善各地的年代序列，并在此基础上进行综合研究都是这一时期的主要任务。20 世纪二三十年代，美国考古学家艾尔弗雷德·基德尔在美国西南部建立了第一个地区考古学文化序列。但是到 20 世纪 30 年代后期，已经有美洲学者对这种研究提出不同看法，批评以年代学为唯一目标的考古学，对这种"见物不见人"的工作思路进行反思。1948 年，沃尔特·泰勒在他的博士论文《一个考古学的研究》中，主张应考虑考古学和其他学科的一体化，强调重视考古遗存所反映的人类行为。这一观点对后来的"新考古学"产生了很大影响。

4. 聚落考古

聚落考古是进行社会研究的另一种新途径。20 世纪 30 年代后期，文化生态学的倡导者人类学家朱利安·斯图尔德提出，考古学在器物型式分析之外，还应研究生存经济、人口规模和聚落变化。受到他的影响，1946 年，美国考古学家戈登·威利开始在秘鲁的维鲁河谷进行聚落调查和分析。1953 年，威利发表《维鲁河谷聚落形态之研究》，是这一时期聚落研究的代表作，也是美洲考古学史上一个划时代的里程碑。②

大体同时，苏联考古学界也发生了重要变化。十月革命以后，苏联否定了西

① 参见 [英] 戈登·柴尔德：《欧洲文明的曙光》，陈淳、陈洪波译，上海三联书店 2008 年版；[英] 戈登·柴尔德：《历史的重建——考古材料的阐释》，方辉、方堃杨译，上海三联书店 2008 年版；[英] 戈登·柴尔德：《考古学导论》，安志敏、安家瑗译，上海三联书店 2008 年版。
② [美] 张光直：《考古学专题六讲》，文物出版社 1986 年版，第 74—93 页。

方的考古研究目标和方法，以马克思主义为指导进行考古学研究，目标是重建物质文化的历史。类型学观点被认为是资产阶级进化论的产物，考古学不仅要描述发现的材料，而且要复原古代社会及经济领域。这种研究取向促使苏联考古学家开始关注普通人的生活，强调大平面水平式的发掘聚落、营地和工场，重视居址和居址结构之间的关系。在这一思想的指导下，苏联考古学家首次辨识出旧石器时代的居所，并对一些新石器时代村落做了最早的全面发掘。

三、新考古学及以后的考古学（1960 年以来）

20 世纪 60 年代以来，随着考古学文化谱系和编年工作在各个地区的建立，考古学界已经不再满足于建立在考古地层学和考古类型学基础上的传统文化史研究，对以传播、迁徙等概念解释文化变迁的模式也提出质疑。考古学理论和方法的思考与实践成为这一阶段的主流，阐释考古现象成为主要的研究任务。60 年代初形成的"新考古学"，也被称为"过程考古学"，在最初的 20 年间占据了理论的主导地位。20 世纪 80 年代以来，对新考古学的反思又促使更多的考古学流派出现。

（一）新考古学及其影响

1. 新考古学的形成

新考古学兴起的一个重要背景是 20 世纪上半叶进化论的复兴。新进化论的观点激发了一些年轻考古学者的热情。他们认为，利用新的方法研究考古资料，能够解释文化发展过程并找到历史发展规律。20 世纪四五十年代，随着文化生态学的引入和聚落考古的兴起，考古学开始转向对史前社会适应方式和社会组织结构的研究，也为新考古学的产生奠定了理论基础。1962 年，美国考古学家路易斯·宾福德（图 1-9）发表《作为人类学的考古学》一文，完整地表述了"新考古学"

图 1-9　路易斯·宾福德

的纲领。宾福德主张考古学与人类学的目标相同，是要"阐述整个时代内人类生存的物质和文化上的异同"。1968 年，宾福德和英国学者大卫·克拉克分别出版了《考古学新观察》和《分析考古学》，标志着"新考古学"在欧美的热烈讨论正式拉开序幕。

新考古学主张把考古学研究的中心转移到文化的全面复原和解释上来，研究的内涵扩大到物质文化、精神文明和社会结构等人类活动的主要方面。新考古学重视系统论，宾福德把考古遗存分为技术经济类、社会技术类和意识形态类，强调只有在系统的参照系中，才能对考古现象做出完整的解释。他认为，在人类及其所处的环境之间也存在系统关系，强调生态环境对人类生存状况的制约作用。1968 年肯特·弗兰纳里发表《考古学系统论与中美洲早期历史》一文，则标志着文化生态系统理论的形成。在欧洲，克拉克发展了柴尔德关于考古学文化的观点，在理解考古学记录方面也更看重地理学方法和历史学依据的重要性。另一位欧洲代表人物科林·伦福儒，也拥护新进化论和系统论，但他对寻找人类行为通则的研究目标仍持谨慎态度。

2. 新考古学的研究方法

受逻辑实证主义影响，新考古学派研究方法以"假说-验证法"为特征。这是一种从一般理论、特定假设演绎出内涵，再用考古发现的实际资料加以验证的方法。新考古学派反对使用归纳法获得研究结论。实证的方法促使新考古学派广泛吸收自然科学的方法和成果，从而大大拓宽了考古学的研究范围，使考古学研究更为科学和精确。

新考古学的另一个常用研究方法是类比。宾福德认为，考古材料是静态的记录，考古学家需要在"现在"与"过去"之间建立一种"中程理论"，引导我们通过观察静态的考古资料而得出有关过去社会的普遍认识。要获得"中程理论"，就需要进行类比研究，类比的资料主要来自实验考古和民族考古。这种研究方法促进了实验考古学和民族考古学的发展。

运用计算机使对象数量化以便于统计研究，是新考古学研究的又一特点。根据研究对象设定单个或多个变数，采用数学方法借助计算机从事变量分析。还可以通过计算机模拟整个文化系统，然后用考古资料进行检验，或通过变换某些因素，了解这些因素对其他因素乃至整个文化的影响作用。

3. 新考古学的影响

新考古学提出后，在世界范围内经历了一个由怀疑、争议到肯定的过程。在美洲，新考古学兴起后的 20 年里，受到青年考古学家的拥护。但在欧洲，赞成者却只占少数。

到 20 世纪 70 年代中期，新考古学在美洲和欧洲已经成为主流。正如布鲁斯·炊格尔所评价的那样，新考古学使得大多数美国考古学家引以为荣的考古学中的清规戒律有了改变。① 新考古学主张考古研究的重点从"物"转向"人"，研究人类的行为方式和文化变化的过程，代表了考古学发展的方向；他们倡导的实证研究方法，拓宽了考古学的研究领域，使考古学研究建立在更加可信的基础之上。这是新考古学对于学科发展做出的重要贡献。

当然新考古学的局限性也是显而易见的。批评者对新考古学不加说明地引用其他学科的概念和术语十分反感，研究方法上对"归纳法"的贬低往往忽视了演绎和归纳的过程是相互关联的，生态决定论的观点则忽视了人类社会组织和意识形态对文化演变的能动作用。越来越多的考古学家反思后认为，考古材料的不完整性严重限制了它们在概括人类行为基本特征时的应用，新考古学把总结人类行为的规律或法则视为考古学的最终目标，过高估计了考古资料的信息含量和考古学家的释读能力。②

（二）当代考古学主要流派

20 世纪 80 年代后期和 90 年代前期，许多考古学家指出新考古学在关注认知因素、实证主义认识论的困境和中程理论发展中存在的问题。他们开始另辟蹊径，形成不同的流派，这些不同的思潮形成一个松散的学术群体。伊恩·霍德将这一趋势称为"后过程考古学"。后过程考古学通过对新考古学的反思，代表着考古学进入一个新的阶段，考古学理论界形成多种声音并存的局面，并且不同理论之间也开始出现明显的相互吸收现象。这些主要学术流派包括社会考古学、认知考古学、结构考古学和性别考古学、经济考古学等。这里主要介绍社会考古学、认知考古学和性别考古学三个学术流派。

社会考古学形成于 20 世纪 80 年代，其代表人物是科林·伦福儒，代表作则是他 1984 年出版的论文集《社会考古学研究》。社会考古学是西方学者通过强调社会关系的决定作用来反对生态决定论和文化进化论的产物，主张用考古资料研究过去的社会组织、社会规模、社会结构和社会之间的相互关系，近年来也开始关注身份认同问题。关于社会组织的分类，当代社会考古学越来越多地采用和发展了西方人类学家的一套早期社会组织演进分类标准，即游群、部落、酋邦与早期国家。当然，这些社会组织并非依次出现在每一个文明中，比如有些地区的文明只发展到酋邦，有些文明则出现了国家。从考古学上看，世界各古代文明的社会、文化特征也不是完全一致的，各有其自身的特征和运行机制。在确定社会规模的研究方法上，聚落考古发挥了重要作用，主要包括三个步骤。首先是进行区域系

---

① ［加拿大］布鲁斯·炊格尔：《时间与传统》，蒋祖棣、刘英译，生活·读书·新知三联书店1991 年版，第 17 页。

② 栾丰实、方辉、靳桂云：《考古学理论·方法·技术》，文物出版社 2002 年版，第 174—175 页。

统调查，然后根据调查结果进行聚落形态分析，进而确认围绕地区中心所形成的社会规模和政治疆域。① 社会考古学研究有两层重要意义：一是强调社会因素在构成古代生活方式上的重要性；二是强调考古学在当代社会的责任与考古实践的后果。② 理念和技术的进步使得考古学家可以用新的数据来重建社会科学领域许多基本议题——从不平等和社会分层系统一直到市场经济和政治组织。社会学、经济学、政治学和法学等社会科学的术语和概念越来越多地出现在考古学家的论著中，"作为社会科学的考古学"这一命题便应运而生。③ 随着全球的一体化和学科的国际化，考古学正在超越其固有的地域局限性，成为所有从业者可以共享的知识领域。

认知考古学这一术语于 20 世纪 80 年代正式提出，主要通过古代遗存研究过去人类的精神世界。这是对早期过程考古学只关注人类行为而忽视人类能动性的一种反思。考古遗存中有相当一部分是人的思想和意图的产物，而共同生活，拥有共同的文化，使用同一种语言的人群通常会有共同的世界观或思维体系，即认知图。认知考古学就是要通过与特定人群有关的一些相互关联的遗存去了解他们共有的认知图。弗兰纳里认为，这种研究只有在资料比较丰富的情况下才是可行的。伦福儒对认知考古学的研究内容进行了系统阐释，划分为以现代人出现为界的前后两部分。一是前智人阶段，即现代智人之前的人类，包括南方古猿、能人、直立人和尼安德特人在内的人类认知能力的进化过程，涉及语言的使用、自我意识的形成等关键问题；二是现代人形成以来人类认知能力的变化以及在文化发展过程中反映人类认知能力的东西。④ 现代人思维活动的产物种类繁多，大致可以归入以下几类：第一，人们对时间、空间、重量和体积等使用测量符号系统，象征着人类与自然界的联系；第二，规划布局，从新石器时代村落到金字塔和城市布局，表现了人与未来的关系；第三，社会组织与权力的象征，如历史时期的货币，它既是一种价值的符号，又反映了复杂社会组织的发展程度；第四，宗教遗存，象征了人类世界与超自然界的关系；第五，艺术品，它们直接通过符号来表现人们的内心世界。对上述几类遗存的研究可以帮助我们了解古代人类的思维、观念和信仰，但研究的结论只是一种假说，还需要参考有关的历史文献和民族学资料予以检验。当前认知考古学最重要的是要建立一个可靠的方法论，以便在此基础上

---

① 杨建华：《外国考古学史》，吉林大学出版社 1999 年版，第 194 页。
② ［英］科林·伦福儒、保罗·巴恩主编：《考古学：关键概念》，陈胜前译，中国人民大学出版社 2012 年版，第 238 页。
③ ［美］迈克尔·史密斯等：《作为社会科学的考古学》，惠夕平译，《南方文物》2013 年第 4 期。
④ ［英］科林·伦福儒、保罗·巴恩主编：《考古学：关键概念》，陈胜前译，中国人民大学出版社 2012 年版，第 43 页。

认识古代社会的思想以及这些思想如何影响了人们的行动。

性别考古学于 20 世纪 80 年代初开始在欧美考古界兴起和发展，采用批判性视角，从民族志、物质文化、墓葬与骨骼、历史文献、艺术史及生理学角度，重新评估男女两性在特定历史背景中的作用，以深入探讨古代社会结构的演变。[①] 性别考古学的目的主要有三：首先，揭露考古研究各个阶段中存在的性别偏见；其次，寻找与女性相关的考古材料，分辨它们在性别作用、性别身份、社会性别中的表现；再次，考察性别差异的问题。性别考古在实践中强调了对诸如家居考古等小尺度内容的重新检视，并把家庭作为过去社会和政治生活的一个重要组成部分予以重新解释。

正如炊格尔所言，无论过程考古学还是后过程考古学，都希望利用人类学理论来解释社会或文化的运转和变迁。一些考古学家努力将人类学理论应用到物质文化研究中来，在考古研究中取得了很大成就。而大部分考古学家倾向于采纳现成的人类学理论，尽管这些理论有时相互矛盾。[②] 这种现象反过来使考古学家逐渐认识到，考古学和文化人类学的学科差异是很明显的。

第二节　中国考古学简史

在世界考古学的发展历程中，中国考古学产生的时间相对较晚，而且是随着西学东渐而由西方传入的。在现代考古学传入中国之前，从比较早的时期开始，不同时代的文人学者就对本土的古代遗存，特别是古代文物进行了收集和初步研究。不过，这些研究古代器物的学问虽然在一定程度上丰富了中国古代历史的研究，但是最终并没有直接演变为现代考古学。

一、金石学的产生和发展

古人在追寻自己的历史时，很早就开始注意到埋藏于地下的古迹和古物。根据对古器物的收集方式和研究深度，这一时期又可以划分为前后两个阶段。

（一）零星发现和研究阶段

北宋金石学产生之前，人们对地下出土的古器物和古文字资料虽然比较重视，但在研究方面并没有形成规模和气候。

距今两千多年以前的西汉时期，司马迁在《史记》中多次引用他实地调查到

---

① 陈淳：《美国性别考古的研究及启示》，《东南文化》2010 年第 6 期。

② ［加拿大］布鲁斯·G. 特里格：《考古学思想史》（第 2 版），陈淳译，中国人民大学出版社 2010 年版，第 363 页。

的古迹材料。如在《春申君列传》中提到考察春申君故居的情况："吾适楚，观春申君故城，宫室盛矣哉！"他也曾"南游江、淮，上会稽，探禹穴，窥九疑，浮于沅、湘；北涉汶、泗，讲业齐、鲁之都，观孔子之遗风，乡射邹、峄；厄困鄱、薛、彭城，过梁、楚以归"①。

汉武帝时，曾有人得宝鼎于山西汾水，献于汉武帝，故将此年改元为"元鼎元年"（前116）。所献宝鼎实际上就是商周时期的青铜鼎。

汉宣帝神爵四年（前58），"美阳（治今陕西武功西北）得鼎，献之"（《汉书·郊祀志下》）。好古文字的张敞对这件"尸臣"鼎的铭文进行过考释。

东汉时期，许慎在撰写《说文解字》时，曾注意收录和参考郡国山川出土的钟鼎彝器之上的前代之古文。

西晋太康二年（281），汲郡人盗掘魏王墓，出土了大批竹简，后经过荀勖、束皙等人多年的整理、释读和考订，最终编次为《纪年》《易经》《国语》《穆天子传》等十几种古书共七十五篇。这些古书被后人统称为《汲冢书》。

北魏时期，郦道元撰写的《水经注》，其中对各地的古城、陵墓、寺庙、碑碣以及其他史迹多有记述，许多现在已经损毁不存，这些记载具有较高的史料价值。其后，唐代的《括地志》和《元和郡县图志》，也调查和记载了许多古遗址、古墓葬和古寺观等遗迹。

综上所述，自两汉以来，虽然一直有人在零星地调查、收集和研究古代遗存，但从总体上说，还没有形成一种专门的学问。

（二）金石学的产生和发展

北宋时期，随着史学和书学的发达和拓墨术、印刷术的发明，首先开始了收藏、著录、研究古代铜器和石刻的风气，从而逐渐形成一门具有学术系统的金石学。

金石学，它是在没有科学发掘的情况下，以零星出土的古代铜器和石刻为主要研究对象，偏重于著录和考订文字资料，以证经补史的一门学问。

首开金石学风气的是北宋仁宗时的史学家、经学家刘敞，他将自家收藏的11件古器物，摹写铭文，绘画图像，刻之于石，名为《先秦古器图碑》。他还在《先秦古器记》中开创了金石著作的体例。嘉祐八年（1063），欧阳修完成的《集古录》是第一部真正意义上的金石学专著。该书收录了上千件铜器和石刻，涉及的时代和内容极其广泛。

现存最早的金石学著作是北宋哲宗元祐七年（1092）吕大临撰写的《考古图》10卷，共收入青铜器、石刻、玉器等古器物234件。也是文献史上第一次出现与

---

① 司马迁：《史记》卷一三〇《太史公自序》，中华书局1959年版，第3293页。

当今意义相近的"考古"一词（图1-10）。北宋徽宗宣和五年（1123）成书的《宣和博古图》（王黼编纂），集中了宋代皇室收藏的历代青铜器800余件。每类器物有总说，每件器物有摹绘图、铭文拓本、释文以及尺寸、重量与容量，有的甚至还记述有出土地点和收藏，是宋代金石学的代表作。

图1-10   《考古图》书影

此外，还有一些重要的金石学著作流传下来，如赵明诚和李清照的《金石录》、薛尚功的《历代钟鼎彝器款式法帖》等。

宋代学者在金石学方面的成就，主要体现在以下几个方面：一是收录古代各种金石文物，并使之逐渐成为专门的学问；二是创造了传拓铭文和绘制图像的方法，从而保留下来一批珍贵的资料；三是考释和研究，包括对金石的时代和真伪、碑刻文字和内容、对经史记载的修正等；四是确定了一批古代器物的名称，并且一直沿用到现在。然而，宋代从皇帝到士大夫阶层对金石学的崇尚，一定程度上助长了盗掘古墓的风气。

元明两代，金石学的成就不多。代表性著作有《河朔访古记》《古玉图》等。前者重视野外考察，拓展了金石学的研究方法；后者专门收录玉器，开辟了一个新的研究领域。

到清代，社会政治环境的变化和受乾嘉学派影响等原因，使金石学重新发展起来，并很快达到其鼎盛时期。乾隆年间御撰的《西清古鉴》《宁寿鉴古》《西清古鉴续鉴甲编·乙编》，收录了清廷的大量藏品，从而推动了清代古物研究和金石学的迅速发展。像顾炎武的《金石文字记》、程瑶田的《考工创物小记》、阮元的《积古斋钟鼎彝器款识》、吴式芬的《捃古录金文》、吴大澄的《愙斋集古录》、王昶的《金石萃编》、冯云鹏和冯云鹓的《金石索》等书，不仅从不同的方面反映了这一时期金石学的发展，并且均具有较高的学术水准（图1-11）。

这一时期金石学的研究范围，从以青铜彝器和石刻为主扩展到造像、画像石、墓志、铜镜、兵符、钱币、玺印、砖瓦、封泥甚至明器等领域。到清代末期，商代甲骨和汉代简牍的发现，进一步扩大了金石学的研究范围。罗振玉和王国维是这一时期金石学收藏和研究的集大成者。

据容媛《金石书目录》统计，从北宋到清代乾隆时期的700余年之间，流传下来的金石学著作仅有67种，而乾隆到民国初年200年间，金石学著作的数量就达到了906种之多，可见金石学在清代发展之快。

金石学产生于宋代，鼎盛于清中后期至民国，在学术史上占有重要地位。但与现代考古学相比，它们之间存在着巨大差异：首先是研究目的不同，金石学以证经补史为研究目的，而考古学则力图研究和复原古代社会历史；其次是研究的对象不同，金石学主要以零星出土和传世的遗物为研究对象，而考古学研究的是以科学发掘所得为主的各种古代遗存；第三是获取资料的手段和研究方法不同，考古学是采用科学的考古调查和发掘等手段来获取资料，并有专门的研究方法，如地层学和类型学等，而金石学则完全不同。两者关系好像"炼丹学之与现代化学；采药学之与现代植物学。炼丹采药，自有它们在学术史上的价值；然而决没人说它们就是化学或植物学"[①]。所以，中国的现代考古学不是也不可能从传统的金石学中生长出来。

二、考古学传入中国（1895—1921年）

19世纪末20世纪初，随着西学的传入，考古学也被介绍到中国。如章太炎和梁启超等人在其著述中，都提到过考古学对于研究历史的重要性。梁启超在其

---

① 李济：《现代考古学与殷墟发掘》，《安阳发掘报告》第二期，1930年，第405页。

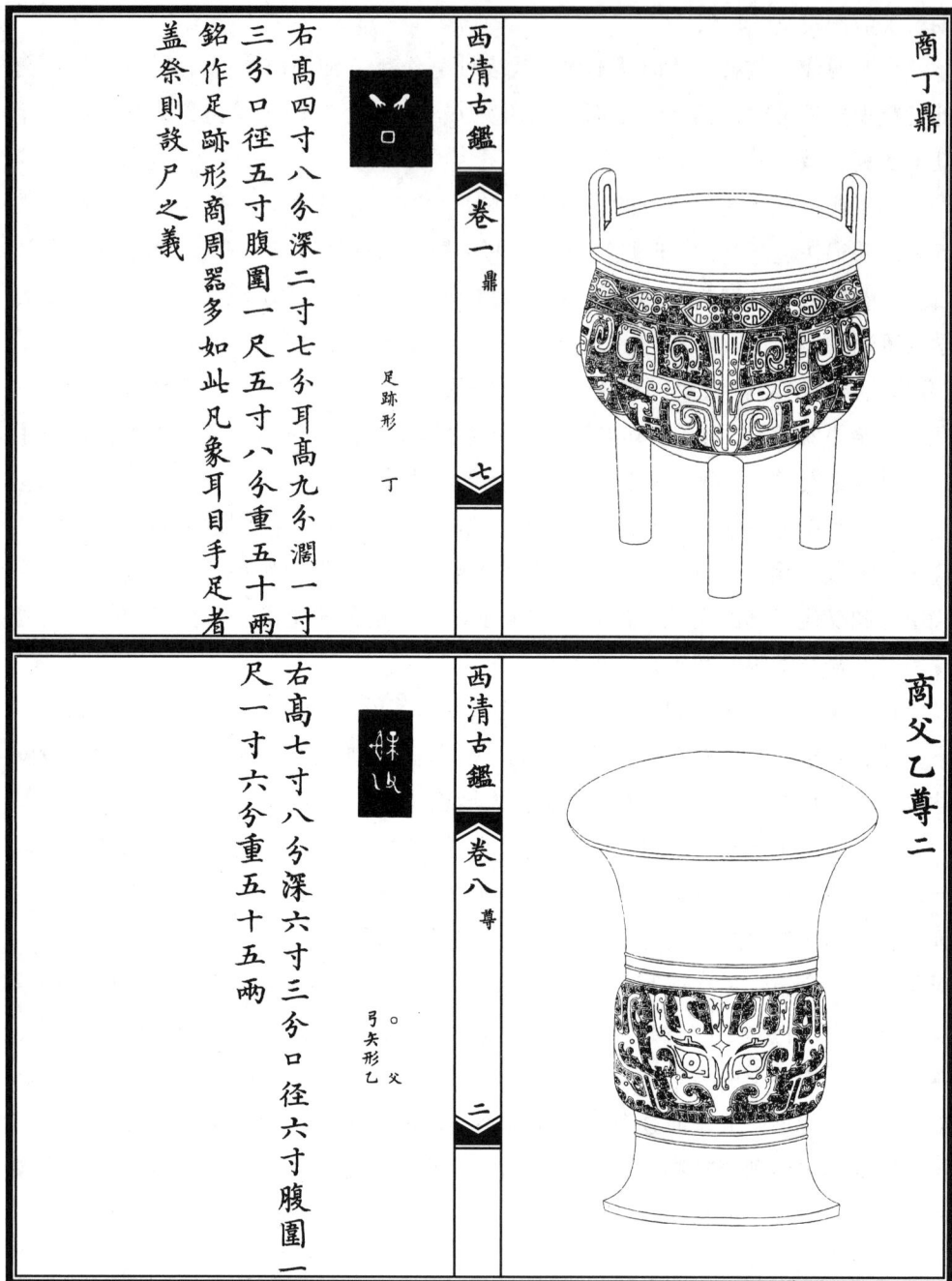

图 1-11　《西清古鉴》著录的青铜器

1901 年发表的《中国史叙论》中，曾经引述欧洲学者提出的"所谓史前三期"（石刀期、铜刀期、铁刀期），并与中国的古史进行对照。

这一时期，在西方列强侵略和瓜分中国的历史背景下，一批外国学者开始到中国来开展田野考古工作。从这些考古工作的性质和涉及的地域，大体上可以归纳为三个方面。

（一）西方学者在西北地区的考古活动

西方学者在西北地区的考古调查和发掘工作，主要内容是对古遗址（包括城址）、古墓葬和石窟寺进行考察和发掘。

受俄国学士院的派遣，克列缅茨率领的探险队，于1898—1899年到新疆吐鲁番进行了古代城址的考古发掘。稍后，瑞典学者斯文·赫定到新疆考察罗布泊（1901年），意外发现并大规模发掘了楼兰古城遗址，揭开了从人们记忆中消失千年之久的楼兰古城的神秘面纱。

英国人斯坦因三次（1900—1915年）到中国西北地区"考察"，调查和发掘了多处古遗址。他两次到敦煌莫高窟，掠走各类文物1万余件，其中大部分收藏于伦敦大英博物馆。法国汉学家伯希和在西北地区"考察"并发掘过多处遗址（1906—1907年），期间从敦煌莫高窟掠走大量各种文书和唐代绘画与幡幢、织物、木制品、木制活字印刷字模等。

此外，法国传教士、地质古生物学者桑志华在天津创建了北疆博物院（1922年）。同时，他还在黄河流域中上游地区进行了多次科学考察，发现了宁夏水洞沟、内蒙古萨拉乌苏等一系列重要的旧石器时代遗址。

（二）日本学者在东北和台湾地区的考古活动

19世纪末至20世纪初，在日本军国主义侵略中国东北和侵占中国台湾的历史背景下，日本人开始涉足这些地区的考古工作。

1895年、1905年和1908年，日本第一代考古学家鸟居龙藏先后三次在中国东北的辽东半岛地区进行考古调查，发现多处新石器时代和历史时期遗址，这是中国境内开展时间最早的近代考古工作。[①] 综合三次调查成果的《南满洲调查报告》（日文版），于1910年在日本出版。后两次调查时，鸟居龙藏还把他的考古调查工作延伸到了蒙古草原地区，著名的赤峰红山后遗址就是此时发现的。

在上述调查的基础上，1909年，鸟居龙藏在辽东半岛南端的老铁山发掘了4座积石墓。1910年，滨田耕作在同一地点进行了第二次发掘，发现了包括龙山文化白陶在内的一些随葬遗物。同时，还在旅顺刁家屯等地进行汉墓的调查发掘。截至1945年，日本学者在包括内蒙古在内的东北地区进行了一系列的考古调查和发掘工作，如，大连地区营城子汉墓（1931年）、羊头洼贝丘遗址（1933年）、双砣子遗址（1934年）、四平山积石冢（1941年，图1-12）、文家屯贝丘遗址和积石冢（1942年）等，黑龙江地区上京龙泉府遗址（1933年）、顾乡屯遗址（1933年、1937年）等。此外，他们染指中国考古的行为进一步延伸到了华东和华北地

---

① 1902—1903年，鸟居龙藏还赴中国西南地区进行过为期7个多月的民族学和考古学调查。

区。这期间，他们还出版了一些考古调查和发掘报告。

图 1-12　辽宁大连四平山 35 号积石冢

台湾地区的早期考古工作也是日本人主导进行的。自 1896 年田中正太郎在台北发现石器开始，不断有人在台湾开展考古调查。据鸟居龙藏统计，至 1911 年台湾就发现各类遗址 169 处。

（三）安特生在中国的考古活动

安特生（1874—1960）是瑞典著名的地质学家，曾任瑞典国家地质调查所所长。1914 年，应中国北洋政府的邀请，安特生来华担任北洋政府农商部矿政司顾问。后来，由于环境的变化，其兴趣逐渐转移到了考古学方面，最终成为研究中国的著名史前考古学家。

安特生于 1918 年首先发现北京西南郊周口店龙骨山化石地点，并促成了后来的周口店遗址的考古发掘。1921 年，安特生先后主持发掘了辽宁锦西县（今辽宁葫芦岛）沙锅屯遗址和河南渑池县仰韶村遗址，其中仰韶文化的发现和确立，被多数学者视为中国现代考古学的开端（图 1-13）。

为了寻找仰韶文化彩陶的来源，安特生于 1923—1924 年赴甘青地区进行了一系列的考古调查和发掘工作，发现了马家窑、半山、马厂、齐家、辛店、寺洼、沙井、卡约等一批新石器时代和青铜时代的古代遗存。之后，安特生的主要精力转向了中国史前史的研究，他利用考古资料来研究中国上古史，取得了前所未有

图 1-13　安特生在渑池仰韶村
左二为安特生

的成就。主要论著有《中华远古之文化》（1923 年）、《甘肃考古记》（1925 年）、《黄土的儿女》（1934 年）、《中国史前史研究》（1943 年）等。

安特生是中国现代考古学的开拓者，他利用考古资料研究中国早期历史，取得了一系列成就。但是，由于方法论方面存在的问题和当时工作及考古资料本身的局限性，他在研究中也出现过一些错误，如支持中国文化西来说、甘青地区的考古分期也不准确等。不过，他晚年对自己的一些错误观点进行了一定程度的修正。

三、中国考古学的诞生和初步发展时期（1921—1949 年）

这一时期中国考古学的发展，大体可以分为诞生期和初步发展期两个阶段。

（一）中国考古学的诞生期（1921—1931 年）

安特生发掘仰韶村遗址并确立仰韶文化之后，中国学术界的各种考古活动日益活跃，与现代考古学相关联的考古研究机构和学术团体相继建立起来。1922 年，北京大学研究所国学门设立考古学研究室，马衡担任研究室主任。1923 年成立的古迹古物调查会，翌年改为北京大学考古学会。1925 年，清华大学成立国学科（研究院），李济受聘为该院的人类学讲师。1926 年，北京大学考古学会与日本东亚考古学会在北京合组"东方考古学协会"，后来中国学者陆续退出，该协会解体。①

———————————

① 　桑兵：《东方考古学协会述论》，《历史研究》2000 年第 5 期。

1928 年，中央研究院成立的历史语言研究所（以下简称"史语所"）内设考古组，聘李济为首任组长（图 1-14）。作为中国政府的考古学研究机构，在此后

图 1-14 中国现代考古学的早期组织者傅斯年和开创者李济

的一段时间内，史语所考古组主持和引领了早期中国考古学的发展。随后在北平地质调查所成立的新生代研究室，是中国第一个专门从事新生代地质学、古生物学和古人类学研究的专门机构，主导了周口店的多次发掘和中国其他地区的旧石器时代考古调查、发掘和研究工作。大体同时，在北平研究院成立的史学研究会中设立了考古组，也是当时开展田野考古工作的一支队伍。

这一时期，除了前述安特生在河南、辽宁、甘肃等地的调查和发掘之外，中国境内其他地区的田野考古工作也陆续开展起来。

任教于清华大学国学院的李济主持了山西汾河流域的考古调查，并发掘了夏县西阴村遗址（1926 年），在晋南地区首次发现仰韶文化遗存。

1927 年起，北平地质调查所开始在北京郊区的周口店遗址进行连续发掘，这一工作先后由李捷、步林、杨钟键、裴文中、贾兰坡等主持，发现了著名的北京人及其文化遗存。

1927—1928 年，"东方考古学协会"在大连地区先后发掘了貔子窝（即单砣子）、高丽寨和牧羊城遗址。同年，北京大学考古学会与瑞典探险家斯文·赫定合组"西北科学考察团"，在新疆等地开展了以历史时期考古为主的田野调查工作。

1928 年，中央研究院史语所董作宾到安阳殷墟开展发掘工作，这是中国学术机关独立进行科学发掘的开端（图 1-15）。此后至 1937 年日本发动全面侵华战争，史语所对殷墟共进行了 15 次大规模发掘，工作先后由董作宾、李济、郭宝钧、梁思永和石璋如等主持，发现和发掘了宫殿区和王陵区以及周边的近十处新石器时代和商周时期遗址。

图 1-15　1935 年安阳殷墟发掘队成员

从左至右为：王湘、胡厚宣、李光宇、祁延霈、刘燿、梁思永、李济、尹焕章、夏鼐、石璋如

同年，吴金鼎调查发现济南附近的历城县（今山东济南章丘区）城子崖遗址，并促成了 1930 年和 1931 年中央研究院史语所考古组两次发掘该遗址，发现和确认了一种全新的考古学文化——龙山文化。

1930 年，从美国哈佛大学学成归来的梁思永加入史语所考古组，翌年春主持了安阳后冈遗址的第二次发掘（图 1-16）。这次发掘结束了自安特生和李济以来在田野考古工作中采用地质学的水平层划分层位的方法，开启了按文化堆积的实际情况划分文化层的新方法，发现了仰韶、龙山和小屯"三叠层"（图 1-17），从而标志着中国考古学度过了其诞生期，开始步入一个新阶段。

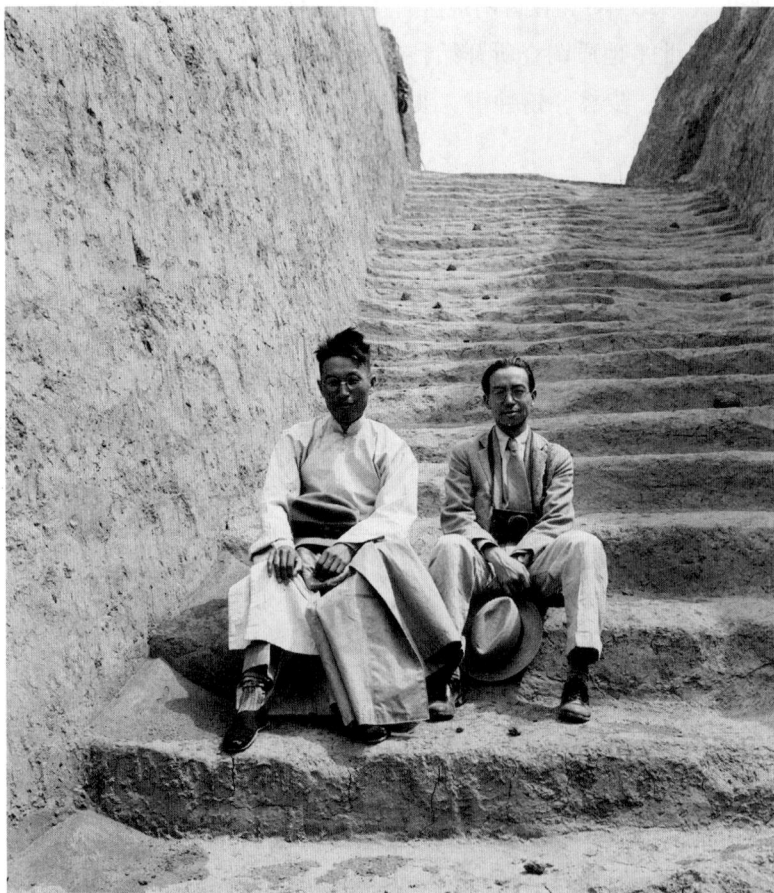

图 1-16　梁思永和梁思成在安阳殷墟西北冈

这一时期，疑古学派关于"层累地造成的中国古史"的观点在学界十分流行，原本言之凿凿的完整上古史，变得虚无缥缈。这一巨大变动引导着人们把探求一个真实的中国上古史的希望寄托于考古学，产生了从地下发现新史料来重建中国上古史的迫切要求。在这样的时代背景下，才会在短短十年时间内成立这么多的考古研究机构和进行各种田野考古的尝试；才会有傅斯年"上穷碧落下黄泉，动手

一、后冈第283、284两坑纵截面(东墙)

二、后冈第241、243、244三坑纵截面(东墙)

		比例尺			
地面层	褐土		灰褐土	烧土	
黄土	浅灰土	0　　　　　5 米	浅绿土	扰土	
浅黄土	深灰土		绿土	沙土	

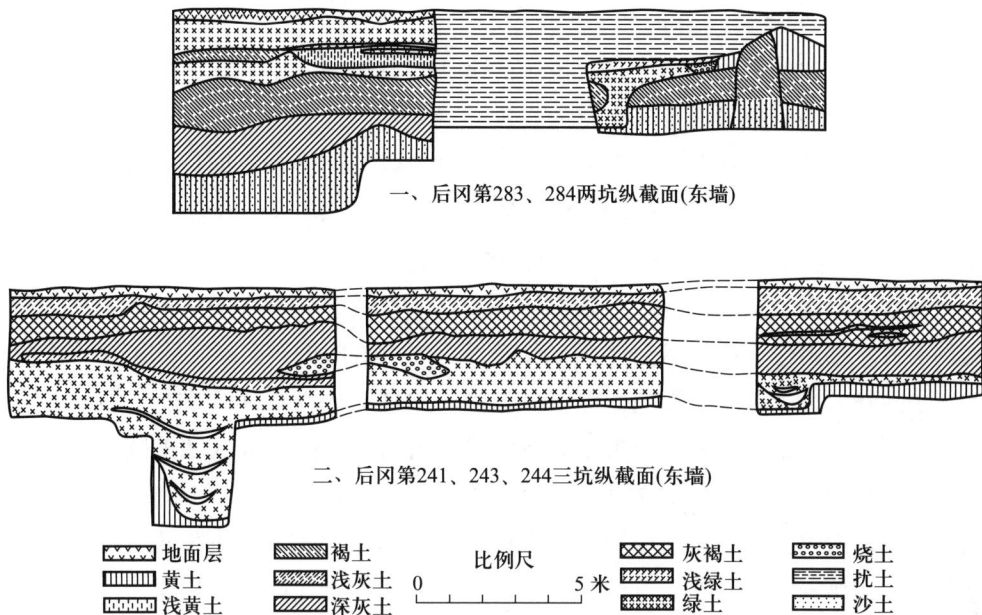

图 1-17　梁思永发现的安阳后冈遗址"三叠层"

动脚找东西"这样直白的名言，并且把它作为国家学术机构的宗旨（图 1-14）。①

关于中国考古学诞生的具体时间，学术界尚未形成统一的认识，目前主要有两种基本观点：一是把 1921 年安特生发掘仰韶村遗址，进而确立了仰韶文化，作为中国现代考古学诞生的标志；② 二是把 1928 年中央研究院史语所考古组第一次正式发掘安阳殷墟作为中国考古学的开端。③ 考虑到发掘工作开展的时间早晚、内容和对中国考古学的影响等因素，我们认为，把安特生发现和确立仰韶文化作为中国考古学的开端比较符合中国考古学发展历史的实际。

（二）中国考古学的初步发展时期（1931—1949 年）

由安阳后冈遗址"三叠层"确定的仰韶、龙山和小屯（商）文化之间的相对年代关系，标志着中国田野考古开始走上了科学发展的轨道。之后短短几年，发掘工作延伸到黄河流域、长江下游和其他地区。而这一时期中国田野考古的主阵地当之无愧地属于北京周口店和安阳殷墟的发掘。

---

① 傅斯年：《历史语言研究所工作之旨趣》，《中央研究院历史语言研究所集刊》第一本第一分，1928 年 5 月，第 9 页。

② 李济：《华北新石器时代文化的类别、分布和编年》，《李济考古学论文选集》，文物出版社 1990 年版，第 180 页；严文明：《纪念仰韶村遗址发现 65 周年》，《仰韶文化研究》，文物出版社 1989 年版，第 1 页。

③ 王世民：《中国考古学简史》，中国大百科全书总编辑委员会、中国大百科全书编辑部编：《中国大百科全书·考古学》，中国大百科全书出版社 1986 年版，第 690 页；徐苹芳：《中国现代考古学的诞生》，《中国历史考古学论集》，上海古籍出版社 2012 年版，第 482 页。

继 1929 年发现第一个北京人头骨化石之后，周口店发掘的新成果不断涌现，如北京人制作和使用的石器、用火遗迹的确认，更多的北京人化石的发现，属于晚期智人阶段的山顶洞人及其文化的发现和确立等。这些重大成果在国际古人类学界引起极大反响，吸引着一批又一批来自世界各地的学者。周口店的发掘工作（图 1-18）一直持续到 1937 年夏天日本发动全面侵华战争，前后连续进行了 15 次。其成果改写了中国乃至世界早期人类的历史。

较之周口店，安阳殷墟的发掘工作（图 1-19）在国内具有更大的影响力。殷墟的考古发掘工作也持续到日本发动全面侵华战争的 1937 年，前后也进行了 15 次，中间除了受中原战争影响而停工一年多，发掘工作基本连续进行。殷墟的发掘面积更大，动用的人力物力更多，不仅揭露出商王朝的宫殿区和王陵区及大片的祭祀遗存，而且出土了以青铜器为代表的大量珍贵遗物和有确切单位的甲骨文。就单个遗址的收获而言，迄今为止尚无可以与殷墟相媲美的考古发现。同时，殷墟的发掘还培养出了一支业务精干、研究水平高超的专业队伍，从而使史语所和考古组因此而享誉中外。这从中央研究院首届 28 名人文社科组院士中有 3 人（李济、梁思永和董作宾）来自殷墟发掘队伍可见一斑。从某种意义上说，史语所考古组主持的殷墟发掘和研究，从整体上影响了中国考古学的发展和走向。

这一时期城子崖发掘资料的公布和龙山文化的确立，史语所考古组在豫北、鲁东南沿海、豫东皖北等地一系列龙山文化遗址的发掘，如大赉店（1932 年）、高井台子（1932 年）、刘庄（1933 年）、两城镇（1936 年）、造律台和黑堌堆（1936 年）等，不仅增加了大量新资料，更重要的是确立了一个和殷墟商文化在年代和文化属性上较之仰韶文化更为接近的新文化——龙山文化。此外，还发掘了辛村（1932—1933 年）、山彪镇（1935 年）和琉璃阁（1935—1937 年）等重要的两周墓地。

除了史语所考古组主导的系列考古发掘之外，其他学术团体和研究机构也广泛开展了田野考古工作。如北平研究院等在河北易县燕下都燕国都城遗址的考古调查和发掘（1929—1930 年），在陕西渭河流域的考古调查以及对宝鸡斗鸡台遗址的发掘（1933—1937 年）；西湖博物馆施昕更在余杭良渚的调查和发掘（1936 年），开启了良渚文化考古的先河。

1937 年之后，随着日本发动全面侵华战争和东部大片国土的沦陷，较大规模的田野考古工作基本处于停滞状态，只有史语所考古组等单位在西南和西北地区进行了零星的考古调查和发掘工作。例如：吴金鼎等在云南苍洱地区的调查和发掘工作（1938—1940 年）以及对四川彭山汉墓（1941 年）和成都王建墓（1943 年）的发掘；1942—1948 年，史语所、中央博物院和中央地质调查所等单位，对甘肃为主的西北地区进行了三次较大规模的考古调查和发掘，其内容既包括历史

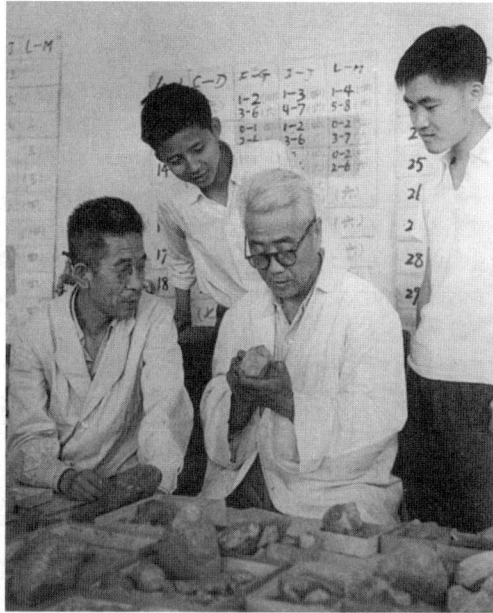

图 1-18　周口店遗址主要发掘者及发掘现场

上图左一为贾兰坡、右二为裴文中　下图为第一个北京人头盖骨出土处

图 1-19　1937 年殷墟发掘现场

时期的城址、墓葬、寺庙，也涉及新石器和青铜时代的遗存。特别是夏鼐踏着安特生的足迹，调查和发掘了一些当年安特生工作过的遗址，以寺洼山和阳洼湾等遗址新的发掘资料为依据，纠正了安特生关于甘青地区远古文化分期方面的错误。

　　这一时期中国考古学的发展还表现在资料发表和研究方面。首先，史语所创立了《中国考古学报》（最初为创立于 1929 年的《安阳发掘报告》，出版 4 期后改为《田野考古报告》），专门刊发田野考古发掘资料和研究性论文。一些重要的田野考古资料还出版有专刊，如《城子崖》《良渚》《云南苍洱境考古报告》等。其次，撰写出一批重要的早期研究成果，如梁思永对龙山文化的研究、刘燿（尹达）对龙山文化与仰韶文化关系的研究、吴金鼎对中国史前陶器的研究、李济对殷墟陶器和青铜器的研究、董作宾对殷墟甲骨文字的研究、夏鼐对甘青地区早期文化年代的研究、苏秉琦对宝鸡斗鸡台周代墓地陶鬲的研究等（图 1-20）。

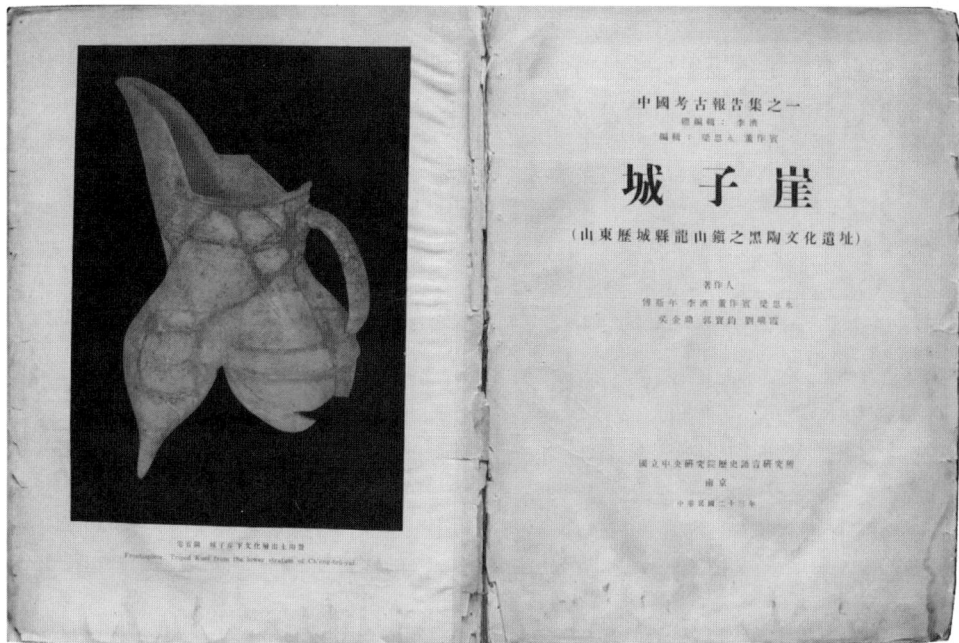

图 1-20　中国出版的第一部田野考古发掘报告——《城子崖》书影

　　以安阳殷墟为代表的这一阶段的田野工作和考古研究，走过了中国考古学的最初阶段，其收获和成果是多方面的，以下两个方面对中国考古学的发展具有重要影响：一是建立了中国考古学特别是以田野考古为主体的基本知识体系，探索并获得丰富的实践经验和知识积累；二是造就和培育了一支中国早期的考古学者队伍，为后来考古事业的发展奠定了良好的基础。

四、中国考古学的发展和壮大时期(1950 年—20 世纪 80 年代前期)

　　1949 年新中国成立之后，来之不易的和平和统一客观上为中国考古学的发展提供了良好的大环境。而随着国家大规模基本建设的展开，又为考古学的振兴创造了前所未有的机遇。这一时期，考古工作在经过短暂的恢复期之后，逐渐进入了一个波浪式的发展阶段。

　　(一) 考古研究机构的完善和考古队伍的壮大

　　首先是考古研究机构的建立和逐渐完善。新中国成立之初的 1950 年夏，即在中国科学院设立了考古研究所，由史语所留在大陆的专业人才梁思永和夏鼐担任副所长来主持所务，并于当年就奔赴豫北开展田野考古工作（图 1-21）。此后，又陆续在中国科学院建立古脊椎动物与古人类研究所和直属于国家文物局的中国文物研究所（2007 年更名为中国文化遗产研究院）。各省市区和有条件的地市也陆续建立起自己的专业考古机构，最初多在博物馆内设立考古部或文物工作队，多数后来独立为省市级的文物考古研究所。随着考古学的发展，1979 年以后，中央和地方相继成立了各级民间考古学术组织，即中国考古学会和各省市级的考古学会，为促进中国考古学事业的发展和研究工作的深入开展发挥了积极作用。

图 1-21　夏鼐和 1950 年辉县发掘团成员
下图站立者右六为夏鼐，右七为苏秉琦

其次是人才培养。考古学是一个专业性和科学性都极强的专业，并且特别强调理论与实践的结合和动手能力。所以，非经专业学校的正规培养，自学成才的难度远大于其他专业。因此，在大学教育中创建考古专业关系到学科未来的发展。

中国大学中创立最早的考古学专业有两个，即台湾大学考古人类学系（1949年）和北京大学历史系考古专业（1952年）。由于海峡两岸长期分隔，台湾大学培养的少量考古学人才对大陆的考古事业没有产生影响。1952年开始在北京大学连续举办的四期"考古工作人员训练班"和同年成立的考古专业，为中国的考古事业培养了一大批急需和后备人才，他们在相当长时间内担负着全国各地考古管理工作和考古研究的双重任务，为中国考古事业的发展做出了不可磨灭的贡献。

随着考古事业发展的需要，1972年以来，教育部又陆续在十多所综合性大学里设立了考古专业，有的高校还设置了文物与博物馆学和文物保护等专业。在20世纪80—90年代，每年经大学培养的考古专业人员在100—150名。1979年，国家恢复了研究生教育，迄今在多数设立考古学专业的高校都建立起考古学专业本科、硕士和博士以及文物与博物馆学专业硕士的完整考古学人才培养体系。

（二）考古管理工作的逐渐规范化

考古管理机构的建立和不断完善。新中国成立之后，首先在中央政府内设立了文物局（最初为社会文化事业管理局）。目前，全国省、市（地级）、县三级都设置有文物局、文物处和文物管理所等专门的文物行政管理机构。

相关法规的制定。《中华人民共和国文物保护法》等各种法律法规的相继出台，特别是《田野考古工作规程》的颁布，从法律法规层面规范了各类考古工作的有序进行。而年度田野考古发掘项目的申报、批准并颁发证照和汇报程序，则是加强管理的具体体现。

在多年实践的基础上，国家文物局启动了对国内各单位的团体考古发掘资格和个人考古领队资格的认定，并颁发相应的证书。这是一项通过制定准入标准来提高田野考古发掘水平的重要举措。

（三）田野考古规模和范围的扩大与发掘水平的提高

这一时期的田野考古工作规模不断扩大，最近一二十年，每年报批的发掘项目都在数百处。有的遗址经累年发掘，面积达数千甚至上万平方米。

田野考古工作涉及的范围也越来越广，空间上遍及全国各地，时代跨度从旧石器时代一直延续到明清时期。同时，也开展了专业性更强的水下考古、航空考古和实验室考古。

田野发掘水平的不断提高，既是中国考古学发展的重要成就，也是开展考古研究工作的基础。从1950年夏鼐在河南辉县辛村遗址成功剥剥出完全腐朽的马车开始，提高中国考古学的田野发掘质量，一直是学科发展的核心问题。为此国家文物局在20世纪80年代开办了田野考古领队培训班，颁发团体和个人领队资格，制定田野考古的准入标准和检查制度，并每两年举行一次田野工作汇报会等。这些举措对于从整体上提高中国的田野考古工作质量具有明显的促进作用。

（四）田野考古资料和研究成果的出版

田野考古资料的出版和研究成果的发表是考古学发展的重要内容和标志。20世纪50年代以来，先后创办的文物考古类期刊多达20余种。其中除了《考古学报》继承自上一阶段的《中国考古学报》之外，余者均为新创。像《考古》《文物》等重点专业杂志，目前在国际上也具有较大影响。

各种综合性和专题性田野考古报告、不同类别的文物考古研究文集和考古学教材以及翻译出版的外国考古学书籍的出版数量，呈现快速增长的趋势。这一状况既是中国考古学研究成果的具体体现，也昭示着中国考古学的繁荣和发展。以河南省文物考古研究所为例，1952—1980年近40年间出版的考古学专刊仅有8部，之后的10年间有10部，而1991—2012年则达到了54部。

（五）中国考古学体系的基本建立

经过几代考古学人的不懈努力，到20世纪80年代，中国考古学的体系基本建立起来。

年代最为久远的旧石器时代，在前期所知周口店、萨拉乌苏等少数遗址的基础上，发展到全国各省市区均发现有不同时期的旧石器遗存，如元谋人及其文化、匼河文化、蓝田人及其文化、大荔人及其文化、许家窑人及其文化、峙峪人及其文化等。进而初步建立起距今200万年以来的旧石器时代考古学编年体系。

农业产生之后的新石器时代，成就更为卓著。随着各地考古工作的全面开展，发现和发掘了大量新遗址，其成果使中华古代文化单一起源的传统观点被多元一体的新思想所取代。在苏秉琦"区、系、类型"思想指导下，结合碳十四测年数据，逐步梳理和归纳出距今万年以来中国新石器文化发展的基本架构和文化谱系（图1-22）。

与青铜时代相对应的夏商周时期，在殷墟晚商文化这个确定点的基础上，向前追溯，先后发现了二里冈早商文化、与夏代相当的二里头文化和新砦期文化；向后延伸，则在周王朝及众多诸侯国的统辖区域开展了卓有成效的考古工作。这些工作及后续研究，基本建构起夏商周三代文化的纵横时空关系。

在构建中国考古学体系的同时，围绕着古代社会的发展开展了一系列的研究工作，其中早期人类及其文化的产生与发展，农业的起源及其类型和发展，文明的起源、形成和发展，是中国古代社会研究中经久不衰的课题，均获得稳步推进并不断有新的突破。

五、中国考古学的快速发展和转型时期(20世纪80年代后期至今)

20世纪80年代，曾被称为中国考古学的黄金时代。之所以如此说，大约有两

图 1-22　苏秉琦和宿白

个原因：一是随着"文化大革命"的结束，思想文化领域"以阶级斗争为纲"的时期已经过去，学者们可以不受或少受政治因素的影响而潜心于学术研究，这一点在考古学科中表现得较为突出；二是由于经济建设的恢复和快速发展，田野考古的规模迅速扩大，各类重大考古成果和新发现层出不穷，而前一时期各大学纷纷开办考古专业，培养的大批专业人员则较好地适应了这一新形势。所以，这一时期的考古学界，学者们心情舒畅，奋发努力，专心于田野发掘和考古研究，获取丰硕成果是自然而然和水到渠成的事情。

随着黄河和长江流域以及邻近地区新石器至青铜时代早期文化发展序列的基本建立，这一时期的中国考古学研究开始出现一些新的迹象。

首先，随着考古材料的增加，特别是能够反映社会分化和社会结构变迁的墓葬资料大量被发现，以文明起源和形成研究为代表的古代社会研究逐渐成为考古学研究的主流。如红山文化的坛、庙、冢，良渚的城址、水坝祭坛和贵族墓地，屈家岭和石家河文化的城址，石峁龙山文化和二里头文化的城址等遗存的发现和研究，在前期讨论大汶口文化社会性质和夏文化的基础上，开始在考古学上提出探索中国文明起源和形成的问题。[①] 这一问题是此后考古学研究中国早期社会的一个中心性学术课题，涉及范围之广、参与人数之多、投入力量之大，可以说是盛况空前。

---

① 夏鼐：《中国文明的起源》，文物出版社 1985 年版；苏秉琦：《辽西古文化古城古国——兼谈当前田野考古工作的重点或大课题》，《文物》1986 年第 8 期。

其次，在改革开放的大环境背景下，中外学术交流日益频繁和密切。考古学是其中开展较早并且受国外影响较大的学科。一方面是一些国外学者到中国来访问甚至讲学，如张光直1984年在北京大学和山东大学的专题演讲；另一方面是一部分中国考古学者或留学生到国外访问和学习，实地接触到国外考古学的发展现状，特别是接触到国外的新考古学及其在当时的发展。两者相加，20世纪80年代后期至90年代初，在考古学界兴起了一个不大不小的讨论热潮，中心议题是如何评估中国考古学的现状、目前处在世界考古学史上的哪一个阶段和应该向什么方向发展。1991年8—9月，国家文物局在山东兖州举办的"中青年考古学理论研讨会"，集中展现了这一时期中国考古学的各种思潮。

以上各种观点的讨论和碰撞，虽然在当时并未立即改变中国考古学的发展方向，但其影响也是确确实实存在的。同时，随着时间的推移和考古学的发展，许多考古学人也在反思中国考古学及其发展路径与走向。

在上述学术积淀的基础上，大约从20世纪90年代中期开始，中国考古学开始步入转型的阶段。所谓转型，就是考古学研究的重心，由前述的以年代学为主的文化史研究占主导地位，逐渐向全面研究古代社会的方面转变。之所以这样概括，有以下一些变化作为依据。

在考古学研究中，方法是达到目的的手段。在建构中国新石器至青铜时代早期的文化序列和发展谱系的过程中，最重要的方法是考古地层学和考古类型学（文化因素分析可以包含在类型学之中）。换言之，运用上述两种基本方法就可以达到这一目标。所以，不少学者将地层学和类型学看作考古学的基本理论和方法。到文化序列和发展谱系基本建立起来之后，考古学的研究重心转向古代社会时，客观上要求与之相适应的新研究方法，这就是聚落考古的方法。其实，聚落考古在中国产生并不算晚，不仅早期就有过自己的实践，至迟在1984年就由张光直系统地介绍到中国（图1-23）。但因为全面实施的客观条件尚不具备，直到90年代中期以来才慢慢在考古学界普及开来。而这一普及过程，与中外合作考古的开展关系密切。再如中国文明起源研究，在研究方法上就经历了两个大的阶段。最初是先设定一些文明产生和形成的标准或要素，如文字、城市、青铜器等文明三要素或再增加一些其他要素，然后采用对号入座的方法进行比对，以确定是否进入文明社会。在发现这一方法的局限性和行不通之后，转而采用聚落考古的方法，从古代社会发展的复杂化进程中来探索和解决文明起源和形成的问题，从而取得明显进展。

上述变化还表现在对考古资料的需求方面。把现代自然科学技术运用到考古学之中，可以获取更多的资料和信息，现在已经成为考古学的常识，但以前并非如此。比如在20世纪80年代，我们想知道古人吃的什么，每类食物各占多大比

图 1-23 张光直在济南大辛庄遗址发掘现场（1984 年）

例，这些食物是怎么生产出来的等，不知道从何处下手。利用各种现代科学技术手段，最大限度地从考古遗存中获取更多的有用信息，已经成为当今考古学的基本内容之一。于是，地质地貌学、土壤学、植物学、动物学、医学、人类学、化学、物理学、材料学、GIS 和 VR 技术、航空遥感技术等，都可以为考古学研究古代社会提供多方面的有用资料和技术支撑，从而使我们在了解、研究和认识古代的人类与社会、环境、资源及其相互关系的道路上，达到了前所未有的广度和深度。对各种新资料、新信息的需求和对获取它们的新技术、新手段的掌握和运用，正是随着考古学研究的转型而提出来并逐步实现的。

历史地看，中国的现代考古学本来就是从西方传入的，而早期阶段的一些重要考古工作，如仰韶文化的确立、西阴村的发掘、周口店北京人及其文化的发现等，都带有中外合作的性质。只是后来由于政治方面的原因，这一类合作中断了40 余年。1991 年颁布的《中华人民共和国考古工作涉外管理办法》，从法律层面开启了开展中外合作考古的大门。之后，每年都有数项中外合作考古。如山东大学与美国耶鲁大学、芝加哥菲尔德自然历史博物馆合作开展的山东日照沿海地区区域系统调查（1995—2013 年）和两城镇遗址的考古发掘（1999—2001 年），中国社会科学院考古研究所和澳大利亚拉楚布大学合作开展的河南伊洛河流域区域系统调查（1997—2002 年），内蒙古文物考古研究所等和美国匹兹堡大学合作开展的内蒙古赤峰地区的区域系统调查（1998—2001 年）等。这些合作项目对于采用聚落考古的田野工作方法，研究特定区域古代社会的复杂化进程，均具有指导性的意义。中外合作考古的迅速开展，大大加快了中国考古学走向世界并逐渐地融入世界考古学的步伐。

思考题：

1. 试述"三期说"提出的背景和意义。

2. 简述新考古学的形成与影响。

3. 试比较当代西方的主要考古学流派。

4. 比较和总结宋代、清代和民国时期金石学的成就。

5. 梳理和评析中央研究院历史语言研究所考古组 20 世纪 20—40 年代的考古工作及其成就。

6. 概述 1950 年以来中国考古学的发展及现状。

▶ 拓展阅读

第二章 田野考古

考古学的研究对象主要是古代人类各种活动遗留下来的实物资料，也包括与人类生存有关的各类自然遗存，这些实物资料以各种形式保存在地下和地上。作为考古学研究的第一步，就是要采用科学的方法，来获取和记录这些埋藏在地下和散布于地上的各种实物资料，并使用不同的科学技术手段对其进行检测和分析，进而形成自成体系的野外调查、勘探、发掘和室内整理、分析、研究的理论和方法。这一工作被称为田野考古，科学的田野考古是现代考古学诞生的基本标志。按工作性质和方法的差别，田野考古可分为考古调查、考古勘探和考古发掘三种基本方式。随着考古学的发展，田野考古涉及的领域逐渐扩大，新出现了水下考古和航空考古等分支。

第一节 考古调查

考古调查是指在基本不破坏遗址现状的情况下，通过对遗址表面的实地踏查或勘查，发现和获取古代遗存资料的科学行为。它是田野考古工作的第一步，能为考古发掘和研究与文物保护提供一定的科学依据。考古调查主要包括普通调查、重点调查两种工作方式，是中国长期以来采用的田野调查方式。区域系统调查作为区域聚落形态研究的基础，近年来在中国受到重视并逐渐推广。

一、普通调查

普通调查是指采用常规的地面踏查，对一个地区不同时代的所有遗存进行全面调查，是中国现阶段考古调查的基本方式之一。[①]

（一）普通调查的形式

按照工作步骤的先后，普通调查大致可分为普查、复查两种具体形式。应该说明的是，这两种形式在实际工作中往往是交替进行的，有时并不能截然分开。

普查是指对一个地区所有古代遗存进行的普遍调查，同时又是不分时代、不分性质的全面调查。普查的区域可以按照行政区划、也可以根据自然地理单元（如流域、山脉、盆地、平原等）来选定。普查工作的规模有大、中、小之别，就

---

① 于海广等：《田野考古学》，山东大学出版社1995年版；冯恩学主编：《田野考古学》，吉林大学出版社2008年版。

国家层面而言，截至目前，已分别于 20 世纪 50 年代、80 年代和 21 世纪初在全国范围内组织开展了三次大规模文物（考古）普查，对全国的古代文化遗存有了较为全面的了解，为进一步的保护和研究工作提供了科学依据。

复查是指在过去调查或普查的基础上，为了达到某种特定目的而进行的再次或多次调查。在调查或普查中发现的某些遗址，虽已初步了解了它的内涵和学术价值，仍需进一步确认和核实有关信息，就需要进行复查。复查一般由相关的专业人员组织进行，调查中不仅包括仔细的地面踏查，有时还需要结合钻探或小面积试掘。

另外，高校考古学专业举行的考古实习调查，考古文博单位举办的考古调查培训班，为了配合基建项目进行的突击性集中调查，专门为考古发掘做准备而进行的预备性调查等，一般都采用常规的地面踏查，都可归入普通调查的范畴。

（二）普通调查的程序和方法

1. 准备工作。调查前要做好各种事项的准备工作，主要有：查阅和复制拟调查地区的相关资料，包括地图、照片、考古文献和古文献记载等；准备必要的工具，如手铲、探铲和各种记录表格、测量、通信、交通工具等；以河流或路网为主干线，拟订调查路线和调查重点等；与调查区域的地方政府和各级文物行政管理部门取得联系，以获得他们的支持。

2. 实地调查。准备工作做好后，就要在调查区域内步行调查。如何发现遗存是调查的基本问题，对此要做到"四勤"（口勤、眼勤、腿勤、手勤），要善于观察、处处留心，粗心大意往往会遗漏重要线索。要对每一块土地进行踏查，地上遗存较容易观察到，地下遗存则主要依靠地表发现的遗物或遗迹来判断。调查时既要向当地群众打听有无遗存出土，更要亲自到实地查看。农田中的沟渠、田埂及小路附近等，天然或人工形成的梯田断面等，都是观察和判断有无遗存的重要地点（图 2-1）。河岸向阳高地、河流二三级阶地、平地高起的岗地或台墩、植被长势与周围不同的地方，都可能有遗址或墓葬。另外，还要注意分析有关地名，如石虎山、王坟沟、城子村等，可能意味着曾有古代遗存。

发现古代遗存后，就要围绕着分布范围、堆积状况、所在位置、地理环境、保存状况等项内容，深入了解遗址的详细信息。综合遗址不同部位暴露的文化堆积，并参照地表散落遗物的分布状况，来推断遗址的空间范围和面积，要利用手持全球定位系统（GPS）多点定位和测算。确认堆积状况可通过地层断面直接观察土质土色和包含物的情况，综合多处观察点判断遗址堆积的整体状况，包括堆积的层次、深度、厚度与暴露的遗迹和遗物等，必要时可做钻探。遗址地理位置包括所在的行政区划、土地使用者、不可移动地理指示物等，要利用手持 GPS 采集

图 2-1 遗址断面显示的文化层堆积（山东广饶南河崖遗址）

准确的地理坐标数据。遗址周围的地理环境主要指现代条件下的，包括地形地貌、土壤、岩石、矿产、植被、动物、水文、交通等，这些信息有助于恢复古代环境。此外，还要对保存状况进行评估，包括现有破坏因素及原因、保护前景和保护建议等。

3. 采集遗物。在实地调查中应随时注意采集地表遗物。随着研究工作的精细化和多样化，以及对调查资料可验证性的要求，需要在原地遗留一部分遗物，以待其他目的的采集使用。在这种情况下，要全面采集那些特征鲜明且具有代表性意义的遗物标本。一般来说，像陶瓷器残片等地表暴露最多的遗物，要尽量选择能够反映其质地、颜色、纹饰、形制和时代的各类标本，尤其要选择能够反映器物整体形态的口沿、足、底、流、纽等关键部位标本。对于可复原的标本或以往少见的标本（包括石器、陶瓷器、金属器等），则应全部采集。遇到暴露于地表、包含遗物丰富的遗迹，采集的标本要单独编号存放。

4. 记录环节。及时、准确、客观地记录调查过程中所获取的各种原始信息，是调查的关键环节和把实物遗存转化为记录资料的重要依据。记录贯穿于整个调查的全过程，发现的重要遗存和用手持 GPS 采集的数据都要随时记录下来。每天的《调查日记》，要详细记录调查过程、区域和收获；每个遗址调查结束后，应及时对该遗址的所有原始资料和信息进行梳理和归纳，填写遗址调查登记表。记录主要有文字、绘图和影像三种形式，具体则为文字、表格、图件、照片、录像等，这些都要求及时做成电子档案，以便于长期保存和室内整理时使用。其中遗址调查登记表是对调查收获的描述性记录，具有直观、简洁、统一等优点，有助于调查资料的系统化和数字化。

需要说明的是，以上介绍的程序和方法多适用于地下埋藏类遗存的调查，对于暴露于地上的不可移动遗存（秦汉以后时段此类遗存较多）的调查，则需要增加调查内容。对此，21 世纪初开展的全国第三次文物普查已有比较详细的规定，如不可移动遗存的种类、数据的采集和记录等。这些做法对学术研究和文物保护都有益处，值得今后加以推广。

二、重点调查

重点调查又称专题调查，是指为了解决特定学术课题对一个地区的某类遗存专门开展的地面勘查。中国 20 世纪 80 年代以前比较著名的重点调查，是 1959 年徐旭生主持的"夏墟"调查。20 世纪 90 年代以来，随着中国考古学研究的重点转向古代社会的综合研究、西方考古学新思想的传入和科学技术手段大量运用于考古工作中，一系列围绕古代社会演进的新课题进入考古学的研究视野。在这种情况下，重点调查在各地不断展开，已成为中国现阶段考古调查的主要方式之一。

根据中国近些年来的考古实践，重点调查主要有针对文化谱系、区域聚落、大型遗址（群）、古代建筑（群）、环境及生业经济等方面开展的调查。限于篇幅，这里只列举四种重点调查做一简要介绍，针对某个特定区域聚落变迁进行的区域系统调查将在后面单独介绍。

（一）文化谱系调查

中国历史悠久，多数地区都有比较完整的考古学文化发展谱系。由于考古工作开展得不平衡，有些特定时空范围的文化谱系迄今还存在缺环或空白，需要设立专门的学术课题进行重点调查。这方面比较成功的实例是 1959 年徐旭生主持的豫西"夏墟"调查，这次调查发现了登封王城岗、偃师二里头等重要遗址，拉开了考古学探索夏文化的序幕，填补了中原地区先秦考古文化谱系的空白。[1]随着各种调查和发掘的开展，某些特定时空范围的文化遗存的重要性得以显现，也需要重点调查加以深入了解，如 1999 年在河南灵宝铸鼎塬一带开展的调查就是如此。[2]

（二）大遗址调查

中国历史上遗留的大型遗址或遗址群数量众多，主要包括城址、陵墓、寺庙和各类手工业作坊遗址等。这些大遗址是不同时期政治、经济、社会、文化等方面的重要代表，分布面积大，包含遗存丰富多样，结构布局复杂，需要制订专门的、详细的调查方案，进行专题性的重点调查。20 世纪 90 年代以来，由于课题

---

① 徐旭生：《1959 年夏豫西调查"夏墟"的初步报告》，《考古》1959 年第 11 期。
② 河南省文物考古研究所等：《河南灵宝铸鼎塬及其周围考古调查报告》，《华夏考古》1999 年第 3 期。

意识的加强和大遗址保护工作的推动，此类调查不断取得重要收获，有力促进了学术研究和文物保护工作。其中比较有代表性的是洹北商城的发现。1997—1999年，根据殷墟以北洹河北岸诸商代遗存所透露的信息，有关单位在这里开展了数次重点调查，再加上后续的勘探和发掘，终于发现了这座商代中期的都城遗址。①

（三）环境考古调查

自然环境是人类赖以生存的物质基础，中国幅员辽阔，自然环境复杂多变，环境考古很早就引起考古学及其他学科专业人员的重视。但已有的环境考古工作多是以单个遗址的取样分析为中心进行的，缺乏由遗址扩大到区域范围的重点调查。近年来，随着研究的不断深入，这种区域性的环境考古调查才逐渐开展。如在青海民和官亭盆地和山东寿光沿海等地，都有针对性地开展了环境考古调查，在一些地区的古代环境变迁方面获得了重要实物资料，在人地关系演变方面也提出了一些重要认识。②

（四）遗址资源域调查

这是一种可将环境考古调查进一步深入的调查形式。古代遗址尤其定居遗址出土的遗物，大多都是古人从居址周围获取的自然资源为原料制作的，古人开发利用居址周围的自然资源总有一定的范围，距离越远花费的时间和能量就越大，资源的开发利用价值就越小，最终到达无开发价值的边界，这个边界就是古人的资源域范围。遗址资源域调查就是从遗址中心出发，沿不同方向步行一定的时间单位，观察并记录沿途的资源分布和体力消耗等信息，由此建立一个以遗址为中心的不规则圆圈，作为分析古人资源域范围的基础。遗址资源域的调查和分析20世纪70年代兴起于西方，③ 近年在中国也开展了这种调查，并在田野工作方式上做了一些新的探索，如山东青岛丁字湾沿岸史前遗址的资源域调查与分析（图2-2）。④

---

① 中国社会科学院考古研究所安阳工作队：《河南安阳市洹北商城的勘察与试掘》，《考古》2003年第5期。

② 杨晓燕等：《青海官亭盆地考古遗存堆积形态的环境背景》，《地理学报》2004年第3期；山东大学东方考古研究中心等：《山东寿光市北部沿海环境考古报告》，《华夏考古》2005年第4期。

③ E. S. Higgs and C. Vita-Finzi, "Prehistoric Economies: A Territorial Approach", in V. E. Higgs, ed., *Papers in Economic Prehistory*, Cambrige: Cambrige University Press, 1972, pp. 27-36.

④ 丁字湾沿岸史前早期遗址资源域研究课题组：《北阡所在青岛丁字湾沿岸史前早期遗址的资源域调查与分析》，山东大学东方考古研究中心编：《东方考古》第10集，科学出版社2013年版。

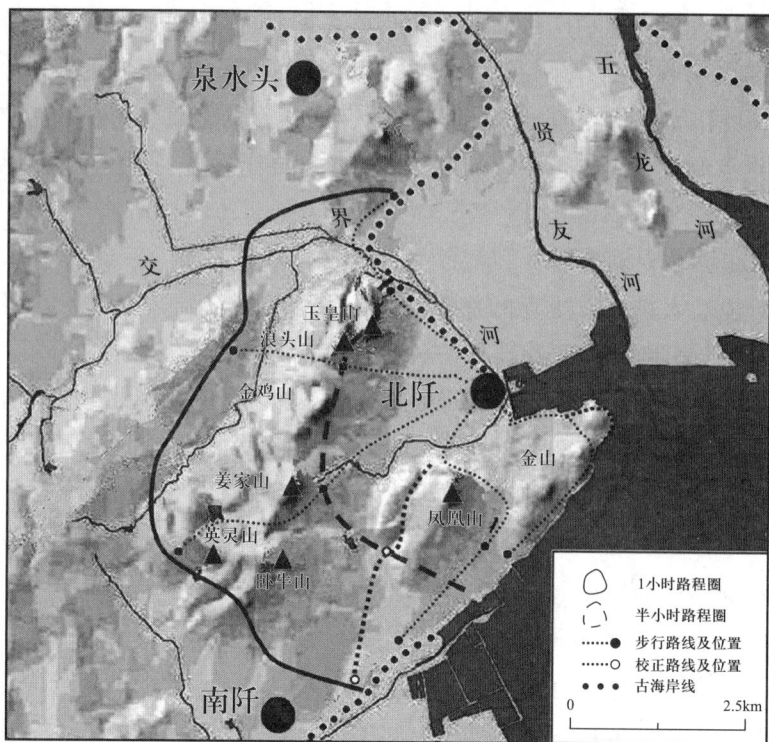

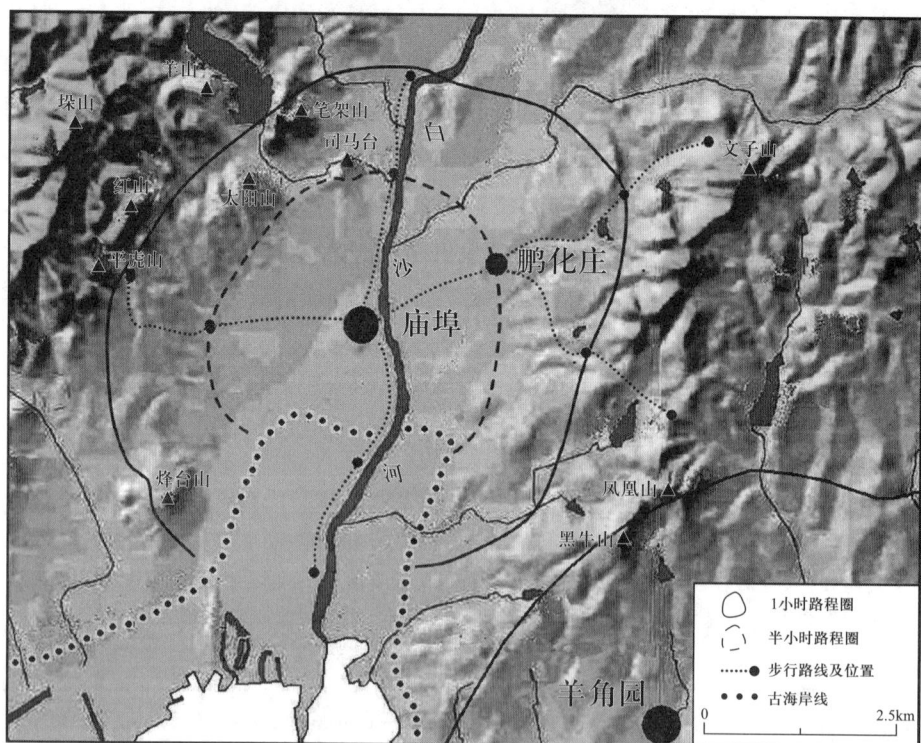

图 2-2　山东青岛丁字湾沿岸史前遗址的资源域调查举例

上图为即墨北阡遗址　下图为莱阳庙埠遗址

此外，还有冶金考古调查、盐业考古调查和建筑考古调查等，也是重点调查的形式，这里不再一一介绍。重点调查尽管多是在普查和复查基础上进行的，持续时间较长，完成难度较大，但往往能发现一些新遗址，获取大量新的信息，显示出与普通调查不同的工作方式与特点。与普通调查相比，重点调查主要有四个突出特点，即具有明确的课题意识、要求制订周密的调查方案、讲求多学科参与以及调查过程和调查成果的系统化与科学化。这四个特点应是今后普通调查向精细化发展的趋势和方向。

三、区域系统调查

区域系统调查又称为全覆盖式调查，最早是在西方考古学界兴起的，传入中国后又称拉网式调查。这是一种为了系统获取一个地区古代聚落形态演变资料而进行的全覆盖式考古调查。它是考古调查的重要形式，自 20 世纪 90 年代传入中国以后，得到积极响应并逐渐推广开来。在 2009 年国家文物局颁布的新版《田野考古工作规程》中，区域系统调查已被正式规定为各地进行考古调查的必备项目。

（一）区域系统调查的由来和发展

20 世纪 40 年代，美国考古学者戈登·威利首先创用区域系统调查法，对南美秘鲁的维鲁河谷进行了区域系统调查，揭开了聚落考古的序幕。20 世纪 50 年代以来，在西亚、中美洲、希腊和美国西南部等地，都开展了卓有成效的区域系统调查，极大促进了这些地区的考古学和文明起源研究的发展。其中墨西哥盆地和奥哈卡谷地的区域系统调查持续了 30 多年，成为开展区域系统调查和聚落考古研究的经典案例。20 世纪 80 年代以来，这一调查方法的应用进入成熟阶段，开展较早的地区大多已有综合性成果问世，现在正处于聚落考古研究的收获季节。[①]

20 世纪 90 年代以来，区域系统调查作为一种全新的考古调查方法引入中国，并在湖北天门石家河地区做了初步尝试。随着《中华人民共和国考古涉外工作管理办法》于 1991 年正式颁布实施，外国考古研究人员得以在中国进行联合田野考古工作。从 1995 年开始，山东大学与美国耶鲁大学等考古机构组成联合考古队，在山东日照沿海地区开展了区域系统调查。这是中国第一次采用这种调查模式开展的野外工作，对于推动这一方法在中国的推广和普及起到了很好的示范作用。[②]从那以后，此类调查在全国各地陆续开展起来，数量已达十余项，主要包括河南伊洛河流域[③]（图 2-3）、洹河流域、洛阳盆地、内蒙古赤峰地区和岱海地区、新

---

① 方辉：《对区域系统调查法的几点认识与思考》，《考古》2002 年第 5 期。
② 中美日照地区联合考古队：《鲁东南沿海地区系统考古调查报告》，文物出版社 2012 年版。
③ 陈星灿等：《中国文明腹地的社会复杂化进程——伊洛河地区的聚落形态研究》，《考古学报》2003 年第 2 期。

疆东天山地区、博尔塔拉流域山西垣曲盆地、运城盆地东部、陕西周原七星河和美阳河流域、黑龙江双鸭山七星河流域、四川成都平原、云南滇池等地区。其中前期开展的调查项目多以中外联合的方式进行，后期则多是自主开展。这些调查项目大多持续进行了数年，有的甚至超过十年，调查面积多为数百平方公里，有的达数千平方公里，获得了前所未有的丰硕成果，极大促进了聚落考古和古代社会研究。

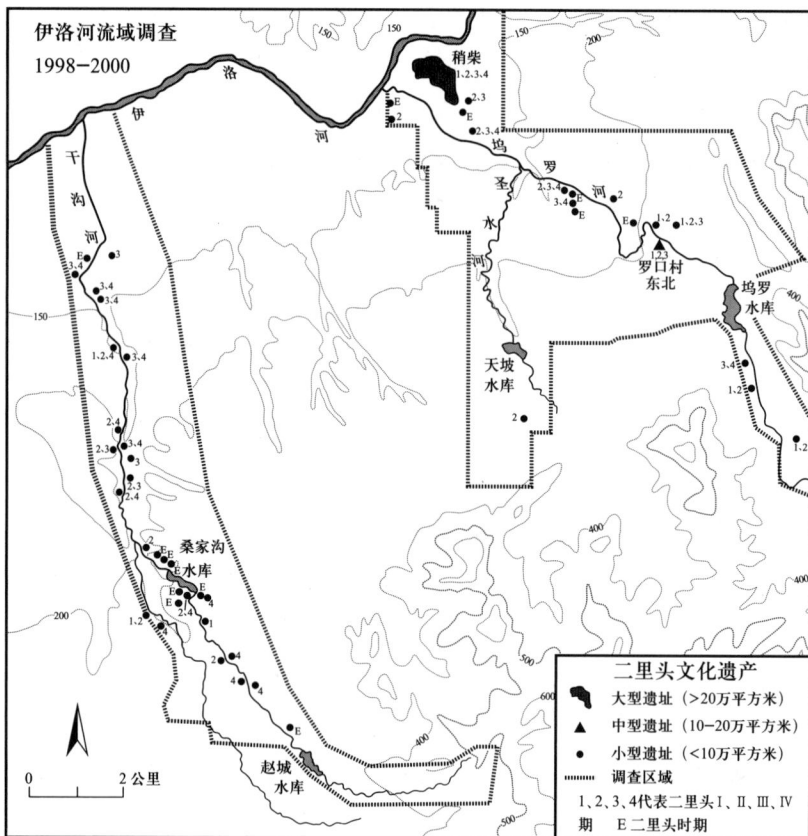

图 2-3 河南伊洛河地区二里头文化聚落分布图

（二）区域系统调查的程序和方法

随着区域系统调查在中国的逐步展开，不少实地参加者也对这种方法做了介绍和探讨，对实际操作中的一些重要环节达成了共识。当然，不少环节还有进一步实践和探索的余地。这里主要结合山东日照地区的实例，对这种调查的基本程序和方法做一介绍。需要说明的是，由于各地实际情况各有不同，结合自身情况做适当调整也很有必要。另外，这种调查的有些要求与普通调查相似，这里不再赘述。

1. 准备工作：主要有两个方面。一是确定调查区域。这样的区域最好是相对独立的地理单元，如一条或几条河的流域或盆地等。地理环境比较近似的大范围区域也是选择对象，如沿海地带、平原地带等。最好还是考古工作基础较好的区域，尤其考古学文化发展序列和文化分期比较清楚。二是准备调查需要的各种工具和设备，主要有照相机、指南针、地图、手持 GPS 和手铲、探铲等。地图的选用非常关键，以比例尺1∶10000 以上的地形图最为合适。

2. 实地调查：一般调查人员以每组 5—7 人为宜，调查时队员之间一般以 30—50 米为间隔，呈"一"字形或"人"字形排开步行勘查。当间隔超过 50 米时，则以"之"字形路线前进。队员一般应在规定的路线上沿直线搜索前行，以便将发现遗存的位置快速标在图上。队形中间一人为持地图者，通常也是调查小组的负责人，除了负责自己地块外，还要时刻注意其他队员所在的位置，保证行进路线不发生偏移。队员一有发现要及时通知持图者标于图上，其他队员要协助发现者扩大搜索面，确定遗存分布的范围。到达调查路线终点时，持图者要及时在图上记录每个队员所获得的信息，包括遗物所属年代和分布范围等。

3. 采集和记录：采集和记录的对象为地表发现的所有类别的遗存，包括陶瓷片等遗物和文化层、遗迹等。遗址的范围和年代是根据这些遗存来确定的，而所有这些遗存的信息都要反映在地图上，所以地图记录的准确性非常重要。每个队员的调查地块是事先划定的网格状地块，这些地块就是遗存标本的采集区。每个采集区采集的标本要单独存放，并在标签和标本袋外表写明遗址代号、分区号、记录者姓名和日期等。这样，多个采集区的遗存信息拼合在一起，那些有多个文化期的遗址，每一个文化期的遗存的实际分布范围就会大体反映出来。

（三）区域系统调查的反思和展望

区域系统调查在中国已开展了 20 多年，经历了一个从借鉴到不断反思和探索的过程。在这种"外来"方法的"本土化"过程中，也有不少值得反思和改进之处。

如何确定古代聚落的真实存在和实际范围，是目前存在争议最大的问题，直接影响到对古代聚落规模、等级和区域人口的判断。[1] 按照西方同行的通行做法，多是以地表发现陶片作为古代聚落存在的依据，以陶片的散布面积作为古代聚落的范围。但对于中国古今人口密集、高度开发的区域，单纯以陶片等遗物在现今地表的分布范围或密度，并不能直接确定古代聚落的真实存在和分布范围。洛阳盆地调查项目为此提供了很好的例证，这次调查发现二里头遗址地表陶片等遗物的散布面积达到 540 万平方米，而经钻探证实有文化堆积的面积只有 300 余万平方米，多余部分则是后人的田间施肥和平整土地等行为造成的（图2-4）。[2]

---

[1] 栾丰实：《聚落考古田野实践的思考》，北京大学考古文博学院、北京大学中国考古学研究中心编：《考古学研究》（九），文物出版社 2012 年版。

[2] 中国社会科学院考古研究所二里头工作队：《河南洛阳盆地 2001—2003 年考古调查简报》，《考古》2005 年第 5 期。

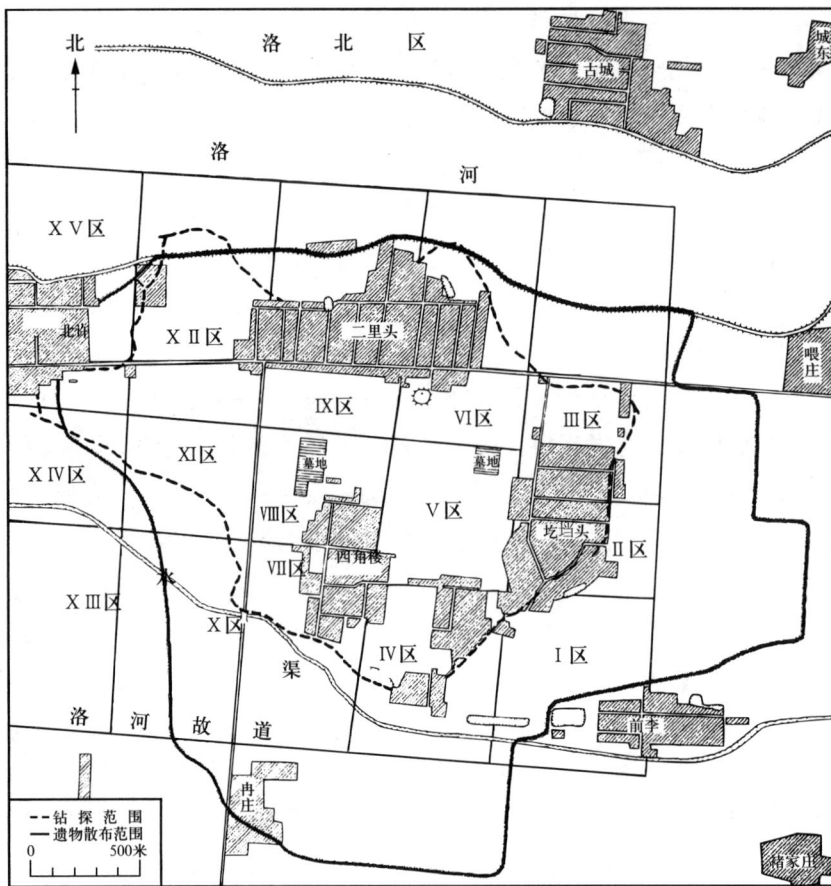

图 2-4　偃师二里头遗址两种分布范围对比图

　　为了克服这一"天生"的缺陷，各调查项目大多以采集区内单位面积采集的最少陶片数量，作为古代聚落的认定标准，具体有 1 片、3 片或 5 片以上等设定。赤峰和日照等项目讨论了设定标准的理由和依据，并提出了小于设定值可能是"临时居住地"等看法。[①] 多数项目还参照以往普通调查的通行做法，对断面是否存在文化层给予了充分注意。成都平原项目还把调查和钻探结合起来，这样获得的遗址及其分布范围数据也就较为可靠。

　　如何进一步改进调查技术也是比较迫切的问题。遗址和聚落是两个不同的概念，一个遗址往往是古代不同时期的几个聚落叠加在一起形成的，这是聚落考古在中国开展以来得出的共识。因此，就格外需要对调查技术加以改进。结合断面观察甚至考古钻探，是近年为解决这一问题而做出的尝试。其他如黑龙江七星河

---

① 赤峰中美联合考古研究项目：《内蒙古东部（赤峰）区域考古调查阶段性报告》，科学出版社 2003 年版，第 41—47 页。

项目还采用了航空遥感考古的做法，参考早年航空照片并进行了独立的航拍工作。[①] 伊洛河项目则同时开展了环境考古调查，采集了较多土样用于植物考古分析，也进行了石器生产与分配的调查和分析。运城盆地项目则同时进行了寻找早期冶铜遗址的冶金考古调查。[②] 这些做法也是值得今后借鉴的。

其他还有如何将这一调查向后段延伸，如何由点到面逐步扩展等问题。这些问题既是在"本土化"的过程中出现的，更是在追求调查资料的系统化和科学化过程中产生的，应该继续进行深入思考与探索。总之，尽管区域系统调查在中国开展的时间不长，但已取得了令人瞩目的成果。在此类调查开展较早的局部地区，聚落考古研究也开始进入收获季节，呈现出较好的发展前景。这些工作成果，有力地促进了聚落考古及相关领域的研究，成为中国新时期考古学转型的重要组成部分。

四、调查资料的整理

考古调查的野外阶段完成后，需要将获取的所有原始资料运回室内（调查驻地、工作站或工作单位等），进行系统的整理和编写调查报告。只有经过室内整理和分析研究，调查资料才会条理系统，认识才能更加全面深刻，进而编写出高质量的调查报告。因此，调查资料的整理是调查工作不可或缺的重要环节。

调查资料主要包括遗存资料和记录资料两大类，整理这些资料主要有三个基本任务，即系统整理、分析研究和编写报告。由于普通调查和重点调查获得的田野资料不完全一样，整理时需要的方法和具体要求也不尽相同。

（一）实物资料的整理

普通调查获得的实物主要是各种日用器具的残片，数量一般比考古发掘要少。但如果普通调查的区域较大，采集的遗物较多，应分组和分工进行整理，指定专人负责组织和协调。首先要对各种遗物资料进行检查与核实，防止遗漏。然后对遗物进行必要的各种技术处理，一是去土和去锈等清污工作，二是进行遗物（主要是陶瓷片）的拼对和修复，以恢复它们的原来形态。由于调查所获遗物多数比较细碎，拼对的难度较大，要求认真仔细，尽最大努力拼出相对完整或可复原的器物。

这些技术处理完成后，就进入对资料条理化和分析研究的阶段。首先是对每件遗物编号和写号，并对遗物进行必要的断代，普通调查一般只需要根据遗物的

---

① 许永杰、赵永军：《七星河流域汉魏遗址群聚落考古的理论与实践》，吉林大学边疆考古研究中心：《庆祝张忠培先生七十岁论文集》，科学出版社 2004 年版，第 514 页。

② 中国国家博物馆田野考古研究中心等：《运城盆地东部聚落考古调查与研究》，文物出版社 2011 年版，第 444—450 页。

特征判断大致的文化性质和年代范围。其次进行遗物的分类统计，主要是对各文化期的遗物进行各种指标（如器型、质地、颜色、形制、纹饰等）的数量统计和比例计算，并填写相应的表格。再次是遗物的绘图、照相、文字描述和登记信息卡，这项工作要求按照遗物编号逐件进行，各种数据要前后一致，格式也要尽量统一。最后，应对这些条理化的资料进行深入分析，提炼出符合普通调查要求的各种认识和结论，为编写调查报告做准备。

重点调查采集的日用器物的整理与上述大致相同，但由于有事先的课题设计，分类和统计是围绕课题进行的，各种统计指标自然有所不同。另外，因为课题目标的要求，有些重点调查如区域系统调查对遗物的分期和年代要求较为精细，需要有考古经验特别丰富的人员参加这项工作。还要注意的是，重点调查采集的实物资料除了日用器物残片之外，由于有明确的课题目标和多学科的参与，采集的各种非日用器物（如各类建筑部件、手工业生产用具等）和用于各种分析检测的土样都比较多。这些遗存和土样多需要单独的检测分析，应及时送交有关单位进行专业检测，为判断遗存的性质和用途提供依据。

（二）记录资料的整理

普通调查如果涉及的区域较大，记录资料较多，应制订资料整理进度表，按照计划有序进行。首先要对野外产生的各种文字、绘图和影像记录资料进行检查与核实，防止遗漏。然后对这些资料进行必要的分类，并对文字、表格、图件、照片、录像等各种形式的资料做必要的删减、合并和完善。整理记录资料，最重要的是结合实物资料的整理结果做深入分析，从中总结出符合实际的认识和结论。

重点调查的记录资料因为课题设计和多学科参与，数量和种类往往比较繁多。除了进行普通调查资料整理的程序以外，还应围绕课题的设计目标对资料做相应的分析和研究工作。如区域系统调查对野外已标示了各种信息的地图格外重视，应对这些信息进行深入分析，如对遗存分布的范围和密度等内容，应结合实物资料整理的信息和认识，进行必要的区分或判定，提炼出准确的认识和结论。

（三）编写调查报告

调查报告是对调查和整理工作的全面总结，主要有简报和正式报告两种形式，前者是将调查资料和认识进行简要报道和公布，后者则是对调查资料和认识进行全面公布。报告的内容主要包括工作过程、调查资料和调查认识三个部分，简报和正式报告可根据实际需要予以酌情表述。重点调查项目还应对课题设计、调查方法和实际工作中出现的误差等情况予以详细说明。现在随着学术研究的精细化，对考古资料进行全部发表的所谓"全息报告"的呼声越来越高，编写重点调查项目的报告也应该如此。还要强调的是，调查报告提出的结论只是阶段性认识，不能等各种问题都研究好了再编写报告，那样会延误发表，降低资料的研究价值。

调查报告编写完成以后，整个调查过程就已基本结束。各种实物资料和记录资料应妥善保存。目前形势下，要按照建设数据库的标准来完善各种保存措施，对包括实物资料在内的所有资料按照永久保存的条件进行专门保管，记录资料（包括室内整理时产生的各种记录资料）使用合适的软件制成系统、完备的电子档案，以便于永久性保存和以后的检索与使用。

第二节　考古勘探

考古勘探是指使用探铲和各种科技手段对遗址表面进行勘查，发现和了解地下埋藏的古代遗存状况的科学行为。其优点是能在较短时间内掌握地下遗存的概况。以往多将考古勘探视为考古调查和发掘的辅助手段，勘探技术也比较简单。20世纪90年代中期以来，科技手段的大量运用，促使考古勘探技术不断丰富和完善，获取地下信息的能力显著提高，逐渐发展成为独立的田野考古工作方式。考古勘探主要有常规勘探、地球物理勘探（简称物探）和地球化学勘探（简称化探）等形式。

一、常规勘探

常规勘探即通常所称的考古钻探，主要是使用探铲进行人工勘查，所以也称铲探（图2-5）。探铲是考古钻探的基本工具，在中国它是在过去盗墓者使用的"洛阳铲"基础上发展来的，20世纪50年代以来大量运用于考古工作，成为中国考古勘探技术的一大特色。"洛阳铲"的直径只有5厘米左右，既能比较快捷地把土样从地下提出，又不会对古代遗存造成明显损伤。80年代以来，又经过较大改进，出现了多种形制的探铲，用于不同土质和深度的钻探。[1]

（一）土样的辨识

考古钻探的基本技能是正确辨识探铲带上来的土样，判断地下可能存在的遗存迹象。钻探过程中通过对土样的土质、土色和结构的辨别，进而判断地下各种遗迹和地层堆积的性质与分布状况。根据中国各地多年来的钻探实践，对各种常见土样有了比较准确的把握，对北方与南方土样的不同特点也做了区分。[2]

生土：是未经人类扰动过的自然土层，一般比较纯净，结构紧密，颜色均匀，不含人类活动的痕迹和遗物。生土位于人类活动过的文化层的下面，堆积深厚，

---

① 　许自然：《新型考古钻探工具——装配式钻探铲》，《考古与文物》1985年第3期。

② 　文必贵：《考古勘察中的钻探技术概说》，《东南文化》1993年第1期。

图 2-5 常规勘探场景（良渚古城钻探）

钻探时应尽量探到生土为止，以判断整个遗址文化层的堆积厚度。

灰土：人类居住和集中活动的地方，土层中往往有较多的有机物腐殖质和生活垃圾及灰烬等，使土色呈现黑、灰、褐、绿等不同颜色，土质相对松软，往往包含各种遗物，这种土层统称"灰土"。

夯土、路土和居住面：这些土因为人类的长期活动或有意为之，土质比灰土要坚硬。夯土和路土都会分层，但夯土较厚较硬，包含物较少，路土则由若干薄层构成，类似"千层饼"，包含的遗物略多。居住面是人类直接居住所为，有多种人工迹象，烧面、抹泥面、白灰面等很容易辨识，单纯踩踏形成的硬面也分层，但往往很薄，不易识别。

红烧土和草木灰：人类的用火行为会将泥土烧烤成红色，并产生大量黑灰色的草木灰烬，勘探时比较容易识别。有红烧土和草木灰的地方可能是灶或陶窑、房址和灰坑等。

墓葬五花土：人们在修建墓穴时，往往会挖穿若干质地颜色不同的土层堆积，下葬后，又会把先前挖出来的土无序地填回墓穴之中。经过挖出和回填的混合过程，墓穴填土就呈现出五颜六色的特点，俗称"五花土"。五花土堆积往往是判断墓葬存在与否的重要线索。

淤土：河底、沟底和井底等低洼处，通常会有厚厚的淤土，以灰色、青灰色居多，一般质地细腻，呈层状分布，含水分较多，包含的水生动植物遗骸也较多。

（二）探孔的布置

钻探时应根据需要采用不同的布孔方法，主要有普探和重点钻探两种情况（图 2-6）。

普探：是指对特定区域进行普遍性钻探。普探的布孔主要有两种形式。一是梅花式布孔，其优点是探孔密度大，不易漏掉面积较小的重要遗迹，更易发现大型建筑址或大型墓葬。二是井字形或十字形布孔，可以了解大范围内的遗存（尤

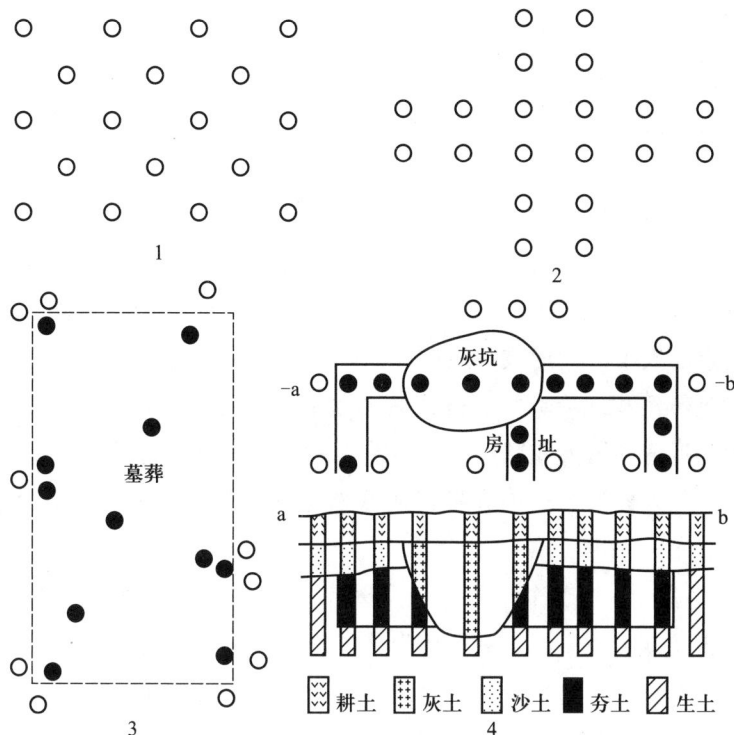

图 2-6　探孔的布置及遗迹的钻探示意图

1. 梅花式布孔　2. 井字形布孔　3. 十字形布孔及墓葬"卡边"　4. 房址钻探的平、剖面图

其是地层堆积）纵横两个方向的堆积情况，探孔间距一般为 5 米。

重点钻探：在发现遗迹的地方，要有目的地布孔进行重点钻探。可采用由点到线、由线到面，加大布孔的密度，对遗迹的边界和走向逐步追踪，以确定遗迹的形状和范围。例如，当普探中发现五花土迹象，就要以此孔为中心加大布孔密度，探测出五花土的具体范围、形状和方向，进而确定其性质。

（三）钻探记录

反映钻探过程和结果的钻探记录，主要有文字、表格、图纸三种记录资料。首先要对每个探孔编号，并根据实际情况设计编号系统，防止重复和混淆。探工要随时填写钻探记录表，将每一个探孔的编号、位置和堆积情况与尺寸、包含的遗迹和遗物等用文字和草图的形式记录下来。要有专人负责绘制各种钻探图，包括探孔分布图、遗迹分布图和地层剖面图等，钻探图的绘制必须相互对应、准确无误，各种迹象的表示符号要设计合理，每张图要有比例尺和图例等技术说明。

二、物探方法

物探是根据地球物理学的原理，利用电子设备间接探测地下物体的各种方法的统称。① 20 世纪 40 年代欧美开始采用物探技术探测地下考古遗存，80 年代以来在中国田野考古中开始应用。与传统的考古钻探相比，物探技术具有不损伤地下遗存、获取的信息量大、操作简便高效等优点，在考古勘探中的应用前景较为广泛。

（一）物探的工作原理和程序

1. 工作原理：考古物探的具体方法有多种，其工作原理都大致相似，即利用了考古遗存能改变所在区域土壤的物理、化学结构，使土壤的物理性质出现异常现象这一特点。人类活动形成的遗迹和遗物埋藏于地下，其土质结构、密度、含水量与周围自然沉积物有差异，表现为土壤密度、磁性、电性、导热性、弹性、放射性要比附近普遍增大或减小，这些差异可通过相应的电子仪器探查到，并通过计算机从一系列异常数据中寻找其地球物理场的分布，从而推断遗迹的范围、特征和性质。

2. 工作程序：物探工作程序可分四步。一是资料收集，对所探地区的地质物探资料、考古文献和历史记载进行初步分析，并进行现场勘查，了解地质地貌等物理特征和考古现象。二是工作设计，根据所探地区的物理特性决定使用何种物探方法，然后在探测区进行系统规划，布置测网，一般以 20 米×20 米为工作区，在工作区内划出网格，网点的间距一般为1—2 米。三是现场探查，按照测网的布局在地面布置并把四角用木桩固定，按网点编号用电极进行系统的探测和记录。四是对资料进行解释和分析，将野外获取的数据资料输入计算机进行处理，对遗迹的地下情况如深度、范围和形状等做出判断。

（二）物探的几种方法

根据被探测对象的物理性质或物性参数，通常应用的物探技术主要有八种。目前应用较多、比较有效果的是电阻率法、磁法探测和探地雷达法三种，其他尚处于尝试和改进阶段。为了提高准确性，用两种以上方法的综合物探效果更好。

1. 电阻率法：这种方法是通过探测遗迹、遗物与周围土壤的电阻差异，来确定目标物的深度、范围和形状。考古遗存与土壤具有不同的质地（成分）、疏密度（孔隙水的附存状态）、含水量（渗透率）、饱和度、电离子浓度、温度等，使它们有不同的电阻率。根据高、低电阻异常，可计算并生成曲线图，进而判断遗存的性质。

电阻率法适合探测分布范围较大的遗迹，如城墙、大墓等。2005 年安徽蚌埠

---

① 钟建：《物探在田野考古勘探中的应用》，中国社会科学院考古研究所考古科技中心编：《科技考古》第一辑，中国社会科学出版社 2005 年版，第 23 页。

双墩春秋中晚期大墓的发掘中，曾对封土进行了电阻率法探测，根据含水量不同反映的电阻率高低分布图上，发现了圆形墓室、墓道和盗洞等，其中位于墓室中央的一个盗洞可能并未挖到墓底。探测结果被后来的发掘所证实（图2-7）。[1]

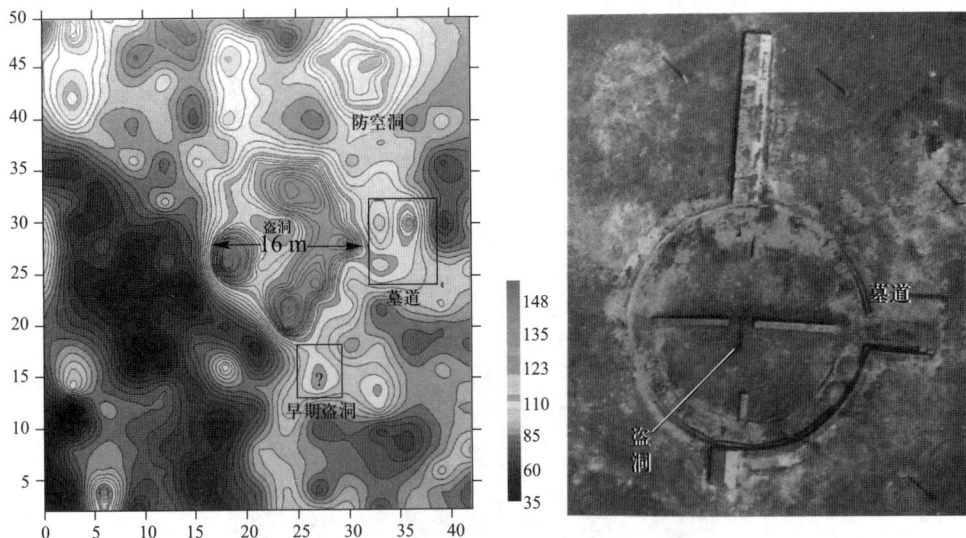

图2-7 蚌埠双墩一号墓电阻法探测（左）和发掘结果（右）对比图

2. 磁法探测：这种方法是通过探测遗迹堆积与周围堆积的磁异常，来确定目标物的深度、范围和形状。地球本身具有地磁场，是一个变化极慢的稳定磁场。在考古堆积中，除正常的地磁场外，每个遗迹的堆积在其周围会形成一个磁场，这个磁场叠加于正常磁场之上，就会出现地磁异常，磁法要探测的就是这种磁异常。磁法探测适合房址、柱洞、灰坑、沟渠、城墙，以及经过烧烤的陶瓷窑址、冶铁遗迹、炉灶和砖砌建筑等。

磁法探测是所有物探技术中运用最早的一种方法，现在已广泛用于考古、水文、地热勘查等领域。如2004年对青海民和喇家遗址进行的磁法探测过程中，在喇家村西晒场获取的磁场分布图上出现了一片黑色区域，据此在黑色区域的边缘正下方部位进行了铲探，发现了相应的文化堆积，经发掘证实是一处齐家文化的窖穴，出土了各种石器、陶器和玉石料等30多件。而铲探所打的第一铲位置正处于此窖穴的边缘，证明磁法探测的定位精度是比较准确的（图2-8）。[2]

3. 探地雷达法：这是一种测定地下介质分布的光谱（1兆赫—1吉赫）电磁技术，用在考古中是通过探测地下介质的电性（主要是介电常数、导电率）差异，

① 中国社会科学院考古研究所：《考古中华——中国社会科学院考古研究所成立六十周年成果荟萃》，科学出版社2010年版，第306页。
② 中国社会科学院考古研究所：《考古中华——中国社会科学院考古研究所成立六十周年成果荟萃》，科学出版社2010年版，第308页。

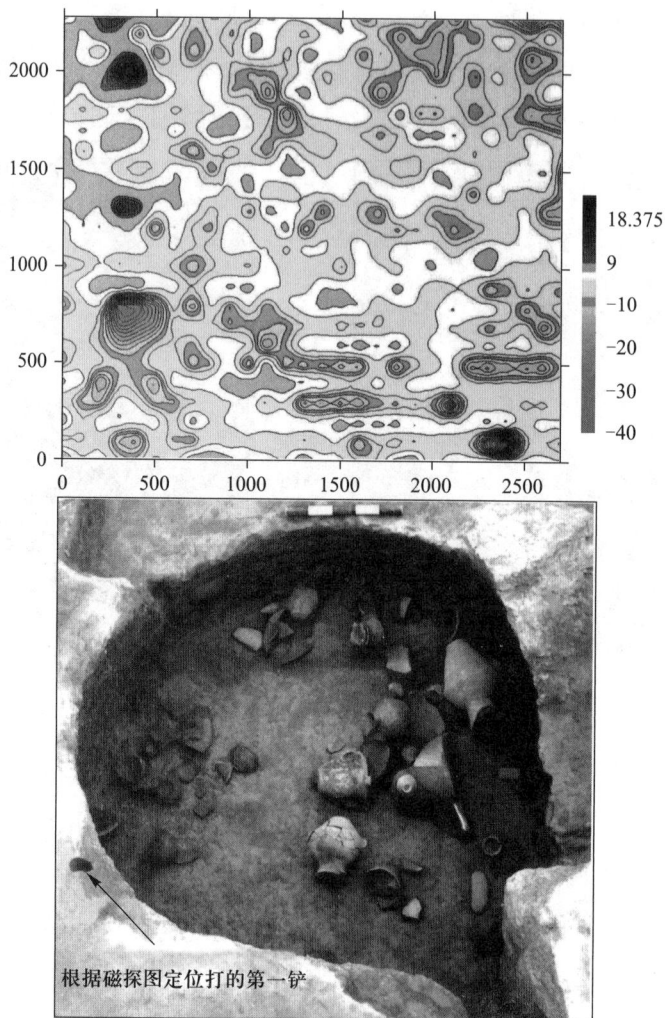

图2-8 青海民和喇家遗址的磁法探测磁场分布（上）和发掘的窖穴（下）对比图

了解遗迹遗物的分布情况。探地雷达利用一个天线向地下发射高频电磁波，另一个天线接收来自地下物质界面的反射波。野外操作时只需按规则移动雷达天线，其图像便以脉冲波的波形形式记录在计算机上，通过计算机处理很快能得出准确的结果，确定遗迹的地下位置。

探地雷达法在考古领域的应用始于20世纪40年代，80年代以来中国开始这方面的尝试，近年运用较多，获得的成果也较多。如1998年浙江绍兴印山大墓的发掘中，在持续数月发掘未见墓室的情况下，便使用探地雷达法探测以查清墓室位置，规划下一步的发掘。探测中布置了脉冲雷达和调频三角波雷达，后期又做了电磁波回波能量处理，结果探出墓室长度在8—14米、宽在2—4米，可能为单室偏甬道形或长方形墓室，深度在地下6—8米。这一判断后经发掘证实，误差不超过1米。①

三、化探方法

除了物探技术，田野考古工作中还应用了化探中的汞测试法。这种方法是通过测试汞元素的化学异常来寻找地下遗迹，中国采用此法的实例是1981年对秦始皇陵封土的测试，发现大面积的汞异常高区域，其中封土中央位置的汞异常分布有一定规律，可能是地宫内大量水银长期挥发渗透的结果。这一成果印证了《史记·秦始皇本纪》的相关记载："以水银为百川江河大海，机相灌输，上具天文，下具地理。"②

四、勘探资料的整理

勘探资料中的铲探资料整理，主要包括各种记录资料以及部分实物资料，如探孔发现的重要土样和遗物标本。对记录资料的整理主要是根据文字、表格和各种钻探图的综合分析，做出遗迹和文化层堆积性质与分布范围的结论；实物资料中重要的土样和遗物标本应及时送交有关单位检测分析，并将结果与钻探图相结合，验证野外钻探的认识。对重要的遗址进行钻探，还应及时编写并发表钻探报告，作为发掘、研究和文物保护的参考依据。

勘探资料中的物探和化探资料的整理与铲探资料的整理不尽相同。一是物探和化探由于科技手段的应用较多，获取的多是数据资料，在工作现场就已借助计算机做了保存和处理分析，手工操作整理一般不多。二是物探和化探多涉及相关专业技术和知识，对结论的分析一般需要探测的实施者做出，因此其资料的整理多是以得出最终结论为目的，而且多是根据计算机处理过的资料进行分析判断。这两个特点决定了物探和化探的资料整理有特定的要求，具体可参见上述勘探工作程序的介绍。

勘探资料整理结束后，所有的记录资料、电子档案和实物资料都要妥善保存，具体要求同调查资料的保存。

第三节　考古发掘

田野考古发掘是获取实物资料和各类研究信息的基本手段。与考古调查相比，发掘工作能够全面、准确、系统地获取遗址的各类信息，为深入探讨古代人类文

---

① 姚萌、刘树人、张忠良：《绍兴印山大墓GPR无损探测方法研究》，王昌燧主编：《科技考古论丛》第二辑，中国科学技术大学出版社2000年版，第116—121页。

② 常勇、李同：《秦始皇陵中埋藏汞的初步研究》，《考古》1983年第7期。

化及其历史发展过程提供丰富的资料。同时，考古发掘工作本身也意味着对遗址的破坏，具有一次性和不可逆的特点。因此，发掘前需要制订合理的规划并做好充分准备，严密控制操作过程，确保发掘资料的科学性和完整性。

一、发掘对象和课题规划

（一）考古学遗存的形成过程

考古发掘的对象是实物遗存，包括古代人类活动过程中产生的各类人工遗存和与人类活动相关的各类自然遗存。这些实物遗存的形成原因、过程和所处环境，都直接影响着考古发掘工作的方法和获取资料的内容。实物遗存的成因包括文化形成过程和自然形成过程。[①] 两者相互交织，一起影响着实物遗存的形成。

1. 文化形成过程

所谓文化形成过程，是指实物遗存在人为原因作用下的形成过程。这种成因决定了考古发掘和研究的对象与地质学有着根本的区别。人类活动对遗迹或遗物的影响既体现在实物遗存的产生、使用和废弃过程中，也可能反映于遗迹、遗物废弃、埋藏之后的保存过程中。

比如城址、庙宇、作坊、居址等建筑遗迹，人们在修建之前往往要根据它们的功能进行选址和平面设计，并根据当时的技术水平和自然资源选择合适的建筑材料和建筑方法。建筑过程中首先要在原始地面上修筑建筑的基础部分，进而再修建出整个建筑。而且，古代建筑未必都是一次性建造完成的。尤其长时间沿用的建筑，其中一些设施会在使用过程中逐渐修建起来。同时基于需求的变化，一些建筑也会在使用中被改造、扩建，甚至重新修缮。例如考古工作者通过科学发掘揭示出：新疆库车、拜城地区的克孜尔石窟、库木吐喇石窟，吐鲁番地区的吐峪沟石窟、柏孜克里克石窟等，它们并非一次性建造完成。由于当地佛寺的兴盛，前来进香朝拜的人们逐渐增加，许多早期僧侣居住的僧房被改造成为拜佛、礼佛的中心柱窟、大像窟。改建的方式也有多种，比如封堵天窗、门道、打通墙壁、重新修筑券顶等。新建的石窟往往还要重新粉刷墙壁，根据不同的粉本题材重新绘制壁画。另外，人们也会在建筑坍塌、失火或老旧的情况下进行重新修缮。

人群迁徙、战争、商贸线路变迁、生计方式转变等人为原因也会导致遗迹的废弃。比如魏晋南北朝时期的邺城（在今河北临漳），因北周大象二年（580）杨坚灭北齐而付之一炬，沦为废墟。横贯欧亚大陆的沙漠丝绸之路，从汉代张骞通

---

① ［英］科林·伦福儒、保罗·巴恩：《考古学：理论、方法与实践》（第六版），陈淳译，上海古籍出版社2015年版，第34—37页。

西域以后日趋繁盛，孕育了沿线许多商贸城市、集市。唐代以后，由于战乱频繁，沙漠丝绸之路逐渐衰亡，最后被海上丝绸之路取代。再如中国北方自战国以来为防御北方游牧民族入侵而修筑的长城、烽燧，到清代以后，这些防御性建筑失去了功能性的需要而被废弃。

在这些因素的影响下，遗迹的形制特征、功能、规模都可能会发生变化。变化的复杂程度也参差不齐。不论遗迹和遗物自身产生、使用和废弃的具体过程如何，最终都由于种种原因被埋藏。在人为因素方面，可分为有意埋藏和无意埋藏。古代人类有意埋藏的典型事例就是墓葬和窖藏。另外，利用废弃窖穴作为垃圾坑的灰坑等遗迹也应属于有意埋藏的范畴。无意埋藏是指古代人类因各种日常活动需要而无意识造成的埋藏现象，如后人把早期文化层作为地面而营建各种生产生活设施，在无意识破坏的同时又造成了人为埋藏现象。以居址为例，从理论上来说，房屋废弃之后，其基础部分和一些地面生活设施都有可能被保存下来，并逐渐被埋藏。但在环境变化不大的地区，不同时期居民对居住地的选择高度一致，比较理想的地点往往被历代居民所选择，常常会在废弃或已被埋藏的房基之上不断建造出新的房屋。无意识的破坏除造成人为埋藏现象以外，也可能直接导致遗迹、遗物的彻底消失，比如灌溉、耕地等生产活动。尤其是现代社会人口增加、机械化农业和城市的快速扩张，导致许多古代遗存的毁灭。

遗物也是古代人类技术、文化的物质载体，同样存在文化形成的过程。它们在产生之初就是根据人类对不同功能的需求而被设计、制造出来的。在使用过程中遗物也会因破损而被修补，或加工修整后另作他用。比如古人会将一些使用破损的青铜器进行补块焊接或融化后另铸新器。新石器时代常见的陶纺轮，其中也有利用破碎的陶器碎片穿孔、打磨制成的。那些破损严重的或被新型器物取代的遗物则会被丢弃，埋藏在遗址的文化堆积之中。

总之，人为原因对遗迹、遗物的形成、使用和废弃都起着重要的作用。

2. 自然形成过程

所谓自然形成过程，是指实物遗存在自然原因作用下的形成过程。实物遗存从产生到废弃再到埋藏的过程，始终伴随着自然因素的影响作用。

通常情况下，实物遗存产生之后，就会面临自然下沉、沙尘沉积、雨水冲刷、河流改道等普遍性自然因素的影响。这些普遍性自然因素的影响进程通常十分缓慢，难以用肉眼观察到。比如唐长安城废弃部分的城墙多已沉入现代地面之下50厘米左右，但在千余年的埋藏过程中平均每年仅下沉0.05厘米。在遗迹使用过程中，自然沉积物往往与人工形成的文化堆积混合在一起，难以区分。比如文化堆积中的植物孢粉就是随自然风力带入遗址当中的。当遗迹废弃之后，自然因素对于遗迹埋藏起到的作用就比较明显了。许多遗址的居址和墓地，在废弃后逐渐被沙尘覆盖或被淤积的泥沙淹没，埋藏于地下。另外，中国北方地区的风沙侵蚀也会对聚落、烽燧等遗址本体造成巨大的破坏作用，如楼兰古城等。

自然界突发的环境变化也会导致遗存的毁坏与废弃。比如气候变迁、地震、洪水、海啸、泥石流、火山喷发等自然灾变，往往在短时间里就能毁灭整个城市、村落。最典型的实例就是古罗马庞贝古城，79 年维苏威火山喷发，火山灰在数小时内就把整个城市掩埋了起来。中国北宋大观年间的洪水泛滥，就曾淹没了当时的巨鹿城，使其深埋于现代地面之下 6—7 米处。青海民和喇家齐家文化遗址的史前灾难遗迹，或认为是地震造成的。

3. 考古遗存的形成次序

通常情况下，考古遗存在生成、使用、埋藏过程中形成的不同堆积，按照从早到晚的时间顺序，自下而上依次堆积起来。考古学中，通常把人类活动形成的包含人工遗物的堆积称为"文化层"，俗称"熟土"。一般而言，在重力作用的影响下，人为形成的文化堆积总是依托于当时的地表；而不同时期形成的堆积，只能遵循"后来者居上"的堆积顺序。因此，在同一遗址中，文化层的形成时间越早，就会处在更下一层的埋藏位置；而形成时间最晚的遗存，就会堆积在遗址的最上一层。这种遗存埋藏堆积形成之后，如果未受到扰动，便称之为原生文化层。但是，在坡度和高差较大的台地、坡地遗址，文化层形成后，可能还会因地震、雨水冲刷等自然力的作用而被搬运、翻动，形成再次堆积现象，即所谓次生文化层。在次生文化堆积中，不同时期、不同遗迹内的堆积可能会混合在一起，甚或出现次序颠倒的情况。这种因自然力而导致的原生文化层次序的倒置情况，就是所谓文化层的倒装现象。但倒装现象一般不是原生文化层的依次颠倒。

由于文化堆积的形成过程受到不同时期、不同类型、不同程度的人类活动、自然力的影响，堆积的质地、颜色、包含物也会相应发生变化。考古工作者通过对土质土色的观察，将它们划分为上下叠压的不同堆积层次。这种代表不同时期、不同成因上下叠压的文化堆积之间的关系，在考古地层学上称为叠压关系。不仅如此，在同一地点，如果后人在前人废弃的居址上修建房屋、墓葬，打水井，挖窖穴等，这些活动都可能破坏早期的遗迹和文化堆积。这种晚期遗迹对早期遗迹或文化层的破坏及其关系，就是考古地层学上所说的打破关系。

这些叠压、打破关系直接反映着文化遗存本体的保存状况。并非所有古代遗迹都能够完好地保存至今。在人类长时间居住、活动的地区，除了那些规模宏伟高大、坚固耐久的遗迹外，多数遗存更容易在人类不断地使用、废弃、埋藏过程中被破坏（图 2-9）。而在一些人口密度小、人烟稀少的地区，一些古代遗迹往往能够较好地保存下来。

（二）课题规划和申报

考古发掘是对实物遗存各类信息的系统获取，是不可逆的过程，同时需要消

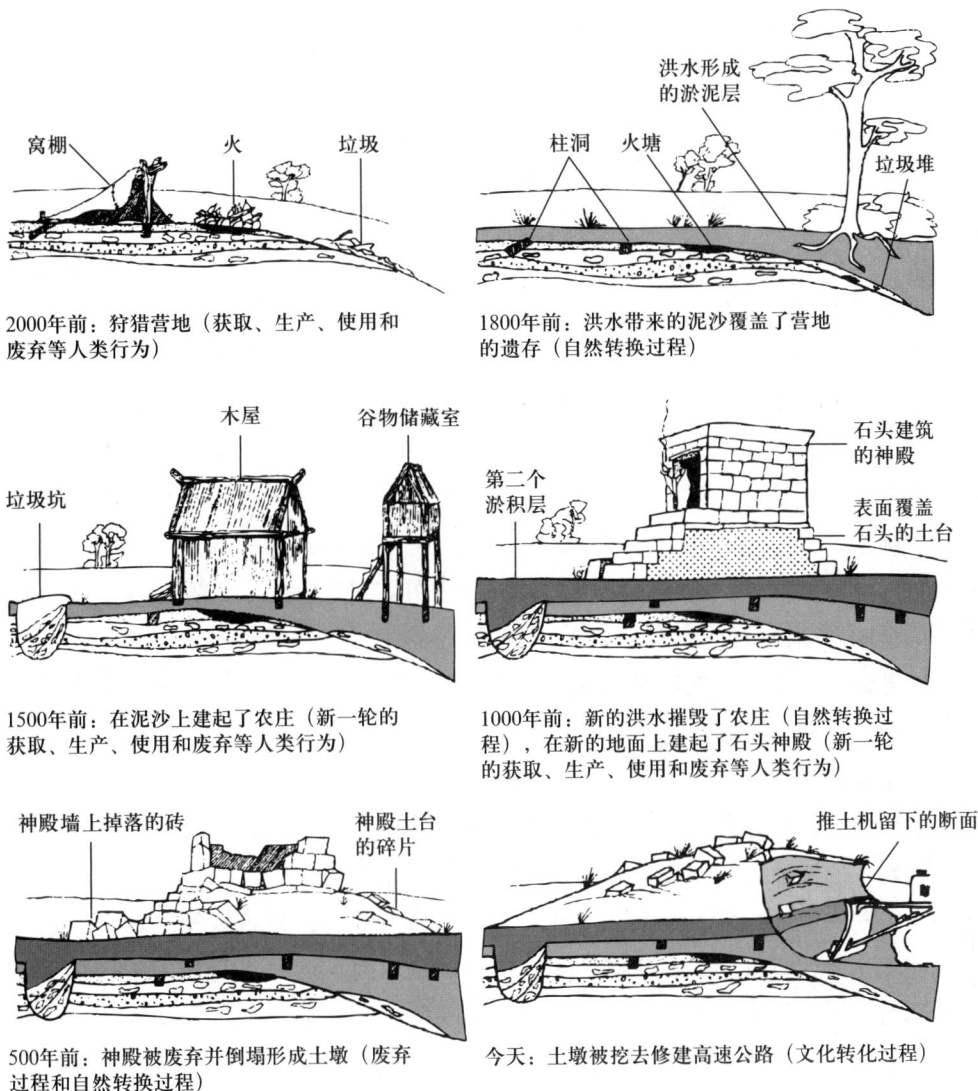

窝棚　　火　　垃圾

2000年前：狩猎营地（获取、生产、使用和废弃等人类行为）

柱洞　火塘　　　洪水形成的淤泥层

垃圾堆

1800年前：洪水带来的泥沙覆盖了营地的遗存（自然转换过程）

垃圾坑　　木屋　　谷物储藏室

1500年前：在泥沙上建起了农庄（新一轮的获取、生产、使用和废弃等人类行为）

第二个淤积层　　石头建筑的神殿

表面覆盖石头的土台

1000年前：新的洪水摧毁了农庄（自然转换过程），在新的地面上建起了石头神殿（新一轮的获取、生产、使用和废弃等人类行为）

神殿墙上掉落的砖　　神殿土台的碎片

推土机留下的断面

500年前：神殿被废弃并倒塌形成土墩（废弃过程和自然转换过程）

今天：土墩被挖去修建高速公路（文化转化过程）

图 2-9 考古遗存的形成和转化过程示意图

耗大量的人力、物力、财力和时间。因此，在进行考古发掘之前需要做好充分的准备，制订详细、可行的规划，一般称之为课题规划。

考古发掘的形式主要有主动性发掘和抢救性发掘两种，针对不同的发掘形式需要制订不同的课题规划。无论哪一种性质的发掘，都应向文物行政管理部门办理相关手续。《中华人民共和国文物保护法》规定："一切考古发掘工作，必须履行报批手续；从事考古发掘的单位，应当经国务院文物行政部门批准。地下埋藏的文物，任何单位或者个人都不得私自发掘。"在中国，考古发掘工作需要具有团体领队资格的单位向国家文物局申报，获得批准后方可开展、实施。这些单位包括中国社会科学院考古研究所、中国科学院古脊椎动物与古人类研究所、各省市自治区文物考古研究所等研究机构和北京大学、吉林大学、山东大学、西北大学等设有考古学专业的高校。

1. 主动性发掘

主动性发掘是为解决某些学术课题，主动寻找合适的遗址进行考古发掘工作，比如陕西半坡遗址、周公庙遗址、长安城遗址、浙江良渚遗址、河南二里头遗址等。由于主动性发掘是为解决学术课题而设计的，参与课题的研究人员一般对所要发掘的遗址及其所属的考古学文化有较为深入的了解，学术准备充分、目标明确，工期较为充裕，希望获取的资料较为丰富、全面。主动性发掘工作的结果是否理想，很大程度上取决于前期课题规划。这就要求课题组成员对该课题具有相当的学术准备，要充分地了解拟定发掘区域以往的考古工作成果、相关历史文献。最好能在发掘前对遗址区进行全面系统的实地踏查和勘探。在此基础之上，明确学术目标，针对实地情况和课题要求确定发掘的区域。发掘区域的选择要考虑到交通条件、驻地安置、发掘时间和发掘所需费用等问题。主动性发掘并不都是对遗址的全面发掘，发掘面积的大小要根据课题的学术目标合理制订。发掘面积过大可能导致发掘工作不能按时完成，人力、财力过度消耗；发掘面积过小则可能导致无法获取能够满足研究课题需要的资料。

2. 被动性发掘

被动性发掘又分为抢救性发掘和配合基本建设发掘。抢救性发掘是指对处于破坏状态下的遗址或墓葬实施的发掘，如因偶然情况（如村民取土等）或基建施工中突然发现遗迹，或因破坏性灾害（地震、水灾等）致使古代遗存暴露，以及其他种种原因致使遗址和墓葬等处于被破坏状态。为了避免遭受更大的破坏，由文物部门或研究单位组织力量进行发掘，如陕西法门寺地宫遗址发掘等。配合基本建设发掘是在经批准的基建范围内，先行进行考古调查和发掘，如在修建水库、道路等工程之前，对占用土地、取土场及其周边可能遭受破坏的范围进行考古调查和发掘，黄河小浪底和长江三峡水库淹没区的考古调查和发掘就属于此类。

较之主动性发掘，被动性发掘具有时间紧、任务重、人员紧缺的特点。由于被动性发掘的对象和发掘规模并非研究者主观决定，学术准备相对仓促。在制订课题规划时，需要发掘者根据有限的时间合理制订发掘计划、发掘方法和调配人员，尽最大可能确保发掘过程的科学性、获取资料的完整性。如遇到遗迹丰富、学术价值很高的遗址，无法在短时间内系统、完整地获取考古资料，就需要即时申报，将被动性发掘转为主动性发掘，延长发掘时间。而对于价值特别高的遗址，甚至可以要求改变工程规划，实行永久性保存，如上海志丹苑元代水闸。

3. 课题申报内容

在完成充分学术准备的基础上，就需要组织编写考古发掘课题申报书。申报书内容通常包含以下内容：

研究背景：这部分需要阐明拟定开展的考古发掘工作的理由，也就是要回答"为什么要发掘"的问题。主动性发掘的课题需要说明通过考古发掘拟解决的学术问题；被动性发掘课题需要陈述遗址或墓葬受人为破坏或基建工程威胁的原因、遗址现状、遗址的大致时代、规模等。

学术目标和研究内容：无论主动性发掘或被动性发掘，都需要在发掘工作开展以前明确本次发掘工作的学术目标。简单说，这部分内容需要回答"发掘什么"的问题。也就是发掘工作必须有的放矢，从解决学术问题的目标出发去实施。研究内容则需要根据课题自身需求来制订，说明需要发掘的遗址所处的地理位置、行政区划、遗址规模、发掘面积大小等内容。

研究方法和技术路线：无论考古发掘工作的性质如何，都需要制订针对性很强的发掘规划与工作方法，就是要回答"怎么发掘"的问题。考古发掘和资料整理过程主要运用考古地层学和考古类型学方法，但针对不同地域、不同时期、不同类型的遗址，在不同的工期内，需要制订切实可行的考古发掘方案。在规划发掘区的基础上，目前中国主要使用布设探方进行发掘的方法。不同规模的遗址，每个探方的大小也需要作相应调整，以便有效地控制发掘进度。而且，考古发掘工作还需要遵循标准规范，目前中国的考古发掘工作需要遵循国家文物局 2009 年版《田野考古工作规程》。

需要注意的是，课题申报书不仅需要阐明发掘的理由、对象和方法，还需要提前制订遗址和现场文物保护预案，也就是要回答"发掘完了怎么办"的问题。

人员构成和研究基础：优秀的团队能够保证项目高质量、高效率地完成。因此，项目负责人需要通过多方咨询，合理挑选、组织自己的研究团队。团队中既需要工作经验丰富、研究资历深厚的专家，同时也需要体力、精力充沛，能够吃苦耐劳的年轻学者。此外，对当地工作环境熟悉，能够协助发掘工作顺利开展的工作人员也是必不可少的。

考古发掘工作实施前，需要项目组成员尽可能充分地了解以往国内外学术界对该课题的研究状况。因此，这部分需要列举出项目组为本课题研究做出的相关学术准备，比如以往参加的相关考古调查、发掘工作、发表的研究成果等。同时还要以参考文献的形式列举出以往国内外学术界研究该课题的重要成果。

发掘进度安排：安排发掘进度首先要对发掘面积、遗址堆积厚度、土方量、遗迹丰富程度、发掘工期等各类情况进行大致的估量，进而估算出发掘工作需要的专业人员和工人数量。安排发掘工作时还要考虑到遗址所处的地理气候条件，选择适合考古发掘工作的季节。尽量避开在严寒、酷热或风沙、雨水过多的季节进行考古发掘工作。否则，既不利于遗迹、文物的保护，也容易延误工期。

预期成果形式：田野考古发掘工作结束后，需要对获取的实物资料进行系统整理。申报书中需要阐明课题的成果形式。考古发掘工作通常需要在当年完成发掘简报，并尽快完成、发表完整的考古发掘报告。主动性发掘还需要撰写并完成相关的研究报告。

经费预算：考古发掘需有比较充足的经费支持才能进行。课题组需要在申报书中对所需经费支出项目、金额做出详细、合理的估算。常见的经费支出项目有补偿发掘区临时占用耕地、牧场的费用，购置考古工作所需工具的费用，购置、租赁所需专业仪器设备的费用，交通费用，动力燃油费用，工人工资，考古专业人员野外食宿补助等。

二、发掘前的组织和准备

当考古发掘申报获得批准后，发掘单位要通告各级政府职能部门，争取有关部门、机构的支持和配合，同时开始组织人员为发掘工作做细致的准备。

（一）遗址测绘和发掘区规划

考古发掘本身就是一种不可逆的资料获取过程。经过发掘的遗迹和埋藏状况，再也不能完全恢复原状。因此，考古发掘负责人必须根据遗址的特点、发掘规模、人员组成、经费等因素，合理规划发掘工作。

1. 遗址测绘

经过调查并决定发掘的遗址，首先需要绘制一张准确的大比例尺遗址平面图，作为考古发掘规划工作的主要依据。为了便于记录，每个发掘的遗址需要确定一个代号。这个代号通常是由遗址所在县（区）名+遗址名的第一个汉字辅音的大写字母构成。比如，扶风案板遗址代号是 FA。为了避免代号重名，可以用增加字符的方式加以区别。

建立发掘坐标系统：遗址测量首先要建立遗址区的三维测绘坐标系统。坐标系统的原点也称测量总基点，它的位置需要根据遗址的具体情况来设定。对于地势平坦、规模超过 64 万平方米的大型遗址，可考虑把基点放在靠近中心且便于长久保存的部位，以便观察和测量；规模小于 64 万平方米的小型遗址，可放在遗址边缘或便于观测全区的地势较高处。总基点位置确定以后，一般需要埋设水泥桩作为标志。水泥桩一般为高 50 厘米、底宽 20 厘米、顶宽 12 厘米的立方体；桩顶中心位置需垂直嵌入一根长 30 厘米、直径 1.2 厘米的钢筋，上端与桩顶平齐即可。水泥桩需要埋在地下，上部略高出地表 0.5 厘米即可（图 2-10）。

小型遗址可直接按照平面直角坐标系的方式，建立三维测绘坐标系统。坐标系可采用自定义的方式，取正北（磁北）方向。其中北方向为 X 轴、东方向为 Y 轴。坐标系的原点应设置在遗址的西南角，保证测绘的坐标在第一象限，取正值；

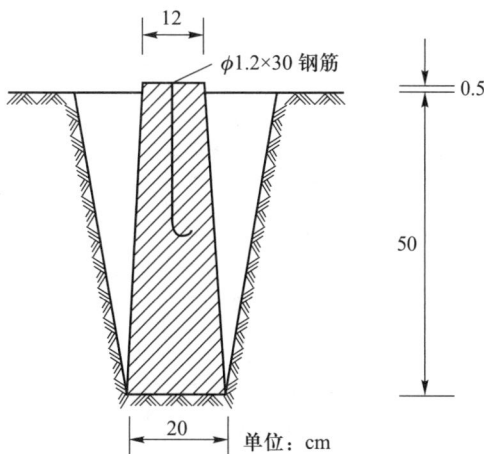

图 2-10 水泥基桩规格示意图

自定义原点高程应设置较高的数值，保证遗址测绘坐标的高程值为正。

大型遗址则需要布设测量控制网进行控制测量。测量控制网的导线必须进行平差以确保遗址内测量结果的精确。常用测量控制网有星形和三角网形。

此外，在测量总基点周围便于观测的地方，至少还需增设 3 个永久性测量控制点，也可在永久性建筑物或其他永久性地物上标注不少于 3 个测量控制点，以便于恢复三维测绘坐标系统的坐标值和水平角度。永久性测量控制点与测量总基点一样，也需要埋设水泥桩。为了避免基点和控制点遭到基建、耕作等人为破坏，可以布设多个测量控制点以备不时之需（图 2-11）。

需要注意的是，考古发掘遗址的三维坐标系统必须与国家三维测绘坐标系统建立有效关联。

测绘遗址地形地貌：遗址三维坐标系统建立之后，接下来是对遗址进行测绘，包括遗址所处地理环境的地形地貌、各类遗迹的分布情况、现代村庄、道路、水渠等地理信息等。通常情况下，遗址发掘前需要进行详细调查、钻探，完成遗址测绘的底图。包含遗址地形地貌的基础地图可以从国家测绘部门购买，获得大比例尺地形图。一般国家测绘部门提供的地图有 1∶1000、1∶2000、1∶5000 或 1∶10000，上面标有等高线、水系、沟壑、房屋、道路、地表覆盖物等，可以根据遗址规模选择使用。

目前常见的地图种类有四种：一是数字栅格图，缩写为 DRG（Digital Raster Graphic），是标注了国家测量控制点、等高线、自然山川、水系、建筑物、地表覆盖物、道路等信息的栅格地图，可以从测绘部门购买获得。这种地图无法直接用于考古调查和发掘，必须矢量化和要素删选、提取后才能使用。二是数字线画图，缩写为 DLG（Digital Line Graphic），是矢量化后的数字栅格图。这种类型的地图可

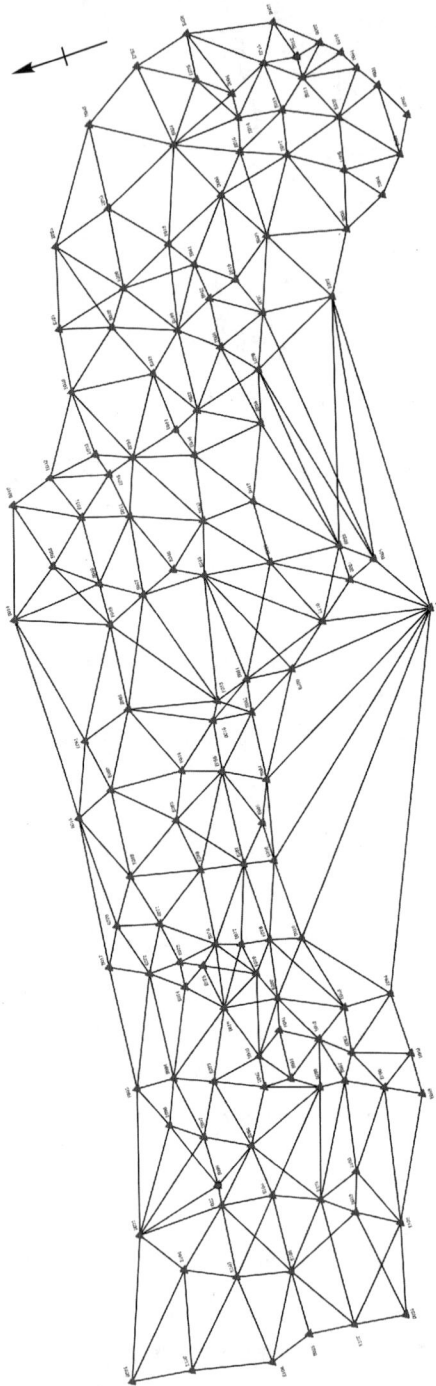

图 2-11　新疆巴里坤县石人子沟遗址群测量控制网

以无限放大，对各类信息进行增、删、查、改。数字线划图也可以直接购买、修改后使用。如果发掘区域没有对应的地图，也可以将已有的数字栅格图进行矢量化后生成数字线划图。三是数字正射影像，缩写为 DOM（Digital Orthophoto Map）。这种地图是经过几何矫正后的航空影像或卫星影像图，与传统的数字线划图相比，数字正射影像能够直观地表现遗址地理环境、地形地貌。目前，航片可到国家基础地理信息中心或省级测绘部门购买。购买时需同时索取相机焦距、框标参数、拍摄高度等相关航片相机指数，以便于进行照片的正射校正。提供卫星遥感影像的商业公司较多，如美国 NASA 的 Landsat 系列卫星、商用 IKONOS、QuickBird 和 GeoEye 等高分辨率卫星，俄罗斯的 SPIN-2 高分辨率卫星等。其中 QuickBird 卫星的最高地面分辨率可达 0.61 米，GeoEye1 可达 0.41 米，能够很好地满足考古发掘的需要。数字正射影像不能单独作为遗址地形图使用，一般与数字线划图叠合后使用。四是数字高程模型，缩写为 DEM（Digital Elevation Model）。这类地图并不记录水系、建筑物、道路、地表覆盖物等要素信息，却能够用于坡度、坡向、可视域等三维空间分析，为研究遗址聚落功能、结构布局等问题提供科学依据。数字高程模型也可在国家基础地理信息中心购买，与其他类地图叠合起来使用（图 2-12）。

如果国家测绘部门或相关商业公司提供的地图没法满足考古发掘需求的精度，也可以自行使用专门设备或者委托专门测绘机构、公司进行现场实测。面积大于 10 平方公里的测绘范围一般需要搭载专业航摄仪的民用飞机进行航拍、测绘，测绘精度可以达到 1∶500—1∶2000；面积小于 10 平方公里，大于 2 平方公里的测绘范围一般使用续航能力强的固定翼飞行器进行拍摄，测绘精度可以达到 1∶500 以上；面积小于 2 平方公里的遗址可以使用多旋翼无人机进行拍摄，再配合软件将航拍照片进行处理，生成高精度正射影像。[1] 这种测绘方式因为成本低廉、效率高，精度能够满足大部分遗址的测绘需求，目前已广泛运用于中国的考古调查、发掘工作当中。其精度视飞行高度和传感器分辨率而定，一般不低于 1∶500。

若以上条件均不具备，则可组织人员自行测绘遗址地形图。测量选用的比例尺应以实际需要来定。传统的考古测量采用水准仪、平板仪等设备，在图纸上绘制地形图。目前全站仪已普及使用，少数单位采用高精度全球定位系统测量仪器（Real Time Kinematic，缩写为 RTK），生成电子版的矢量地图，利用计算机软件绘制精确的地形图。

遗址测绘的目的，在于获取能够反映遗址范围及其地形地貌特征的地形图，至少应反映遗址现代微地貌特征和所处区域的自然景观。图中必须标明包括基点在内的测量控制网的所有控制点、地形等高线（疏密程度依具体需要而定，等高

---

① 刘建国：《考古遗址的超低空拍摄与数据处理》，《考古》2015 年第 11 期。

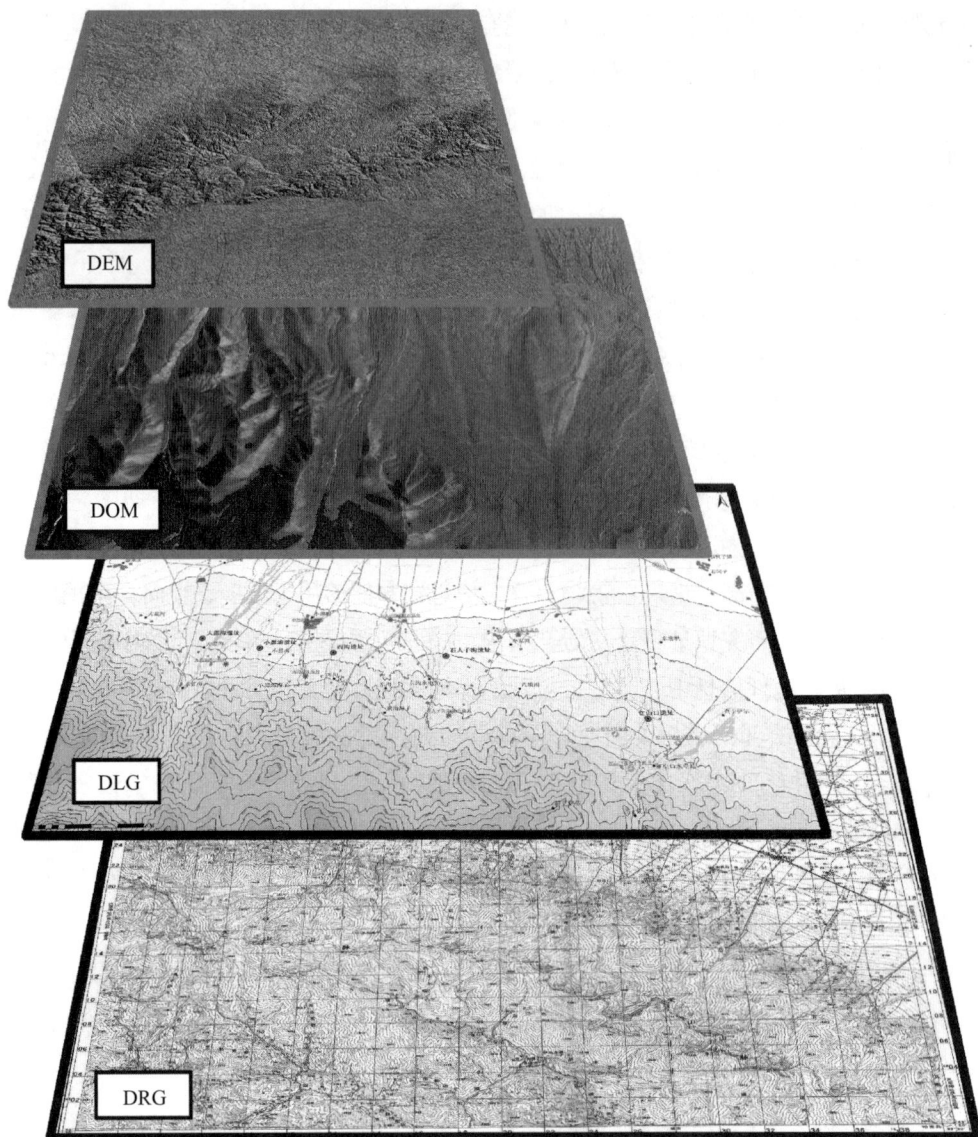

图 2-12 常见地图类型示意图

距以米为计算单位）、水系（河流、古河道、湖泊、池塘、现代重要水利设施）、沟壑（尤其起伏较大、能够标示遗址地貌特征的）、建筑物（城镇、村落、水塔、厂房等）、地表覆盖物（林带、草场、荒漠等自然植被和果园、农田等人工植被）、道路（国道、省道、县道、乡道等）。

遗址测绘完成后，还可与已有的航空或卫星照片进行匹配，将多种形式的地图、照片叠合起来，获得良好的展示效果和研究功能。需要注意的是，航片、卫片一般需要通过专门处理，校正成为正射影像才能与遗址地形图匹配。坐标系统也需要统一，比如中国现行的坐标系统有北京 1954 坐标系、西安 1980 坐标系和

2000 国家大地坐标系，这些坐标系需要与遗址测绘的当地坐标系统进行匹配、校正，才能保证测绘结果的准确。

2. 规划发掘区

规划发掘区是考古发掘的重要前期工作。国内外采用的遗址分区方式较多，各有优缺点，需根据实际情况选择最佳的发掘区规划方式。20 世纪初，常依据河流、村庄、道路来划分发掘区。比如河南安阳殷墟遗址小屯村周围的发掘区，分为小屯南地、小屯西地、小屯北地、小屯东地等。这种分区方式无须精确测量即可完成，但区与区之间的界线不甚明确，不利于总平面图的拼接。另一种是根据考古发掘地点和发掘顺序进行分区。如北京周口店龙骨山的北京猿人遗址分为第 1 地点（北京猿人遗址）、第 4 地点（新洞人遗址）、第 15 地点等不同的发掘地点。有些还在地点号前加上地点代号，如陕西大荔人化石地点一带发现的 19 处旧石器地点，被编为 DJ1（意为大荔解放村第 1 地点）、DH2（大荔后河村第 2 地点）等。这种分区方法明显缺乏统一规划，随意性较大，不利于长期连续性发掘与资料的记录和整理。

目前发掘区规划普遍采用的是十字坐标分区法。这种方法是在测绘遗址地形地貌平面图的基础上，选择一个便于观察和测量的总基点，由此引出正方向相交的十字基线，将遗址分为 4 个象限区即发掘区。考虑到探方规格（5 米×5 米）和坐标法编号系统，则每个发掘区的规格以 400 米×400 米为宜。① 面积小于 64 万平方米的遗址可分四区，区号可为英文缩写"NE、NW、SE、SW 区"，也可用罗马数字"Ⅰ、Ⅱ、Ⅲ、Ⅳ区"来表示。面积大于 64 万平方米的遗址，可按每区 400×400 平方米的规格布设网格，采用开放的方式分区和设置分区号。十字坐标分区法能够对发掘区进行统筹规划，便于布方和探方编号、资料整理等，可以避免因发掘人员变动、测量误差而造成的各种混乱现象。

（二）物资准备

考古队驻地：考古发掘区域确定后，需要在工作现场附近选择工作人员生活、居住和存放物资、设备和出土文物的场所。驻地一般选择距离发掘区较近、交通方便、生活便利的村镇。如果发掘地点所在地远离村镇，交通不便，也可在考古工地附近搭建临时性建筑。对于具有长期发掘计划的遗址，可根据需要建设永久性工作站。

测绘工具：考古发掘工作中常用的测绘工具有全站仪、对讲机、皮尺、钢卷尺、直尺、三角板、罗盘、米格纸、铅笔、小刀、垂球、线绳等。有的还配备了高精度全球定位系统测量仪器 RTK 和三维激光扫描仪，以应对较为复杂的测绘对象。

---

① 每区 400×400 平方米可设置 80×80 个探方，可以确保探方编号的数字部分始终是四位数，也便于记录与资料整理。

清理工具：考古发掘常用的清理工具有手铲、铁锨、探铲、毛刷、竹签等。手铲是专为考古发掘定制的工具，主要用于处理平面、区分遗迹或堆积的边界。手铲的形制多样，可根据考古遗址的土质情况选择合适的手铲。更为细致的清理工具还需要用到竹签、毛刷、小勺、气吹等，以便应对各种需要仔细清理的具体发掘对象。

采集和记录工具：遗物或标本采集工具包括编织袋、塑料封口袋等。筛选用的浮选机、网筛、量杯、量筒和临时存放文物的收纳箱等。信息采集工具包括考古发掘需使用的大量标签、各种表格、日记本、记录笔、器物登记卡、档案袋、图纸、硫酸纸。影像采集的照相机、摄像机等。

此外，考古发掘领队还可根据具体情况采购所需物品，如常用药品等。应尽量做到用品齐全，以备不时之需。

三、发掘工地的管理

管理制度是考古发掘工作规范、有序开展的重要保证。无论人数多少，都需要制定并执行一套行之有效的管理制度。

（一）发掘单位和领队的职责

1. 发掘单位职责：根据国家文物局 2009 年版《田野考古工作规程》，实施考古发掘的单位需要履行以下职责。

（1）指定考古发掘项目领队，监督、检查、指导领队工作。

（2）按规定上报考古发掘申请和汇报，做好跨年度或多次发掘项目的衔接工作。

（3）负责考古资料的审查、清点、保管和移交。

（4）采取措施确保工地安全，及时上报安全事故。

（5）及时上报重要发现。

2. 考古发掘领队职责：中国田野考古发掘实行领队负责制，领队对执行《田野考古工作规程》负有完全责任，需要履行的职责有：

（1）主持制订发掘方案、文物保护预案，组织各项发掘准备工作。

（2）全面主持发掘工作，严格执行《田野考古工作规程》，按照考古发掘执照许可内容审订、调整发掘方案，组织协调各项工作正常、有序的实施。

（3）及时完成考古发掘工作报告。

（4）及时上报安全事故。

（5）及时上报重要发现。

所有工作人员必须遵守纪律、坚守岗位，模范执行和积极宣传《中华人民共和国文物保护法》。[①]

---

① 国家文物局：《田野考古工作规程》，文物出版社 2009 年版，第 3—4 页。

（二）发掘工地的管理

领队需要根据发掘面积、发掘对象和工作量大小，组建一支相应的考古发掘队伍，将各项任务分类、合理分配给专人负责。

人员管理：考古发掘队伍一般由专业人员、后勤人员和工人组成。领队需在发掘开始前将所有成员的个人信息即时登记、备案。成员人数和职责分配应从实际需要出发，合理配备摄影、测绘、钻探、记录、后勤等方面人员；重要发掘项目必须配备文物保护专业人员。领队要在发掘实施前明确队员职责，讲解《田野考古工作规程》；发掘过程中督察队员履行职责和执行《田野考古工作规程》的情况。此外，领队还需及时记录每天的工作情况和参加人员等。

安全管理（工地执勤、守卫）：考古工地安全管理主要包括人身安全和文物安全两部分。领队在发掘前必须制订出施工安全预案、文物保护安全预案、防灾预案和相应的管理制度。考古队最好在发掘开始之前为每个队员购买人身保险，发掘过程中注意随时发现并排除各种安全隐患。考古发掘现场周围应布设警示标志，甚至需要设置临时看护站，确保发掘现场秩序和文物安全。驻地还需设置临时文物库房，指派专人负责文物的出入库登记。遇到不便现场清理的脆弱文物时，需派专业人员实施现场保护、采集或整体提取后进行实验室二次清理。

发掘操作规程：领队需要督察队员按照《田野考古工作规程》进行科学发掘，准确地做好各项记录，及时提交采集到的遗物、样品和记录资料。

临时文物库房管理：发掘过程中采集的遗物、样品，需要及时入库，统一管理。临时文物库房须设专人负责，制定详备的管理制度。管理人员一般要负责日常出土文物、样品的出入库登记；领队需要定期组织人员对出土文物、样品进行清点、核实。发掘工作结束后需将出土文物移交有关文物管理部门。

财务管理：发掘单位或领队需要指派专人负责考古工地的财务管理。原则上，领队不能兼任会计或出纳。各项经费的支出需由发掘单位或领队批示，确保发掘经费合法、合理地使用。

仪器设备管理：领队需指派专人负责管理发掘工地的仪器设备和各类工具的发放、回收。精密仪器如全站仪、GPS 等，应指定专业技术人员负责充电、保养、维修、校准。消耗性工具或用品，如各类包装袋、封口袋、记录本、记录表、标签、手套、手铲等应按需配发，避免浪费。

后勤管理：后勤保障是发掘工作顺利进行的重要条件之一。领队需指派专人负责日常住宿、饮食、采购等事宜，尽量保证队员的身体健康和工作需要。

四、考古发掘的实施

在前期组织及各项准备工作完成以后，便可进入田野发掘实际操作阶段。发掘者应依据发掘计划，严格按照《田野考古工作规程》操作，科学、系统、全面地获取各种发掘资料，尽量避免无谓的失误，将信息损失减少到最低程度。

（一）考古发掘的操作

1. 考古发掘的方法

（1）探方（沟）的布设

目前中国考古发掘一般都采用探方（沟）作为工作单位。探方是为了控制考古发掘进度和便于科学信息记录，将遗址发掘区域划分出的规格统一的作业单位。每一个探方都是一个发掘、测绘、记录的单位。

探方的规格需要根据遗址规模、文化层堆积厚度、遗迹特性等因素来确定。常用的探方规格是 5 米×5 米的正方形，遗迹现象不甚复杂的遗址或大型遗迹，如城址、大型宫殿建筑、大型墓葬等，多采用 10 米×10 米甚至 20 米×20 米的探方规格。旧石器时期遗址中的石器加工场或商周时期的甲骨埋葬坑等还采用 1 米×1 米的探方规格进行发掘，这种探方规格适合发掘面积小、对遗物采集作业精细程度要求高的遗存。

探方的原点位于其西南角，其北边、东边要预留出 1 米宽的隔梁，东、北隔梁相交的 1 米×1 米的单位称为关键柱。设置隔梁和关键柱是为了分隔探方，便于通过探方四壁剖面及时观察堆积变化，控制发掘进度和运土。发掘过程中，如果隔梁和关键柱妨碍了对地层和遗迹现象的整体观察，则可在绘制了剖面图之后打掉隔梁和关键柱。各探方之间要考虑进度的一致性，每个探方与相邻探方的平面现象与剖面地层必须吻合。

考古发掘区内探方的布设与编号也称"布方"。探方的布设与编号有多种方法，都要求预先在测绘的遗址平面图上规划布方。探方或探沟的布设一般取正方向，并与遗址的三维坐标系统保持一致。在江河、沟壑附近的狭窄地带，也可根据地势选择探方的方向。

小型遗址的发掘，通常采用整体编号法。这种方法是在测绘出遗址平面图后，把选择好的基点标在图纸上，然后在图纸上对整个遗址进行探方划分，并从最靠近基点的探方开始，遵循从左到右、自上而下的规则编号，如 T1、T2、T3、T4等，优点在于整个遗址的探方编号有序而不乱。

中型遗址的试掘或局部发掘，可采用预留编号法。这种布方编号法是将探方的网格覆盖遗址全区，每排探方单独编号。比如遗址从南向北的第一排探方自西向东分别为 T11、T12、T13……分别表示第 1 排第 1、2、3……探方；第二排探方自西向东分别为 T21、T22、T23……这种编号方法就是将遗址区内的探方预先规划出来，多次发掘也不会引起混乱。

大型遗址的发掘，常用坐标编号法或象限编号法。坐标编号法是用纵横坐标来确定每一探方的位置与编号。一般用 4 位数字确定一个探方的位置，前两位数字表示横坐标，后两位数字表示纵坐标，如 T0101、T0204、T0306 等。如此，则一个发掘区可划分 99×99＝9801 个探方。这样，不论何时、何人主持发掘，均可使用同一编号系统，便于原始记录的统一和查找。象限编号法类似于坐标编号，只是规划时需要按照顺时针方向把遗址分为Ⅰ、Ⅱ、Ⅲ、Ⅳ象限区，在坐标法编号前加区号即可。比如 IT0302 就是指Ⅰ区北东面第 3、东北面第 2 个探方。有时也用方向代号来标示探方的位置，比如 S02E28，就是指测量总基点南侧第 2、东侧第 28个探方。无论采用哪种编号方式，一旦确定不要再作修改，以免造成混乱。

探沟是为了解剖、探察遗存的堆积情况而布设的作业单位，是一种特殊的探方，其重点不是获取遗物而是观察遗址堆积情况。探沟大小一般根据需要设定，宽度通常为 2 米，长度则有 5 米、10 米，甚至更长。

（2）堆积、遗迹的区分和编号

考古发掘过程中首先需要根据土质、土色的差异区分不同的文化层、遗迹及遗迹内的堆积单位。土质是指堆积物的岩性如颗粒成分（黏土、粉砂土、砂土等）、结构（疏松、紧密等）、质地（软、硬等），是区分文化层、遗迹及堆积单位的首要依据。土色是指堆积物呈现的颜色，由于不同时期堆积中的包含物和形成原因各不相同，致使土色多有区别。

不同堆积或遗迹中人工遗物的特征（器类组合和形态特征等）也具有一定的提示作用，提醒发掘者及时区分文化层或遗迹单位。但人工遗物的特征并不能作为区分文化层或遗迹的标准，否则容易导致经验性的判断失误。

堆积单位和遗迹单位是田野发掘现场观察、清理、记录的两个基本概念。堆积单位是发掘现场可以区分的最小堆积体，是一次性人为或自然原因导致的结果。遗迹单位则是由一个或多个堆积单位组成、空间上相对独立的功能单位。为了便于编号和记录，遗迹单位一般缩略为汉语拼音第一个大写字母，如灰坑为 H，房屋为 F，墓葬为 M，壕沟为 G，水井为 J，道路为 L，陶窑为 Y。当一些遗迹的缩略称谓出现重合现象时，则需增加字母以示区分。如台基为 TJ，以区别于探方 T；界面为 JM，以区别于水井 J。同一遗址中的遗迹代号必须统一，不能重复。如 H1、H2……F1、F2……。探方和遗迹的编号，一般要求由发掘领队或指定专人统一负责。

堆积单位编号如同地层，自上而下由带圆圈的阿拉伯数字来表示。不过，由于堆积单位是构成遗迹或探方的最小堆积体，需要依附于探方或遗迹编号之后，不能单独出现。如 H15③表示第 15 号灰坑的第 3 层堆积，F34⑥表示第 34 号房址的第 6 层堆积。

（3）堆积、遗迹单位关系的系络图

考古发掘只能自上而下、从晚期到早期逐层进行清理，与遗迹、堆积单位的形成顺序完全相反。因此，发掘过程中首先应判断不同地层、遗迹单位之间的早晚关系。早晚关系的判断，应结合探方的平、剖面进行观察，通过叠压或打破关系来确认。平面上早晚关系的判断结果未必完全正确，还需要在发掘清理过程中进一步确认，尽量减少判断失误。《田野考古工作规程》要求在遗址、探方发掘过程中需绘制堆积、遗迹单位关系的系统图。这种系统图最早是由英国学者爱德华·哈里斯创设的，是用图形来表达堆积单位及其与遗迹单位之间的层位关系。其中一种是以探方为单位的"探方遗迹单位系统图"；另一种是整个发掘区主要遗迹单位的系统图，是由多个探方系统图整合而成的（图2-13）。系统图的绘制方法有多种，这里仅以山东临淄桐林遗址为例加以说明。首先把探方或遗迹的文化堆积自上而下列于系统图中央，用箭头表示叠压或打破关系；再将探方中的遗迹根据相应的层位关系准确、合理地安置在两侧。需要注意的是，系统图自上而下反映了考古发掘的顺序，因此图中的箭头不能指向上方；堆积、遗迹单位之间的连接线必须横平竖直；当两条无关的连线相交时，需要用弯曲的跳线符号来表示。

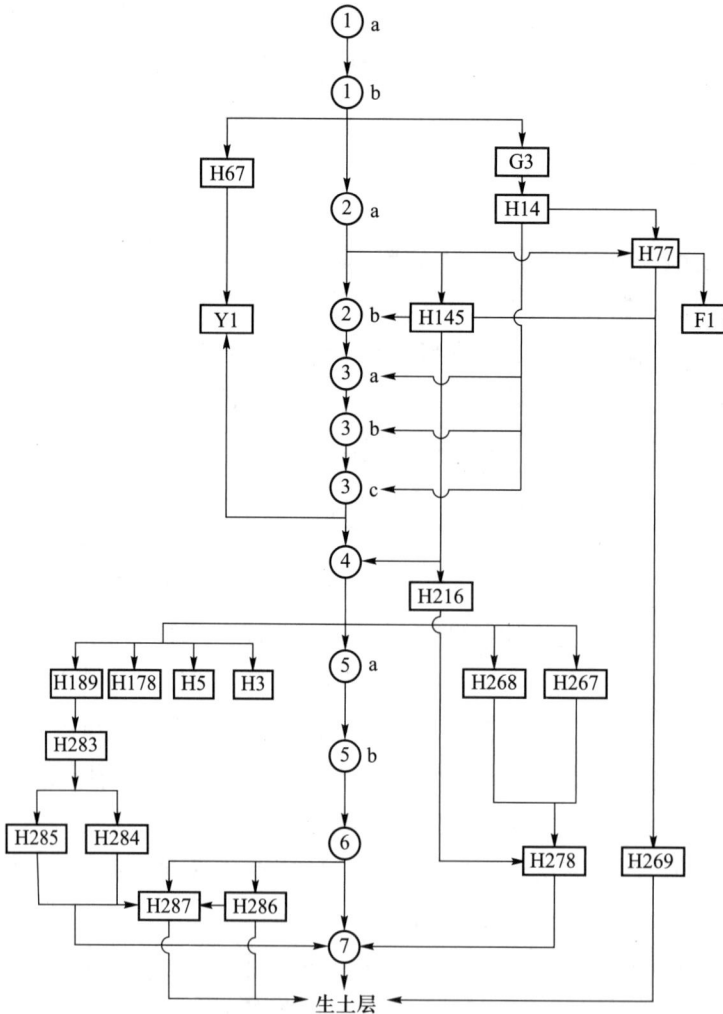

图 2-13　临淄桐林遗址 03LTTS29E10 遗迹单位关系系统图

根据"系络图"能够完全复原遗址的堆积过程。

（4）遗迹清理的原则

无论遗迹种类多么复杂，都需要遵循一些基本的发掘清理原则。首先应按照堆积层序和打破关系，自上而下、从晚到早依次发掘清理。其次，以平剖面结合的方式，根据探方内土质土色的变化确定堆积或遗迹的分布范围（平面形状）。复次，遗迹的清理应尽量保持其原始形态特征，且应采取解剖性或留隔梁的清理方法，即先清理遗迹的 1/2 或 1/4，然后再清理剩余部分，以便根据堆积层序及内涵特征揭示其建造与废弃埋藏过程。处理大面积层状堆积时，应控制并保持各部分进度一致；如遇能够反映人类行为迹象的活动面，应作为重要遗迹现象加以完整揭露。再次，重要的遗迹单位应及时实施必要的现场保护措施，或实施整体提取保护。最后，无论能否合理解释，发掘过程中都需要注意对各类现象的观察与记录，以免信息遗漏。

2. 常见遗迹的清理

不同地域、不同时期遗址中，遗迹的种类和结构往往千差万别，发掘清理方法和要求难免有所区别。常见的遗迹主要有房屋、灰坑、墓葬和窑址等。

（1）房址的清理

房屋建筑是考古发掘中最常见、最重要的遗迹现象之一。中国史前至夏商周时期主要流行地穴式、窑洞式、地面式和干栏式等建筑形式。

地穴式房址是从地面垂直下挖而成的，较浅者也称"半地穴式"房屋。发掘这种房址时，首先需要确认它的平面形态，然后再清理房屋内部堆积。解剖清理时需仔细观察堆积中有无屋顶倒塌的朽木、土坯等遗物，坑壁有无斜坡门道、台阶和工具痕迹等。清理至屋内地面时，需要注意观察是否经过人工夯打、烘烤，或涂抹草拌泥、白灰、混合土等材料，有无柱洞、灶坑、红烧土面、土床等遗迹，是否残留有日用器具等；地面上的残留物品应予原位保留，因为地面上遗迹、遗物的相互位置可能反映了房屋内的功能区划和使用特点等重要信息。

窑洞式房屋是利用断崖或人工断面修建的横穴式建筑，常见于仰韶文化晚期和龙山时代聚落遗址。窑洞式房屋常因年代久远和各种自然力的作用而坍塌。解剖发掘时需要特别注意观察当时的地形，残存墙壁有无向上内弧的迹象，内部堆积有无成层或大块生土，但居住面上一般不见柱洞。其他注意问题如同前者。

地面式房屋是在地面或夯土台基上修建的拥有独立墙体的土木结构建筑。这类建筑在长江流域出现较早，甚至可以早到新石器时代早期，黄河流域始见于仰韶文化时期。其特点是房基和墙壁都修建于地面之上，有单间房、套间房和多间组合房之分。发掘清理方式与地穴式房屋基本一致，但要注意观察墙体的结构特征与构筑方法（如木骨泥墙、红烧土墙、夯土墙、土坯墙或石墙等），墙体下是否有基槽，柱洞的设置、直径、位置、间距等分布规律。此外还要注意房屋周围有无散水、院落等附属设施和道路等遗迹。

干栏式建筑是指在高于地面的木（竹）柱底架上修建的房屋建筑，是长江流域和华南地区极富特色的建筑形式。目前，时代最早的"干栏"式房屋是浙江余姚河姆渡遗址第④层（距今 7000—6500 年）发现的建筑遗迹。[①] 这类建筑是用木材架设而成，其做法是先在规划好的地面上打桩，然后在木桩上架梁，再于梁上铺木板并立柱、设置板壁和门窗，最后棚架屋顶。干栏式建筑遗存多埋于泥水之中，发掘时应首先设法排水，待稍干后再按一般文化层发掘方法逐层揭去淤土。建筑遗存出露后，注意观察各种木构件的分布位置、残存方式、所属部位、相互关系和接合痕迹等。需要特别注意的是，干栏式建筑倒塌后，各种桩、柱、梁、板交互叠压，为了尽可能多地了解建筑结构，在不影响清理和记录工作的前提下，应保持原状不要移动。如必须移动，则应在对木构件编号、照相、绘图等记录之后进行。

（2）灰坑的清理

灰坑是聚落遗址中常见的一类遗迹，是考古学者对最初用途不详的坑状遗迹的通称。灰坑内的堆积通常多是灰土，甚至倾倒的生活垃圾，但灰土不是确认灰坑的唯一依据。在发掘过程中，一旦有了功能方面的充分证据，便可不再继续使用灰坑编号。灰坑的清理应该注意以下几点：首先要在平面上辨识口部形状，确定开口层位或打破关系和坑口周围的遗迹（如柱洞等）；然后对灰坑进行 1/2 或 1/4 的解剖，结合平、剖面逐层清理、采集遗物。在清理过程中，还需仔细观察坑壁上有无工具挖掘或人工修整痕迹，灰坑底部有无火烧、木板、芦席等遗痕。对于层位关系明确，堆积较厚、出土物丰富的灰坑，还应逐层采集土样和测年样品，浮选植物遗存等。

（3）墓葬的清理

墓葬是安放和埋葬死者尸体的设施。墓葬建造形式、装饰题材、葬具使用、埋葬习俗和随葬品特征等，往往能够一定程度地反映当时的丧葬习俗、等级制度、婚姻家庭和意识形态等内容，是古代社会研究不可或缺的重要资料。

中国古代墓葬形式多样，一般可以分为地上、地下两个部分。地上部分有坟丘或封堆（有土石之分）、石板搭建的石棚、墓上建筑等，历史时期大型墓葬多有夯筑封土。地下部分有垂直下挖的竖穴，也有在竖穴或斜坡墓道一侧或一端下部挖出洞室，还有水平开凿的崖墓等，墓室有石块垒砌的石室、砖块垒砌的砖室等

---

① 浙江省文物考古研究所：《河姆渡——新石器时代遗址考古发掘报告》，文物出版社 2003 年版，第 14—27 页。

结构形式。

墓葬的清理方式也遵循遗迹清理的基本原则。首先需要确定墓葬及其附属设施的分布范围，判明墓葬的层位关系。然后按照从晚到早的顺序依次清理墓葬地上建筑设施和地下建筑设施。

封堆是中国新石器时代以来出现的墓葬地表设施，青铜时代以降的中国北方、西南地区还存在大量用石块砌筑的封堆，有的封堆周缘还有环壕。汉代一些墓葬的地表还建有祠堂，比如西安长安区的张安世墓。该墓祠堂长、宽各 19 米，门道向东，面阔三间，进深五间。祠堂的台基、柱础、门道、回廊、踏步、散水等建筑遗迹都保存得十分完整。因此，对墓葬地上设施的观察和清理，已成为墓葬发掘清理的重要内容之一。大型墓葬的封堆及其周围附属设施，最好在发掘前通过钻探的方式了解其分布范围和形制结构，以便规划发掘。

封堆的发掘有多种方法。常见的四分法是在封堆中心设立基点，引出两条垂直的基线将封堆分为四个部分，然后分别发掘对角的两部分。发掘时采取平剖面结合的方式，按照土质土色划分出堆积层位，自上而下逐层清理。发掘清理过程中需要仔细观察其中是否存在礼仪性遗迹或祭祀的遗物。许多墓葬封堆并非一次性堆筑而成，而是经历了多次修筑过程，其间也伴随着多次祭祀活动。如遇到规模较大或重要的遗迹现象，则需要及时停止对角发掘，将封堆统一揭露到遗迹所处的层面，确认和记录遗迹完整形态之后再继续发掘。

对于无封堆的墓葬，发掘时也要注意观察周围有无墓上建筑、祭祀遗迹或盗洞等。对于分布密集的小型墓群，可以布设探方进行发掘，结合平剖面土质土色变化来确定各个墓葬的范围和开口层位。

墓穴开口确定后，即可开始发掘清理工作。由于墓穴的使用和埋葬过程也未必是一次性完成的，同样需要采取解剖性发掘清理的方式。当然，即便是解剖性发掘清理，也需要逐层进行。有些墓葬在完成第一次填埋后，可能还会再次被挖开，用以合葬其他死者或者将前期埋葬的死者迁葬他处。因而，以解剖的方式逐层清理墓穴填土，有利于通过观察墓穴的堆积层序及其形成原因和条件，进而了解墓穴的填埋过程，充分揭示多次使用、迁葬等埋葬习俗。

墓穴填土清理完以后，一般要开始清理墓室和安放死者遗体的葬具。墓室的清理要注意其结构和建造方式，是否有墓道、天井、甬道、侧室、耳室、壁龛等设施。砖石结构的墓室需注意墓壁和墓顶的砌筑方式，要确认是拱券顶、叠涩顶、四角攒尖顶还是四隅券进式穹隆顶。墓壁的壁画需要临摹，条件许可时还可采用三维激光扫描方式进行记录。葬具的材质和结构也有多种，常见木质、石质和陶制的棺椁。一些高等级墓葬使用多重棺椁，棺椁表面还有髹漆、彩绘或丝绸、金银等装饰。清理时应自外而内，逐层清理。棺椁的清理首先要去除表面浮土、泥沙，拍照、绘图、记录之后再打开椁板或棺板。如遇木质棺椁腐朽或棺椁表面装饰物极难清理时，应及时聘请专业人员实施保护措施，对棺椁进行加固。必要时可以整体套箱提取，运至室内边清理边保护。

清理墓葬人骨时，首先需要仔细观察人骨表面有无草席、树皮、衣物、鞋帽、项链等遗物或遗痕。人骨的清理既不能损伤骨骼，还要尽量保持出土时的原真性，所以要用竹签、毛刷类工具清除人体骨架及其周围随葬品表面附着的泥土。必要时可搭设木板进行清理，以防不慎造成人骨、随葬品损坏和位移现象的发生，进而影响对埋葬方式乃至伤亡原因（骨骼伤痕）的判断。在保持原真性的基础上，人骨的清理程度以能够清晰地揭示埋葬方式如仰身直肢、侧身屈肢、俯身或蹲踞葬等为原则。对人体骨骼的观察，一是有无创伤、切割、病变等形态结构异常，二是有无局部骨骼位移、缺失等位置结构异常。一些地区的墓穴常被反复使用或埋葬多个个体，往往不易及时判断所有骨骼的从属个体，如甘肃临潭磨沟墓地、新疆洛浦山普拉墓地等。在这种情况下，最好在绘制平面图之后对人骨逐一编号、提取，由体质人类学专家进行鉴定、拼对。随葬品的清理一定要注意其空间位置、摆放方式及其相互关系等，对这些情况的掌握有助于了解它们的用途和使用方法。随葬品清理完毕后，需照相、绘图，然后统一编号提取。

一些结构特殊、复杂的墓葬，在清理完墓室乃至人骨提取之后，还要继续观察墓葬的结构，如有的墓室下部还存在腰坑等。墓葬发掘过程中，需要详尽记录各类信息，发掘完毕后需要填写墓葬登记表。

（4）窑址的清理

新石器时代以来的窑址包括陶窑和石灰窑等，通常以陶窑最为常见。较之陶器，能够保留一定空间结构的陶窑出现时间相对较晚；似乎只有到了新石器时代中期，如河南舞阳贾湖裴李岗文化遗址、陕西南郑李家村老官台文化遗址等，才出现了单一空间结构（无火膛、窑室之分）的陶窑。石灰窑的出现时间则更晚一些，目前仅在陕西旬邑下魏洛、扶风案板遗址龙山时代早期遗存中得到确认。

陶窑多分布于居址附近，有时也出现在居址内。仰韶文化以来的陶窑，基本都演变为复合空间结构，即由空间相对独立的火膛和窑室两大部分构成。火膛前上方或前部留有火门（加薪、进气），后有火道连接窑室下部。窑室由窑床、窑门和烟囱（排气）等部分组成；有的窑床上还设有窑柱、窑箅或者放置陶片以支垫陶坯。发掘时首先要根据土质土色判明陶窑的范围和各个部分位置，然后解剖清理窑内各层堆积。清理时需注意窑室和火塘内是否有窑顶的倒塌堆积，以便确认、复原窑顶结构。窑室内不同部位的烧结程度存在一定差异，显示窑温未必均匀一致，可分别取样进行测试。烟囱（抽气、排烟）是陶窑循环系统的重要组成部分，也需要注意观察、记录其位置结构。清理完毕后，也可通过解剖进一步了解陶窑结构与营建特点等。

另外，考古发掘中还会遇到许多其他类型的遗迹，甚至遇到一些较为特殊的遗址如旧石器时代的石器加工场、屠宰场、东南沿海的贝丘遗址以及采矿、冶铸遗址等。如遇到这种情况，可在遵循基本清理原则的基础上，视具体情况确定清理方法和记录方式。

（二）遗物和样品的采集

1. 采集要求与方法

根据《田野考古工作规程》的要求，发掘过程中发现的人工遗物和人类遗骸、动物骨骼等自然遗物应全部采集。植物遗存、贝丘遗址内的软体动物遗骸和小型动物遗骸应该抽样采集。重要遗迹现象或遗痕，如特定场合下的手印、足迹、工具痕迹等，也应加以采集或提取。

采集遗物和样品，一般需要根据遗迹、堆积单位分别进行编号。遗物编号可按"遗迹、堆积编号+流水号数字+遗物名称"的格式进行。如 12XBSⅢF2④：47 石杵，是指 2012 年新疆巴里坤石人子沟遗址Ⅲ区第 2 号房址第 4 层堆积出土的第 47 件遗物，名称是石杵。测试样品编号最好与该地层或遗迹单位出土遗物分开进行，以便后期统计。样品编号可按"遗迹、堆积编号+样品类型+流水号"的格式进行。如 12XBSⅢH23②土样 3，指该遗址第 23 号灰坑第 2 层堆积出土的第 3 袋土样。原则上，遗物、样品编号不能重复。

采集遗物、样品时，都需要填写标签，一式两份用塑封袋封装。填写内容按照标签上栏目要求逐项填写，不能遗漏或简化。遗物、样品的采集必须选用合适的工具，保证遗物、样品的形体完整，采集工具须清洁，工作人员必须戴手套，避免遗物、样品受到人为污染。样品的体量需要用卷尺或量杯进行测量。对于脆弱的遗物，应在塑封袋外包裹泡沫包装材料或棉花、海绵，再装入大小合适的收纳盒内，以便搬运和保存。如遇到保存状况极差的脆弱遗物，则需即时进行加固，整体提取。发掘中应对堆积的土进行筛选，以发现形体细小的各种遗物。

对于数量庞大、无法也没有必要全面采集的植物、软体动物、小型动物遗骸等自然遗存，则需采用抽样采集的方法。常用的抽样采集方法有随机抽样、系统抽样、判断抽样三种。随机抽样又称"简单随机抽样"，即以随机性原则选取采样区域并进行取样，是最简单、最普遍的抽样方法。在选择取样区域时，要保证每个取样区域能够独立和等概率地被抽取。系统抽样又称"等距抽样"或"机械抽样"，即首先将总体平均分成若干部分，然后按照预先确定的规则，从每个部分抽取一个个体。判断抽样又称"目的抽样"或"立意抽样"，是由专家或研究人员根据自己的判断决定所选样品的方法。这种抽样方法一般是在了解了调查的总体之后，主观而有意识地抽取具有代表性的典型个案，通过对典型个案的调查研究，分析和掌握总体的情况（图 2-14）。

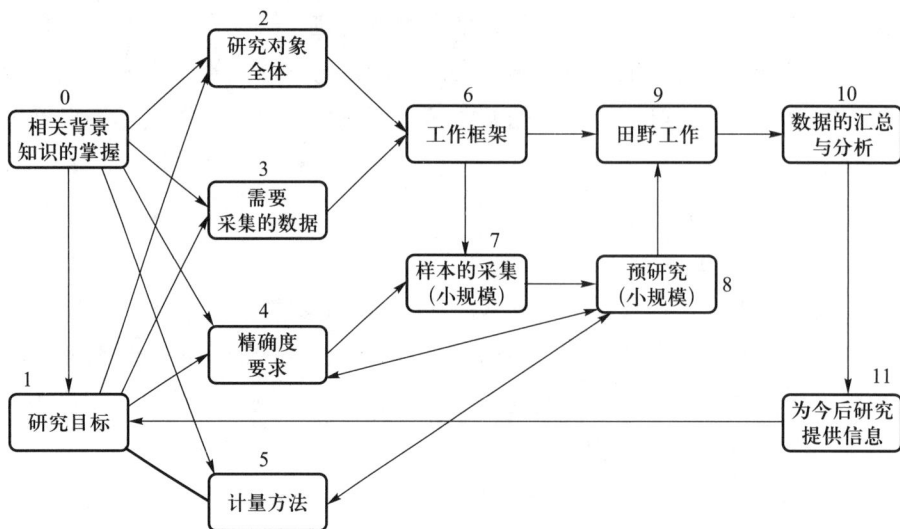

图 2-14　采集方法选择示意图

2. 遗物、样品的筛选

个体较大遗物，如人或动物骨架、器物、建筑材料等，可以按照上述方法做好相应记录后直接采集。个体较小的遗物和样品，则需要采用筛选法进行提取。筛选法分为干筛法和湿筛法两种。干筛法是把文化堆积的土壤样品晾晒干燥后进行筛选的方法。干筛法适用于土壤含水量不高的土遗址，尤其在中国北方地区的考古工作中最为常用。干筛一般选用 0.8 厘米×0.8 厘米或 1 厘米×1 厘米网眼规格的筛网。国外逐渐开始使用专门的机械干筛工具，国内多因地制宜。湿筛法是把文化堆积的土壤样品保持在湿润状态下进行筛选，以防止土壤干燥后遗物遭到破坏。湿筛法尤其适于中国南方饱水环境遗址的发掘采集工作。筛网的规格与干筛法使用的筛网规格基本一致。目前欧美多数国家的考古工作都要求遗址发掘出的所有土壤都要进行筛选，以确保遗物不会遗漏。中国《田野考古工作规程》虽无明确规定，但是在发掘过程中，应尽量多做筛选工作，获取更多遗物和样品。

对于遗址中体积更为细小的动物骨骼、炭化植物种子等遗物样品的采集，还需要使用"水选法"进行筛选（图 2-15）。水选法又称"浮选法"，就是利用水的比重原理对遗址文化堆积中的样品进行选取的方法。又分为轻选法和重选法，通常两种方法同时进行。筛选之前，需要记录样品的编号、体积。然后将土样放入不同规格筛网之中，用干净的清水进行冲洗。冲洗过程中不建议使用洗衣粉等漂洗剂。留在不同规格筛网中的遗物分别收集、记录。这个过程称为重选法。重选法常用的筛网规格是 0.5 厘米×0.5 厘米或 0.8 厘米×0.8 厘米。重选之后漂浮于水面的有机质遗存，可以用 0.2 厘米×0.2 厘米或 0.25 厘米×0.25 厘米网眼的筛子继续进行筛选、提取，称为轻选。水选获得的遗物不能直接置于阳光下暴晒，而应该阴干或用白布包裹后晾干。

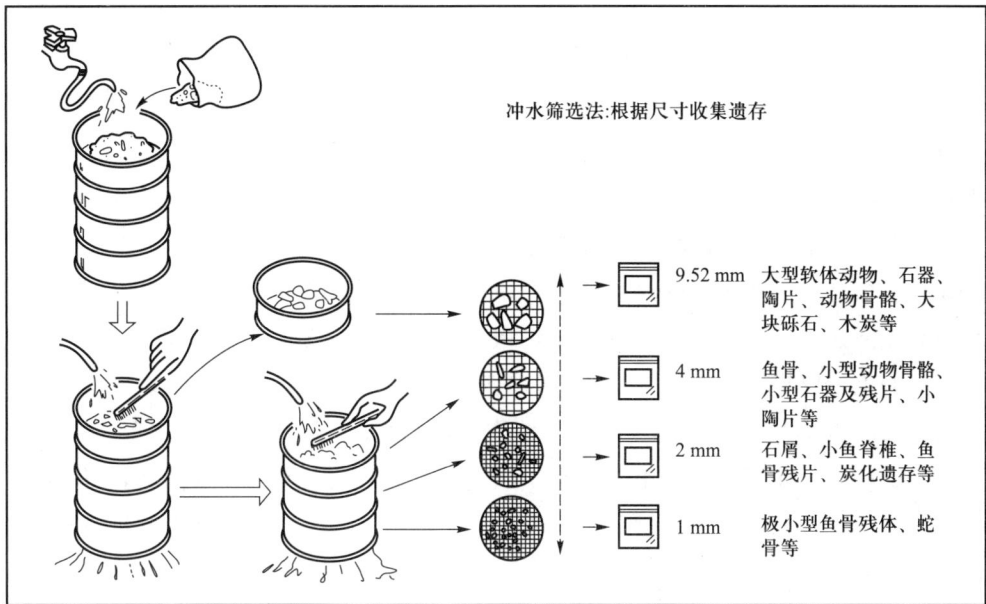

图 2-15　水选法收集标本示意图

3. 常见遗物的采集

考古发掘中发现的各类遗物与样品，能够为研究古代人类社会提供许多重要的线索，在考古现场应按照规范分别处理、采集与记录。

人体遗骸的采集一般采取手工拣选和筛选的方法。《田野考古工作规程》规定人类遗骸一般应全部收集。筛选主要用于选取趾骨等形体较小的骨骼。人骨采集时需要用锡箔纸包裹、定型，装入通风阴凉处临时存放，防止暴晒干裂或封闭霉烂。腐朽酥解的骨骼需要用石膏进行加固处理。由于骨骼的位置可能反映了古代人类特殊的丧葬习俗，发掘过程中最好对每块骨骼的位置都进行单独测量、编号、采集。在一些极度干燥或饱水环境下，人体骨骼及其身体上的衣物、装饰品保存状况较好，可以进行整体提取，运回实验室后再进行细致的清理、解剖。比如新疆小河墓地、洋海墓地出土干尸，长沙马王堆出土女尸等。

以研究土壤和沉积物结构、成因为目标的取样，需要采用柱状剖面的采样方法。就是先在遗址或遗迹中清理出一个堆积剖面，并准确划分出层位关系，然后再按照堆积单位采集所需数量的土样。柱状剖面采样时，应先刮去表层土壤，采用与发掘过程相反的方向取样，即自下而上采集。每采完一个样品后都要清洗取样工具，以保证样品不被污染。由于必须保持样品的土壤结构，所以应采取避免污染的硬包装形式予以加固，并在外包装上标注样品在剖面上的方向和序列，并保证样品的土壤结构在运输过程中不被损坏。

遗址中的动物遗存能够反映古代人类所处的自然环境和人类社会对周围环境资源的利用情况。有些动物不仅被人类作为食物，其骨骼还被制作成各类工具和装饰品。针对不同种类和个体的动物骨骼，可以采取不同的方法进行提取：完整的动物骨骼必要时可整体提取；部分哺乳动物、鸟类、鱼类的破碎骨骼，一般应采用筛选法全部采集；部分昆虫、鱼类、软体动物、鸟类、小型哺乳动物的破碎骨骼，可在水洗获取植物遗存后再对样品进行重选收集，或直接利用小尺寸的筛子筛选。

遗址堆积中经常包含有大量植物遗存，包括木头（木炭）、果实、种子等大植物遗存和植硅石、孢粉、硅藻等微植物遗存。这些遗存能够为研究古代人类生存环境和经济活动等问题提供重要证据。通常大植物遗存是用水选法进行采集，每份样品的土量以 10—20 升为宜。微植物遗存是用柱状剖面的方法采集土壤样品，每份样品的重量以 100—200 克为准。植物遗存采集后须密封即时送往专业实验室利用显微镜进行种属鉴定。由于遗址中植物遗存数量相对较多，其采集的程序复杂、耗时长，在考古发掘过程中不可能、也没有必要对遗址中所有土壤进行筛选。因此，采取随机抽样的方式进行采样，同样可以达到科学研究的目的。

科学测年对于判定遗迹的年代具有重要的意义，尤其对于没有明确文献纪年的史前遗址尤为突出。目前使用最为广泛的是碳十四加速器质谱测年技术，对遗迹中含碳的有机物进行测试。采集碳十四测年样品时，需要注意以下几点：首先，采样对象应是层位关系明晰的堆积或遗迹单位；其次，按照堆积序列采集系列样品，如果一处连续堆积不能完全代表整个遗址的文化序列，则应在不同地点采集若干系列样品；复次，在一个堆积单位中，应尽量多采集一些样品，同时要注意采集不同类型的测年样品，如木炭、种子、骨骼等，以尽量避免样品本身的年代误差；再次，同一堆积单位采集的样品，需保证样品的完整性，如种子、骨骼、木块、皮革等，切记不能把不同个体的样品混合采集、包装；最后，必须详细记录采集样品的考古信息，尤其是样品采集的具体空间位置。

（三）发掘记录

发掘记录是考古发掘工作中的重要一环，应尽可能做到科学、详尽、清晰、完备。发掘记录包括文字记录、测绘记录、影像记录等三大类。

1. 文字记录

文字记录包括领队、队员的工作日记和各类遗迹、遗物的记录表格。

领队日记主要记录考古发掘工地每日的总体进度，内容包括日期、当日天气、参加工作的考古人员、民工人数、相关人员往来、各探方工作情况、重要遗迹和存在问题及解决措施等。探方日记则是以发掘探方为记录单元，由具体负责发掘的工作人员撰写，用于记录各探方的发掘工作过程。主要内容包括日期、天气、发掘者、用工情况、探方发掘进度、层位关系和遗迹现象判断、堆积单位和遗迹单位的发掘情况、重要遗迹遗物出土位置示意图、遗物或样品采集情况、各类记录的完成情况、记录者、记录时间等，切忌任意省略，以免记忆误差和信息遗失。

遗迹、遗物的记录表格需要在符合《田野考古工作规程》要求的基础上，结合实地情况设计，既要满足全面采集信息的需要，又要顾及实际操作方便。

根据遗迹类别，遗迹登记表分为居址登记表、墓葬登记表、灰坑登记表、堆积登记表、地面登记表、柱洞登记表、灶址登记表等。登记表的主要内容包括：

（1）基本信息。包括遗址名称、探方号、遗迹单位号、堆积单位号、发掘人员、发掘日期、遗迹位置、绘图号、照相号、摄像号。

（2）层位关系。以系络图的形式表现该遗迹和与之存在叠压、打破关系的所有堆积单位。同时需要用文字来描述各种层位关系。

（3）堆积特征。描述堆积的土质、土色、致密度、深度、厚度、坡度、保存状况、发掘方式等信息（图2-16）。

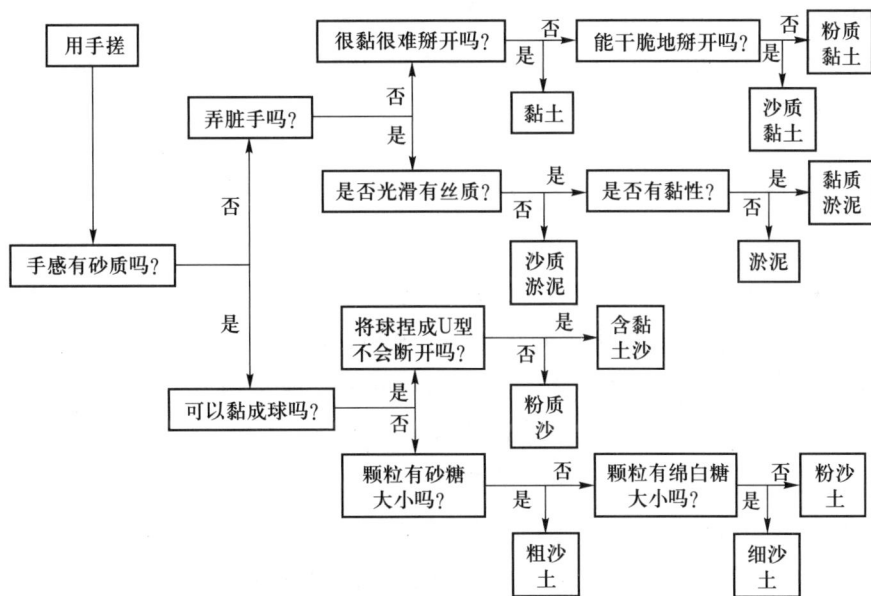

图 2-16　土质描述标准示意图

（4）形制特征。描述遗迹、堆积的平剖面形状、建筑结构、建筑材料、建筑方式。针对不同类型的遗迹，需设计不同的记录项目，尽可能全面地记录遗迹各类信息。比如灰坑在形制描述时需记录其平面、剖面形状、口径、底径、深度、壁面、灰坑内各层堆积的特征等。此外，还需观察灰坑的人工加工和使用痕迹，如坑壁上是否有古代工具的痕迹、火烧的痕迹等。

（5）出土物。遗迹中所有出土的遗物、样品都需填写出土物登记表，以便查询和统计。出土物登记表内容包括遗物、样品的编号，名称，质地，出土位置坐标，数量，保存状况等。此外，采样登记表可根据不同类型自然遗存的采样需要来设计，采集的每个样品都要仔细填写登记。一般情况下，采样登记表的内容包括：样品类型、样品编号、遗址名称、土壤样品占堆积单位土壤总量的百分比、样品规格、取样方式、样品体量、取样工具、取样时天气状况、样品包装方式、污染状况、有关文化堆积的背景说明、取样目的、送样地点和负责人、绘图号、照相号、摄像号、取样者和取样时间等。至于样品在堆积单位的空间位置以及堆积单位之间的层位关系，还应以示意图的形式加以说明。

（6）功能、时代和文化属性的判断。各类遗迹发掘记录表填写完毕后，发掘者还需要根据遗迹的形制特征、出土物特点等，对遗迹的功能、时代、文化属性问题做出初步判断。即便判断结果与后期研究结论可能存在分歧，但作为发掘者的初始认识，作为原始资料也需要永久性保存。

2. 测绘记录

测绘记录也是考古发掘工作中的重要一环。测绘记录包括发掘区的总平、剖面图，各个发掘探方的总平面图、四壁剖面图，各层下遗迹平面分布图，各个遗迹的平、剖面图。需根据遗址的规模、遗迹结构、现象的复杂程度选用合适的比例尺，通常要求如下：

（1）发掘区总平、剖面图的比例尺为 1:50 或 1:100。

（2）探方总平面图、四壁剖面图、各层下遗迹平面分布图比例尺为1:20或1:50。

（3）遗迹平、剖面图的比例尺为 1:10 或 1:20。结构复杂、精细的遗迹现象，比如西周墓葬中殉鱼、殉狗坑，可以增绘 1:5 的大比例尺平、剖面图。

绘图时需注意平、剖面图比例统一、结构对应。平面图上需标注测量控制点、基线、剖面的位置、指北针。图纸上每个测点旁边需标注三维坐标。每幅图上需用表格的形式绘出图例。图例包括图名、图号、比例尺、绘图方式、绘图者、日期等内容。使用电子全站仪或者 RTK 等仪器进行测量的，所有的测量点需详细填写记录表，统一管理、存档。测绘过程中如发现测绘对象判断有变化，需要重新测绘，但原图仍需保留。

目前，遗迹测绘主要有现场手绘、摄影测绘和三维激光扫描测绘等三种方式。现场手绘是绘图者在仪器测量辅助下进行现场手工绘图。摄影测绘是采用摄影测量的方式进行遗迹测绘，校正误差后再进行手工描绘。三维激光扫描测绘方式一般需要专业人员操作，特点是精准、速度快，但室内数据处理时间相对较长，且造价昂贵，一般多用于轮廓复杂、装饰细致的土木建筑、石窟寺、墓葬等遗迹测绘。

3. 影像记录

影像记录是利用照相机、摄像机等器材记录考古发掘过程、遗迹现象的技术手段。一般要求在同样条件下对同一对象分别拍摄正片、数码片，并确保拍摄质量。考古发掘区必须拍摄全景照片。规模较大的遗迹可以使用航模、气球等辅助手段拍摄。所有影像资料都应有完整的记录，填写登记表。照相登记表的内容包括：照片类型、胶卷编号、照片编号、照相内容、拍摄方向、天气、拍摄指数（如光圈、快门速度、焦距、白平衡、ISO 数值和曝光补偿等情况）、相机编号（如相机类型、品牌，镜头类型、品牌）、时间、拍摄者。摄像登记表的内容包括：盘号、分段号、场景、长度、拍摄内容、拍摄方向、天气、摄像机型号、时间、拍摄者。数码影像资料应在计算机内分类整理并建档保存。

（四）发掘现场的文物保护

考古发掘过程中对遗迹本体和出土文物实施即时、妥善的保护措施，是考古工作者不可推卸的责任。前文提到，在发掘工作开展以前，需要在工作规划中针对遗址、遗迹的具体情况制订相应的现场文物保护预案。

1. 现场文物保护

根据文物现场保护的基础平衡理论，每一种材料对其所存在的环境均有一种稳定的形式，文物也不例外。遗迹、遗物刚刚被埋入地下时，它就被置于一个新的环境中，而这个埋藏环境可能与先前的使用环境大为不同。这样，遗存就被迫开始适应新的环境。在此过程中，遗存会遭受到较为强烈的物理、化学和生物损害。例如大多数石质会被酸、地下水和土壤侵蚀；玻璃、釉和金属都易与土壤发生化学作用而受到较为强烈的侵害等。在一段时间后，遗存的腐蚀速率逐渐降低甚至停止，进入一个相对稳定的状态。而当这些遗存被发掘出来时，又会突然置于一个新的环境。遗存与其埋藏环境原有的平衡被打破，它们所遭受的侵蚀速度开始加快，许多敏感的有机质甚至在数小时内就分解成粉末了。

因此，考古发掘现场文物保护就是指从文物和其他遗存刚刚暴露于大气环境至运回实验室之前，进行的样品采集、数据记录和抢救性保护等一系列工作的统称。其主要目标就是在完整保留出土文物信息和不影响实验室后续保护处理的两大前提下，尽量减缓或杜绝新环境对文物材质产生的侵蚀，从而使出土文物得到临时性、抢救性的保护或维护。

现场文物保护的措施包括发掘环境控制、脆弱文物的现场清理与加固、珍贵文物的整体提取、文物提取后的微环境调控、易污染样品的实时采集、易碎文物的包裹、有机质文物的抢救性保护、金属文物的脱氧干燥、石质文物的现场维护等。相对简单的保护措施可由考古工作人员实施，特殊或复杂的保护措施则须由文物保护专业人员实施。

2. 整体提取、室内清理

发掘过程中如遇到朽蚀严重、酥解、易碎的遗存，需要及时聘请专家、联系专门文物保护机构进行处理。如 2005 年入选中国十大考古发现的山西绛县横水西周倗国墓地所出刺绣凤鸟红色丝织品——"荒帷"，就是在文物保护人员的精心处理下得以完好保存。必要时，也可整体提取或切块提取，运回实验室边清理边保护。如山东高青陈庄遗址西周墓车马坑、山西翼城大河口部分西周墓葬，便是整体提取运回室内发掘清理。一般室内文物保护主要包括：整体提取遗迹的实验室微型发掘、文物表面的精细清理、脆弱质文物的加固、文物的黏结与修复、有机质文物的脱水处理、文物的表面封护、文物保存最佳环境研究等。

五、发掘资料的整理

（一）资料整理的要求

田野考古发掘工作结束之后，需要在室内将采集到的遗物、样品和各类文字记录进行系统梳理，然后以工作报告的形式予以公布。这个过程一般称为"室内整理"。资料整理既是对田野发掘工作的最终核查，也是对发掘材料的系统整理、分析和再认识。资料整理工作的优劣，直接决定着田野考古发掘工作的成败。无论野外工作如何辛苦，如果不做好资料整理，会导致大量珍贵信息的永久性丢失。因此，资料整理是田野考古发掘工作中非常重要的一项内容，不可忽视。

在考古发掘工作结束之后，先要对所有的文字、图表、影像记录逐一核查，建立资料库。在确保各项记录准确无误的情况下，才能回填发掘现场。核查工作须以探方为单位，由领队统一组织、安排和验收。

（二）资料整理的内容

资料整理工作一般包括遗物资料的整理和遗迹资料的整理。

遗物整理的基本原则：发掘出土的遗物、样品运回室内以后，已经脱离了原来的埋藏位置。它的空间信息和唯一标志——编号，都记录在标签上。遗物搬运、存放过程中造成的标签丢失、污损或混乱，都可能导致遗物原始信息的永久性丢失。因此，确保标签保存完好、信息无误，是遗物整理工作的基本原则。

遗物清洗和拼对：遗物长期埋藏在地下，表面常附着有泥土、水垢、锈蚀等物质，不便获取遗物形态、纹饰和制作方法、使用痕迹等信息。因此，对遗物的适度清洗是必要的。一般情况下，需组织人员用清水、毛刷对陶瓷器表面进行清洗。① 清洗时要严格按照地层和遗迹单位进行，以既能去掉泥土又不致损伤器物为原则；清洗晾干后的陶瓷片，要在不显著的部位写上遗址、遗迹或堆积单位编号。对于金属器、丝织物、漆器等易发生质变的遗物，应邀请相关专家采取封闭保护

---

① 对于拟进行实验室分析的遗存，应根据实验室工作人员的建议决定是否进行清洗。

措施，选择合适的试剂、工具进行清洗、加固。

遗物在制造、使用、埋藏过程中常常已经破损，在清洗晾干后需要进行拼对复原，以便了解、辨识其完整形态。拼对首先应以遗迹单位为单元分别进行，最后再与相邻遗迹出土的同类遗物进行拼对。拼对复原后，可将遗物编号写在器底或不明显的位置。必要时可对一些脆弱、已锈蚀的遗物进行真空封装，并将遗物、标签、干燥剂一起放入。

遗物分类和计量统计：遗物清洗、拼对以后，需要按照地层和遗迹单位，对它们进行分类和计量统计，从而了解和把握各个单位所出器物在样式和数量上的总体特征。

遗物分类首先应按质地分为陶器、瓷器、青铜器、铁器、金银器、木器、骨器、角器、玉石器等几大类。然后在每一大类下，按照器形、纹饰等特征细分为多个层级的小类。

比如陶器，根据陶质分为泥质陶和夹砂陶。再根据陶色分为红陶、褐陶、灰陶和黑陶等。依陶器表面特征，可分素面、素面磨光、绳纹、篮纹、弦纹、附加堆纹、刻划纹和彩陶等。能辨识形制的，还可分为罐、盆、碗、鼎、斝、鬲、瓶、盘等。最后设计《陶系统计表》《陶片称重统计表》《陶器器形统计表》等，按单位统计出各种陶质、陶色和纹饰的陶片数量和重量，并计算出百分比。

遗物修复、绘图、记录和标本选取：分类统计工作完成后，需要在拼对工作的基础上对残损的器物进行修复。陶瓷器修复一般由发掘者进行操作；青铜器、铁器、漆器、瓷器、纺织品等遗物修复，则需要请专业技术人员进行操作。陶器修复一般是将可拼对的陶片用鱼珠胶等进行黏接加固，然后依器物形状用石膏填补缺失部分。若遗迹出土遗物数量甚少，应全部作为研究标本。而一些大型遗址或墓地发掘，出土陶瓷片数以万计，可拼对、修复的完整器也成百上千，则可在形制相同或相近的器物中挑选相对完好、具有代表性的标本。陶瓷器残片标本一般选择口沿（大于 1/8 圆弧）、圈足、器底与器足、器耳、把手和代表性纹饰等。标本选择应按堆积单位进行，尤其是具有明确叠压、打破关系的堆积和遗迹单位。标本选定后，需要以探方为单元，按地层或遗迹、堆积单位统一编号。

所有标本都需要进行仔细观察和记录。记录包括照相、绘图、填写相应的器物登记表。观察和记录时需注意遗物标本的质地、制作技法、使用痕迹、纹样等各类细节。遗物的文字描述需要标准一致，包括同类遗物的名称、质地、颜色、纹样等。结构复杂的遗物可绘制多张剖面图。照相、摄像应注意变换多个角度，特殊细节需要用近景微距拍摄。摄影三维建模、三维扫描的手段也越来越多地运用于遗物的绘图上，能够保存遗物更加丰富的信息，同时也提高了绘图的精度，缩短了形制、纹样复杂的文物现场绘图的时间。① 三维技术作为遗物丰富信息的存储与展示形式非常值得推广。但需要注意的是：手绘遗物线图本身也是考古工作者观察遗物、认识遗物的重要工作内容，是不可替代的。特殊纹饰或有铭文的遗物还需打拓片。照片和拓片都需附于器物登记表上。② 建立遗物资料档案供研究者长期使用。

遗迹资料的整理：遗迹发掘完毕后，需要及时整理资料。首先应汇总考古现场填写的各类遗迹登记表、图纸、队员工作日记和遗物登记表，以免缺失。

其次，要对遗迹的层位关系进行核查。核查需要参照探方的遗迹分布图、遗迹平剖面图、探方堆积与遗迹的系络图，确定遗迹层位关系准确无误。如果出现偏差需要领队与遗迹发掘负责人在考古工地现场进行复查。

再次，要核查遗迹的形制特征描述、各类数据是否准确、完善。尤其需要核查图纸上遗迹的形制特征与文字记录、描述是否一致。遗迹的描述也需要注意标准一致。比如堆积的土质、土色，遗迹的形状、结构等。描述时应选用业内通用的术语，如果出现新的情况也需要准确的概括和叙述。

最后，要结合遗迹的形制特征和出土遗物的文化属性等，对遗迹的年代和文化属性做出初步判断。还应根据相关依据或线索，推断遗迹形成、使用和废弃的过程和原因，探讨对相关问题的认识，并总结发掘过程中的工作经验。

资料移交和存储：资料整理结束后，需要与相关文物部门协商，将遗物移交到指定的博物馆、文管所等机构进行保管。移交前应将遗物打包、装箱，并制作移交文物清单。移交时需双方人员在场，开箱、依清单核对文物数量和名称。考古发掘的纸质档案和数码档案，需整理好统一放置、管理。档案最好复印、拷贝多份，保存在相关文物考古部门，防止丢失或意外毁坏。

（三）发掘资料的发表

1. 考古报告的编写要求

田野考古发掘和资料整理工作结束之后，需要将资料和研究成果及时发表，供公众和各领域研究者了解、利用。目前，考古发掘资料发布的主要方式是考古报告。小型遗址或小规模发掘，一般应在当年全部完成考古报告编写并发表。对于多年连续发掘的大规模遗址、墓地，可将每次发掘的主要收获编写成年度工作简报及时发布。考古报告是以文字、图片、表格形式对发掘资料及研究成果的系统展示。报告编写要求系统、全面、准确、客观地报道野外和室内整理所取得的遗存资料，行文要简明扼要、层次清楚、查阅方便。系统是指按照田野报告编写

① 刘建国：《可移动文物的多视角影像三维重建》，《考古》2016 年第 12 期。
② 国家文物局：《田野考古工作规程》，文物出版社 2009 年版，第 64 页，表一九。

的一般体例，条理清楚、分门别类地介绍实物资料，便于阅读和查询；全面是指采集记录的各类信息必须全部发表，避免依发掘者的主观判断选择性地发表资料；准确是指文字表述需要力求准确，对于不甚清楚的问题不能主观臆断；客观是指以科学严谨的态度如实报道，确保资料的真实性。

此外，发布考古发掘资料的途径，还有新闻报道、现场论证会、专题展览、专题网站等。

2. 考古报告的体例与内容

由于发掘规模、详略程度等因素的影响，考古报告的形式和特点不尽相同。如根据篇幅长短，可以分为大型报告、中型报告、小型报告三类。大型报告为10万字以上，以专著形式发表，内容多者可分多卷本；中型报告3万—10万字，一般与内容相关的报告或研究一起，以论文集形式发表，或拆分多篇以系列形式在定期刊物上连续发表；小型报告约为1万字，一般发表于定期刊物上。根据内容可以将考古报告分为资料式报告、研究式报告和资料研究式报告三类。资料式报告是指客观详尽地发布考古发掘的各类遗迹、遗物资料，并于末尾发表对发掘遗址年代、文化属性及相关问题认识的报告形式。研究式报告是指对考古发掘资料进行多学科分析的报告形式，包括动物考古、植物考古、碳十四测年、金属成分分析等，这类研究一般是由研究者对测试数据进行分析后编写而成，通常应附于考古报告的后面，以便研究者和公众多方面了解考古资料。资料研究式报告是指在资料整理之后，发掘者按照自己的研究思路，组织、发表资料的报告形式。这种报告形式存在于国外和我国以往的一些考古报告之中，由于不能全面、详尽地刊布所有信息，研究与客观资料不易区分、主观性过强等问题受到学术界广泛质疑，目前已很少使用。

编写考古报告，是为了完整、全面、准确地发布考古资料。目前流行的考古报告编写体例有先分类描述再研究、按研究分类描述、按遗迹单位描述等三类。先分类描述再研究的体例是指先对遗迹、遗物进行分类描述，然后对发掘资料进行综合性研究的报告形式。按研究来分类描述的体例是指先对发掘资料进行综合性概述，分出期别，然后按照不同时期逐一介绍各期遗存特征的报告形式。按遗迹单位描述的体例是指按照考古发掘的遗迹单位编号逐一介绍各遗迹形状、堆积、出土物的报告形式。三种报告体例各有特点，需要根据具体情况选择使用。先分类描述再研究的体例适用于遗迹类别、数量丰富、堆积层位复杂的遗址。这种编写体例把客观资料描述与研究区分开来，便于研究者宏观地把握整个遗址的文化面貌，结构清晰明了，是最为流行的报告编写体例。但在这种体例下，单个遗迹的信息往往被分别置于不同的章节，给查阅完整遗迹资料带来不便。如一座墓葬的形制特征在遗迹部分介绍，而随葬品则在后面的遗物部分介绍。按研究来分类描述的体例适用于时间跨度大、包括几个考古学文化或几个大的历史阶段、遗存差异明显的遗址。如一些遗址中从早到晚存在新石器时代、夏商周时期、秦汉时期遗存，即可采用这类体例进行撰写。按遗迹单位描述的体例适用于遗存数量相对较少的遗址，这种报告体例的优势在于将每个遗迹的相关资料集中、全面地展示出来，便于研究者把握遗迹的各类信息。

考古报告的主要内容包括遗址的自然地理环境、历史沿革、既往工作历史，发掘工作过程和发掘方法，文化堆积，遗迹与遗物，有关专业技术分析鉴定报告，作者的认识等。各个章节的体例、内容如下。

（1）标题：考古报告的标题要力求反映遗址所在的省名、县名、村（镇）名、文化性质、时代、遗存类别、工作方式、报告的类别、发掘年度。一般大型报告多以遗址所在地名命名，如《民和阳山》《洛阳烧沟汉墓》《扶风案板遗址发掘报告》《汉魏洛阳故城南郊礼制建筑遗址（1962—1992年考古发掘报告）》等。近年来也有以遗址名为主标题，副标题标注遗址所处地点、时代、遗址类型、发掘年度的命名方式，使主标题简洁突出、便于记忆，如《莲花池山遗址——福建漳州旧石器遗址发掘报告（1990—2007）》《周原——2002年度齐家制玦作坊和礼村遗址考古发掘报告》等。中小型报告多以遗址地点、时代、遗存类别、发掘年度等命名，如《宁城南山根遗址发掘报告》《2006年度甘肃张家川回族自治县马家塬战国墓地发掘简报》等。

（2）前言：是对各种背景信息进行概要性介绍。大型报告的前言内容较多，可独立成章。中小型报告前言内容较多者可单列一节，设小标题；较少者仅在篇首简单说明即可。前言内容一般包括遗存所在地的确切位置、地理环境和地貌特点，自然资源、历史沿革、现实民生，遗址的保存状况，以往的工作，本次工作的起因、经过、参与单位、人员、发掘规划与方法，对正文内容的必要说明，本报告的编写意图和方法。同时需要配置遗址位置示意图。

（3）正文：是考古发掘报告的主体。开篇最好以精练的语言概述整个遗址堆积、遗迹、遗物的数量、特征，并配备必要的线图。然后对遗迹进行分类，如房址、墓葬、灰坑等。各类遗迹先描述平面和剖面形状、体量等形制特征，再描述堆积单位的土质土色、堆积特点、包含物等特征，最后描述遗迹内各层堆积出土的遗物特征。遗物描述一般应在分类的基础上进行，具体遗物标本的描述应包括名称、编号、保存状况、制法、质地、颜色、形态、尺寸等内容。如报告篇幅有限而遗迹、遗物数量庞大，可在每一类遗迹、遗物中挑选最具代表的个体举例描述。为了便于把握单个遗迹的全部信息，可增加典型遗迹举例章节，列举一些保存完好，形制特征具有代表性，出土物数量、类别丰富的遗迹进行全面介绍。同时，最好能够辅之以相关统计表，以降低信息量的缺失程度。

报告中描述的遗迹、遗物都需配置相应的线图作为插图，有的还需配置灰度或彩色照片作为图版。遗迹、遗物的插图需要合理排版、编号，保证图面清晰、整齐、美观。插图、图版都需制作目录，以方便读者查阅。

（4）结语：要求从发掘或调查所得资料的实际出发，提出自己的初步认识。结语不同于研究论文，相关例证不宜过于详细繁杂。结语的主要内容一般涉及：考古发掘遗存的年代分析与文化分期，该遗存与相关遗存的文化联系，该遗存文化属性、分布地域、聚落结构、历史族属等问题的认识，对本次考古发掘所获资料学术价值的评价，总结本次工作中的经验、教训和未来的研究方向。

（5）附录：一般包括遗址内所有遗迹和遗物登记表、对各类样本的检测研究报告。常见的检测报告有人骨的体质人类学检测报告、动物骨骼的研究报告、植物遗存的研究报告、金属器成分的分析报告等。事实上，各类检测分析结果应属考古报告的有机构成部分，也可以根据内容的多寡列为正文的一章或几章。

第四节　水下考古与航空遥感考古

水下考古和航空遥感考古是中国 20 世纪末期以来发展较快的考古学领域，大量现代科技手段的运用，使这两个领域获取基础性考古资料的能力显著提高，取得了令人瞩目的成绩，成为新时期中国考古学实现转型的重要组成部分。

一、水下考古

水下考古是田野考古在水域的延伸，是指运用考古学方法对人类遗留在水下的古代遗存进行调查、勘探、发掘和研究的工作。其研究对象是江、河、湖、海等一切水域中埋藏的古代文化遗存，其中水域面积最广阔的海底遗存是研究重点。由于水下工作的特殊环境，决定了水下考古不只是田野考古的简单延伸，而是比陆上考古更加依赖现代科学技术的支持，尤其是海洋勘探、潜水工程等技术设备的支持。[1]

（一）中国水下考古的发展历程

世界范围的水下考古萌芽可追溯到 15 世纪的西欧，当时对地中海海底的沉船、建筑和艺术品的潜水采挖活动一直持续不断。1960 年对土耳其南海岸一艘 7 世纪拜占庭时期沉船的调查和发掘，被认为是水下考古正式诞生的标志。1985 年，一个英国人在中国南海盗掘了一条沉船，出土大批康熙年间的青花瓷器，次年在阿

---

[1]　张威：《水下考古学及其在中国的发展》，中国国家博物馆水下考古研究中心编：《水下考古学研究》第一卷，科学出版社 2012 年版，第 1—12 页。

姆斯特丹大肆拍卖，造成国际轰动。此事引起中国政府及文物部门的高度关注，1987 年经国务院批准，由国家文物局主导组成了"国家水下考古协调小组"，委托中国历史博物馆（现国家博物馆）承担这项国家任务。在时任馆长俞伟超的主持下，成立了水下考古研究室（现水下考古研究中心），开始了中国水下考古工作。先后派人到荷兰、日本、美国学习潜水和水下考古技术，并举办了五期专业培训（其中第一期与澳大利亚合办），现已拥有了 60 人左右的水下考古一线队伍，为其他国家所少有。

20 多年来，中国在山东、浙江、辽宁、福建、广东、海南、香港等地开展了大量卓有成效的水下考古工作，海域遍及渤海、黄海、东海和南海。其中规模较大的工作有辽宁绥中元代沉船、福建东山明末郑成功沉船、广东阳江"南海 I 号"宋代沉船、福建平潭"碗礁 I 号"清初沉船、汕头"南澳 I 号"明代沉船的调查和发掘，以及两次西沙水下考古发掘。这些工作曾引起社会各界的极大关注，有效地宣传了水下文化遗产的保护工作，也为研究中国古代的海上贸易提供了珍贵的实物资料。[1]

（二）水下考古的工作程序和方法

与陆上考古相比，水下考古工作要困难得多，是名副其实的"大海捞针"。水下世界与空气隔绝，光学、声学条件极差，水流、潮汐复杂多变，深水的低温、水质和氯气麻醉也会严重影响操作人员的正常工作，工作环境具有相当的危险性和不可预见性。因此，必须要借助现代科学装备和方法才能完成水下考古，从调查、勘探、测量、发掘，到出水文物的保护、年代测定等，都离不开现代科技手段的支持。[2] 这些因素使水下考古在遵循常规田野考古基本原则的同时，又有自己独特的工作程序和方法。

1. 工作程序

参考 2007 年开展的广东汕头南澳 I 号沉船的调查与试掘，[3] 水下考古的工作程序主要有三个步骤：第一步是制订科学、安全、高效的潜水方案和潜水计划，这是开展水下工作的首要条件和基础，潜水工作的效率和安全直接影响水下考古的成败。潜水方案主要是制备各种装备，如潜水设备（包括气瓶水肺系统、潜水服、潜水手电、潜水电脑表和面镜、配重、套鞋、蛙鞋、潜水刀等）、水下摄影和录像设备、水下通信设备、水面支援设备（包括打气机、小艇、减压舱等），还要指定专业人员对各种设备进行及时清洗和保管，并有专人负责为作业气瓶充气。

① 孙键：《从"南海 I 号"开始的二十年——中国近海水下考古历程》，《中国文化遗产》2007 年第 4 期。

② 张寅生：《水下考古与水下考古探测技术》，《东南文化》1996 年第 4 期。

③ 广东省文物考古研究所：《南澳 I 号明代沉船 2007 年调查与试掘》，《文物》2011 年第 5 期。

潜水计划主要是根据当地的水下环境制订分阶段潜水计划和负减压潜水、减压潜水方案，以及相应的潜水安全规定、潜水减压与应急方案等。

　　第二步是进行沉船调查，采用各种定位和勘探技术，对沉船的位置、范围、状态等进行全面调查（详下）。第三步是进行实地发掘。首先要对沉船发掘区域布设探方（采集方），包括沿沉船两侧凝结物的外边缘布设采集线，划定工作区和采集方（南澳I号使用1米×1米、中间用十字线分割的采集框作为采集方单位），采集前要做必要的录像和绘图，采集时每采完一个采集方，就沿采集线平行翻滚一次采集框，有序推进。采集和发掘常用的方法是使用抽泥机和水炮冲刷，抽泥是在外围采集完成后进行，若抽泥头过重会对船体和文物造成损伤，可对抽泥头加以改进（如加装软管）。水炮冲刷的优点是效率较高，对板结较实的淤泥有很好的疏松作用，特别有助于抽泥工作。但使用水炮有一定限制条件，不能直接对准船体和易损文物，另外，高压水炮会严重影响水下能见度，使用时应注意洋流流向（图2-17）。

图 2-17　水下考古工作流程及出土瓷器
1. 水下考古工作示意图　2. 水下调查　3. 水下抽泥发掘　4、5. 汕头南澳Ⅰ号沉船瓷器凝结物

2. 勘探方法

在沉船的调查过程中，需要运用各种遥感定位和勘探技术，目前运用最多的是声呐法。声呐法是在水下应用超声波进行探测，利用目标物反弹的回波进行定位，具体是使用回声探测器或回声探测仪向水下垂直发射脉冲，根据脉冲从水底反射回来的时间推算水和沉船等的深度，适于探测露出海底的古代遗存，如沉船、城墙、遗物群等。其他遥感技术有侧向扫描声呐、海底剖面仪、质子进动磁强仪等，它们与声呐构成一组典型的传感器系统，并配以 GPS，用来探测水下遗存的异常现象（图 2-18）。不同的传感器获取的数据各有不同，需要进行必要的数据处理，主要是使用计算机和相应的软件系统，进行简化和校对，生成各种数字图像和线划透视图，再采用专业识别技术及工作经验，判断水下遗存的性质和位置、范围、状态等。[①]

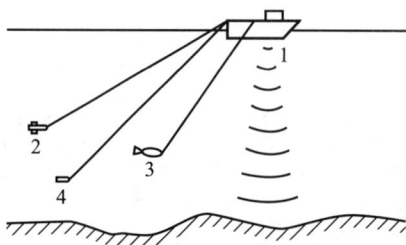

图 2-18　一组典型的探测传感器系统示意图

1. 声呐　2. 侧向扫描仪　3. 海底剖面仪　4. 磁强仪

二、航空遥感考古

航空遥感考古又称遥感考古，是从飞机、升空气球、卫星等平台上，运用摄影机、扫描仪、雷达等设备，获取地下电磁波数据或图像资料，来判定遗址的位置、形状、分布和深度等信息。与地面考古调查相比，它具有一系列优势，如对考古遗存的无损探测、覆盖面广、光谱范围大、穿透能力强、分辨率高等。因而，航空遥感考古的应用范围越来越广。[②]

（一）中国航空遥感考古的发展历程

世界范围的航空遥感考古始于 19 世纪的欧洲，20 世纪 20 年代以来发展迅速。中国在 20 世纪 60 年代曾对三门峡水库淹没区进行过航拍工作，为遗址和墓葬的考古调查和发掘提供了依据。20 世纪 80 年代对秦始皇陵做了航拍，90 年代主要是中国历史博物馆航空摄影小组（今遥感与航空摄影考古中心）在河南偃师二里头、

---

① 刘建国编译:《水下遥感考古》,《文物季刊》1995 年第 2 期。
② 刘建国:《遥感考古理论和方法日臻完善》,《中国社会科学院院报》2006 年 4 月 27 日第 2 版;邓飚、郭华东:《遥感考古研究综述》,《遥感信息》2010 年第 1 期。

偃师商城、隋唐洛阳城和内蒙古东南部做了航拍工作。21 世纪以来，由国家遥感考古实验室牵头，多家单位展开了航空遥感考古工作，取得的成果也显著增加。如有关单位使用轻型飞机对内蒙古和陕北的古城址、遗址进行了航拍勘查，取得了良好效果，获得了居延遗址群的完整平面布局图（图 2-19），还发现了长城、秦直道及未定名古城等新遗址。[①]

图 2-19　航空拍摄的内蒙古额济纳旗居延遗址群

　　与西方国家相比，中国的航空遥感考古还有很大的局限性。这主要是因为欧美国家的很多考古遗址中建筑、墓葬等都是砖石结构，与周围环境中的土壤有很大的差别，可以在遥感影像上产生明显异常。而中国的考古遗址中城墙、墓葬和建筑等大都是夯土构成，与周围的土壤没有特别明显的差别，只有在特定情况下接收的遥感影像上才能产生一些细微差异。随着遥感和计算机等相关学科的发展，遥感影像的地面分辨率会进一步提高，波谱特征更加丰富，遥感设备与图像处理的方式也更加多样化，航空遥感考古也会有长足的进展。

（二）航空遥感考古的工作原理和方法

1. 工作原理

　　航空遥感考古的前提是遗迹的辐射电磁波能量。由于遗迹与周围环境的差异，辐射电磁波的情况就不一样，而电磁波的波谱特征及其时间变化和空间分布规律，在遥感影像上表现为不同的影像色调和不同色调组成的各种图案与时空变化规律。所以航空遥感考古的工作原理，是建立在遗迹的物理属性、电磁波波谱特征和影

---

①　聂跃平、杨林：《中国遥感技术在考古中的应用与发展》，《遥感学报》2009 年第 5 期。

像特征三者的关系上，遥感影像的解译原理则是根据影像的色调、图案和分布规律，来判断遗迹的波谱特征，从而确定遗迹的属性。在航空遥感考古中，通过遥感设备接收的资料记录了大量的土壤学、地质学、地貌学、生态学和地理学等信息，它们通过不同的方式反映出考古遗存的特征，因此，必须掌握遗存的影像特征才能对遥感影像做出正确的解译。遗迹以各自的方式存在于自然环境中，形成独特的遗迹土壤标志、阴影标志和植被标志，这是考古遗迹最基本的影像特征，也是航空遥感考古判断遗迹的主要原理和依据（图 2-20）。

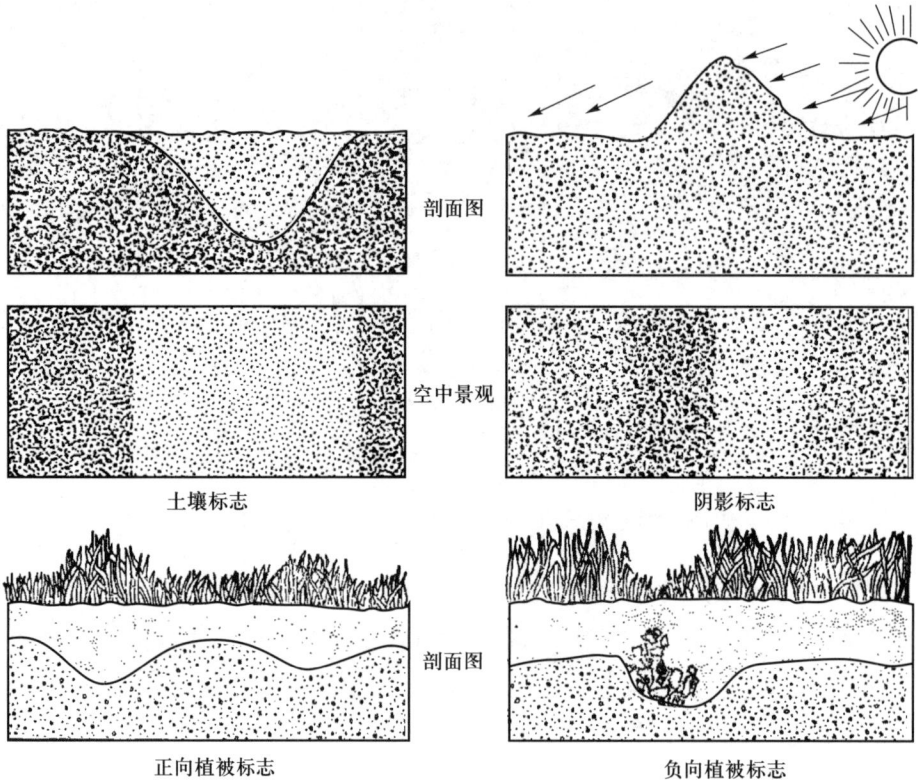

图 2-20 遗迹的土壤标志、阴影标志和植被标志示意图

2. 探测方法

航空摄影是应用最早、最广泛的航空遥感考古方法，通过航拍获得的照片涉及范围较广，再经过计算机进行影像的反差增强、彩色饱和度调整等处理，能直观反映地表的各种土壤、阴影和植被标志，进而对遗迹的分布和形状做出判断。最近几十年来，包括多光谱、热红外（被动式）和雷达、激光高度计（主动式）等传感器，不断在机载和星载平台上得到应用和发展，使航空遥感考古真正成为多模式的遥感探测。较之传统的航拍照片，航空多光谱扫描仪能够捕捉更多的信息，获取更多的考古遗存线索，尤其是能更加清楚地显示植被标志。热红外传感器获得的图像能显示微地貌变化引起的地表温度变化，有利于发现地下埋藏的道

路、建筑物、城墙和农田等。航空雷达是机载雷达数据的获取平台，其影像有利于发现地下大面积的古运河水系、道路、城堡等。激光高度计利用激光测距仪测量地表高度，可以很容易获取高分辨率的地面高程数据，是考古遗址地形制图和解释地形因素与遗存特征关系的有效工具，也有助于电阻率法和探地雷达等易受地形影响的物探方法的开展。①

思考题：

1. 梳理和归纳考古调查的工作形式、程序和方法。

2. 试比较区域系统调查方法和传统考古调查方法的异同。

3. 如何在发掘过程中判断遗迹、遗物的埋藏过程？

4. 考古发掘区的坐标系统如何与国家测绘部门提供的地形图相匹配？

5. 如何根据遗址规模、文化堆积厚度、遗迹关系复杂程度组建考古发掘团队？

6. 发掘聚落遗址和墓葬应注意的事项。

7. 水下考古和航空遥感考古工作及其特点。

▶ 拓展阅读

---

① 刘建国：《遥感考古的原理与方法》，《考古》1994 年第 4 期；邓飚等：《遥感技术在考古中的应用综述》，《遥感学报》2010 年第 1 期。

第三章　分期与考古学文化

时间是人们认识事物的基本要素之一，通过实物遗存研究人类历史，首先必须赋予其相应的时间概念，否则历史研究便无从谈起。汤姆森的"三期说"理论被视为近代考古学"从濒于绝境的古物学中脱胎而出的唯一指路明灯"①，就说明年代学在古物学向考古学转变过程中所发挥的关键性作用。在分期编年研究的基础上，随着田野考古空间范围的逐步扩大，人们注意到空间也是引起考古遗存特征差异的重要因素，随之引入了"文化"的概念，涵盖了时间、空间和文化特征三种基本因素，进一步促进了考古学研究乃至学科的发展。

第一节　年代学分析

年代学分析是指运用各种方法和技术手段，以确认或求证实物遗存在历史上的发生或存续时间。由于实物遗存大多缺乏明确的时间标识，因而年代学分析始终是考古学最为重要的基础性研究内容之一。迄今，我们仍在不断寻求新的方法或技术手段，尽量克服现有的年代学方法或技术手段存在的局限性，力图更好地解决实物遗存的年代问题。由于年代学的研究依据、方法和结果存在的差异，年代学有相对年代和绝对年代两种表示方法。

一、相对年代和绝对年代

（一）相对年代

相对年代是表示实物遗存或考古学文化在存续时间上的先后顺序，即相对早晚关系。在相对年代中，基于研究对象或研究目的不同，其时间标尺往往存在较大区别。年代主体即研究对象既可以是一类遗迹或遗物，也可以是聚落（群）乃至文化区域，只要它们在形态特征、组合特征甚或数量特征等方面存在阶段性变化，能够体现出时间早晚或先后顺序，皆可纳入相对年代的考察范畴。考古学中所谓"分期"，就是对相对年代最有代表性的概括和表述。而相对年代的时间标尺通常指的是实物遗存的演变周期，具有明显的层级性特征。实物遗存的演变周期可长可短，既可以指短时间内细微的阶段性变化，也可以指长时段的时代性变化等。一般来讲，演变周期越长，特征差异越明显，相对年代关系就越容易把握，

---

① ［英］格林·丹尼尔：《考古学一百五十年》，黄其煦译，文物出版社 2009 年版，第 250 页。

可信度也就越高。汤姆森的"三期说"就是从长时段层面开启了相对年代研究的先河。而新石器时代早中晚期、仰韶文化早中晚期等，也都属于不同层级的相对年代范畴。

（二）绝对年代

绝对年代是用来表示实物遗存或考古学文化存续的具体时间，通常以年为单位，并有具体的年代数值。绝对年代的表示方式，中国古代习用帝王纪年、干支纪年、年号纪年和大事纪年等。现代以来，公元纪年成为全球通用的纪年方式。所谓公元纪年，就是以耶稣诞生为起点而建立的纪年体系。公元元年以来的纪年，统一简化为具体年代数据后缀 AD，如公元元年记作 1AD；而公元元年以前的纪年，统一简化为具体年代数据后缀 BC，如公元前 100 年可记作 100BC。这些纪年方法都可以归为太阳纪年，即以地球绕太阳公转一周为单位。此外，还存在以原子周期性释放为单位的放射性纪年方法，它以公元 1950 年为起点，以太阳年为单位，也可简化为具体年代数据后缀 BP，如 800BP 即 1150AD。不过，由于原理性、埋藏性和标本性的误差，考古学、尤其史前考古学的绝对纪年，一般并不能精准到具体年份，而多以"百年""千年"或"万年"等为单位来表示。有时也用具体时间范围来表示，如公元前 206—公元 25 年，或公元前 4000±50 年等。

（三）相对年代和绝对年代的关系

在年代学研究中，为什么采用相对年代和绝对年代两个概念来表示，是不是绝对年代的精确度一定比相对年代要高，能不能只采用绝对年代而放弃相对年代，两者的关系如何？要回答这些问题，还需要进一步探讨两种年代学表示方法的内涵、特征和作用。

应该指出，年代上的准确度与相对年代、绝对年代并无直接联系。在断代上有一个常见的误解，即以为绝对年代一定很精确，而相对年代回答的是相对早晚或年代序列问题，故表现出的时间精确度就差。之所以产生这种误解，是对诸断代方法的内涵和发展历史不了解所致。从考古学史角度看，考古学诞生之后的前一百五十多年的时间里，从事的主要工作都与相对年代的分析有直接关系。19 世纪至 20 世纪上半叶，最初受地质学层位划分和生物学分类法的影响，考古学逐渐发展出自己的断代方法，即地层学和类型学。发掘过程中的层位划分和遗迹关系判定，资料整理过程中的遗存分类排序等，都是通过对相对年代的分析而建立起基本的时间框架。20 世纪 60 年代新考古学思潮兴起，对社会各方面的考察也是在考古遗存相对年代序列的基础上开展的。靠地层堆积过程和遗物、遗迹外部形态演变序列而得出的相对年代关系，不但可以揭示文化和社会发展演变的阶段和过程，还可以进一步探讨其阶段性特征、原因及其意义。因此，和绝对年代相比，相对年代具有更广泛复杂的内涵和意义，考古学需要优先解决的是相对年代分析。

但是，相对年代的判定依据是地层堆积的形成先后和器物外部形态演变序列，地层和器物的发展演变必须经过一定的时间周期，而这个时间周期的长短是无法通过相对年代本身来判定的。即使有的地层堆积和器物演变的速率很快，但相对年代只能表示谁早谁晚，没有绝对年代的数据，无法确定相对年代的时间周期。

绝对年代作为具体的年代数值，对其准确性的追求始终是考古学的重要任务。它在很大程度上可以弥补相对年代的缺陷和不足，如进行大范围的宏观研究时，即使空间或时间上距离很远，如有绝对年代数值为基础，也可以进行各层级的比较研究。绝对年代数据的积累，可以使考古学年代研究趋于完善。但是绝对年代并不能完全取代相对年代。因为除了少数遗物上有自铭年代，大部分绝对年代数据是通过现代科学技术方法获得的。它会受到多方面因素的影响，如考古遗存本身在形成过程中会存在各种不确定因素，在取样过程、样品存储、测试过程中也会有方法和技术上的缺陷。因此绝对年代几乎无法做到绝对精确。而且，文化和社会的发展是一个复杂的过程，从时间意义上看，既离不开绝对年代形成的"时间点"，也离不开相对年代形成的"时间网"。

因此，从相对年代和绝对年代的内涵和意义来看，两者在年代学的构建上具有互补性，相辅相成，不可或缺。

二、测年方法及其应用

20 世纪 50 年代以后，随着自然科学技术的迅猛发展，人们发明了多种绝对年代的测年方法（表 3-1）。它们虽然还不能将遗存年代放在某个精确的时间点上，而多表述为一个时间段或时间范围，但这些测年方法的应用，为第四纪以来的人类进化史和文化发展史，提供了大量基础性的年代数据。使得考古学"第一次有了一个普遍适用的年代学方法，考古学的表述既有了绝对的年代长度，也有了相对年代序列"[1]。绝对年代测定技术开启了考古研究的新时代。虽然对于这些测年技术的方法本身和年代结果而言，会存在一些争议和再讨论空间，但是这些方法提供的绝对年代数值，与考古学自身的相对年代断代方法结合起来，对考古年代学研究来说，无疑是一种革命性的进步。也正是有了年代学基础，考古学家才有可能将考古研究的重点扩展到人的行为、社会关系、人地关系和认知考古等领域。以下介绍几种常用的测年方法。

---

[1]　B. G. Trigger, *A History of Archaeological Thought*, Cambridge：Cambridge University Press, 1989.

表 3-1 主要考古断代方法

相对年代	绝对年代		
地层学 类型学 地质年代学 骨骼断代法	放射物断代	^{14}C 及 AMS 技术	
		钾-氩法（K-Ar）	
		铀系法	
		裂变径迹法（FT）	
动物群测年	动植物断代法	树木年轮法	
		骨骼断代法	
	古地磁断代法	古地磁法	
	电子俘获测年法	热释光法（TL）	
		光释光法	
		氨基酸外消旋法	
		电子自旋共振法	
	地质学和地化学法	黑曜岩水合法	
		纹泥沉积法	
		地质年代学法	
	历史文献法	年历学	

（一）^{14}C 断代法及 AMS 技术

^{14}C（碳十四）断代法又称放射性碳素测年法，就是利用放射性碳素不断衰变原理进行测年的技术方法。1949 年由美国的威拉德·利比创立，[1] 已成为考古学中应用最广泛的测年方法，极大地促进了世界各地绝对年表的建立。[2]

^{14}C 是宇宙射线中子在高空中与氮反应而生成，它具有按一定速率放射性衰变的特征。^{14}C 与氧结合生成$^{14}CO_2$，在混入大气中的 CO_2 后进入自然界碳交换循环系统。植物通过光合作用吸收 CO_2，动物又直接或间接以植物为食。另外，动植物死亡后^{14}C 随之进入土壤，江河、海洋等也通过与大气接触而进行碳交换。因此，海陆生物、土壤和海底沉积物中都含^{14}C。各类生物的^{14}C 在衰变的同时，又持续地与大气交换而得到补充。但是生物一旦死亡，其含碳物质便停止与大气交换，^{14}C 得不到补充，其放射性水平就会按衰变规律而降低（图 3-1）。科学研究显示，每经过 5730 年^{14}C 含量就会衰减为原来数量的一半，即一个"半衰期"（图 3-2）。因此，通过对

① W. F. Libby et al，"Age Determination by Radiocarbon Contents：World Wide Assay of Nature Radiocarbon，" *Science*，vol. 109（1949），p. 227.

② 关于^{14}C 测年相关内容，参见仇士华、蔡莲珍：《^{14}C 测年及科技考古论集》，文物出版社 2009 年版。

比样品 ^{14}C 现存含量和原始含量的差别，就能算出生物死亡或停止 ^{14}C 交换的年代，即样品的年龄。当然，数千年或者数万年前处于碳交换过程的动植物的放射性水平是无法测知的，我们假定自然界 ^{14}C 水平在几万年大致处于一致的水平，而且世界各地的 ^{14}C 水平基本上是一致的。因此，我们可以把现在处于交换平衡状态的动植物放射性水平等同于标本的原始放射性水平，即"现代碳"放射性标准。

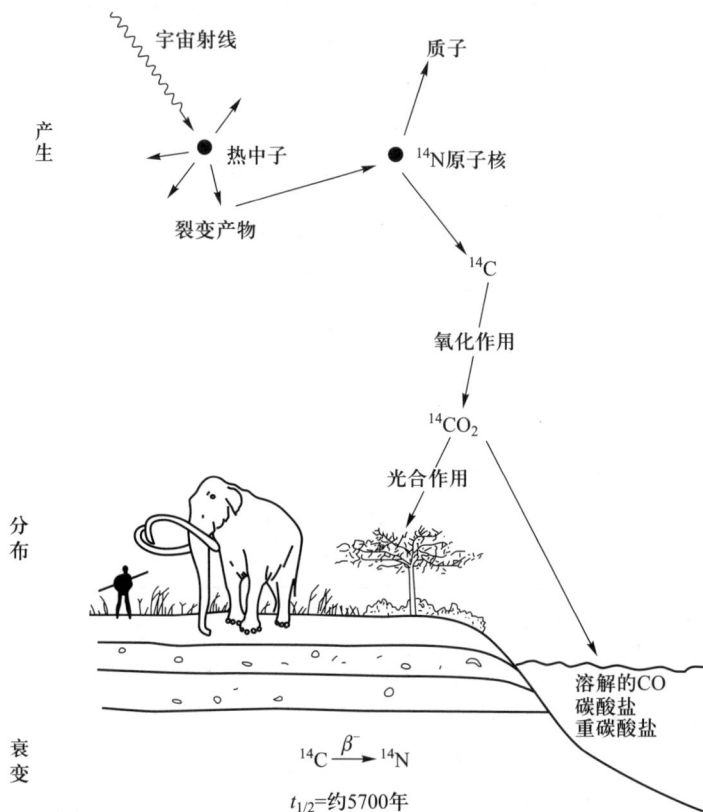

图 3-1　^{14}C 产生、分布和衰变示意图

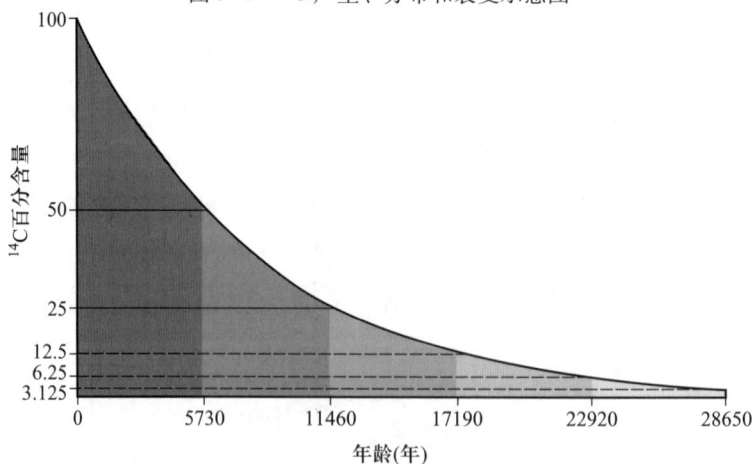

图 3-2　^{14}C 半衰期示意图

从理论上讲，任何含有碳的有机质遗物都可以进行放射性碳测年。燃烧过的遗物因为含碳量较高，如木炭等是进行^{14}C 测年的常用标本，另外植物种子、木材、编织物、贝壳、动物骨骼、皮毛、含碳沉积物等也都能用于测试。生物从死亡到埋藏的时间周期越短，所测年代越接近其所属年代，因此，以一年生植物等为代表的短期遗物是测年的理想标本。

在田野考古阶段，测年标本的采集是一项非常重要的工作，它直接关系到测年数据的准确性和系统性。常规^{14}C 测年需要经过纯化的纯碳量为 5 克，因田野采集过程中会混入其他杂质，再加上实验室预处理等情况，故采集标本的数量往往大于实际测试量，原则是采集尽量多的样品，重要的标本需要全部采集。采集过程中要避免样品污染，及时晾干后装入塑料袋或玻璃瓶密封保存，不能用含碳类材料如棉花、碎纸等包装。把样品提交实验室时，要提供样品的背景信息，如编号、出土地点和单位、层位关系、共存物情况等。

多数情况下，采集的^{14}C 测试标本因为量少而无法进行常规年代测定。20 世纪70—80 年代引入了一种特殊的气体计数器，可以测量非常少的样品，仅几百毫克的木炭就能进行测试。[①] 与之同时，AMS（加速器质谱）技术也开始发展起来，它的原理是直接计测样品中的^{14}C 原子数，不必测量放射性衰变，这样最小样品量有几毫克甚至几百微克即可，测量时间也大为缩短。目前 AMS 测定^{14}C 的精度可达到3‰—5‰,[②] 测年范围也得到扩展。AMS 技术成为考古学和晚第四纪地质学中获得较精确年代的重要测年方法。

从^{14}C 测年原理来看，因为样品的原始^{14}C 放射性水平无法直接测定，只能规定一个现代标准，而过去大气中的^{14}C 放射性水平不是恒定的，所以这个标准下计算出的年代数值并不是日历年代。为了年代的精确，还需将^{14}C 年代转换成日历年代，即需要通过^{14}C 年代-树轮年代校正曲线来进行校正。

^{14}C 断代法是提供较准确、系统的绝对年代，特别是测定 5 万年以来的年代数值的最主要测年方法。但是必须认识到，因为各种原因，其测年结果也存在误差。原因有以下几种：第一，取样前、取样中或取样后的标本污染；第二，实验室处理样品过程的可能污染、统计误差、系统误差等因素导致结果有变数；第三，有机物沉积是个复杂的过程，需要对所测物品的沉积背景或者其本身的使用过程进行分析。

^{14}C 测年法所测年代可以早到几万年前的旧石器时代，尤其是对万年以内的新

---

① ［英］科林·伦福儒、保罗·巴恩：《考古学：理论、方法与实践》（第六版），陈淳译，上海古籍出版社 2015 年版，第 120、121 页。

② 栾丰实、方辉、靳桂云：《考古学理论·方法·技术》，文物出版社 2002 年版，第 231 页。

石器时代样品，结合树木年轮法的校正，精确度可以达到五六十年。[①] 所以，这种方法是考古学中应用最为普遍的绝对年代测定方法。

（二）树轮年代学

树轮年代学，又称为"树木年轮学""树轮学"，是一门研究树木木质部年生长层和利用年生长层来定年的方法。它在 20 世纪初由美国天文学家安德鲁·道格拉斯开始研究并创立发展起来，30 年代传至欧洲，60 年代随着计算机和统计程序的发展和运用，树轮年代序列的建立成为可能。90 年代初在中国也开始了这项研究并建立起树轮年代学实验室。

树木的周期性生长会在其横截面上留下宽窄不一的年轮。影响树木生长的主要因素是气温和降雨，气候温和、降雨适中会使当年生成的年轮较宽，反之年轮就会变窄，而树龄的增加也会导致年轮慢慢变窄。树轮年代学就是根据树木每年年轮的计数，然后确定年轮的年代。应用树木年轮学确定样品的年代首先要建立本地区的主年轮序列。一般说来，树轮年代法是以寿命长的树木为基础，与过去砍伐的同种树木年龄相连接，逐渐形成一个完整的发展序列，这就建立了一个气候区的树轮纪年主系列表（图 3-3）。这个主系列表建成后就可以用于考古断代，即将古代木质遗物上的树轮与主系列表中的特征年轮相比较，定出其准确年代。但是并不是所有的地区都能建立各自的树轮纪年主系列表，而且形成主系列表需要的各个时期的树木样品不容易找全。目前只在欧美建立起了能延续万年之久的主年轮序列。

树轮年代学对于考古学来说最大的贡献在于它建立了延续时间很久的树轮序列，这是进行 ¹⁴C 年代校正的基础。树木年轮忠实地记录了不同年代的 ¹⁴C 的浓度，即树轮的年代相当于日历年龄。¹⁴C 年代数据需要经过树轮校正才能成为日历年龄，也就是考古学研究所真正需要的年龄结果。目前，大多数的 ¹⁴C 测年实验室都同时公布 ¹⁴C 测年结果的树轮校正年龄，为考古学研究提供了更接近实际年龄的数据。

同时，在一些情况下也可以直接用树木年轮来测年。如橡树，在一些地区已经形成一个树轮年代系列，那么这些地区就可以把考古遗存中发现的同类木质遗存，与已有的树轮年代主系列进行比对，从而得到有意义的绝对年代数据。采用这一方法，有时候可以将考古遗存（如房屋）的建造年代精确到年，美国西南部、德国南部等地区均有成功的例证。[②]

不过，树轮年代学也有其局限性：它只能适用于四季分明、树木年轮明显的气候区；必须相同树种间进行对比，并且要求已经建立起该树种的年代主序列等。

---

① 陈铁梅：《科技考古学》，北京大学出版社 2008 年版，第 84 页。

② ［英］科林·伦福儒、保罗·巴恩：《考古学：理论、方法与实践》（第六版），陈淳译，上海古籍出版社 2015 年版，第 115—117 页。

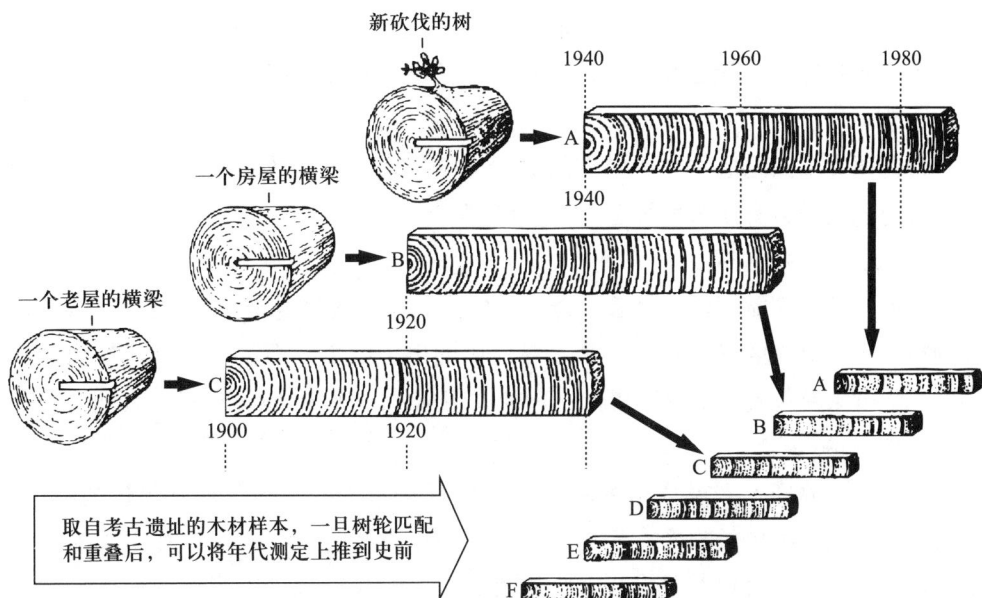

图 3-3 树轮计数、匹配和重叠以建立特定地区的年代序列示意图

随着科技的发展，树轮年代学在考古上的运用将不仅限于确定遗存年代，许多新的功能也在不断被开发出来。

（三）古地磁法

地磁场的方向和强度不是一成不变的。一般情况下黏土中都含有少量的磁性矿物，在经历 700 ℃以上高温烘烤后，在冷却时会被地磁场感应，产生与地磁方向相同的永久磁化，其强度与当时的地磁场强度成正比，称为热剩磁性。而被烘烤黏土的热剩磁性记录了古地磁变化的相关信息。利用这一原理，可以进行相关遗存的年代测定。古地磁断代包括考古地磁断代和地层沉积磁性断代。

考古地磁断代通过某些古物的热剩磁性进行断代，主要用于新石器时代以来的窑、炉、灶、砖、瓦、陶瓷的年代测定。

考古地磁测定年代的误差较大，其原因是：因为很难得到精确可靠的"已知年代"样品，所以作为依据的实验曲线本身误差就相当大；在某些年代范围内，地磁场的变化缓慢，不容易定准；样品未能清除干净来自其他类型的磁性干扰。即使如此，考古地磁断代仍然是考古年代学研究的重要方法之一。

地层沉积磁性断代是利用地层沉积磁性与地磁极性同步的现象进行地层断代的技术，一般用于古人类遗址的断代。地球磁场的变化有时会发展成极性倒转。一般岩石中含有磁性矿物，在成岩过程中因为受地磁场作用而被磁化，产生剩余磁性。这种剩余磁性反映了岩石在生成时期的地磁场方向。由于混有磁性矿物的微粒，湖相沉积层和深海沉积层在沉积过程中会与地磁方向趋同显出沉积磁性，从而反映出沉积时期的地磁方向。面对一个完好的沉积地层剖面,可以采取先系统地测出每一层的沉积磁性,再对照地磁极性倒转年表来确定各个层位的地质年代的方法。

目前研究第四纪地质和确定古人类遗址的年代,建立数百万年以来的地层年表,古地磁法是最有效的手段之一。

(四)热释光测年法

晶体在接受高能辐射照射后,会产生自由电子,这些电子会被晶体积攒起来,在加热过程中以光的形式释放出来,晶体中的电子归零,而我们可以通过测量样品释光强度来获取其被加热的年代,这种方法称作"热释光测年法"。其测年范围是 100 年—100 万年。

从测年的原理上来说这个方法可以测量具有晶体结构并且被烧制过的样品。陶器的原料黏土中一般都含有放射性元素,所以在考古学中它可以被用来测量陶器的烧制年代,这对新石器时代考古有重要意义。我们也可以利用这种方法来测量具有晶体结构的被烧过的石材(比如被烧过的燧石)的使用年代。同样,这种方法也适用于烧土、遗址中火山灰烬层等的年代测量(图 3-4)。

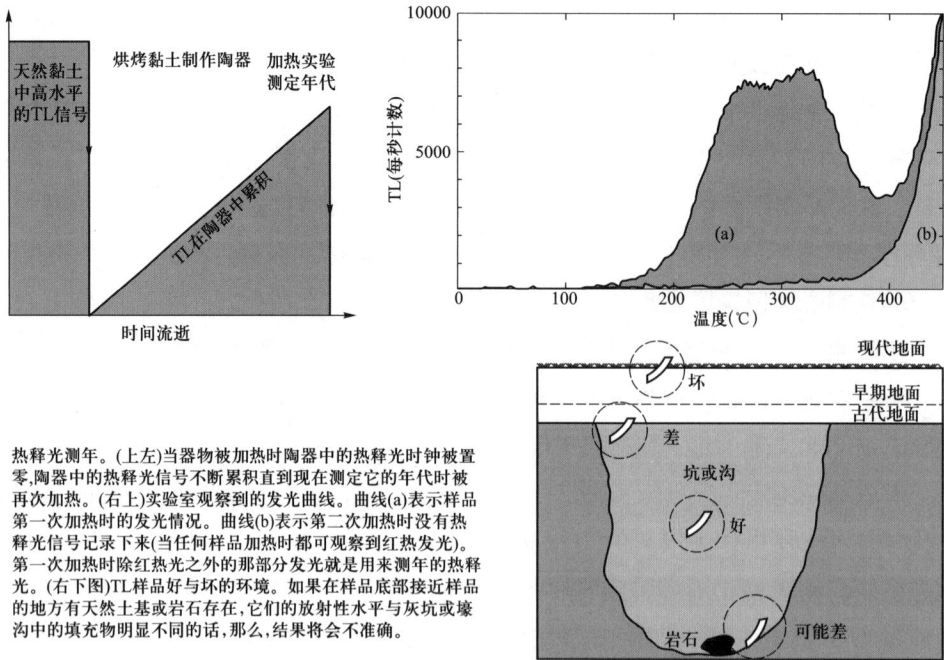

热释光测年。(上左)当器物被加热时陶器中的热释光时钟被置零,陶器中的热释光信号不断累积直到现在测定它的年代时被再次加热。(右上)实验室观察到的发光曲线。曲线(a)表示样品第一次加热时的发光情况。曲线(b)表示第二次加热时没有热释光信号记录下来(当任何样品加热时都可观察到红热发光)。第一次加热时除红热光之外的那部分发光就是用来测年的热释光。(下图)TL样品好与坏的环境。如果在样品底部接近样品的地方有天然土基或岩石存在,它们的放射性水平与灰坑或壕沟中的填充物明显不同的话,那么,结果将会不准确。

图 3-4 热释光测年法的基本原理示意图

热释光测年法的误差率在 10%—15%,对于 2000 年以内的样品,在最理想的状态下,其绝对误差可小于 100 年,有可能比 ^{14}C 法精确;但 ^{14}C 法在 2000—8000 年这个范围内更为精确。大于 8000 年时,由于 ^{14}C 没有年轮校正曲线,准确度降低，热释光测年法可与 ^{14}C 法互相补充。

三、考古遗存的年代分析

（一）绝对年代的分析

在考古学和自然科学测年技术兴起之前的漫长时间里，人们对历史遗存的断代，主要依靠历史文献法来进行，如依据文献记载和年历学等研究而做出年代断定。判断年代的证据有内证和外证之分。所谓内证，指的是建筑、碑碣、墓志、简牍和各类器物上留有的纪年铭文等，这些是断定绝对年代的可靠证据。在这一基础上，还可以为共存的其他遗存间接提供绝对年代。但有时也有例外，如器物上的铭文是后世加刻的，这样器物的自铭年代就不是它的制作年代。即使自铭为制作时所作，如果该器物被长期使用，那它也不能成为判断其所属单位和共存遗物年代的依据。另外，一些新建筑中会利用旧石碑等材料、晚期墓葬的随葬品中使用了早期有铭文的器物等，如果不加分析地作为断代证据，就会产生错误的认识。所谓外证，是根据文献记载或口耳传说来判断文化遗存的年代。与内证相比，利用外证材料要更加审慎，它们在多大程度上符合实际，还需要进行各方面的细致分析。

另外，即使是各种自然科学测年得出的绝对年代，也要经过分析才能使用。我们以最为常见的 ^{14}C 测年数据为例来看其分析过程。

目前计算 ^{14}C 年代所用的半衰期有 5568 年和 5730 年两种，在进行多个年代数据的对比时，应保证使用的是同一个半衰期标准。现在 ^{14}C 年代都要求经过树轮年代的校正才能使用，校正程序一般采用 5568 年半衰期，如果是由 5730 年半衰期得到的年代值，则需要除以 1.029 将其进行转换。

我们在使用年代数据时还要了解其统计学上的意义。实验室发表的 ^{14}C 年代数据都标出了年代误差，这是统计学上的标准偏差，如 5000±100 年，表示标本的 ^{14}C 年代在 5100—4900 年间的概率约为 68%（即约有 32% 的可能超出这个年代范围），在 5200—4800 年间的概率约 95%。对于概率为 68% 范围内的误差值，即例子举出的 100 年，称为一个标准偏差；而 95% 范围内的误差值，即所举例子的 200 年，称为两个标准偏差。[1]

近些年来，为了提高测年的精确度，系列样品的测试日益引起重视。在用 ^{14}C-树轮年代校正曲线进行年代校正时，早些时候多采用单一样品的数据校正，但是这样校正之后的日历年代误差往往要大于 ^{14}C 年代测年的误差，如一个测量误差为几十年的 ^{14}C 数据，经过校正后其误差会有上百年，有的甚至更大。随着 20 世纪

---

① 中国社会科学院考古研究所：《考古工作手册》，文物出版社 1982 年版，第 414—415 页。

90 年代高精度 ^{14}C-树轮年代校正曲线的建立，高精度系列样品的方法有效地解决了这一问题。

所谓高精度系列样品法，指的是选取时间连续、前后有序、互有间隔、具有测年意义的系列含碳样品，在高精度测年基础上，通过数据的曲线拟合，使校正后的日历年代误差缩小。因为系列样品在样品之间所具有的相互关联性，可以有效地缩小校正后的年代误差。如美国学者用此方法研究日本古坟时期的墓葬年代，其年代误差缩小到了 5 年。[①] 再如在夏商周断代工程关于武王克商年代的讨论中，研究者采集了长安马王村遗址先周、西周初期和西周中期的共 8 个样品做系列测年，得出先周-西周的年代范围为公元前 1050—前 1020 年，为最终确定武王克商之年提供了年代依据，而这一年代范围与后来琉璃河西周遗址三期六段和殷墟一至四期人骨系列样品的拟合年代结果处于同一范围。[②] 系列样品法的采用使绝对年代的误差范围越来越小，在考古学中应用越来越广泛。

测年标本的提取、测试和数据分析，是一个互相影响、互相促进的研究整体，随着样品提取和测试技术的不断进步，绝对年代数据分析的重要性和迫切性也日益凸显出来，会在考古年代学研究中占有越来越重要的地位。

（二）考古地层学和相对年代分析

在考古遗存的年代分析中，占工作比重最大的是判断文化遗存之间的相对年代关系，这主要依靠考古地层学和类型学来进行。[③] 除此之外，也会借助于其他学科的一些研究方法：如古生物学中关于陆生哺乳动物的研究、古植物与孢粉组合的研究、海洋微体古生物的研究等，古气候学的第四纪冰期与间冰期、雨期与间雨期的研究等，矿物学、岩石学与地球化学的方法等。这些方法对史前特别是旧石器时代的相对年代考察具有重要参考意义。

考古地层学和类型学作为考古学判定相对年代的两种主要方法，运用中要相互结合，才能构建起文化遗存的时空框架和发展谱系，从而为其他各类研究奠定基础。以下重点介绍以地层学方法判定考古遗存的相对年代，考古类型学将在第二节中专门介绍。

考古地层学主要是根据土质、土色、包含物等情况判断不同堆积之间的相对

① Yasushi Kojo, R . M. Kalin and A. Long, "High-Precision 'Wiggle-Matching' in Radiocarbon Dating," *Journal of Archaeological Science*, vol. 21, no2 (1994), pp. 475—479.

② 仇士华、蔡莲珍：《夏商周断代工程中的碳十四年代框架》，《考古》2001 年第 1 期。

③ 苏秉琦、殷玮璋：《地层学与器物形态学》，《文物》1982 年第 4 期；俞伟超：《关于"考古地层学"问题》，《考古学是什么——俞伟超考古学理论文选》，中国社会科学出版社 1996 年版，第 1—47 页；严文明：《考古遗址发掘中的地层学研究》，《走向 21 世纪的考古学》，三秦出版社 1997 年版，第 16—52 页；张忠培：《地层学与类型学的若干问题》，《中国考古学：实践·理论·方法》，中州古籍出版社 1994 年版，第 111—131 页。

年代关系，包括先后关系和共时关系两种基本情况。

1. 先后关系

在同一地点，直接的先后关系有叠压关系和打破关系两种情况。如前所述，叠压关系是指两个或两个以上文化堆积相互重叠。在正常情况下，较晚时期形成的堆积在上，较早时期形成的堆积在下，晚期堆积叠压早期堆积，这是考古地层学的基本原理之一。叠压关系又分为直接叠压关系和间接叠压关系。直接叠压关系如图 3-5 所示，6A 层叠压 6B，6B 叠压 6C 等；间接叠压关系是指 1 层叠压 H290，H290 叠压 F37，1 层和 F37 就形成一种间接叠压关系（图 3-5）。据此可以确定考古遗存之间的相对年代关系。至于具有叠压关系的文化层或遗迹的具体年代关系，其存在时间既可能比较接近，也可能相距较远，它们之间的具体年代跨度，需要通过各自包含物的类型学分析并结合有关测年数据加以确定，地层学无法直接回答这一问题。

人类建筑房屋、埋葬死者、挖窖储物、凿井取水等日常活动，总是伴随着或多或少的挖土行为，这些活动会使原有的堆积遭到不同程度的破坏。从文化堆积的形成过程来看，晚期堆积往往破坏了早期堆积，这样就形成了文化堆积之间的打破关系。如图 3-5 所示，M37、M48 和 H198 等都打破了 6A 等文化层。在具有打破关系的遗迹单位中，打破别的单位的单位相对较迟，而被打破的单位则相对较早，这是考古地层学的另一基本原理。与叠压关系一样，打破关系也有直接打破和间接打破两种情况。在常规情况下，同一层面上具有打破关系的遗迹单位，打破者的形状一般比较完整和规则，而被打破者往往呈不完整的残破状态（图 3-5）。和叠压关系一样，打破关系只能提供一组相对的早晚关系，至于早晚相隔的时间跨度是长是短，仅靠打破关系不能解决这一问题。

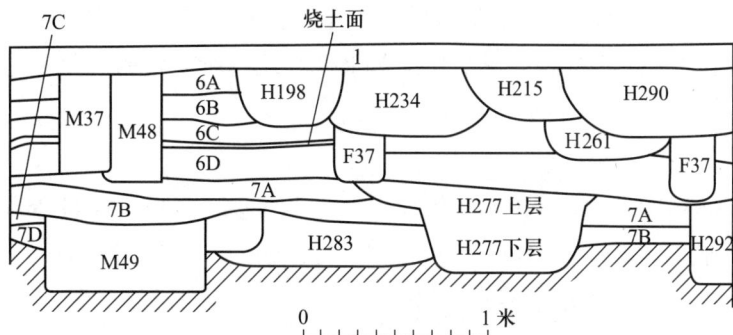

图 3-5　日照两城镇遗址 T2400 东壁剖面图

2. 共时关系

共时关系是指考古遗存中的遗迹之间（也包括文化堆积）在一定时间内同时

并存。共时关系既适用于同一个聚落遗址，也适用于不同的聚落遗址。① 在考古学研究中，共时关系和先后关系同等重要。分析考古遗存的年代时，只有充分考虑共时关系问题，才能把各种考古遗存的分析放在所需要的时间尺度内讨论。共时与否是考察一定时间段内人类活动是否存在联系的基本前提，这在以空间、功能、社会关系研究为主要内容的聚落考古中显得尤为重要。

在一个新的文化层刚刚暴露时，其表面会存在一些不同的遗迹现象，如果它们之间没有打破关系，可以称其共存于某一层面之上。在这里，共存关系和共时关系是两个有区别的概念，共存的遗迹可以共时，也可能有早有晚，甚至属于两个不同的时代。

从时间角度来讲，文化遗存都经过了形成、使用和废弃的过程，而共存于一个活动地面上的遗迹，它们在时间关系上也有三种可能性。②

绝对共时：不同的遗迹同时形成和同时废弃。对"同时"这一时间尺度的界定，是根据研究需要来确定的，既可以是同一天或同一年，也可以是同一文化期。时间尺度的大小是研究绝对共时关系的关键因素之一。

相对共时：遗迹之间在一个相对宽泛的时间内具有并存关系。在一个活动地面上的遗迹，它们不一定是同时形成的，也不必是同时废弃的，但它们在一定的时间内曾经同时存在过。相对共时是我们在考古发掘和研究中遇到最多的一种情况，一般在发掘现场就需要对这种关系做出判断。相对共时对于聚落形态研究中的平面布局和演变、遗迹的功能匹配等问题具有重要意义。

属于不同时期：尽管是在同一活动地面上的遗迹，但由于年代互不衔接而分属于不同的文化或文化期别，不属于同时并存的聚落遗存。如在早期人已经停止活动的地面上，后来人继续开展各种活动，形成新的遗迹等。

同一活动地面上的遗迹是否具有共时关系，首先需要分析其层位关系。其次，还需要考察遗迹之间的布局、技术和工艺水平以及对所包含的文化遗物进行类型学分析等。

3. 年代分析的几个问题

人类活动的不确定性导致了文化堆积的复杂多变，所以，通过考古地层学进行年代分析时，会遇到各种各样的情况。择其要者，有以下几个方面。

（1）文化层的厚度和形成时间长短

考古实践证明，文化层的厚度和形成时间长短之间没有必然的联系。有时一个文化层较厚，但它代表的形成时间却很短；反之，很长的一段或几段发展时间，

---

① 栾丰实：《关于聚落考古学研究中的共时性问题》，《考古》2002 年第 5 期。
② 栾丰实、方辉、靳桂云：《考古学理论·方法·技术》，文物出版社 2002 年版，第 25—26 页。

体现在文化层厚度上可能很薄或者是很薄的几层。因此，按文化层的厚度来估定其年代长短的做法是不可取的。

　　文化层的形成原因归纳起来主要有两种情况：一种是文化层的堆积是日积月累逐渐形成的，另外自然界缓慢的风成和水成堆积与人类活动或废弃物掺杂在一起，也会形成文化层；另一种是因为某些特殊原因在短时间内一次性形成新文化层，如一些突发事件将原有聚落完全毁坏后就会形成新的范围较大的文化层，而一些较大规模的搬运铺垫活动也会短期内形成新的文化层。但是在常规情况下，人们的活动从空间和时间上看都是有限的。以进入新石器时代之后的农业聚落为例，房屋坏了之后推倒重建，整平地面等行为多以一个家庭或几个家庭为单位来进行，整个聚落的所有房屋都推倒重盖的情况较为少见。所以，聚落内的文化层多以间断性、交替叠压的形式出现，在整个聚落或者更大的范围内出现统一的文化层的概率非常小。如果出现聚落形态和结构发生根本改变的情况，多与自然和非自然的突发性事件等密切相关，如地震、泥石流、战争和政权更替等。

　　由此看来，文化层的形成是比较复杂的，短期一次形成和较长时期逐渐形成的现象都是存在的。至于属于哪一种情形，还需要对其土质、土色、结构和包含物等情况做详细分析，也可以结合土壤微形态等分析方法来确定。一般说来，一次性形成的文化层堆积，不管其厚度如何，其代表的时间一般是较短的。新的文化堆积形成之后，人们在其表面活动，一定时间内往往会保持相对稳定的状态，或在局部形成小范围的堆积，或不断有各种遗迹打破堆积本身，这种现象会持续到下一层文化堆积的形成。因此，考察一个遗址考古遗存的发展序列，主要任务是利用层位关系对各堆积单位进行连接，究明其相对年代关系。

　　（2）遗迹本身有形成、使用和废弃三个年代

　　人类活动形成的遗迹，理论上都有形成、使用和废弃三个年代。不同种类和功能的遗迹，这三个年代延续的时间长短会有很大差别。

　　遗迹的形成年代指的是从建造到开始使用为止。一般情况下，普通的生活类遗迹的形成时间较短，如形制简单的窖穴、墓葬在几个小时内就能完成，而复杂的宫殿、陵墓等则需要很长时间才能建好。

　　遗迹的使用年代指的是从开始使用到废弃不用为止。不同性质遗迹的使用年代也不同。与定居生活相关的常见遗迹，如房屋、水井和陶窑等，一般使用时间都较长，特别是房屋建筑和围墙类遗存，在使用期间往往伴有修葺、改造和扩建等活动。而一些简单的窖穴和露天烧烤遗迹等，使用时间一般较短，有的甚至是一次性的。对遗迹使用年代的分析，是考察遗迹功能、性质的重要内容，考古发掘过程中需要对遗迹的使用时间进行重点关注，这对考古分期和古代社会关系研究都有重要意义。

遗迹的废弃年代指的是从废弃不用到遗迹被填满为止,这个过程可长可短。如果废弃年代很短,那么废弃堆积的年代和使用年代就较为接近。如果时间很长,如战争、瘟疫等原因造成遗迹的废弃,经过一定时间后才又有人在此活动,并逐渐把它们填满,这样废弃堆积本身就代表了一定发展阶段,与废弃时间相隔较远,距离使用时间更远。

一般说来,在考古发掘中清理出来的遗迹,大都是该遗迹废弃以后的形态。因此从理论上讲,废弃堆积在年代上是晚于遗迹的建成和使用年代的,这之间的年代差是大是小,与遗迹的性质、功能密切相关。一些大型遗迹,如宫殿、层层铺垫的道路、水井、供长期堆放垃圾用的大坑、壕沟等,它们或者使用时间长,或者废弃时间长,少则几十年,多则几百年。对这类遗迹的建造、使用和废弃年代的考察,需要分期、分段进行较为细致的研究。不仅需要在发掘过程中就对堆积特征、堆积成因和层位关系做出明确判断,还要根据对出土物的类型学研究和自然科学方法测年等方法来确定各阶段的绝对年代。但就常见的遗迹而言,如普通房屋、灰坑等,其建成、使用和废弃年代较为接近,通过出土物的类型学研究等方法很难将它们之间的年代差精确识别出来。于是,人们往往把遗迹废弃堆积内包含物的年代看作遗迹的年代。另外,墓葬是一类比较特殊的遗迹,如普通的墓葬,其建造和下葬间隔的时间很短,并在当时已经填满,因此不存在废弃年代。所以,其中随葬品的年代基本代表了墓葬的年代,但是需要注意的是,墓葬填土内有时也会有遗物,它们是翻动了比墓葬早的堆积填入墓葬中的,因此它们的年代一般早于墓葬的年代,这是一条很重要的地层学原理。正是根据这一原理,夏鼐利用 1944 年甘肃宁定县(今甘肃广河)阳洼湾齐家文化墓葬的发掘资料,订正了安特生关于甘青地区原始文化编年的错误。[①]

(3)层位关系和年代序列

田野考古中的地层关系,也称为层位关系,指的是堆积单位之间的关系。堆积单位并不仅仅是文化层本身,它还包括文化层以外的各种遗迹,如房屋、墓葬、灰坑、窖穴、陶窑、水井等。另外,有的遗迹内部又可以划分为建造、使用和废弃堆积等,可进一步细分为不同的小文化层。因此,考察一个遗址中的层位关系,除了文化层和遗迹之外,遗迹内的更小堆积单位也是重要的研究对象。

利用层位关系可以确定文化层之间、文化层与遗迹之间、遗迹之间、遗迹内部各堆积层之间的相对年代关系。以图 3-5 为例,其中存在着 M37→(打破)M48,H290→H215→H234,H198→H234,H234→F37 等多组层位关系,对这些层位关系的递进考察,可为研究整个遗址或区域文化的年代序列和发展谱系等问题奠定基础。

---

① 夏鼐:《齐家期墓葬的新发现及其年代的改订》,《中国考古学报》第三册,1948 年。

　　我们也可以看出，考古地层学直接确定的是堆积形成的先后关系，而遗迹包含的遗物只能说明它们被埋藏的先后关系，遗物的制造和使用年代在这里得不到直接反映；层位关系相同的堆积单位，地层学不能判定它们之间的早晚关系，如图3-5中的F37和H261都被H290打破，且两者都打破6C层，但是因为两者在平面上没有直接接触，所以我们无法从地层学上确定它们的相对年代关系。另外，地层学也不能确定堆积单位之间有多大的时间间隔，在层位上连续的地层，时代上不一定是连续的。因此，探讨文化的分期和年代问题，必须结合出土器物的类型学分析。

第二节　考古类型学

　　考古类型学又称为标型学、器物形态学，它是考古学的基本方法之一。世界上的一切事物总处在不断发展变化中，考古遗存的形态也在不断地发展和变化，考古类型学就是通过分门别类地对遗迹和遗物的形态进行排比，找出它们之间的纵向演变和横向联系，以探求其逻辑发展序列和相互关系的方法。

一、考古类型学的基本内容

　　虽然地层学的方法可以断定文化层、遗迹和存在于其中的遗物的相对年代关系，但是它无法回答这些文化层、遗迹和遗物相互之间的年代差距，更不能在多个遗址之间进行大范围的相对年代关系考察。而类型学方法可以帮助回答考古遗存的具体年代关系和更广时空范围内文化遗存之间的关系等问题，也可以帮助建立起没有文字记载时期文化的时空框架和发展谱系，即使在文字产生之后的历史时期，类型学也在分期断代研究中占有重要地位。

　　（一）考古类型学的产生和发展

　　考古类型学是对古代实物资料进行分类、归纳和分析的方法，最初是受到生物分类学的启发而产生。类型学的集大成者是瑞典考古学家蒙特柳斯，他一生着力于北欧、意大利、希腊等地的青铜时代文化研究，因为这段历史没有文字记载，因此年代学的研究成为首要任务。蒙特柳斯参照考古发掘的地层关系，对北欧和南欧地区的青铜器、陶器进行了系统的分析排比，如重点研究了铜斧、铜剑和扣针等器物的形态演化和器物组合，找出其发展变化的规律，判明了它们的年代关系。用类型学方法把北欧新石器时代划分为四期，青铜时代划分为五期，建立了其年代序列。1903年他从方法论的高度，专门讨论了类型学的原理和运用实例。[1]

---

① ［瑞典］蒙德留斯（蒙特柳斯）：《先史考古学方法论》，滕固译，商务印书馆1937年版。

中国的类型学研究出现于 20 世纪 20—30 年代，安特生、李济和梁思永运用类型学方法，分别分析了仰韶文化和甘青地区史前文化、西阴村、城子崖和殷墟的出土器物，[①] 虽然在方法上还不成熟，标准也不统一，但是开中国类型学研究之先河。

20 世纪 40 年代，以吴金鼎、李济、裴文中和苏秉琦的研究为代表，类型学方法有了很大的发展。苏秉琦在整理宝鸡斗鸡台墓葬和出土遗物时，把斗鸡台出土的 40 件陶鬲分为袋足类、折足类和矮脚类三大类，然后在每一类内依据鬲在形态、附饰和制作等方面的特征进行分组，亦即分期（图 3-6）。[②] 类表示形态演化的轨道，组为早晚关系，这种研究范式对后期研究产生了深远的影响，现在中国一般对类型学方法的认识即建立在这种分析的基础之上。[③]

20 世纪 80 年代以后，围绕着建立各区域考古学文化的编年，类型学方法得到了系统而深入的讨论，[④] 对建立和完善中国古代文化的年代序列和发展谱系起到重要的促进作用。进入 21 世纪之后，随着聚落考古学方法的引入和发展，类型学分析也面临着不断改进和变革的问题。因为当今中国考古资料极其丰富，分类和分期是开展其他研究的基础，所以类型学仍是考古学研究的主要方法之一。

（二）考古类型学的基本原理

考古类型学是通过分类进而研究遗存形态的变化过程。在对考古遗存的整理、分析和研究中，分类和类型学是两个既有区别又相互联系的概念。[⑤] 遗迹或遗物形态上的发展变化，既与本身发展所具有的传递性和渐变过程有关，也与周围环境变化的影响有关。使用类型学方法进行分类和发展过程研究时，要在以下基本原理的指导下进行。

1. 考古类型学的研究对象必须属于同一类别

---

① 梁思永：《山西西阴村史前遗址的新石器时代的陶器》，《梁思永考古论文集》，科学出版社 1959 年版，第 1—49 页；傅斯年、李济等：《城子崖——山东历城县龙山镇之黑陶文化遗址》，中央研究院历史语言研究所 1934 年版；李济：《记小屯出土之青铜器》，《中国考古学报》第三册，1948 年。

② 苏秉琦：《斗鸡台沟东区墓葬》，北平，1948 年。

③ 陈星灿：《中国史前考古学史研究（1895—1949）》，生活·读书·新知三联书店 1997 年版，第 325—326 页。

④ 苏秉琦、殷玮璋：《地层学和器物形态学》，《文物》1982 年第 4 期；张忠培：《地层学与类型学的若干问题》，《文物》1983 年第 5 期；严文明：《考古资料整理中的标型学研究》，《考古与文物》1985 年第 4 期；俞伟超：《关于"考古类型学"的问题》，《考古学是什么——俞伟超考古学理论文选》，中国社会科学出版社 1996 年版，第 54—107 页。

⑤ 林沄：《考古学——发现我们的过去·中译本序》，[美] 罗伯特·沙雷尔、温迪·阿什莫尔：《考古学：发现我们的过去》（第三版），余西云等译，上海人民出版社 2009 年版，第 2 页；[美] 威廉·亚当斯：《考古学分类的理论与实践》，陈淳译，《南方文物》2012 年第 4 期。

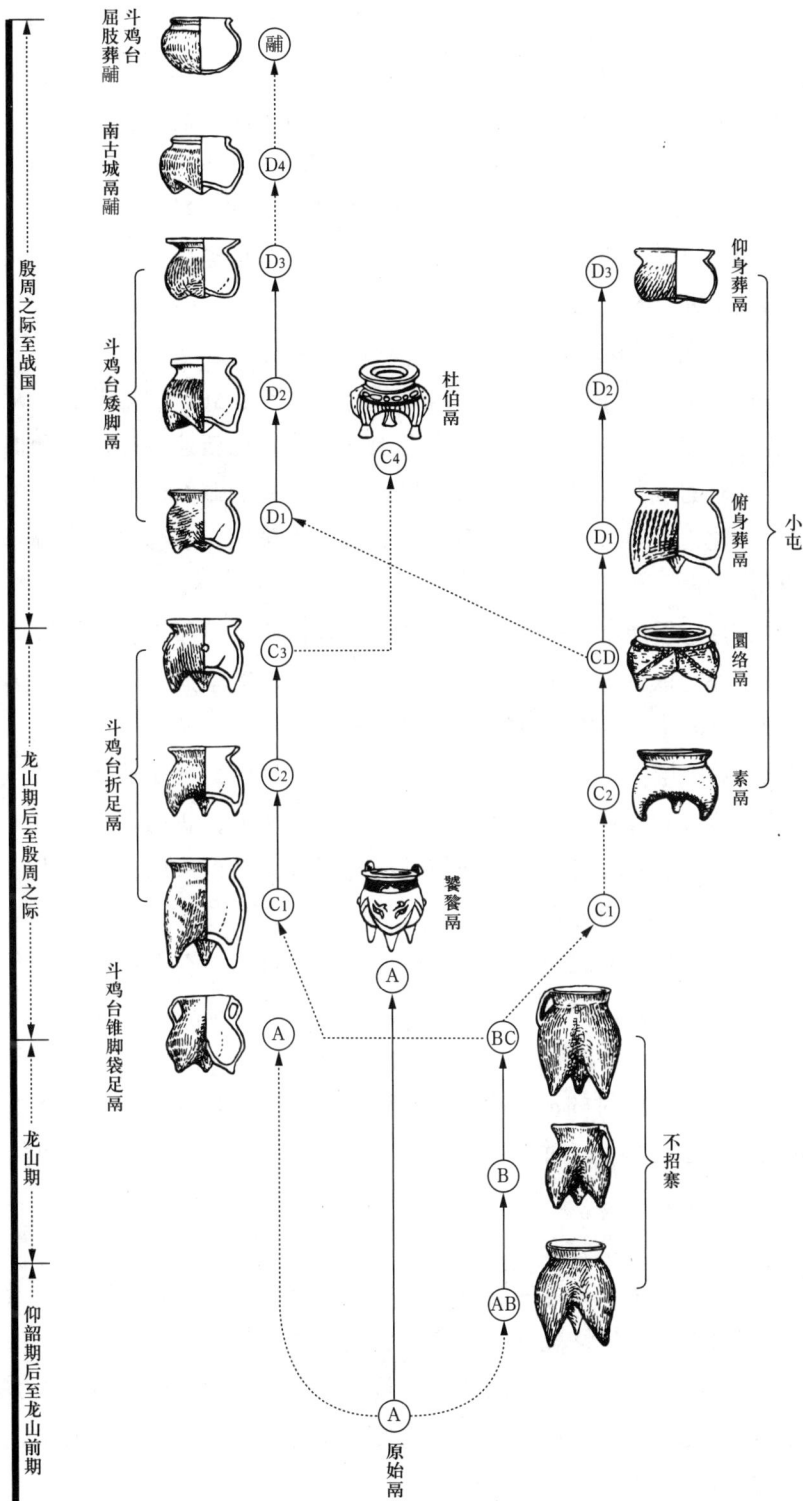

图 3-6　苏秉琦关于陶鬲的类型学研究

"同一类别"指的是在质地、用途、外在形态上的相同或相似，一般情况下，属于同一类别才具备分类排比和讨论形态演化的基础，如同类的房屋建筑，同类生活器皿等。有时也有一些特殊情况，如不同质地的同一器类，如陶鼎和铜鼎、石钺与玉钺，或不同器类中相同的组成部分，如鬲和斝的袋足、鼎和罐的口沿，还有不同器形的纹饰和彩绘等，都可以进行类型学上的比较分析。当然，研究对象的范围大小，是受一定时空条件限制的，类型学要根据研究的需要，来确立可操作、合理的研究对象范围。

2. 同一类别遗存的形态发展具有一定的逻辑序列

人类创造的文化遗存，都是社会因素和自然因素相互作用的产物，社会发展的各种变化总会或多或少地引起遗存形态上的变化，如新遗存的产生和旧遗存的消失、遗存形态的阶段性变化等。因为受到诸多因素的制约，所以遗存的形态不能随意自由变化，而通过考古学类型学方法的分类排比，能够揭示出其形态发展变化的逻辑序列。

既然遗存形态发展本身存在一定的逻辑序列，那么类型学分析就具有相对的独立性，在不完全依靠层位关系等的情况下，也可以考察遗存形态的发展过程和序列等问题。比较常见的方法有桥联法和横联法。

桥联法。如果层位关系确定了某类遗存发展序列中的两个或更多节点，可以将一些过渡环节排列在这两点之间或之前、之后。例如，我们根据层位关系确定了矮柄豆较早，高柄豆较晚，那么即使是没有层位关系也可以依逻辑发展关系把中等高度柄的豆排列在两者之间。

横联法。对发现于不同遗址或同一遗址不同位置的遗存，可以用横联法确定它们的共时关系。例如，F6 地面上有Ⅰ式鬲、Ⅱ式鼎、Ⅲ式甗、Ⅲ式杯，F8 地面上有Ⅰ式鬲、Ⅲ式甗、Ⅰ式盆、Ⅱ式盘。由于两者共出了Ⅰ式鬲和Ⅲ式甗，可以据此认为两者是基本同时的，从而两个单位中的另外器形（Ⅱ式鼎、Ⅲ式杯、Ⅰ式盆、Ⅱ式盘）也具有了同时并存的关系。横联法可以通过对几种常见器形的横联，扩展到更多的器类，从而构建出同一时期较完整的器物组合。

3. 类型学分析应从层位关系入手，最终要经过层位关系的检验

考古遗存大都存在于一定的层位关系之中，根据层位关系可以判断遗存的先后关系和共时关系。常规情况下，具有先后关系的单位中的遗存，其年代可能有早有晚，具有共时关系的单位中的遗存，其年代可能是同时的。但是人类活动的复杂性决定了文化堆积的形成是千变万化的。在进行类型学分析的时候，需要对以下三个问题加以注意。

第一，每件遗物都有制作、使用和废弃三个年代。遗物的形态是在制作时期形成的，而我们考古发现的大部分遗物是作为废弃物而埋藏的，直接代表其废弃

年代。这个从制作到废弃的过程的时间长短，直接关系到这类遗物是否适合进行类型学分析。不同材质和功能的器物在作为类型学分析材料时，其可靠性是有差别的。如铜器和玉器的材质决定了其耐用性较强，再加上其功能多为礼器，属贵重物品，故它们的破损率和普通的器物相比会低很多，废弃年代和使用年代可能相隔较远；而大量的陶、瓷器等日常生活器皿，因为属于易损的低值物品，它们的废弃年代和制作年代往往较为接近，而其废弃年代是可以通过层位关系加以分析的，所以这些物品更适合于进行类型学分析。

第二，不同类别的堆积单位在类型学分析中是有差别的。科学发掘的遗物都归属于一定的堆积单位，同一单位内所有遗物之间的共时程度越高，进行类型学分析的可靠性就越大。

（1）突然废弃的作坊遗址。作坊内的遗物尚未进入使用阶段即被废弃，它们的共时性最强。另外，作坊附近同一堆积内丢弃的残次品、制作石器产生的碎片等，也具有很强的共时性。

（2）废弃的房屋和墓葬。房址的情况比较复杂，一些由于火灾、战争、地震等突发事件而倒塌的房屋建筑，房内往往会保留许多日常生活器具，其生产时间可能有差别，但它们之间存在着或长或短的共同使用期，共时性也是非常强的。如青海民和喇家遗址发现的 4 座齐家文化房址，由于洪水或地震的灾难性事件而导致一次性毁灭。其中 F3 的地面上除了一对母子遗骸外，还有 36 件日用器物，其中 24 件陶器，[1] 这样的出土器物共时性强，是进行类型学分析的理想材料（图 3-7）。

墓葬情况较为特殊，大多数的平民墓葬，从建造到完成的时间间隔较短，随葬品多是日常用品和新制作的器物，其共时性较强。但也有二次葬、多次葬等特殊情况，随葬品进入墓葬的时间间隔较长甚至可以划分为不同时期，这种器物组合的共时性就较差，不是进行类型学分析的理想组合。另外，一些墓葬中还会出现一些作为收藏或传世类的器物，如河南辉县战国墓中出现的仰韶文化彩陶罐，[2] 商代妇好墓中发现红山文化玉器等，[3] 这种现象虽然属于特例，但在研究中也需要加以注意。

（3）灰坑和窖藏。灰坑是考古发掘中数量最多的遗迹，其用途和性质有较大差别。灰坑中的遗物来源比较复杂，时间跨度有长有短，需要在研究中具体分析。窖藏是人们专为存储而设，埋藏的物品既可能是同时的，也可能属于不同时代，

---

[1] 中国社会科学院考古研究所甘青工作队、青海省文物考古研究所：《青海民和县喇家遗址 2000 年发掘简报》，《考古》2002 年第 12 期。

[2] 中国科学院考古研究所：《辉县发掘报告》，科学出版社 1956 年版，第 78 页。

[3] 中国社会科学院考古研究所：《殷墟妇好墓》，文物出版物 1980 年版，第 191 页。

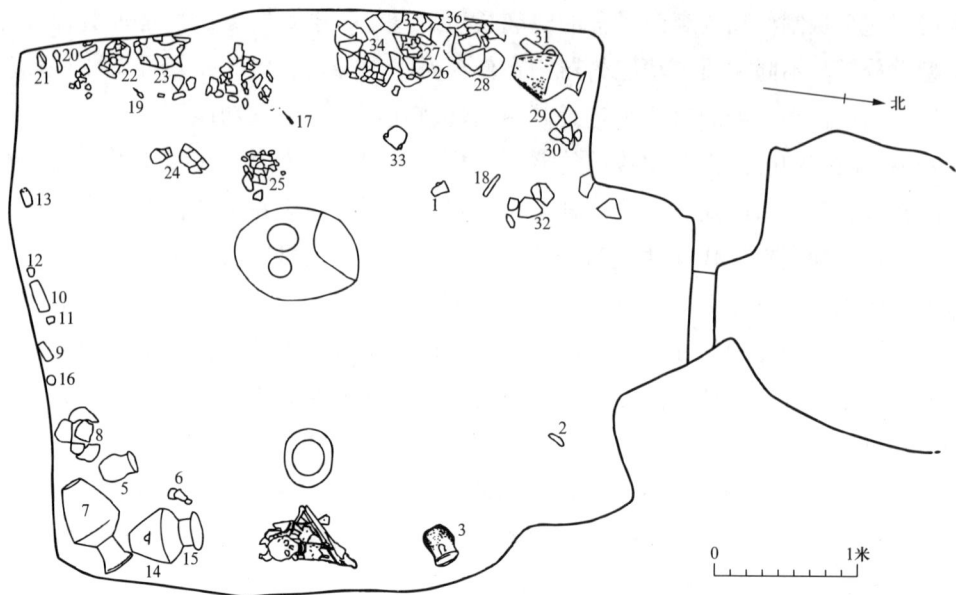

图 3-7 青海民和喇家遗址 F3 平面图

像广汉三星堆、扶风庄白村的铜器窖藏和许多宋代钱币窖藏就属于后者。

（4）文化层堆积。因为文化层堆积有的是逐渐堆积起来的，有的是短期内形成的，而且会有破坏早期文化层而形成新的文化层的现象。因此，文化层堆积内出土遗物的共时性相对较差，不是进行类型学分析的理想单位。

第三，类型学分析应从层位关系入手，并需多处层位关系的验证。发掘过程中确立的层位关系，即早晚或共时关系，是类型学分析的前提。如上所述，层位关系中各堆积单位的来源和性质比较复杂，它们既可能是当时形成的堆积，也可能是破坏了之前的堆积而形成，而且遗迹和遗物又都有制作、使用和废弃三个年代。很多情况下，遗物是在损坏之后才被埋入文化堆积之中的，而它的形态是在制作阶段形成的。因为遗物使用的时间有长有短，同时生产的物品，废弃后可能会被埋入不同的堆积中。于是，一些早期遗物有时会出现在较晚的堆积单位之内。所以，仅仅依靠一组层位来确定不同单位内遗物的先后或共时关系，可靠性往往较低。如果有多组层位关系加以重复性证明，它们之间年代关系的可靠性就会大大提高。

二、类型学和考古分期

采用类型学方法，对典型考古遗存进行分析，总结其变化规律，找出它们之间发展变化的逻辑序列，再延伸到器物组合和器物群的整体，从中归纳出阶段性的变化，根据这些阶段性变化的速率和等级，就可以进行遗址和文化的分期。分期是考古学研究的重要内容，在具有可靠分期和年代的基础上，才有可能对文化的发展过程、内外交流、社会关系等问题展开进一步的讨论和研究。

（一）器物和器物组合的分期

器物和器物组合的分期是进行遗迹分期、遗址分期和考古学文化分期的基础。遗物的分期需要按照一定的工作步骤来进行。

1. 确定出土遗物的共存关系

某一文化层或遗迹单位中包含的各种遗物具有共存关系。如前所述，不同类别的堆积单位在类型学分析中是有差别的，所以具有共存关系的遗物，有可能是同时的，也可能不同时甚至属于相隔久远的不同时代。对于单个出土物品，因为得不到和其他物品共存关系的证明，如果要判断它和其他遗物的年代关系，得出的结论往往是不严密的。而如果是一群物品，它们可以在多条发展序列中相互印证，那么年代分析的可靠程度就会大大提高。因此，明确出土遗物的共存关系和器物组合是进行类型学研究的重要条件。

蒙特柳斯特别强调类型学研究中的共存关系，他认为各种物品的共存次数应该重复出现 30 次以上，其共存关系才由可能性转变为必然性。俞伟超结合中国考古学研究的实践经验，提出"真正共存和偶然出在一起的比例，大致不会超过 10∶1。所以，如果没有见到相反的例子，重复出现四五次以上，其共存关系的确定性已经是相当大的了。"①

2. 地层单位的分组和排序

所谓地层单位，是指考古发掘中划分的文化层或确定的各种遗迹，后者也称为遗迹单位。一个遗址内包含有很多地层单位，在确定各单位的器物组合共存关系的基础上，尽量从多组共存关系中分析哪些器物经常配套共存出现，即哪些器物形成了稳定的组合关系。之后按照组合关系的异同程度，把可供比较的地层单位划分为若干组，组与组之间既有差别，也会有一定的联系。

在分组的基础上，先参考遗址中有直接叠压或打破关系的单位，把所划分的组按早晚关系一组一组进行排序。如果出现矛盾的现象，需要对层位关系进行校核和分析，找出矛盾产生的原因并不断修正排序。之后，再把没有直接的叠压、打破关系的地层单位组，按逻辑发展序列安插到各自相应的位置。至此，一个遗址的庞大地层单位群，就会按照组别排列成一个系列。对于一些没有或者很少出土物的地层单位，有的可以依据层位关系将其归并到一些相应的组别之中，如 H1 打破 H2，H2 又打破 H3，H1 和 H3 从器物组合上看同属于一组，这样即使 H2 内

① 俞伟超：《关于"考古类型学"的问题》，《考古学是什么——俞伟超考古学理论文选》，中国社会科学出版社 1996 年版，第 74 页。

没有遗物出土，也可以将三者划为一组。有时也根据聚落布局和不同功能遗迹的排列来进行分组。此外，有些地层单位因为供分组排序的证据很少，也可以不把其纳入排序当中。

3. 选择典型器物或装饰纹样

在遗址发掘出土的数量和器类众多的器物及残片中，不同的类别在类型学分析中的作用和地位是有区别的。所以，我们需要选择一些重要的代表性器形或装饰纹样等进行分析排比，这类器形多称为典型器物或纹样，如龙山文化的陶鼎、陶鬶和仰韶文化庙底沟期的花瓣纹、回旋勾连纹彩陶纹样等（图3-8）。典型器形具有以下特点：出土数量多和出现频率高；易损器类，以陶器和瓷器最为多见；变化速率快；变化幅度大，多是形态结构比较复杂的器物，如陶器中鼎、甗、鬶、鬲，铜器中的鼎、簋、爵等。

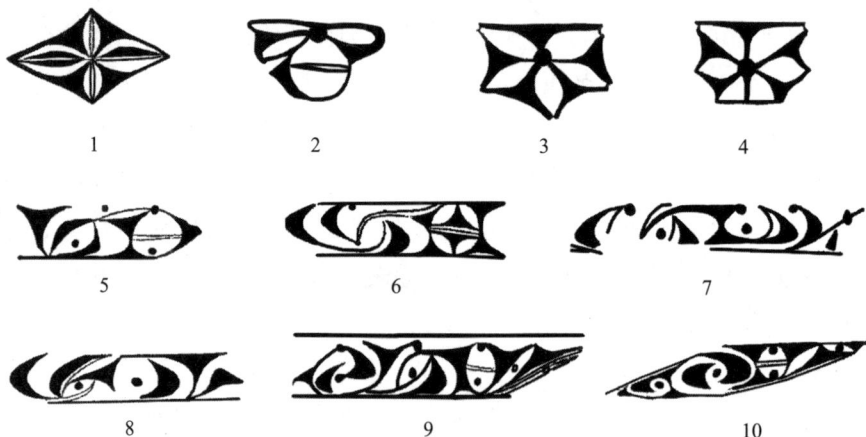

图3-8　庙底沟遗址仰韶文化花瓣纹和回旋勾连纹演变图

1-4. 花瓣纹　　5-10. 回旋钩连纹

4. 典型器物的型式划分

选好典型器物之后，接下来就是进行排比工作。首先，从一种器物的观察入手，包括两方面内容，一是平行发展的并列关系，二是传承发展的先后关系。并列关系指一种器物内部的不同类别，各有自己的发展演化轨道，称为不同的型，多用A、B、C、D等大写字母表示。有时型内还可以划分为不同的亚型，多采用a、b、c、d等小写字母附在大写字母之后的形式表示，如Aa型、Ab型、Ac型等。

确定了每型器物的演化轨道之后，其内部实际上是由不同的链条构成的，而链条前后顺序的排定取决于层位关系。可以根据变化幅度的不同，把链条上的不同环节定为若干式，式与式之间具有传承关系。一个完整的发展链条，就是某一型器物的发展谱系。一般用罗马数字或阿拉伯数字表示式，如Ⅰ式、Ⅱ式或1式、2式等。如海岱龙山文化的典型器物陶鬶，可以分为款足鬶和袋足鬶两种型，在袋足鬶的演化轨道中，按照时间先后又可以划分为不同的式（图 3-9）。①

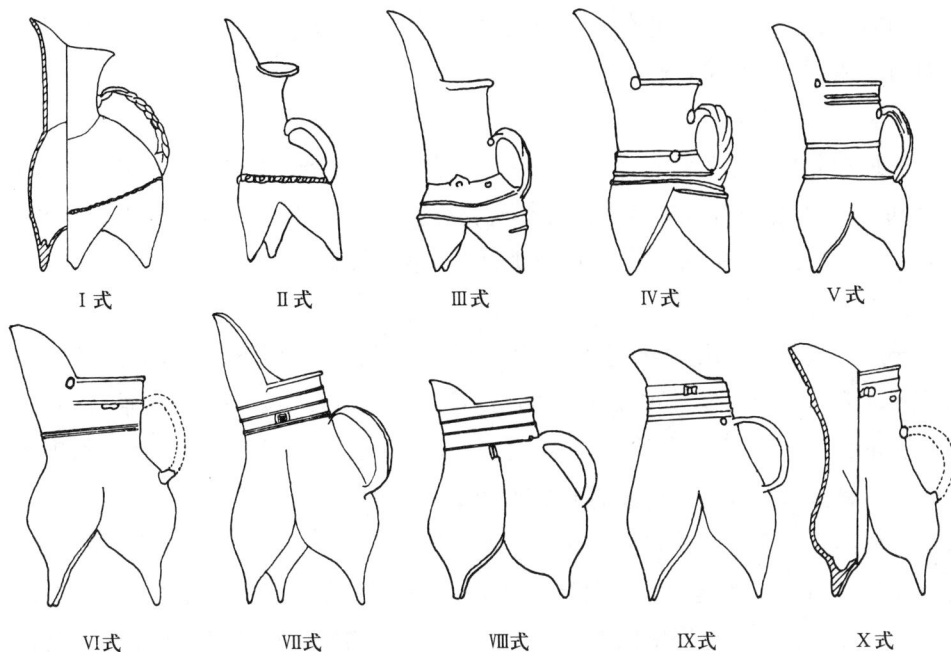

I 式　　II 式　　III 式　　IV 式　　V 式

VI 式　　VII 式　　VIII 式　　IX 式　　X 式

图 3-9　海岱龙山文化袋足鬶演变示意图

其次，对典型器物中的其他器类分别做出型式的划分，结合之前地层单位的分组与排序等情况，对不同器物形态演化过程中的一些矛盾进行调整，完成对器物组合的类型学分析。对一些特殊的器类和器形，因为资料缺乏或器物演化规律不清楚等原因，很难把它们纳入演化关系清楚的型、式之中，可以将它们置于同类器物的各型之后，也可以将它们另立一类加以说明。

5. 期、段的划分

器物的形态变化一般表现为渐变的过程，但也有突变的节点，而渐变过程本身也会显示出一个又一个小的变化节点。在对典型器物型式划分的基础上，综合考察多种器物形态的发展变化。如果多种器物在同一时间段内都发生了阶段性的变化，那么这就是一个新时期到来的提示。划分期别的时间单位是长是短，决定于遗存的实际发展过程和研究目的。在实际研究中，一般把年代跨度较小的时间段称为"段"，进而把若干段合并为一期，将若干期综合为一个大期或发展阶段。

对一种典型器物或装饰纹样和器物组合的分析，是类型学研究的基础性工作。特别是针对一种典型器物开展宏观和微观的类型学研究，不仅可以梳理清楚这种器物或花纹的发展谱系，对认识考古学文化内部的发展变化轨迹、不同文化之间

---

① 栾丰实：《海岱龙山文化的分期和类型》，《海岱地区考古研究》，山东大学出版社 1997 年版，第 241—244 页。

的文化交流和影响等也有重要意义。苏秉琦对瓦鬲、高广仁和邵望平对陶鬶、严文明对陶支脚、林沄对青铜短剑、安志敏对石刀等的研究，都是对某一种典型器物进行深入分析和研究的代表。

（二）居址和墓葬的分期

居址和墓葬是最为常见的遗迹现象，也是分期研究的主要对象。它们分期的原理和方法大致是相同的，都要以出土器物的类型学研究作为基础。另外，由于它们的堆积成因和过程不同，故在分期的步骤和具体做法上有一定差别。

1. 居址的分期

与墓葬或墓地相比，居住遗迹更容易遭受破坏，故保留下来的形状多不完整。除了窖穴和个别因突发灾难毁坏的居住遗迹之外，绝大多数情况下，居址内填满了废弃堆积，器物组合关系往往很不完备。而且居址的堆积单位往往数量庞大，叠压、打破关系十分复杂，分期工作难度较大。

首先是选择典型遗迹单位。这些典型遗迹单位需要具备以下一些特征：一是包含有较丰富的出土遗物；二是出土遗物的共时性强，以突然废弃的作坊遗址、废弃的房屋和灰坑等遗迹单位为佳；三是层位关系明确。对这些单位要按照建造、使用和废弃三个阶段进行分析，充分考虑到晚期的遗迹单位中会包含有早期遗物、废弃堆积和使用堆积的差别等，尽量把不属于该遗迹单位形成时的物品予以剔除或搁置，以免影响器物排队和分期的正确性。

其次是对典型遗迹单位的出土器物进行排队。对某一居址的发掘资料进行类型学分析时，假如选择了 H1 打破 H2，H2 又打破 H3 这样一组层位关系，而它们的出土物都比较丰富，应先把最早的 H3 出土的器物排成一横排，暂定它们是 A1、B1、C1，它们分别代表一类器物，其内部也很可能还有型的区别。接着把 H2 的出土遗物按照同样顺序进行排列，其中可能包含三类器物：一类是与 H3 完全一样的；第二类是与 A1、B1、C1 同型而略有变化的器形，应分别放在该型的纵列位置上暂定为 A2、B2、C2；第三类是新出现的器形，暂定为 D1。最后再分析 H1，方法与分析 H2 时相同，也可以分为三大类，新出现的器形暂定为 E1（表 3-2）。[①]

表 3-2　不同遗迹单位出土典型器物的演变关系

单位	典型器物				
H3	A1	B1	C1		
H2	A2	B2	C2	D1	
H1		B3	C3	D2	E1

① 严文明：《考古资料整理中的标型学研究》，《走向 21 世纪的考古学》，三秦出版社 1997 年版，第 74 页。

在分析过程中，还要充分考虑到器物变化的复杂性。因为器物变化速度和幅度的不平衡性，所以需要格外重视器物的共存关系，注意器物组合和器物群的整体变化。另外，居址中的器物多是无意识抛弃的，具体到某一遗迹单位内可能会包含几类器物，如上述的三个灰坑，D1 可能是和 A2、B2、C2 同时，也可能和 A1、B1、C1 同时而混入 H2 中；D2、E1 可能是和 H1 同时，也可能和 H2 乃至 H3 同时而混入 H1。要确定它们的准确时代，需要对比每一个单位的出土物，并充分运用居址中多组地层关系进行检验和补充，以排除偶然因素的干扰。

最后是进行居址的分期。这一工作的程序为，对选定的遗迹单位进行分组并按层位关系排序。对所有遗迹单位进行分析比较，尽可能将其归入或插入这一序列之中，使之成为一个完整的发展序列。依据各组之间的变化幅度进行期、段的划分，并归纳和概括每一期、段的基本特征，完成对居址的分期工作。

2. 墓葬的分期

因为墓葬多埋于地下，一般情况下保存相对较好，并且随葬品多是当时使用或新制作的器物，共存关系的同时性较强。因此墓葬的分期相对简单一些。墓葬的分期主要针对有随葬器物的墓葬而言，对于没有随葬品的墓葬，只能根据层位关系和平面布局等，对其进行分期推测，有的甚至无法分期。

对墓葬随葬器物进行分期，主要有两种方法。

地层关系分组法：首先，从具有叠压、打破关系的墓葬入手，在相互比较的基础上对墓葬进行分组，按层位关系排出各组的先后顺序。其次，把没有层位关系的墓葬逐座与这个序列中的各组墓葬进行比较，根据相近和相差的程度，或把它们归到序列中的某一组之中，或者插到序列中的相关位置，单列为一组，从而将全部可以比较的墓葬排成一个完整的序列。最后，根据随葬器物形态和器物组合的变化幅度通盘考虑分期问题。如有的一组就是一段甚至一期，而有的则是若干组合并为一段或一期，从而把这一序列中的各组墓葬划分为若干的段和期。

典型器物法：从典型器物入手进行分析，首先，选择一些数量多、形制特征明显、变化速率快的典型器物。其次，分析比较其中一种器物，按其形制特征的差异总结出演化的轨道，再依据层位关系等确定这一演化轨道的先后顺序。这种演化轨道既可以是一条，也可以是多条，每条为一型，型与型之间往往会有所交错。在此基础上进行分型定式。之后依次对其他典型器物——进行分析排比并注意相互间的横向联系，确定和划分型式。再次，依照层位关系和器物的共存关系等对排出的器物发展序列进行检验核对，如果器物群的变化序列与层位关系发生矛盾，有可能是型式划分有误，或是层位关系有问题，找到矛盾的原因并予以纠正。因为器物形态变化的参差不齐，或者存在后代使用了个别前代的物品随葬等现象，所以就会出现墓葬器物的共存关系与在序列中位置不完全吻合的现象。如在一座墓葬中出现同型两式器物等，这些现象多是可以解释的。如果出现颠倒现象，则需要对一些型式划分有误之处予以调整或纠正。最后，按照器物组合和器物群的整体变化情况，适当地进行段、期的划分。随葬器物的期别也就决定了每座墓葬的期别。

（三）类型和考古学文化的分期

一个墓地或居址只是一个类型或考古学文化的组成部分，在墓地和居址分期的基础上，可以进行类型和考古学文化的综合分期。

应该注意的是，单个遗址的分期与类型或考古学文化的分期之间既是相通的，也存在一定差别。遗址的分期是类型或考古学文化分期的基础，而类型或考古学文化的分期又是对同一文化不同遗址分期结论的归纳和概括。因此，类型或考古学文化的分期在年代跨度上要大于单个遗址，前者的分期线条相对粗一些，年代尺度也大一些，而单个遗址的分期线条则要细一些，年代尺度也小一些。

对于类型的分期研究，通常是从单个典型遗址入手，将若干个典型遗址的分期成果用类型学方法比较后串联起来，并加以归纳和概括，就得出了一个类型的分期。在区域类型分期的基础上，进一步提升和综合，就可以做出考古学文化的分期，如栾丰实对大汶口文化的分期研究，就采用了这样一种研究思路和程序（表3-3、表3-4，图3-10）。① 在这里，对典型器物的分析比较，要抓住共同特征，归纳出具有普遍意义的特征性变化。目前，对于缺少文字记载的新石器时代，在中国主要的文化区系内，通过考古类型学的分析方法，大致建立起了较为完善的文化分期和年代序列。

表3-3   鲁中南地区大汶口文化典型遗址分段对照表

综合分段	王因	野店	大汶口墓地	西夏侯
第 1 段	1	1		
第 2 段	2	2		
第 3 段	3	3		
第 4 段	4	4		
第 5 段		5	1	
第 6 段		6	2	1
第 7 段			3	2
第 8 段		7	4	3
第 9 段		8	5	4
第 10 段		9	6	5
第 11 段		10		6

① 栾丰实：《海岱地区考古研究》，山东大学出版社 1997 年版，第 69—102 页。

表 3-4　大汶口文化各区域类型分期对应关系表

总分期			鲁中南	苏北	鲁东南	潍河区	鲁中北	鲁西北	胶东区	鲁豫皖
阶段	期	段								
早期阶段	一	1	1	1	1				早期	
		2	2	2	2					
	二	3	3	3	3					
		4	4	4	4					
中期阶段	三	5	5	5	5	1			中期	
		6	6	6	6	2	1			
	四	7	7	7	7	3	2	1		1
晚期阶段	五	8	8	8	8	1	4	3	2	
		9	9	9		2	5		晚期	2
	六	10	10	10		3		6		3
		11	11	11	9	4				4

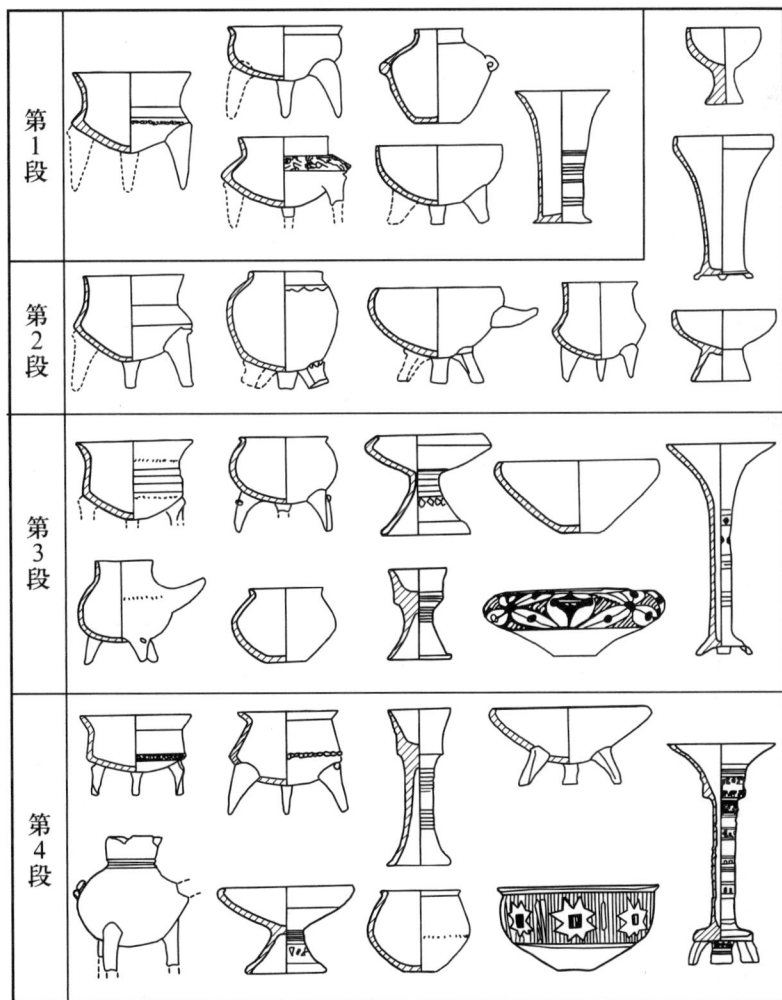

图 3-10　鲁中南、苏北地区大汶口早期阶段陶器分期图

三、文化因素分析方法

文化因素分析方法在中国的应用可以追溯到 20 世纪二三十年代，如安特生对仰韶文化彩陶的分析，梁思永关于仰韶文化和龙山文化的关系及交界地区文化性质的探讨，五六十年代学界对黄河流域龙山文化的不同类型、仰韶文化半坡类型、庙底沟类型的分析等，也都或多或少地采用了文化因素分析的方法。80 年代初，李伯谦运用文化因素分析方法探讨了江西吴城文化的文化性质及其相互关系。① 之后，随着对文化因素分析方法的归纳和讨论，这种方法在考古学文化的相关研究中逐渐普及开来。

文化因素分析主要是采用分组的方法来全面分析一个文化类型的文化因素构成，区分出自身因素和外来因素，进而对这种现象做出解释。它是考古学文化研究中经常使用的一种方法，在确定考古遗存的文化性质和研究区域间文化联系方面发挥了独特作用。对于文化因素分析方法的性质，学术界存在不同看法：或认为"文化因素分析方法和地层学、标型学方法一样，是考古学基本方法之一"②；或认为"这种方法本是考古类型学的一部分内容，并已体现在许多已有的考古类型学分析的实践之中"③。

（一）文化因素分析方法的基本内容

人类社会的发展，表现在人类的创造能力不断增强、活动范围越来越大、文化交往日益频繁等多个方面。具体到考古遗存上，就是在不同规模的文化共同体中，文化因素的构成会有多种不同的来源，既有对历史传统的继承和自身发展过程中的创新，也有对不同地区不同文化的吸收和借鉴。考古学文化内部文化因素的构成往往不是单一的，而是多种文化因素的复杂组合体。因此，一支考古学文化中包含有数种不同的文化因素是一种普遍现象，文化因素分析方法由此产生并被运用于考古研究之中。

首先，分析对象应是一个相对独立的单位。这一单位可以是一个遗迹、一个遗址，也可以是一个文化类型、一个文化期或者一支考古学文化。分析要从一个单位内部文化内涵的构成分析开始，据其来源、性质和内容的差别而加以区分，以求得出正确的认识。文化因素的内涵庞杂，既可以是一些具体的遗迹和遗物，也可以是建造遗迹和制作遗物的技术，同时，也涉及一些精神文化领域的内容。

其次，分析单位文化因素的构成。从来源和性质方面考虑主要有两大类。

---

① 李伯谦：《试论吴城文化》，文物编辑委员会：《文物集刊》（3），文物出版社 1981 年版。
② 李伯谦：《论文化因素分析方法》，《中国青铜文化结构体系研究》，科学出版社 1998 年版，第 297 页。
③ 俞伟超：《楚文化的研究和文化因素的分析》，《考古学是什么——俞伟超考古学理论文选》，中国社会科学出版社 1996 年版，第 120 页。

一类是自身文化因素，又可以分为两小类：一是对历史文化传统的继承，即来自同一谱系的先行文化。如多年来学术界对先商、先周文化的探索，对各考古学文化发展谱系的研究等，都是基于这一类因素的分析研究而展开的。二是在文化的发展变化过程中创造出来的文化因素。这类文化因素在分析对象中通常占据着相当重要的地位。

另一类是外来文化因素，也可以分为两小类。一是从分布区域以外直接传播来的因素，它们保持着原有的文化风貌。至于外来因素的来源和途径，则比较复杂。或是商品交换，或是人员迁徙，或是通婚联姻，或是和平馈赠，或是学习引进，或是战争掠夺等，需要具体问题具体分析。二是受到域外文化的影响而间接产生的因素，这类文化因素多半与原貌存在或多或少的差别，但还在一定程度上保留着原文化的风格。

再次，文化因素分析要在定性分析的基础上，尽可能地采用定量分析方法。因为所分析单位的文化内涵构成的复杂性，所以有必要对来源不同和性质有别的各种文化因素进行数量的统计和比较，进而确定各种文化因素在分析单位中的地位和作用，为进一步的研究奠定基础。

最后，文化因素分析应与文化分期结合起来。在进行文化因素分析时，应该从文化发展的动态上加以把握，与考古遗存的分期结合起来。构成考古遗存的文化因素也有一个产生、发展和消失的过程，只有引入时间的观念，在分期的基础上开展这一工作，才能对构成文化的各种不同要素做出正确的分析，从而对文化发展进程中以各种文化因素为代表的不同文化间的交流和影响的消长做出基本估计。

（二）文化因素分析的条件

一个分析单位中的各种文化因素，是通过纵、横和交叉比较加以确认的。而运用文化因素分析法开展研究，需要具备一定的条件。

首先，拟分析单位的资料应相对较为丰富，并且对这些资料及其所属文化、类型的文化内涵和特征，以及它们的前身文化（先行文化）的文化内涵和特征要有一个较为全面、系统的认识。在一个遗址或一个区域的考古资料的拥有量尚不足以反映其基本文化面貌和特征的情况下，是谈不上开展系统的文化因素分析的，也就很难保证这种分析能够得出正确结论。在基础资料基本具备的前提下，则应该对其进行系统而全面的了解，包括基本的文化内涵和特征、分期和年代、各类资料的数量和分布是否平衡等。此外，还要对其前身文化有较为系统的认识，这样，才能在分析比较中确认哪些属于传统文化的成分和因素。

其次，对周围地区同时期文化应有较为深入的了解和认识。在一个分析单位中，自身因素和外来因素的认定，是通过与有可能和自身发生关系的文化之间的反复比较而得出来的。因此，在进行这种比较过程中，除了要对自身的文化内涵有清楚的认识外，还应该对周围地区同期文化的文化因素构成有一个基本的了解。只有如此，才能够从复杂的文化因素构成中确认哪些是外来文化因素以及它们具体的来源区域和文化类型。

再次，对周围地区同期文化的前身文化以及周围地区同期文化的外围地区文化有一定的了解和认识。文化的传播和影响往往是十分复杂的，在采用文化因素分析方法探讨文化联系和传播时，既有直接相邻区域之间的传播和影响，也有区域不相邻或不同期文化之间的传播和影响。例如，在中原龙山文化中出现的陶鬶，既有可能是从海岱龙山文化中直接传播而来，也有可能是大汶口文化时期传播到中原龙山文化的前身文化，又被其作为一种自身传统文化因素而继承下来。

因此，在进行文化因素分析时，必须开展全方位的分析、比较和研究，才能得出合乎实际的结论。学术界对一些文化交汇地带（如辽东半岛地区的龙山期遗存、豫东皖北地区的龙山文化遗存等）和遗址（如江苏新沂花厅等）的文化性质的判定，就出现了多种不同意见。因此，如何运用文化因素分析方法是需要注意的问题。

（三）文化因素分析的作用和意义

1. 确定考古遗存的文化性质

考古遗存文化性质的归属，是由在考古遗存中占主导地位的文化因素决定的。在一个相对独立的考古单位中，往往包含有多种来源和性质不同的文化因素。通过分析各种不同文化因素及其所占比重，可以确定它们的文化性质。分析中，既要在定性分析的基础上引入量的统计，也要看各种文化因素在考古学文化中的作用和地位，还要从动态的角度把握各种文化因素的发展变化趋势。

2. 梳理考古学文化的源流

探索一支考古学文化的来源和去向问题，必须从其文化因素的构成方面进行认真的分析研究。随着人口的增长和社会关系的变化，人员或人群迁徙活动日益频繁，而不同的部族对异地、异族文化的接受方式和程度是多样的，探讨考古学文化的源流必须借助于文化因素的多元分析，如周和先周、商和先商、夏和先夏文化及其王朝更替后的遗民文化遗存的探索等。

3. 划分地方类型和探讨文化的中心区问题

由于文化本身和自然环境等多方面因素的影响，一支考古学文化内部往往还可以划分为不同的地方类型，而类型之下又可以区分为若干个文化小区。在这里，划分的依据主要是考古学文化内部客观存在的区域性特征。而对这些区域性特征的认识，也是通过文化因素分析的途径实现的。同时，一支考古学文化是否存在中心区，是一个中心区还是有几个中心区，以及对中心区的认识，也需要通过文化因素分析才能确定。

4. 探讨不同文化之间的文化交流、传播、融合和人口迁徙

考古学文化中外来文化因素的种类、数量及其变化趋向，是从考古学上探讨不同文化之间的文化联系的基本途径。特别是在没有文献记载的史前时期和文献甚少的夏商时期，文化间的联系主要是通过文化因素分析来加以认定。至于文化联系的方式和性质，则是一个极为复杂的问题，需要认真仔细地进行文化因素分析并加以区别。如不同的考古学文化之间是对等的文化交流，还是不对等的文化传播；文化传播的方式是急进式还是渐进式；不同文化的融合有时会伴随着人口的迁徙，这种人口迁徙和文化融合采用的是和平方式还是战争手段，等等。

5. 探讨考古学文化在各大区系中的地位和作用

在中华古代文化多元一体的发展过程中，各大区系文化都处于既相对独立又相互交流的社会背景下，各区系考古学文化所处的地位和所起的作用也是不同的。如庙底沟期仰韶文化、大汶口文化、良渚文化、屈家岭文化等，都曾在一定时期内大举向外传播和扩张，对这些问题的认识，也离不开文化因素分析方法。

第三节　考古学文化

在世界考古学成熟时期提出的考古学文化的概念，对推动考古学研究的发展产生过不可估量的重要作用。特别是对没有或较少可靠文献记载的新石器时代和青铜时代早期，考古学文化在某种意义上是人们认识成组物质文化遗存与特定人群及社会之间关系的桥梁。最近三十多年以来，一些欧美学者提出摒弃考古学文化的概念，采用新的研究方法和路径，如把"风格"（Style）的概念引入考古学研究之中。[1] 但从中国考古学的现状和未来发展情况看，在今后相当长一段时间内，考古学文化仍然是研究古代文化遗存和人类社会的一个重要概念和理论方法。

一、考古学文化及其命名

（一）考古学文化的提出

近代考古学产生之初的 19 世纪，人们对古代遗存的研究是以分期和建立相对时间顺序为最重要的任务和目标。这样研究的结果，就是将考古遗存划分为不同

---

[1]　焦天龙：《西方考古学文化概念的演变》，《南方文物》2008 年第 3 期。

尺度的表示时间先后的"期"。无论是汤姆森著名的"三期说",还是后来在各期之内不断加以细化的分期,如莫尔蒂耶把欧洲的旧石器时代划分为"五期"(后步日耶又增补为六期),考古类型学的集大成者蒙特柳斯对欧洲史前时代、青铜时代和铁器时代的分期研究,都是以表示时间的"期"来代表发展阶段,这可能与19世纪后半期进化论思想的出现和普及有关。

20世纪初,随着新的考古发现不断增多和研究工作的深入,人们逐渐认识到,具有不同特征和组合的考古遗存,原来以为是在时间上前后衔接的不同时期的文化,而实际上是共存的,所以仅仅使用纵向的期和阶段概念已经无法解释复杂的考古遗存。在这一背景之下,具有文化类型含义的阶段观念开始被用于考古学研究。于是,学术界开始用民族学、人类学中的文化圈或考古学文化的概念来阐释史前史。最早对考古学文化概念进行论述的是德国考古学家古斯塔夫·科西纳。1925年,著名考古学家戈登·柴尔德在《欧洲文明的曙光》中,开始采用考古学文化的概念来研究欧洲史前文化。1929年出版的《史前的多瑙河》中,柴尔德对考古学文化的定义进行了明确的界定,从而迅速推广和普及了考古学文化的概念。

英国考古史学家丹尼尔认为,阶段的概念是地质学方法在史前史研究中的运用,而文化的概念则体现了人类学的方法,两者仅仅是一种概念工具。同时,考古学上的文化是有特定含义的,与社会科学领域里的文化概念不同。并且,考古学文化与历史的族群不是一个对等的概念。[①] 因此,有的学者不同意对考古遗存特征的组合使用易于混淆的"文化"这一名词。

与表示时代的"期"相比,考古学文化是一个具有时间、空间和考古遗存群体特征的三位一体的基本单位,当时认为其与族的社会单位联系在了一起,这样就赋予了其社会历史的含义。因此,考古学文化的提出和迅速普及,是考古学研究进入一个新阶段的标志。

(二)什么是考古学文化

1929年,柴尔德首先对考古学文化的定义进行了界定。他认为,"一定型式的遗物、遗迹——陶器、工具、装饰品、埋葬礼仪、家屋形制等——经常共存。这种稳定共存着的诸文化因素复合体可称为文化集团或简称为文化。"对这种在考古学上称为文化的集合体,他推测是民族的人们共同体的物质表现形式。[②] 柴尔德列举的遗迹和遗物的五个门类,包括了常见考古遗存的基本内容,如果它们经常共存出现,构成一种稳定的共同体,这一共同体就可以称为考古学文化。此后,柴

---

① [英]格林·丹尼尔:《考古学一百五十年》,黄其煦译,文物出版社2009年版,第309—326页。

② V. Gordon Childe, *The Danube in Prehistory*, Oxford:Clarendon Press, 1929.

尔德一直在思考和完善对考古学文化的认识。[①]

用文化的概念来对待新发现的考古遗存，可以说是与近代考古学一起传入中国的。如安特生发掘了仰韶村之后，很快就将其称为"仰韶文化"。但在相当长的时间内，国内考古学界对考古学文化缺乏界定的标准，因而相继出现了"细石器文化""彩陶文化""黑陶文化"等内涵和外延均不确定的名称。1949 年之后，随着配合经济建设的大规模田野考古工作的开展，新的考古发现迅速增多，由于受传统观念的束缚和对考古学文化的概念缺乏正确理解，出现了不同考古学文化相互混淆甚至越划越乱的现象。在这种情势下，夏鼐在接受柴尔德和苏联学者基本观点的基础上，对考古学文化及其定名问题进行了较为系统的论述。他指出，文化在考古学上有其特定含义，"是某一社会（尤其是原始社会）的文化在物质方面遗留下来可供我们观察到的一群东西的总称。"这种考古学遗存的共同体是由具有共同传统的社会遗留下来的。具体说，就是"我们在考古工作中，发现某几种特定类型的陶器和某类型的石斧和石刀以及某类型的骨器和装饰品，经常地在某一类型的墓葬（或某一类型的住宅遗址）中共同出土。这样一群的特定类型的东西合在一起，我们叫它为一种'文化'"[②]。夏鼐关于考古学文化的意见被考古学界所普遍接受，并长时期支配了中国的考古学文化研究。此后数十年间，在中国各地发现和命名了代表不同时期的数十支新的考古学文化，考古学文化的划分和命名逐渐进入一个比较稳定的成熟时期。

目前，学术界对考古学文化概念的认识比较统一，即"指考古发现中可供人们观察到的属于同一时代、分布于共同地区、并且具有共同的特征的一群遗存"[③]。当然，这一定义的内容较为笼统，需要进一步展开分析和讨论。

在明确了考古学文化的概念和定义之后，在实践中如何识别和区分考古学文化，仍然不能说是一个已经解决了的问题。在上述定义中，所谓的同一时代和共同地区都是相对的，究竟多长的时限为同一时代，共同地区的空间范围又有多大，这是需要对"具有共同的特征的一群遗存"研究之后才能够确定的。因此，在考古学文化定义的三项要素中，起决定性作用的还是"具有共同的特征的一群遗存"这一项。于是，夏鼐提出确定一个考古学文化要考虑多方面的文化因素，如陶器等生活用具、石骨器等生产工具、装饰品、墓葬和住宅等。严文明将这五个方面表述得更为全面和详细，即"一是聚落形态，包括聚落内的房屋、窖穴、水井、作坊等各种遗迹的形态；二是墓葬形制，包括墓地结构及单个墓葬的结构、墓坑、

---

① 焦天龙：《柴尔德的考古学文化观浅析》，《东南文化》1991 年第 6 期。
② 夏鼐：《关于考古学上文化的定名问题》，《考古》1959 年第 4 期。
③ 安志敏：《考古学文化》，中国大百科全书总编辑委员会《考古学》编辑委员会、中国大百科全书出版社编辑部编：《中国大百科全书·考古学》，中国大百科出版社 1986 年版，第 253 页。

葬具、葬式等方面；三是生产工具和武器；四是生活用具；五是装饰品、艺术品和宗教用品等。"他认为分析和综合以上五个方面的特征，就可以作为识别和界定一支考古学文化的依据。同时，他还把适用考古学文化的大年代范围确定在新石器时代至早期铁器时代之间（图3-11—图3-14）。①

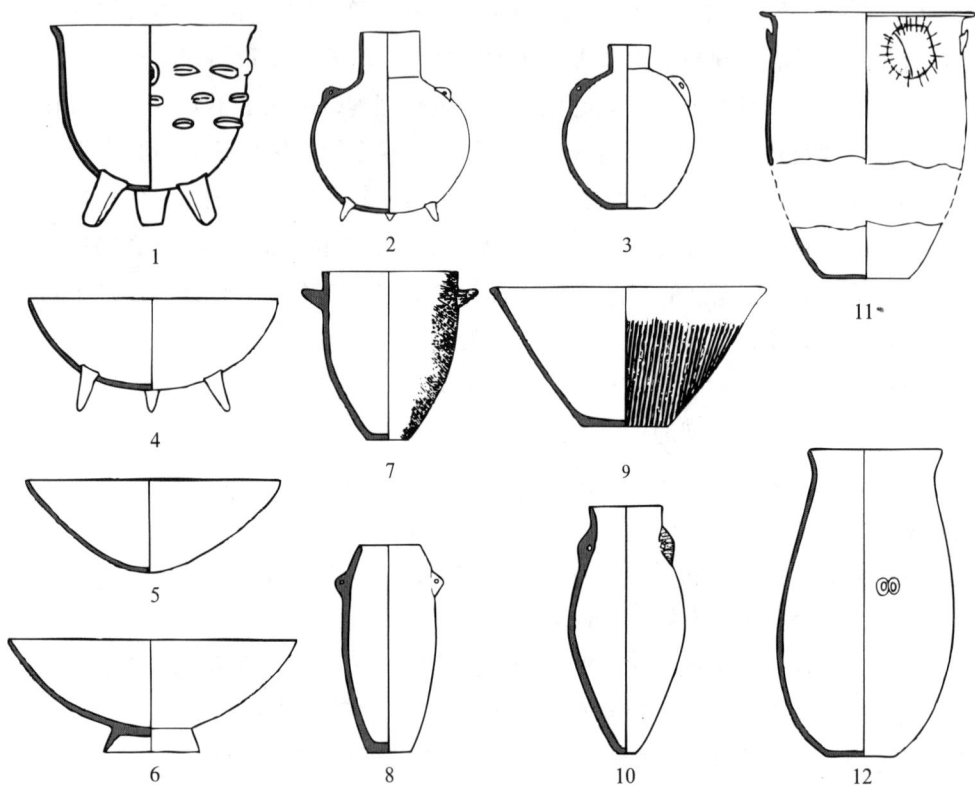

图 3-11 裴李岗文化陶器组合图

在以往的考古学研究中，考古学者多半是按照以上所述内容来认识和确定考古学文化的。但在实际的考古发现和研究中，由于工作开展得不平衡等方面的原因，在认识和命名一支新的考古学文化时，更多的是从最能反映文化面貌和文化特征的陶器等生活用具、石骨铜器等生产工具等方面考虑。不用说中国考古学初创时期命名的仰韶文化和龙山文化，就是后来发现和确立的一些考古学文化，也很少有等到前述五个方面的资料都积累到一定程度时才命名。如已被学术界所广泛接受的岳石文化，虽然从正式命名到现在已有30多年了，但迄今为止还没有发现可靠的墓葬资料，聚落资料也不多，而对其分布区域、延续时间与基本文化内涵和特征的认识，主要是依靠陶器群、石骨器工具组合等遗物资料归纳和总结出

---

① 严文明：《关于考古学文化的理论》，《走向21世纪的考古学》，三秦出版社1997年版，第78—93页。

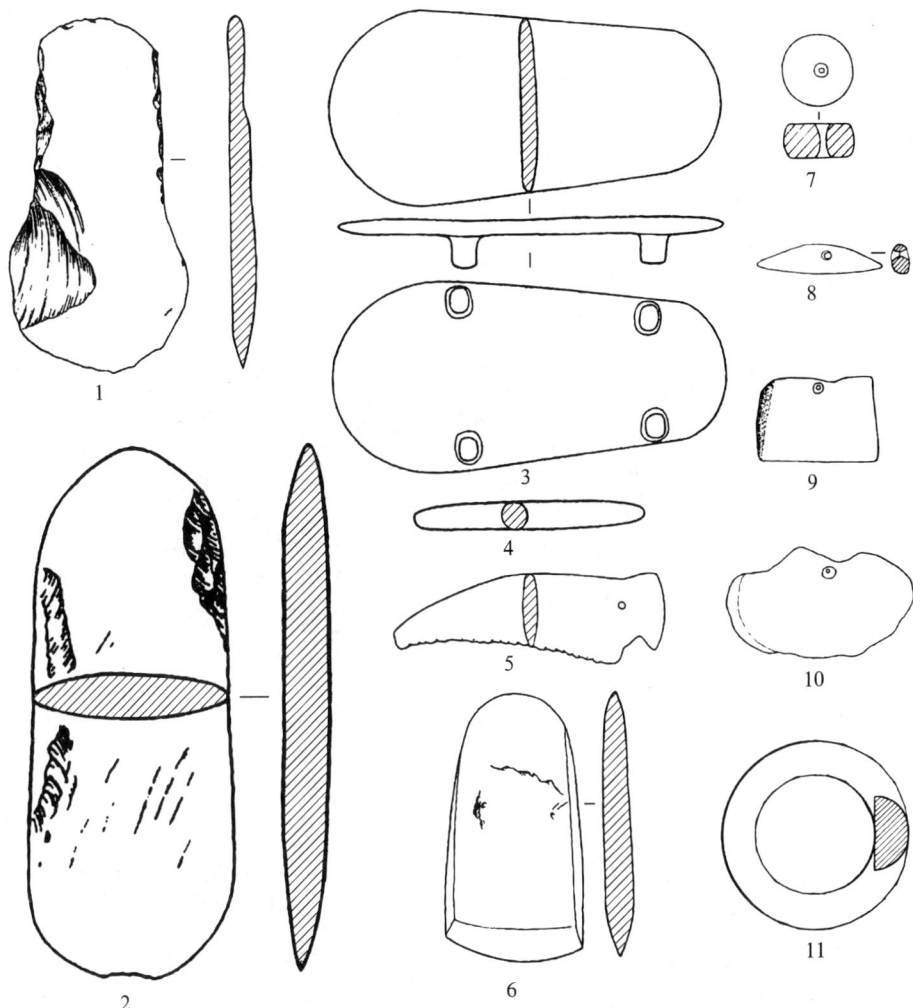

图 3-12　裴李岗文化石器组合和装饰品图

来的。这样建构起来的考古学文化往往存在标准不统一的问题。正如有的学者所指出的那样：黄河和长江流域的新石器文化，划分的主要标准是器物组合或器物群，而同样以筒形罐为主的东北地区，却划分出了若干支不同的考古学文化。这种现象在中国考古学文化的划分中并不少见。①

　　考古学文化的形成是在多种因素作用下的结果，如地理和生态环境、人（族）群变迁、文化传统、经济发展模式、生产力发展水平、人文社会环境等。这里，人群和文化是其中起决定性作用的因素。所以，不仅不同的环境条件下会有不同的考古学文化，即使相同的环境条件也会产生不同的考古学文化。

---

① 赵辉：《关于考古学文化和对考古学文化的研究》，《考古》1993 年第 7 期。

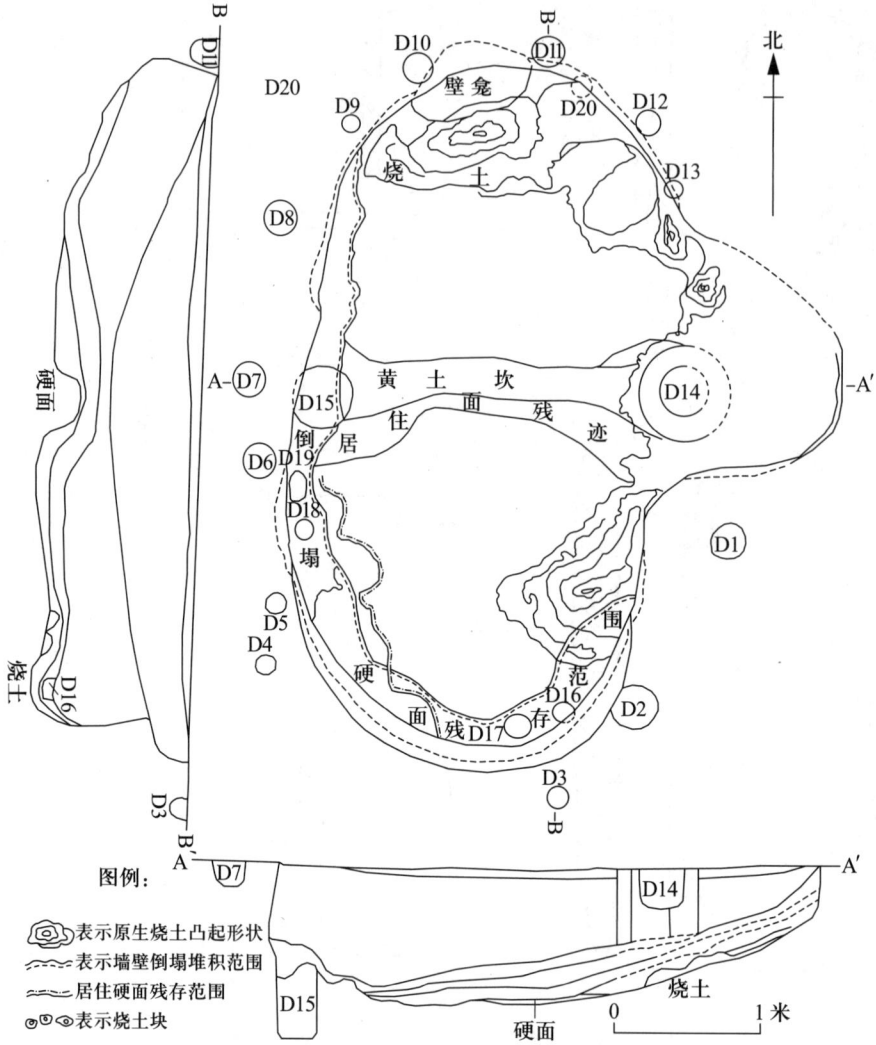

图 3-13 舞阳贾湖裴李岗文化 F5 平、剖面图

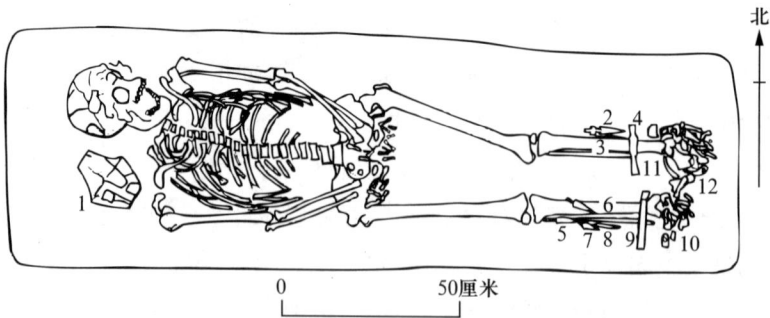

图 3-14 舞阳贾湖裴李岗文化 M127 平面图

1. 陶壶 2、3、6—8. 骨镞 4、9. 骨板 5. 骨镖 10. 牙饰 11、12. 牙削

（三）考古学文化的命名

在明确了考古学文化的基本内容之后，那么，在什么情况下或者说具备了怎样的条件就可以命名一支新的考古学文化呢？1959 年，针对当时中国考古学界命名考古学文化缺乏统一标准的情况，夏鼐提出了三个方面的条件：必须具有区别于他种文化的一系列特征，伴出一系列有特征的器物，而这些具有一定特征的器物不止一次共存出现；具有同样特征的遗址不止一处；人们对这一有共同特征文化的内容有了相当充分的了解之后。具备了这三个条件，一般就可以命名一支新的考古学文化。从中国考古学发展的历程来看，20 世纪 80 年代以前，对考古学文化的命名相对较为滞后，所以就出现了把文化性质不同的遗存归到同一支考古学文化的现象。如 20 世纪 50 年代以前的龙山文化，20 世纪 80 年代以前的青莲岗文化等，它们当中都包含了不同考古学文化的遗存。20 世纪 80 年代以后，考古学界又出现了一种急于或抢先命名新的考古学文化的倾向。如仅仅发现了少数几个遗址，或者大家对某类遗存并不太了解就予以命名，甚至还有一支考古学文化出现两个或两个以上名称的怪现象，人为地造成了混乱。这两种情况都不利于考古学文化的研究。

在考古学文化的具体命名方法上，主要有以下三种不同的情况。

第一种是以首次发现某种考古学文化的典型遗址的小地名来命名。这是一种国际通行的命名方法，夏鼐主张，文化的命名"似乎可以采用最通行的办法，便是以第一次发现的典型遗迹（不论是一个墓地或居住遗址）的小地名为名"①。如中国的"仰韶文化""龙山文化""二里头文化"等，国外的"特里波列文化""哈拉帕文化""弥生文化"等。采用这种命名法，需要对其基本文化内涵和特征进行归纳和概括。第一次发现比较明确，而典型遗址则需要做些分析，大约包括以下内容：首先有一群能够代表该文化基本特征的遗迹和遗物；其次是遗址所处的地理位置最好在该文化的中心区域，而非边缘地区；再次是遗址延续的时间能够包括该文化的主要发展阶段；最后是经过一定规模的发掘，人们对其文化面貌和特征已有较为清楚的认识和概括。此外，人们对特定文化的文化内涵的了解、认识和总结都经历了一个过程。从以往的情况看，经常是某一文化被学界所认识是在该类遗存已经被发现了许多年之后，所以在命名这一类文化时，就出现了两种不同的方法：一是以后来发现的典型遗址来命名，如大汶口文化，其实属于同一文化的花厅遗址在 1952 年就被发现并进行过一定规模的发掘，二里头文化也是如此；二是尽管后来才被认识，但仍使用最初发现的遗址的小地名来命名，如红山文化、良渚文化、岳石文化等就是如此。

---

① 夏鼐：《关于考古学上文化的定名问题》，《考古》1959 年第 4 期。

此外，在以小地名命名的基础上还扩展出一种加前缀或后缀的命名方法。加前缀的如"中原龙山文化""海岱龙山文化""甘肃仰韶文化"等，为了避免混淆，许多这一类名称已改用当地典型遗址的小地名来命名，如"湖北龙山文化"改为"石家河文化"，"浙江龙山文化"改为"良渚文化"等；加后缀的往往是因为某一典型遗址有两个或两个以上考古学文化的遗存，为了表示区别，就在遗址的小地名之后缀上期别或层次，如"庙底沟二期文化""夏家店下层文化"等。实际上很少有一个遗址只有一个时期或文化的遗存，如仰韶村、城子崖、二里头等，都包含了两种或两种以上考古学文化遗存，只要加以说明，大家自然明白其所指。所以，20世纪80年代以后命名的考古学文化，基本上不再使用加前缀或后缀的方法。

第二种是以典型文化特征来命名。如在中国考古学史上曾出现过的"细石器文化""彩陶文化""黑陶文化""印纹陶文化"等。这种情况在国外也同样产生过，如欧洲的"手斧文化"、日本的"绳文（纹）文化""古坟文化"等。这种命名方法的局限性在于，某些典型特征往往并不为某一种考古学文化所独有。譬如"彩陶文化"，不仅仰韶文化存在彩陶，而且几乎所有的新石器时代文化都或多或少制作和使用过彩陶，有的文化（如马家窑文化等）的彩陶甚至比仰韶文化更多。因此以彩陶为特征来命名某一特定文化，容易造成误解，显然是不合适的。故目前学术界已不再采用这种命名文化的方法。其他也是一样，只不过有的为了尊重历史或为了避免造成新的混乱，虽然保留了过去的名称，但往往赋予了新的内涵。像日本的绳文（纹）文化，实际上是指日本的新石器时代文化，已不是一般意义上的考古学文化。

第三种是以时代、朝代或国家、古族的名称来命名。像旧石器时代文化、新石器时代文化、铜石并用文化、青铜时代文化一类，显然不是一般意义上的考古学文化，属于泛指，故不在考古学文化之列。进入历史时期以后，考古学文化的命名和界定均不甚严格，甚至存在一些混乱的现象。关于夏文化与目前发现的考古学文化的对应问题，学术界分歧尚大，故"夏文化"本身不是一个考古学文化的名称。商文化、周文化、汉文化及其以后也应该是如此，譬如说周文化，已远不是以上所论述的一个考古学文化的内涵所能包括的。

（四）考古学文化与族的共同体的关系

文化的概念引入考古学时，其核心是区域文化，在很多场合下把它与历史上存在过的人群共同体——"族"联系在一起。1929年柴尔德在界定了考古学文化的定义之后，认为考古遗存的复合体即考古学文化，"就是今天所谓的某个族的物质表现"。他特别强调了这样的族和种族之间的严格区别。此时，关于考古学文化与族的对应关系，并不是建立在严格论证的基础之上，带有很大的推测成分。所以，柴尔德对此一直持谨慎的态度。1953年，柴尔德对这一问题的认识有所改变，他认为考古学文化所对应的是一个社会单位。

苏联学者在接受柴尔德关于考古学文化概念的基础上，认为"考古学文化是在不同的族的共同体的形成过程中产生的，在不同地域内独特地存在着的不同族的共同体，促使了物质文化上的地方特征的出现"[1]。夏鼐在 1959 年的论述中赞同考古学文化与族的共同体之间的对应关系。这样，就把考古学文化和历史上存在的族的共同体联系到了一起。

国内最早把族属与考古遗存相对应的是卫聚贤，他曾提出过吴越文化和巴蜀文化。后来，对于历史时期的考古发现，性质比较明确的大都采用这样的命名方法，如早商文化、中商文化、晚商文化、齐文化、鲁文化、楚文化、秦文化等。而年代再早一些的考古学遗存，在与族的对应关系的认识上，学术界存在较大分歧。如二里头文化与夏文化、下七垣文化与先商文化等。这一类考古学文化暂时无法与历史上的某个族确凿对应时，一般还是采用考古学称谓，不能强行以族来命名，以免引起误解。至于有的学者把时代更早的考古学文化与传说时期的族相对应，如把一些考古学文化直接称为三苗文化、姜炎文化、少昊文化等，至少在目前都是不足取的。

上述关于历史时期族群或国家的考古遗存，人们往往直接以其族名或国名来命名，如齐文化、晋文化、楚文化、秦文化、吴越文化、巴蜀文化等，这其中还存在许多需要探讨的问题。例如，分布地域相邻、相互关系密切的小国或族群，在考古遗存上很难将他们分开，这就出现一个考古学文化之内可能包含有几个甚至更多国家的文化遗存的可能。设想西周时期山东省境内还有五六十个小的国家存在，而同时期该地区的考古遗存怎么可能划分出几十支考古学文化呢？而另外一些较大的共同体，如巴和蜀、吴和越等，无论是分布区域，还是文化渊源均不相同，文化面貌也有相当差异，如果把他们作为一个考古学文化来看待，显然不合适，[2] 但要在考古学上区分开来往往有一定难度。而一些更小的族或国的文化，如江淮之间的群舒诸国、豫南鄂北的许多商周古国，如果没有确切的出土文字资料，在考古学上更是难以区分。所以，一支考古学文化所对应的人群是十分复杂的。多数可能是一个宽泛的由若干族组成的群体，如海岱地区早期文化对应的"东夷族"，中原地区早期文化对应的"华夏族"。

二、考古学文化的层次结构

随着考古资料的积累和考古学研究的深入，人们逐渐认识到对考古学文化需

---

[1] 华平译：《考古学文化——苏联大百科全书选译》，《考古通讯》1956 年第 3 期。1970 年第三版中，这一提法有所改变。

[2] 安志敏：《关于考古学文化及其命名问题》，《考古》1999 年第 1 期。

要做不同层次的研究。一般说来,考古学文化是最基本的研究对象和层次,根据研究目的和分层次把握考古遗存的需要,在考古学文化之间和考古学文化内部可以做更高的综合和更细的分解研究。考古学文化之内可进一步划分为若干不同的类型,而类型之下还可以划分为不同的文化小区(或称为亚型、子型),随着研究的深入,小区之下还可以进一步细分,从理论和逻辑上讲,可以一直划分到聚落直至最低一级社会组织。同时,在考古学文化之间可以做相应的归并和综合,文化区就是比考古学文化高一个层次的研究单位。其实,文化区之上还可以进一步做不同层次的综合和归并。

(一)关于类型的问题

在考古学文化内部,一般还可以进一步划分为不同的类型。在以往的研究和划分中,类型概念的使用主要有两种基本情况。一是主要表示因时间早晚而造成的差别。这种意义的划分在中国考古学研究的较早阶段使用较多,如 20 世纪 50 年代划分的仰韶文化半坡类型、庙底沟类型,甘青地区的马家窑类型、半山类型、马厂类型,60 年代苏北地区的青莲岗类型、刘林类型和花厅类型,70 年代环太湖地区马家浜文化的马家浜类型和崧泽类型,等等。这种划分方法现在使用得越来越少,而以上提到的那些所谓的类型,一部分升级为考古学文化,一部分则改为一支考古学文化内的不同期别。二是反映地域性差异,即在考古学文化内部因分布的地域不同而形成的区域性特征,这种情况又多称为地方类型。如裴李岗文化的裴李岗类型、贾湖类型,海岱龙山文化的城子崖类型、姚官庄类型等(图 3-15),二里头文化的二里头类型、东下冯类型,等等。20 世纪 80 年代以来考古学文化内部的类型划分基本是以这种地方类型为主。至于那种先分期再分类型的方法,所划分的类型也是地方类型。

划分类型的依据与划分考古学文化大体相同,只是差别的程度有所降低。在考古学文化内划分地方类型主要依据以下几个方面:

1. 文化内涵上的地域性差异,即各个区域在文化上具有一定的自身特色;
2. 对历史文化传统的继承和发展;
3. 自然地理位置的相对独立性,各自成为小的地理单元;
4. 由于外来文化的影响所产生的新的文化因素;
5. 古史传说中古国或古国群的分布。[①]

前两条属于共同的文化传统的范畴;第 3 条为自然地理环境方面的因素;第 4 条则是人文环境,所谓外来文化,可以理解为来自不同地区的文化交流;第 5 条是

---

① 栾丰实:《海岱龙山文化的分期和类型》,《海岱地区考古研究》,山东大学出版社 1997 年版,第 268 页。

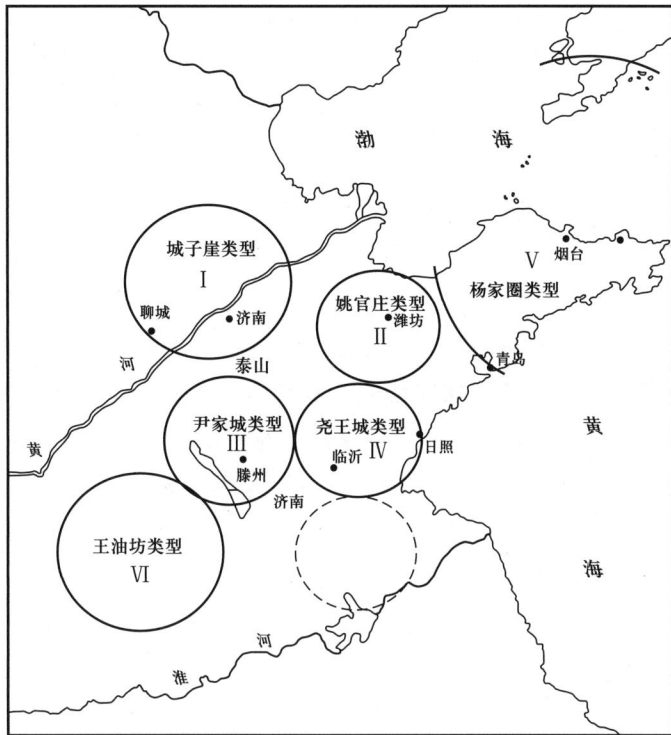

图 3-15　龙山文化的地方类型分布示意图

新石器时代较晚时期或进入三代时期才有条件参考的内容。至于一支考古学文化可以划分为几个类型，需要看具体情况并经过认真的研究后方可确定。

在划分类型的方法上，又有两种不同的做法。一是把一支考古学文化按上述因素（主要是自身的特征性内容）划分为若干不同的区域，每一个区域即为一个地方类型。二是先对考古学文化进行纵向分期，然后再按期划分横向的地方类型。严文明在考古学文化的研究中，基本上是按照这一思路来做地方类型的划分，如他将仰韶文化分为四期，然后每期又划分为三至六个地方类型。① 安志敏不赞同这种划分类型的方法，认为这样做是"把类型作为分期的从属，不仅同习惯的用法不合，也无法解决类型和分期之间的矛盾"②。

以上两种方法各有其适用的方面，至于使用哪一种方法，应根据研究对象来确定。如果考古学文化延续的时间很长，如仰韶文化，即使不包括庙底沟二期文化在内也经历了长达两千年左右，如果划分为纵贯始终的地方类型显然不恰当，

---

① 严文明：《关于考古学文化的理论》，《走向 21 世纪的考古学》，三秦出版社 1997 年版，第 91 页；严文明：《略论仰韶文化的起源和发展阶段》，《仰韶文化研究》，文物出版社 1989 年版，第 122—165 页。

② 安志敏：《关于考古学文化及其命名问题》，《考古》1999 年第 1 期。

所以先分大期，再按大期来划分类型是符合客观实际的。而一些延续时间较短的考古学文化，像龙山文化，前后只有五六百年，如果将其划分成若干期，每期又划分为数量不一的类型（如有人将龙山文化划分为 17 个类型①），就会过于烦琐，也看不出有什么必要。

如果说考古学文化的界定和研究是第一个层次，考古学文化内部的地方类型属于第二个层次，那么，每一个类型内部还可以做第三个层次的划分，或称之为小区或亚型、子型。划分依据如同类型，只是程度更低，着眼点也有所不同，除了文化面貌有一定特色之外，不同小区的遗址在空间分布上有无分界也是划分时要考虑的重要因素。到了新石器时代晚期和青铜时代，社会分化已经十分明显，一个小区大体相当于一个聚落群，而聚落内会有一个大型聚落、若干个较大型和中型聚落、大量小型或微型聚落。这些都是可以掌握的划分标准。

小区之内还可以做第四、第五甚至第六个层次的划分，这就和聚落形态研究有一定重合，只是两者的方向相反，一个是由高到低一步一步分解，一个是由低到高不断地连接和聚合。如果将两种分析、研究方法结合起来，就可以找到一条复原古代社会组织和社会历史面貌的途径。当然，要接近和实现复原古代社会历史的目标，绝非一日之功，这之中有大量细致而纷繁的工作，需要长时期坚持不懈的努力。

（二）关于文化区的问题

与考古学文化内部有多级层次一样，在考古学文化之上也存在不同的级别和层次。经过宏观的分析比较可以发现，有些考古学文化之间的关系较为密切，它们之间当有某种内在联系。至于这种联系的原因，目前只能做一些推测，如有共同的来源（或部分的共同祖先），地域相近所造成的文化交流和传播频繁，对相近生态环境的适应等。至于是哪一种情况或是几种情况兼而有之，需要经过细致的分析和研究后加以确定。

考古学文化之上是文化区或文化圈。一般说来，文化区的规模并不一致，而是有大有小，每一个文化区的范围也不是固定不变的。文化区在不同时期的数量也不相同，往往随着时代和文化的发展而有所变化。在文化区的变化过程中，有时可能是由几支考古学文化逐渐地融合为一支考古学文化，也有可能是一支考古学文化随着社会政治、经济、文化的发展和人口的增殖裂变为两支甚至几支考古学文化。如在马家浜文化阶段，太湖文化区的宁绍平原和环太湖地区分别分布着河姆渡文化和马家浜文化两支考古学文化，到了良渚文化时期，这两支文化经崧

---

① 李权生依据不同阶段陶器群的分布，把山东龙山文化（不包括鲁西南、豫东和皖北地区的龙山文化）划分为五期，每期分为 2—5 个类型，合计有 18 个之多，见李权生：《论山东龙山文化陶器的分期及地域性》，《考古学集刊》1995 年第 9 集。

泽文化阶段的融合逐渐走到了一起，从而使宁绍平原成为良渚文化的一个地方类型。中原文化区也是如此，在庙底沟阶段，中原地区仰韶文化的文化面貌达到空前的统一，而其前和其后，文化面貌则有相当大的差异，如裴李岗文化阶段，至少有两支或更多的考古学文化，而到龙山文化阶段也是如此，关中、晋南、伊洛河济等地区，应属于不同的考古学文化，而到二里头文化时期，各区又逐渐走向统一。

文化区和地方类型一样，都是基于考古学文化的研究，一个综合，一个分解，代表着研究的两个方向。中国的新石器时代和青铜时代初期，文化面貌比较清楚、前后发展较为连贯的文化区主要有五个，而有一定线索的在十个左右，实际上可能远不止此数。搞清楚文化区的分布和各自的文化面貌、内涵及其相互关系，是21世纪中国考古学的重要任务之一。

在文化区的划分和名称上，学术界也有不同的意见。例如，是把文化区和区内的小区系贯通下来，即先划分大的文化区，再在文化区内分区系，或是先分小区系，再把区系归并为文化区；还是先进行全面的纵向分期，然后按大的期别来划分文化区（或文化群）。这两种意见与前面所讲的考古学文化内部的划分一样，也是源自研究方法上的差别。

文化区之间的关系也有亲疏之别。如地处黄淮下游地区的海岱文化区与长江下游和钱塘江流域的环太湖文化区，共性的东西就相对较多，相互关系自然就密切一些。所以苏秉琦又把中国史前文化分为两大部分，即"面向海洋的东南部地区和面向亚洲大陆腹地的西北部地区"[①]。当然，中国的新石器时代文化不仅仅只有上述两大部分，而且在做更高层次的划分时也不应当局限在现今中国的版图之内。如东北亚地区就是一个突出的例证。在这里，以刻画之字纹的筒形罐为特征的一系列文化遗存，其分布就包括了中国东北、朝鲜半岛和东西伯利亚在内的广大地区（图3-16）。东南沿海及太平洋一些岛屿的情况也是如此。

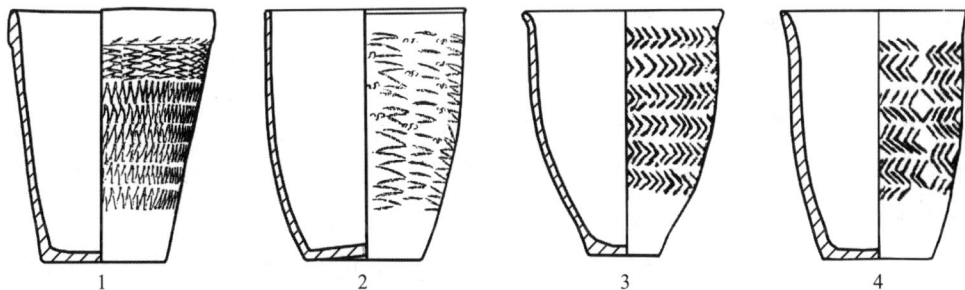

图 3-16　东北亚地区的筒形罐
1. 赤峰金龟山遗址　2. 赤峰富河沟门遗址　3. 朝鲜西浦项遗址　4. 俄罗斯扎伊桑诺夫卡遗址

---

① 苏秉琦：《略谈我国东南沿海地区的新石器时代考古——在长江下游新石器时代文化考古学术讨论会上的一次发言提纲》，《文物》1978 年第 3 期。

至于更高的层次，就是把视野转移到全世界的范围，在文化上又有东方和西方的区别。关于从史前社会发展到文明时代的途径，张光直曾高度概括为两种基本方式，即：一个是世界式的或非西方式的，主要代表是中国，其重要特征是连续性的；一个是西方式的，其特征是突破式的，在人与自然环境的关系上，经过技术、贸易等新因素的产生而造成一种对自然生态系统束缚的突破。[①]

当然，也有另外的划分意见，如按经济类型。严文明曾提出，中国从旧石器向新石器时代的过渡有三种途径，进而在中国形成了三个各有特色的经济文化区，即：南方（包括长江流域、珠江流域、东南沿海和云贵高原地区）以稻作农业为特色的文化区；北方（包括黄土高原、华北平原、山东丘陵和铁岭以南的东北平原地区）以旱地农业为主的文化区；东北、西部（包括东北北部、蒙新高原和青藏高原地区）以狩猎和采集为特征的文化区。[②] 当然，如果从经济类型角度分析，前两者都属于农业经济，只是因为自然环境的不同而种植了不同种类的农作物。

三、考古学文化的区系类型

中国的陆地面积有 960 万平方公里，幅员辽阔，不同区域之间的地理地貌和自然环境存在着相当大的差别。中国现有 56 个民族，人口众多，每一个民族都有一部产生和发展的历史。因此，中国的古代历史，就是一幅悠久的人文传统在不同的自然环境背景下交织出来的丰富多彩的立体画面。

距今 2000 多年以前，强大的秦汉王朝从政治、经济、文化等方面统一了现今中国的大部分地区，各地区在文化上的一致性空前加强。在这之前，社会历史的发展则经历了一个由多元演进经汇聚融合最终走向一统的过程，故有的学者认为，中国古代文明和国家的产生、发展是"多元一体""多元一统"的模式。这一模式在中国史前文化和早期青铜时代考古学研究中得到验证，与苏秉琦倡导的"区系类型"有密切关系。

（一）区系类型的提出

对中国史前考古学文化作分区和分期的研究工作，始于 20 世纪 30 年代。无论是梁思永、尹达的仰韶文化、龙山文化东西二元对立说，还是梁思永关于龙山文化的分区研究，都是力图发现和分辨当时所知考古文化的区域差异。

到 20 世纪 50 年代后半期，随着各地区田野工作的普遍展开，考古资料迅速增多，人们开始认识到中原地区的仰韶文化和东方地区的龙山文化是属于不同系统的古代文化，追寻出仰韶文化经庙底沟二期文化发展为中原地区的龙山文化（河

---

① ［美］张光直：《考古学专题六讲》第一讲，文物出版社 1986 年版，第 1—24 页。
② 严文明：《中国史前文化的统一性与多样性》，《文物》1987 年第 3 期。

南龙山文化、陕西龙山文化），而东方地区的龙山文化则另有来源。同时，在长江下游地区有良渚文化等，长江中游地区有屈家岭文化等，黄河上游地区有马家窑文化等，东北地区有红山文化等。因此，这一时期及其以后的一些关于新石器时代的论著中，往往是分区域来论述中国的新石器时代文化的。

例如，关于龙山文化的研究，安志敏在20世纪50年代中后期就是采用先分区、再划分类型的方法进行论述。他首先把龙山文化或具有龙山文化因素的遗存分为沿海地区、中原地区、江浙地区和甘青地区，其中把资料丰富的中原地区又区分为庙底沟二期文化、河南龙山文化、陕西龙山文化三个类型，并指出以上各区龙山文化的来源不同。① 这一观点，从方法上讲，就是依据基本文化特征和文化发展的源流关系两个方面的分析，做出区（文化）和类型的两级划分，这是对梁思永龙山文化分区思想的发展，也影响了后来的研究。这一认识收入了随后出版的《新中国的考古收获》一书，② 直到今天，这一划分所形成的龙山时代诸文化的格局仍然基本成立。

20世纪60年代，关于仰韶文化的考古资料空前增多，其分布范围涉及整个黄河中上游及周围地区，并且发掘了一大批内涵丰富、文化面貌特征有相当差别的遗址，如半坡、庙底沟、泉护村、元君庙、西王村、后冈、大司空等。苏秉琦从半坡类型和庙底沟类型的特征性器物与彩陶纹样的分析入手，最后把仰韶文化分为从洛阳到陇东这样一个东西狭长的中心区及其外围地区。无论是中心还是外围都可以依据区域性特征再划分为不同的类型，③ 后经过学界的不断积累，逐渐确定了仰韶文化的区域文化特征（图3-17）。

20世纪70—80年代，苏秉琦把对仰韶文化进行的分区研究扩大到整个中国新石器时代文化，提出中国新石器时代考古学文化（包括一部分青铜时代早期文化）的区系类型问题。最初分为十个"块块"，后来提出主要有六个大区。④

区系类型的研究是以准确地认识、划分和归纳考古学文化和类型为基础的。区是表示横的关系，是空间分布，是"块块"；系则是纵的关系，是时间的垂直关系，是"条条"；类型是分支，所以整体又可以称为"条块"说。⑤ 两者往往交织在一起，它们的划分是经过反复的比较和研究才逐步获得的。

---

① 安志敏：《试论黄河流域新石器时代文化》，《考古》1959年第10期。
② 中国科学院考古研究所：《新中国的考古收获》，文物出版社1961年版，第15—21页。
③ 苏秉琦：《关于仰韶文化的若干问题》，《考古学报》1965年第1期。30多年后，他又把仰韶文化分为东中西三个区系，大体是原来仰韶文化中心分布范围东、中、西三个区域，又不完全相同。
④ 苏秉琦、殷玮璋：《关于考古学文化的区系类型问题》，《文物》1981年第5期。
⑤ 苏秉琦：《中国文明起源新探》，商务印书馆（香港）1997年版，第28页。

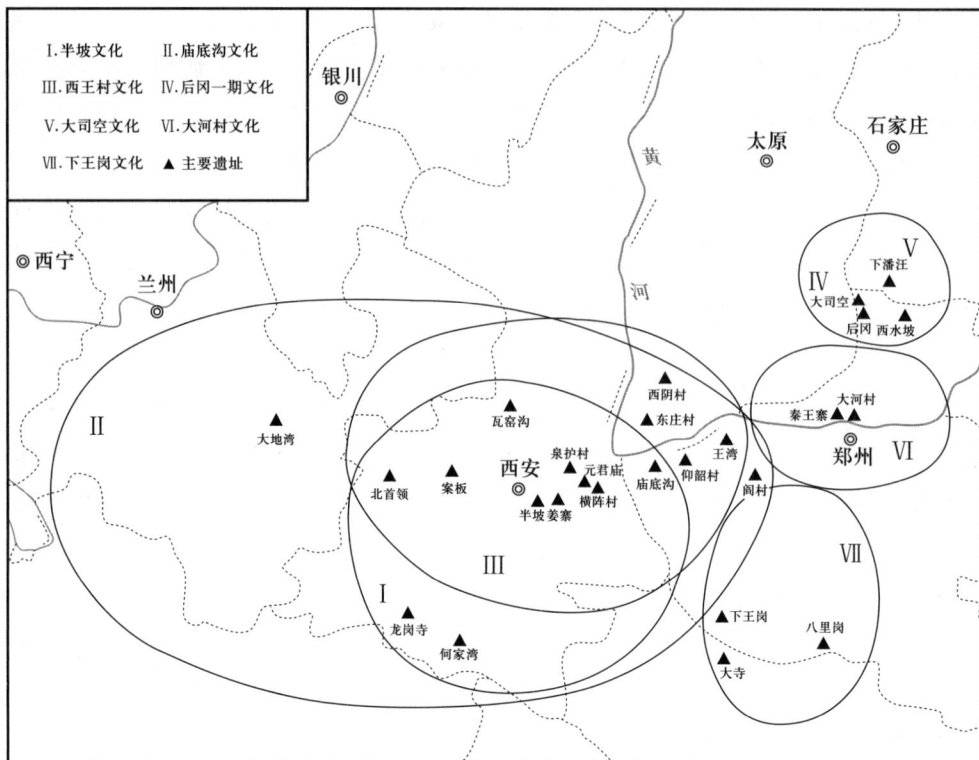

图 3-17 仰韶文化群及主要遗址分布示意图

（二）区系类型的内容

由以上论述可知，考古学文化的区系类型是指中国新石器时代文化（包括一部分青铜时代早期文化）横纵两个方面的关系，即文化的空间分布和在时间上的延续及各种复杂的相互关系。区的划分主要是依据各个区域内在的基本文化特征和文化发展的源流关系，而产生不同文化特征的基本原因则是地理自然环境、人文环境和各自不同的文化传统。[①] 文化区内的区域性差异，表现为各自存在数量不一的分支，也就是类型，在这些分支中，有中心区域和外围区域之分，它们之间的发展往往是不平衡的。文化区之间和区内的分支之间在空间分界上都存在不甚清晰的连接地带，主要是因为受整体人文环境的左右，即不同区系之间的文化渗透、交流和影响所致。

苏秉琦在 20 世纪 70—80 年代提出区系类型观点时，将中国主要区域的新石器时代和青铜时代早期划分为六大区系。即以燕山南北长城地带为中心的北方，以山东为中心的东方，以关中、晋南、豫西为中心的中原，以环太湖为中心的东南部，以环洞

① 严文明认为，影响考古学文化形成的原因是自然环境、人文环境和共同的文化传统这三个因素（参见《关于考古学文化的理论》，《走向 21 世纪的考古学》，三秦出版社 1997 年版，第 78—93 页）。

庭湖和四川盆地为中心的西南部，以鄱阳湖-珠江三角洲一线为中轴的南方。①

区系类型的观点于 1981 年公开发表之后，在国内考古学研究中起到了积极作用。多数人在进行考古学基础研究时，开始由不自觉到自觉地把自己的研究纳入区系类型研究之中。② 同时，对区系的划分和区系关系等问题，不少人进行了认真的思考，出现一些新的观点和意见，其中包括不同意甚至反对区系类型提法的意见。

关于区系的划分，严文明提出了有所不同的六区，即中原文化区、山东文化区、长江中游文化区、江浙文化区、燕辽文化区和甘青文化区。③ 此外，还有各种不同的划分意见。不过，从总体上看，一些基本的文化区，如中原、黄河下游、环太湖、长江中游、燕辽地区等，则没有大的分歧意见。

考古学文化的纵横关系比较清楚、分布区域比较明确、内在联系比较密切的目前有五区，即以黄河中游为主的中原地区、以黄淮下游为主的海岱地区、以长江下游和钱塘江流域为主的环太湖地区、以长江中游为主的江汉地区和以燕山南北、辽河上下为主要分布区的燕辽地区。除此之外，以川渝为主的西南地区，近年来随着三星堆、成都平原一系列龙山时代城址的重要发现和三峡地区考古工作的大规模开展，考古学文化的谱系关系逐渐清晰起来，应是一个相对独立的文化区。以甘青为主的西北地区，由于马家窑-齐家文化及后续的青铜时代文化的发现，具有不同于中原和北方的独特风格，也应该是一个相对独立的文化区。而其他地区，如云贵地区、岭南地区、东北北部、新疆地区等，目前的考古发现还不能完整地建立起各自新石器时代以来的文化发展序列和体系，暂时还不能与以上几区相提并论。④（图 3-18、表 3-5）

张光直则从另外的角度提出了同一个问题。他把中国新石器时代分为三个大的阶段，即公元前 7000—前 6000 年、公元前 5000 年和公元前 4000—前 3000/2000 年。最初，不同地区的不同文化互相分立，因为互相没有多少联系，所以他认为"实在没有什么特别的理由把这几处文化放在一起来讨论"。而后两个阶段情况就产生了变化，特别是最后一个阶段，即从公元前 4000 年起，一个"持续一千多年的有力的程序的开始"，从而使不同文化彼此密切联系起来，表现在考古学上的共同成分把它们带入一个大的文化网，形成新石器文化的相互作用圈（图 3-19）。⑤

---

① 苏秉琦、殷玮璋：《关于考古学文化的区系类型问题》，《文物》1981 年第 5 期。

② 这时各地区的考古工作者的工作重点，转入对各自地区考古学文化的发展序列和谱系关系的建构。

③ 严文明：《中国史前文化的统一性与多样性》，《文物》1987 年第 3 期。

④ 栾丰实：《东夷考古》，山东大学出版社 1996 年版，第 3—9 页。

⑤ ［美］张光直：《中国相互作用圈与文明的形成》，该文为 The Archaeology of Ancientt 第四版（1987 年）第五章，译文最先见于《庆祝苏秉琦考古五十五年论文集》，文物出版社 1989 年版，第 1—23 页。在文中，张光直也把中国新石器文化划分为若干大小不同的考古文化区。

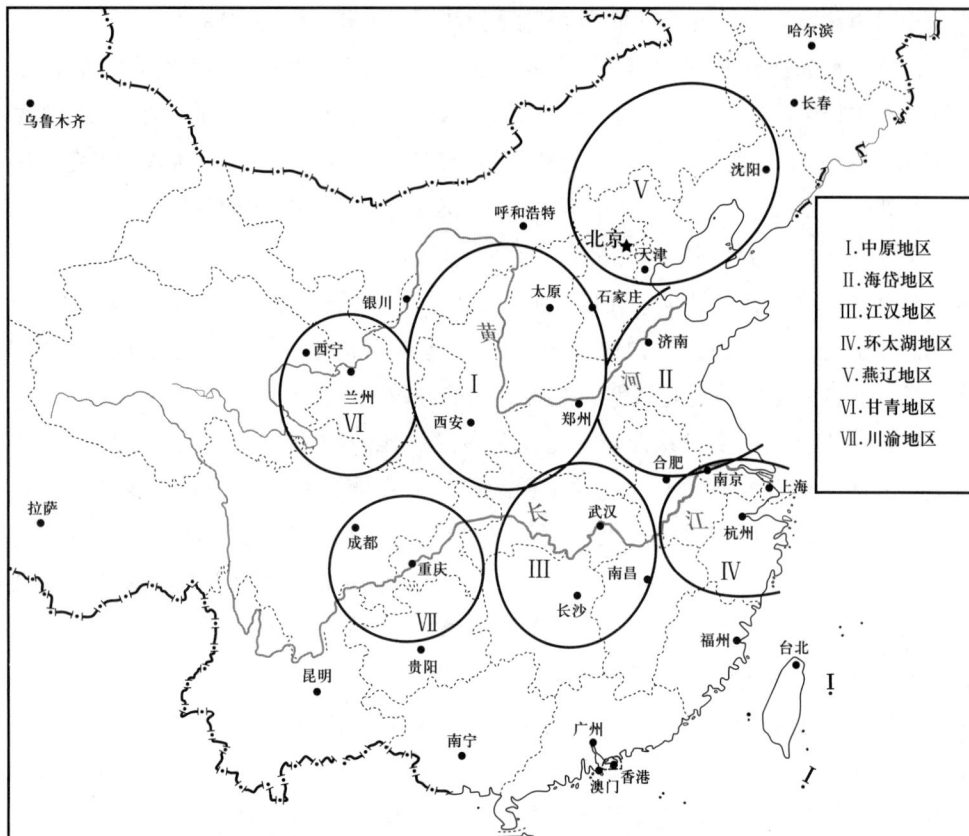

图 3-18   中国新石器时代文化主要区系分布示意图

区域图例：
I.中原地区
II.海岱地区
III.江汉地区
IV.环太湖地区
V.燕辽地区
VI.甘青地区
VII.川渝地区

表 3-5   中国新石器时代主要文化区系表

年代BC	分期		中 原 区			海 岱 区	燕 辽 区	环 太 湖 区	江 汉 区
10000	早期	前裴李岗时代							玉蟾岩遗存
9000									
8000			南庄头遗存	李家沟遗存		扁扁洞遗存		上山遗存	仙人洞遗存
7000									彭头山文化
6000	中期	裴李岗时代	磁山文化	裴李岗文化	大地湾文化	后李文化	兴隆洼文化	跨湖桥文化	皂市下层文化
5000									
4000	晚期	仰韶时代	后冈一期文化	半坡文化	大河村文化 庙底沟文化	北辛文化	赵宝沟文化	马家浜文化	汤家岗文化
3000			大司空文化	西王村文化		大汶口文化	红山文化	崧泽文化 良渚文化	大溪文化 屈家岭文化
2000	末期	龙山时代	庙底沟二期文化 后冈二期文化 王湾三期文化 陶寺文化 客省庄文化			海岱龙山文化	小河沿文化	广富林文化	石家河文化

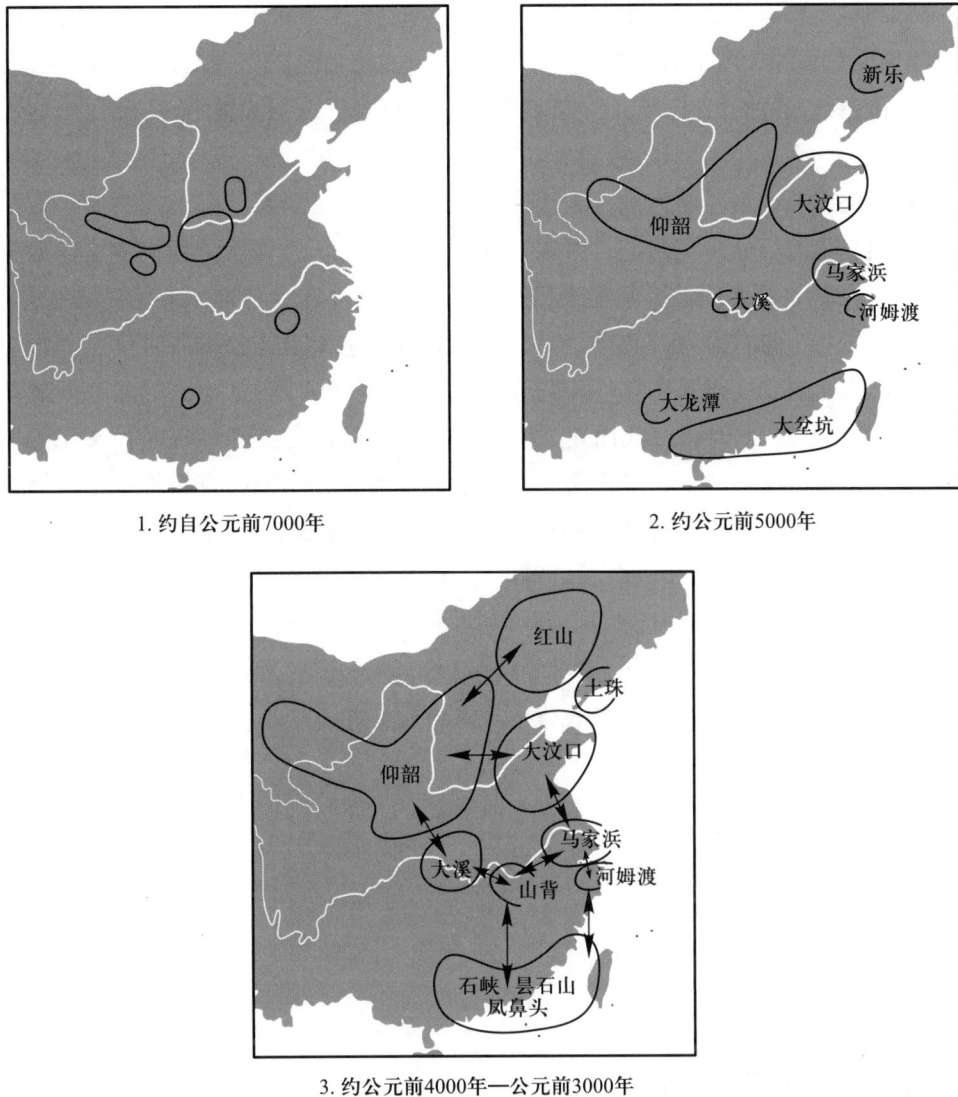

1. 约自公元前7000年

2. 约公元前5000年

3. 约公元前4000年—公元前3000年

图 3-19　中国新石器时代区域文化的扩张及 "相互作用圈" 示意图

显然，这是中国古代文明由多元走向一统的途径的另一种表述方式。

　　同时，有的学者对区系类型提出了不同看法。或认为 "考古学文化的分区和系统，是考古学研究中的常用手段，并不具有什么新的含义"，而且 "把中国史前文化分成固定的 '六大文化区系' 的见解，并不符合目前考古学文化的发展实际"。同时，还认为 "那种以 '六大文化区系' 为基础的 '区系' 观点，往往束缚人们的进一步思考" ①。也有学者认为，曾经在中国考古学研究中发挥过重要作用的 "区系类型" 理论，在实践中渐现不完善和局限性，应代之以 "考古学文化

---

① 安志敏：《论环渤海的史前文化——兼评 "区系" 观点》，《考古》1993 年第 7 期。

系统"理论。整合考古学文化区和民族学文化区之后，提出了"仰韶文化系统""青莲岗文化系统""屈家岭文化系统""昙石山文化系统""昂昂溪文化系统"等五大文化系统，并分别与华夏、东夷、苗蛮、百越、北方草原等民族文化区相对应。[①]

区系类型被许多人称为考古学理论。客观地讲，区系类型是运用类型学方法对考古学文化进行分析和研究，所以，从方法论上讲，它仍然是考古类型学研究方法的延伸。不可否认，区系类型的提出，推动了考古学基础研究的快速发展，在短短的十几年的时间内，使得黄河、长江流域等主要地区新石器时代至青铜时代考古学文化的发展谱系和年代序列逐渐完善起来，为考古学研究的深入开展奠定了坚实的基础。同时，由此而建立起来的中国新石器时代和青铜时代文化的总框架和总谱系所反映的中国早期文化、文明的发展进程，彻底打破了中原一统的中国文化和文明单源说，阐明了中国古代文明由多元逐渐走向一统的历史进程。

思考题：

　　1. 简述绝对年代和相对年代的关系及其断定方法。

　　2. 如何分析考古遗存的年代？

　　3. 试论类型学的基本原理及其在考古研究中的运用。

　　4. 试论文化因素分析方法的基本内容、条件和作用。

　　5. 简述考古学文化及其层次结构。

▶ 拓展阅读

[①] 张敏：《简论考古学的"区系类型"与"文化系统"》，《南方文物》2012 年第 2 期。

第四章　考古遗存分析

考古遗存是泛指考古学研究中所涉及的各类物质现象。其中，既有人工遗存，也有与人类活动密切相关的自然遗存；既包括各类遗迹和遗物，也包括各种遗迹遗物集合式分布的遗址等。而考古遗存分析的基本过程，就是根据考古调查发掘所获得的各种实物资料及其埋藏信息，并借助各种科学技术手段，分析确认其时间和空间、制作和使用、自然属性与文化属性等基本信息，为研究和阐释人类及其文化发展、历史演进以及人类赖以生存的自然环境等奠定可靠的基础。这里着重介绍考古遗存物质属性的分析方法，以了解从原材料获取、工艺技术到使用功能、操作方式乃至废弃处理等方面蕴含的人文和自然信息。

第一节　人工遗物分析

人工遗物就是经过人类活动创造或改良的可移动物品。或是人类根据需要对自然物进行形状上的改变与塑造，如玉石器、骨角器等；或是人类运用知识和技能，发明创造出新物品，如陶器、青铜器等。人工遗物分析，首先需要确定其类别名称、年代和文化属性，再借助现代科技手段及模拟实验方法，并参考历史文献与民族学资料，研究其原料产地、制作技术、使用方式等。

一、玉石制品

玉石器是人类最早创造的文化现象之一，玉器与石器的分化大约始于新石器时代中期。史前时期，石质工具在人类的生产活动中占据主导地位，一般用旧石器时代和新石器时代来表示人类早期历史发展阶段。而玉器则因质感细腻且莹润亮泽，新石器时代以来常被用于制作装饰品或礼仪用品，经久不衰。历史时期，石器制作仅限于石碾、石磨、石臼等特殊工具，而石材多用于雕塑佛像等宗教造像，或用作房屋及其附属设施、牌坊、墓室等的建筑材料。

（一）石料分析

石料分析是判定原料产地、制作技术和生产策略的重要信息源。原材料的性状特征在很大程度上影响着石制品的形状、制作技术和使用功能。中国旧石器时代石器制作技术的研究成果表明，北京人遗址、泥河湾遗址和丁村遗址的旧石器文化之间的可比性很差，原因就在于三地的石器原料差异很大。[1] 汾渭地堑质地均匀的角页岩和石英岩，便于打制大石片，制作尖状器、斧状器等大型工具；而周口店地区主要为脉石英，桑干河流域则多见裂隙发育的燧石和细粒石英岩，这些石料在打击时有粉碎性倾向，大都散裂成块状和碎片，故而多见小型石器。因此，华北地区分别以大型砍砸器和尖状器、小型刮削器和雕刻器为代表的两大旧石器工业系统的空间分布，恰好与该地区石器原料的岩性差异相吻合，一定程度上说明原料对石器形态特征甚至文化的影响。

新石器时代以来，人类对于石料材质与性能的认识更加充分，而且随着文化交往的频繁，石制品的长途贸易现象业已出现。以绿松石为例，产地主要集中在湖北、陕西、河南、新疆、青海、甘肃、云南等地，但绿松石制品却在辽河流域和黄河流域的广大地区均有发现。目前，采用 X 射线荧光光谱分析仪对绿松石饰物成分的定性和定量分析，是判别其产地的主要手段。[2] 另外，激光剥蚀电感耦合等离子体光谱法（LA-ICP-AES）作为几乎无损的分析方法，结合主成分模型（PCA）和化学成分含量对比分析，在一定程度上也具有区分不同产地绿松石的功能。[3]

（二）技术分析

石器制作技术主要有打制技术和磨制技术两种基本类型。

打制石器的制作方法，就是把选择好的石块作为原材料，首先修理石材，在顶部打成一个平面，叫作"台面"或"打击面"（也有利用自然砾石面作为台面的）。然后沿台面的边缘向下打击以产生石片，被打击的地方称作"打击点"。从石料上打下来的就叫石片，产生石片的主体部分则称石核。石片破裂面顶端、打击点以下往往形成一个凸起的半圆形，叫"半锥体"；与之相应而留在石核上的凹面则称为石片疤（也叫疤痕）。环绕打击点形成的同心圆纹道叫作"波纹"；由打击点放射出许多细小的裂痕，叫作"辐射线"。凡属人工打制的石片，一般都具有上述各项特点（图4-1）。

石片的打制方法主要有两种：一是直接打法，包括锤击法、砸击法、碰砧法、摔击法等。锤击法是用石锤直接打击石核以剥离石片；砸击法是把石核放在石砧上，再用石锤上下垂直砸击，产生的石片一般称为两极石片。二是间接打法，就

---

[1] 王益人、王建：《山西旧石器时代考古的发现与研究》，山西省考古学会：《山西省考古学会论文集》（三），山西古籍出版社2000年版，第146—187页。

[2] 毛振伟等：《贾湖遗址出土绿松石的无损检测及矿物来源初探》，《华夏考古》2005年第1期。

[3] 先怡衡等：《初步运用LA-ICP-AES区分不同产地的绿松石》，《光谱学与光谱分析》2016年第36卷第10期，第3313—3319页。

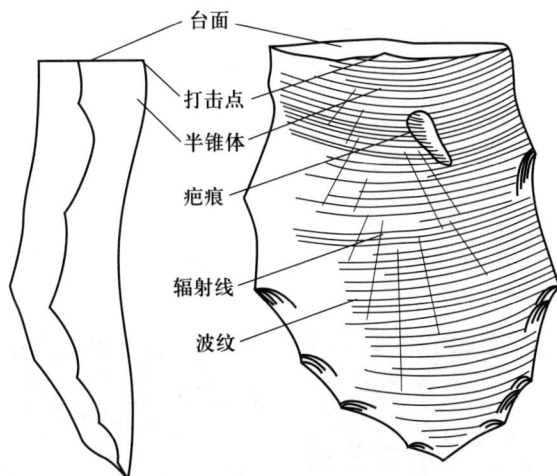

图 4-1 打制石器示意图

是把木质或骨角质短棒的一端放在石核上,用石锤打击另一端;或者把"T"字形木棒下端放在石核上,以胸部下压,从而产生细长的石叶。石核或石片经过二次加工修整,具备了一定的形状或具有使用痕迹,才能称为石器。

磨制技术就是把已经打制基本成形的石器表面磨光,磨出刃部或尖锋等部位,使之成为人们所需要的形状和样式。磨制技术萌芽于旧石器时代末期,普遍流行于新石器时代,往往与打制、琢制、切割、抛光和钻孔技术相结合。制作过程大致是:先将石材打制或切割成一定形状的粗坯,然后加以琢制,最后放在大砥石上加砂蘸水研磨,制成光滑规整的石器。切割技术一般认为是将扁平的石材加砂蘸水,用木片压擦或砂绳切割。钻孔技术的类别较多,常见的有管钻、铤钻、对面琢打和划刻等具体操作方法。

目前,玉石器加工技术的复原多采用微痕分析方法,即借助显微镜来观察石器表面残存痕迹来分析其制作工艺及流程。近年来,西方学者常用所谓"操作链"方法,在重建古代技术的途径、复原静态遗存、生产与废弃的动态过程、理解古人行为模式等方面卓有成效。"操作链"方法是 20 世纪 40 年代法国史前石器技术研究中率先应用的,本义是指石器制作的全部过程,包括选取自然出露的原料、搬运、加工、修理、最后制作成可供使用的文化产品。原则上,加工过程中的副产品与制作痕迹,均可在考古材料中找到并鉴定出来。系统分析这些石制品,可以了解相关材料的操作步骤与顺序,然后重建各个阶段之间的动态关联、因果关系、相关设备与场景、时空分布特征等,从社会、生态及认知等方面解决古代技术活动的相关问题,独辟蹊径,成果斐然。

(三)功能分析

目前,分析石质工具的功能和使用方式,主要有类型学分析法、微痕分析法和残留物分析法等。

类型学分析主要根据形态特征和功能，并参照民族学材料对石制品进行分类命名，如砍砸器、尖状器、雕刻器、手斧等，命名本身就包含了功能方面的信息。

微痕分析是在显微镜下，对石制品刃缘的破损和磨损痕迹进行观察记录，根据力学原理确定使用时的运动方向，并借助模拟实验来判断器物的使用方式和加工对象（图4-2）。细察刃部的崩片、破碴部位和使用痕迹方向，即可做出使用时究竟是斜劈还是垂直砍砸，劳动对象是硬还是软等较为精确的结论。

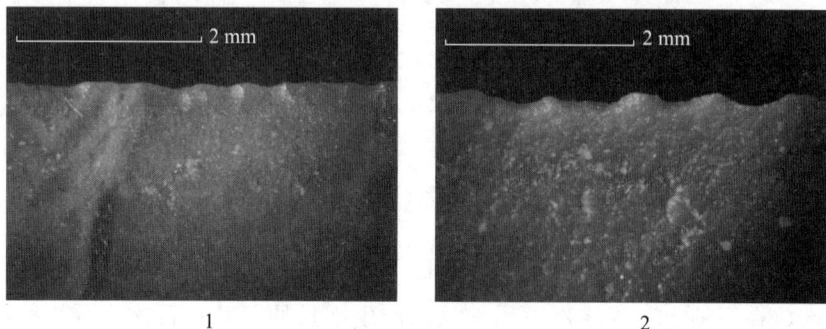

图4-2 石器功能微痕分析示意图

1. 标本 USE030 刮新鲜杨树皮产生的连续的羽翼式微疤

2. 标本 USE031 刮新鲜杨树枝产生的连续的折断式微疤

残留物分析法就是借助自然科学手段，提取和辨认工具表面加工对象的残存物，以便直接获取有关加工物质的具体信息。目前，主要有植硅体和淀粉粒等检测分析方法。如河南新郑裴李岗遗址出土的 8 件石磨盘，在其表面就提取了 1000 多颗淀粉粒，根据淀粉粒的形态特征可知至少包括栎属果实、小麦族、粟或黍或薏苡属、根茎类四大类，其中橡子可能是当时最重要的食物来源，其次是小麦族、粟、黍或薏苡属。[①] 另外，浙江上山和小黄山遗址出土大量磨石的淀粉粒、植硅体及残留矿物分析结果，表明大量采集和利用以橡子为主的富含淀粉且适于长期贮存的植物，曾是全新世早期长江下游地区人们的重要生计策略。[②]

二、陶瓷制品

陶瓷制品是以黏土为主要原料，加入适量水混合之后形成坯料，再塑成生坯，晾干后经过高温煅烧成器。陶瓷制品多用于存储、炊煮、饮食等日常生活器皿，

---

① 张永辉等：《裴李岗遗址出土石磨盘表面淀粉粒的鉴定与分析》，《第四纪研究》2011 年第 5 期。

② 刘莉等：《全新世早期中国长江下游地区橡子和水稻的开发利用》，《人类学学报》2010 年第 3 期。

部分精美的制品可能具有宗教艺术或礼仪功能。此外，陶瓷技术还用于制作乐器（埙、笛）与工具（陶刀、纺轮）等，后世则多见于塑像（俑、佛）和建材（砖、瓦）。由于陶瓷制品时代特征显著、应用广泛、易于保存，且承载着技术与审美等多重信息，因而始终是最受关注和最有研究价值的人工制品之一。

（一）成分与产地分析

陶瓷器的制作原料主要是黏土，化学成分以氧化硅和氧化铝为主。中国新石器时代至汉代的制坯所用黏土，大致可分为普通易熔黏土、高镁质易熔黏土、高铝质耐火黏土、高硅质黏土或瓷石四个类型，其中高铝质耐火黏土是后世用于制作瓷坯的原料。基于陶器的使用功能，尤其炊器类的陶器制作，黏土中往往需要加入一定量的羼和料，以便使其具有耐高温的性能。羼和料因时因地各有不同，矿物类如云母、石英砂、滑石等，特征是耐高温；植物类如稻壳炭末等，特征是陶质较轻；动物类如蚌螺贝壳碎末等，特征是氧化钙含量和烧失量较高。甘青地区还常见以陶片碎末为羼和料的现象。现代美洲和非洲土著的制陶原料中，还偶见食盐或动物血及粪便等有机羼和料，以改善陶器的可塑性。陶器制作一般就地取材，而不同地域黏土中石英、长石等成分及含量各不相同。因此，通过陶器成分结构分析，结合相关地理地质情况，就可以有效推定其原料产地乃至加工工艺等。

目前，陶器成分的分析方法主要有，化学成分分析、显微结构分析和物相结构分析三大类。其中，物相结构分析方法又包括 X 射线衍射分析法、X 射线吸收精细结构法、X 射线光电子能谱法、拉曼光谱法、红外光谱法、穆斯堡尔谱学分析法、电感耦合等离子体发射光谱法、能量色散 X 射线荧光光谱法等技术。此外，中子活化技术和人工神经网络技术也被用于这一领域的分析和研究。

（二）制坯技术分析

坯体的制作工艺，大致可分为手制法、模制法和轮制法三大类。手制法又可分捏塑法、泥片贴筑法、泥圈套接法和泥条盘筑法等几类。捏塑法多用于制作小型器物或器物上的附件；泥圈套接法是将泥料制成环状，再垒筑成型；泥条盘筑法是将搓好的泥条盘旋相叠成型，也有分段盘筑再连接成型者。后两种制法的成型陶器，常常可见拼接、修整痕迹（图 4-3）。

模制法一般用于结构复杂且生产量较大的器物或小型物件，前者以袋足器最具代表性，后者则多见小雕像和纺锤之类。新石器时代早期常用的泥片贴筑法，实际上也是一种模制方法。在陶器制作中，模制技术始终不占主导地位，却为后世范模冶铸青铜器、铁器等积累了必要的技术基础。

轮制法是将泥料放在可以转动的陶车上，转动轮盘后双手提拉出坯胎。早期陶轮多用于修整手制陶器的口沿等部位，即所谓慢轮修整法；后期逐渐发展出拉

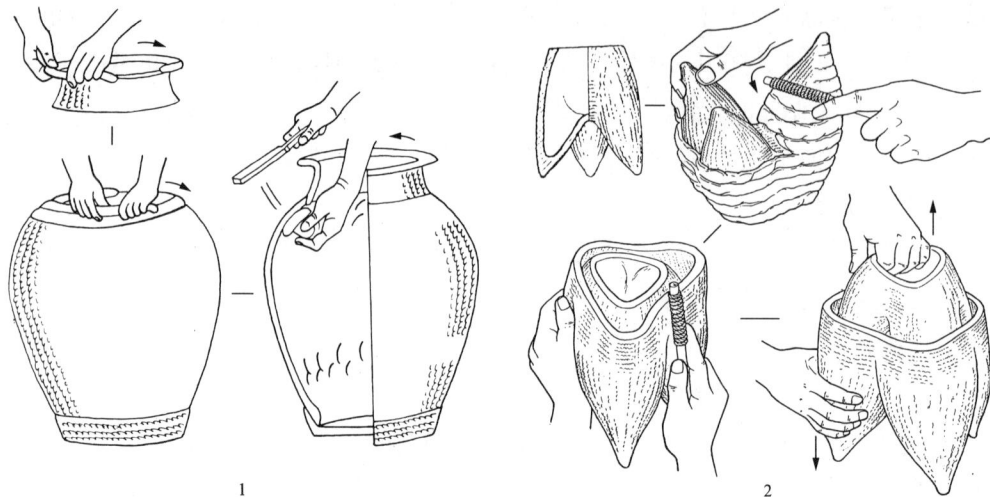

图 4-3　陶器制作工艺示意图
1. 泥条盘筑法及泥圈套接法　2. 泥条盘筑法及模制法

坯成型的快轮技术。轮制陶器的器壁厚薄均匀，器壁与底部内壁往往留有轮旋痕迹。龙山时代，黄河和长江中下游地区已经普遍采用快轮制陶技术，对后世瓷器的成型工艺具有深远影响。

（三）装饰技术分析

陶器成型之后，为了使口沿规整、器壁结实致密，一般还需实施修整、加固等措施。如用陶拍拍打器壁以平整表面、增强陶坯各部分的连接；用竹片、贝壳等削刮坯体以薄化器壁；用卵石、毛皮等抛光坯体表面。另外，还有其他一些处理方式，像刻画、拍印、镂孔、贴花等，客观上形成了器表纹饰（图 4-4）。与此相应的加工工具如陶拍、陶垫、骨匕、卵石等，在古遗址中也屡有发现。

除了加工过程中形成的纹饰，还有施陶衣、画彩（彩陶和彩绘）、挂釉等装饰方法。彩陶是将经过精心淘洗的细泥浆施于半干的坯体表面，再在其上绘出图案，最后入窑焙烧。彩绘陶则是陶胎烧成之后，再在其表面进行施彩的陶器。彩陶颜色主要有红、褐、白、黑四种。红彩多以含铁量很高的红黏土为原料；褐彩则是同样原料焙烧时渗入少量碳粒所致；白彩原料的主要成分为石膏或方解石；黑彩的显色元素是铁和锰，其矿物以磁铁矿与黑锰矿为主。

（四）烧造技术与物理性能分析

陶瓷器的物理性能分析包括显气孔率、吸水率及体积密度、色度、热性能分析等内容。除原材料的化学成分外，烧造技术也会影响陶瓷器的物理性能。

焙烧是制陶的关键工序，烧制过程中起关键作用的是温度（包括升温速度、最高温度、保温时间、冷却速度等）和气氛（包括氧化、还原和中性气氛的温度范围和强度）。影响陶器烧成温度的主要因素是陶窑结构和黏土的化学成分。一般

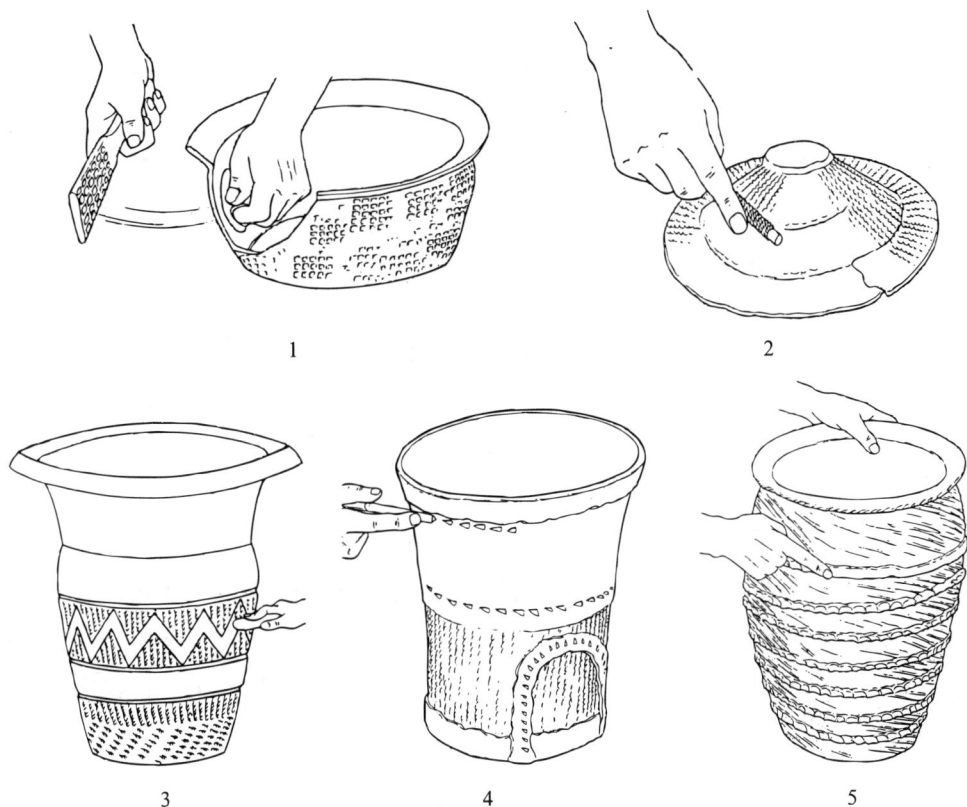

图 4-4　陶器器表施加装饰示意图

1. 拍印纹饰　2. 压印纹饰　3. 刻画纹饰　4. 戳印纹饰　5. 附加堆纹

认为，黏土从自然塑性状态转变为永久固定的非塑性状态，可能经历三个阶段：其一，当温度达到 600 ℃左右时，脱水或失去水分；其二，当温度达到 900 ℃左右时，黏土中的碳铁混合物被氧化；其三，当温度达到 1000 ℃左右时，玻璃或其他新的矿物质在黏土中形成，器壁失去渗水性。①

以中国甘肃地区为例，早期陶器烧成温度较低，火候不匀；而中晚期大多数陶器烧成温度较高，在 900 ℃—1050 ℃之间，火候较匀，并且出现了灰陶，表明人们已能控制火候及采用氧化-还原气氛来烧制陶器，但以氧化气氛为主，因而陶器多呈红色和橙黄色。② 目前，国内对于陶器颜色描述尚无统一标准，国外则有引入蒙赛尔色卡准确地表现陶器的颜色，值得借鉴。③

① ［美］温迪·阿什莫尔、罗伯特·J. 沙雷尔：《考古学导论》，沈梦蝶译，上海社会科学院出版社 2011 年版，第 113—115 页。

② 马清林、李现：《甘肃古代各文化时期制陶工艺研究》，《考古》1991 年第 3 期。

③ 周理坤：《多角度、多学科的陶器研究：读〈陶器分析〉》，《南方文物》2011 年第 1 期。

（五）功能分析

判别陶瓷制品的功能，最直接的方法就是依据特定造型来判别使用方式，如小口、细颈的器物应是盛水器，器壁厚、容积大的一般为存储器，三足且含砂量较高的多为炊煮器，有把手或者凸缘的则可能是为了方便搬运和使用。其次，陶瓷制品的出土位置也多蕴含着功能信息，如居室内多为生活用器，水井内多见汲水器，祠堂庙宇内多出祭器或礼器，而明（冥）器一般仅见于墓葬之中。

更为精确地判断功能，需依靠使用痕迹（包括微痕）和残留物分析，并借此还原古人食材类别和烹饪方法。如两城镇遗址出土陶器残留物分析结果表明，在龙山文化中期，两城镇先民采用稻米、蜂蜜和水果等原料，生产出一种混合型酒，成为中国史前时期生产和饮用酒的直接证据。[①]

（六）其他信息

上述研究领域之外，细致分析古代的陶瓷器，还可以发现有关陶工的部分信息。如古代陶器上常常保留着当时陶工的指纹痕迹，而现代指纹学的研究成果表明，指纹形态与年龄阶段存在着一定的对应关系。近年来，有关二里头遗址陶器指纹痕迹的分析结果显示，在二里头文化时期，陶器生产者的年龄结构较为多样，其中可能也包括部分"未成年人"，他们在陶器生产中主要从事辅助性工作。[②]

三、金属制品

金属制品是利用天然金属或从矿石中提炼金属，再加工成人类所需要的物品。就材质而言，加工对象主要是铜、铁、锡、金、银几大类。铜是人类最早认识和利用的金属，使用范围极为广泛，从工具、武器、车马器到容器、礼器、乐器，再到装饰品、货币甚至宗教造像，几乎遍及人类生产生活的所有领域。青铜器的形制、规格、铭文、纹饰等，更是蕴含着丰富的社会历史和认知信息。铁器的出现相对较晚，但因其硬度高、韧度强，且铁矿蕴藏丰富，因而随着冶铸和锻造技术的日益成熟，很快就在生产工具、武器和炊器领域取代了铜器，并极大地促进了农业、手工业的发展。金、银器相对稀有而贵重，所以普遍用于制作装饰品和货币乃至宗教神器等。

金属制品的分析，主要包括矿料、成分、金相、技术和功能分析等。

（一）矿料来源和产地分析

矿料来源与产地分析，旨在通过分析原料成分及其产地，以了解不同时期、

---

① 麦戈文等：《山东日照市两城镇遗址龙山文化酒遗存的化学分析——兼谈酒在史前时期的文化意义》，《考古》2005 年第 3 期。

② 彭小军：《古代指纹与陶工年龄分析——以二里头遗址出土陶器资料为例》，《南方文物》2011 年第 1 期。

不同地区矿料开采利用的盛衰变迁。目前，青铜器矿料来源的分析方法，主要有微量元素示踪法、铅同位素示踪法和铜同位素示踪法等几类。

微量元素示踪法，就是利用青铜器的微量元素来探索其矿料来源和产地。由于不同地区的地质条件及其形成过程存在差异，其内部微量元素分布式样也不尽相同，因而可借此来追踪古代器物的矿料来源。不过，矿物经过冶炼加工后，其微量元素的分布式样也会发生一些改变，因此这一方法更加适合研究自然铜制品。相对而言，铅、铜同位素较为稳定，能够更好地保留原产地信息。如运用铅同位素示踪方法，发现商代早期青铜器矿料来源于西南地区，江西瑞昌铜岭和湖北大冶铜绿山古铜矿在不同时期曾为商人所利用。[1] 另外，青铜器上残留的陶范、泥芯所含稀土元素或植硅石，也可以反映青铜器的产地信息。

（二）金相分析

金相分析，是指对金属样品截面进行磨光后，运用光学金相显微镜、扫描电子显微镜观察细部组织形态，并用能谱分析仪来研究金属中合金生成、冶炼、铸造和加工工艺等信息。

所谓合金，就是把两种以上金属或非金属熔解在一起的固体金属材料，并且具备了新的物理性质和化学性能。青铜器一般是铜锡或铜铅合金，成分比例最早见于《周礼·冬官考工记·筑氏》："六分其金而锡居一，谓之钟鼎之齐；五分其金而锡居一，谓之斧斤之齐；四分其金而锡居一，谓之戈戟之齐；三分其金而锡居一，谓之大刃之齐；五分其金而锡居二，谓之削杀之齐；金锡半，谓之鉴燧之齐。"考古发现的青铜器金相分析结果与此基本相符。如蚌埠双墩春秋一号墓部分青铜器成分和金相分析显示，兵器和工具类含锡量最高而礼器、乐器含锡量低；铅含量变化范围较大，总体表现为礼器类明显高于工具类，而兵器类最低的特点。[2] 另外，甘肃崇信于家湾西周墓出土青铜器的金相和成分显示，青铜器成分有锡青铜、铅青铜、铅锡青铜以及铅锡砷青铜、铅锡铁青铜，加工方式则有热锻和铸造两种工艺。[3]

中国不同时期铁器的金相分析表明，早在公元前 8 世纪（甚或更早）就已经开始冶炼生铁，春秋晚期发明了铸铁脱碳技术。战国时期逐步形成块炼铁、块炼渗碳钢、共晶白口铸铁、脱碳铸铁、韧性铸铁、铸铁脱碳钢、熟铁技术。西汉中期，灰口铁、麻口铁和彻底柔化处理的铁素体基体韧性铸铁相继出现，淬火工艺

---

① 金正耀：《铅同位素示踪方法应用于考古研究的进展》，《地球学报》2003 年第 6 期。

② 胡飞、秦颖：《蚌埠双墩春秋一号墓部分青铜器成分及金相分析》，《有色金属》2011 年第 1 期。

③ 张治国、马清林：《甘肃崇信于家湾西周墓出土青铜器的金相与成分分析》，《文物保护与考古科学》2008 年第 1 期。

普遍应用，同时还出现表面渗碳的热处理新工艺。东汉初年出现了生铁炒钢技术，并在此基础上发明出百炼钢。及至南北朝时期，杂炼生鍒的灌钢工艺问世。至此，具有中国特色的古代冶炼技术体系已基本建立。

X 射线荧光分析技术同样可用于分析金银制品的制作过程。汉唐时期一些金银器的研究结果表明，所选标本的材质多为银-铜合金，而不是纯银制品。采用合金的目的一是增加器物的强度，二是合金熔点低于纯银便于加工。比如一件镏金三足银盘，三足成分与盘体各不相同，说明三足是分三次铸成而焊接于盘上的。[①]

（三）铸造技术分析

人类对金属制品的使用，始于对天然铜料的改造和韧化，前者包括锤打、切割、磨光等技术，后者加热后进行锤打，也称为热锻。冶铜技术发明之后，铸造成为制作金属器物的主要方式。冶铸方式主要有范铸法和失蜡法两种，范铸法的基本工序包括制作母模、翻制外范、制作内范（芯）、焙烧合范、熔铜浇铸，待铜液冷却后去除内外范即成器(图4-5)。失蜡法是指用容易熔化的材料如黄蜡、动物油等制成蜡模，再在蜡模表面覆盖一层细泥，并预留铸孔，然后用高温烘烤使蜡油熔化流出从而形成空腔，再向腔内浇铸铜液，凝固冷却后成器。据所铸器物的复杂程度，浇铸类型可分一次成型的"浑铸法"、多次浇铸的"分铸法"和多范叠合而一次浇铸的"叠铸法"等形式，前二者主要用来制作工具和容器，后者在铸造钱币、铜镜和车马具等器类时应用较多。

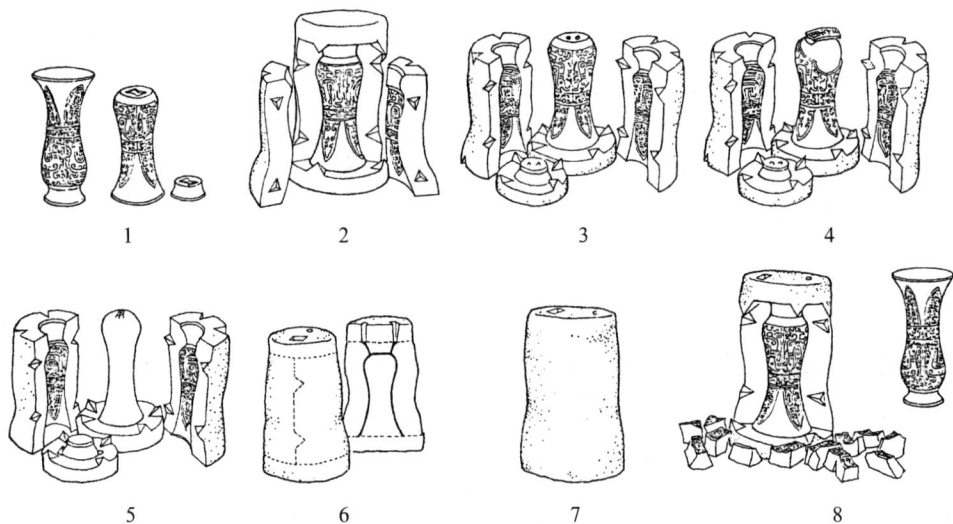

图4-5 青铜器范铸法铸造过程示意图

近年来，通过陶范来研究金属制品的铸造工艺，颇受学术界重视。如通过殷

---

① 李虎候等：《几种古代银器的 X 射线荧光分析》，《考古》1988 年第 1 期。

墟孝民屯东南地出土陶范的研究，在复合范（芯）的使用、外范纹饰的制作方式以及水平分范工艺等方面取得了一些新的认识。[①] 模拟实验研究也是进一步验证并再现分范技术的较好途径。

铜、铁制品多采用金、银来装饰表面，如错金银、鎏金、包金等。[②] 金银器的加工工艺，主要有铸造、捶揲、鎏金、掐丝、炸珠、金银珠焊缀、焊接、錾刻、镶嵌、金银平脱、铆接、切削和抛光等。宋元时期又新创了打条、穿结、像生等工艺技法。

（四）功能分析

青铜时代中国已有相对发达的文字，因而有关金属制品的使用功能，往往可以通过器物自铭或文献记载来判定。此外，在同一时期的图像或造型艺术中，如壁画、画像石或造像等，可能也有金属制品使用场景的画面。另外，残留物分析方法同样可以用于推断金属制品的实际用途。

四、其他物品

在玉石、陶瓷和金属制品之外，人类曾经发明和使用过的物品种类还有很多，诸如骨器、角器、牙器、蚌器、木器、漆器、动物皮毛制品、植物纤维制品以及丝绸、纸张等。只是这些物品大多属于有机物，不易保存下来，因而相关的考古发现甚为有限，往往仅见于一些特殊的埋藏和保存环境。

（一）骨角牙蚌器

骨角牙蚌器是以骨、角、牙、蚌质材料为原料，经过人为加工或使用的物品。这类物品的材源充足、轻巧耐用，且部分材质如象牙、贝壳等细腻而有光泽，所以广泛应用于生产、生活的各个领域。由于此类器物硬度适中，表面易于留下加工技术的痕迹，因而也是探索技术发展史的重要物质对象。此外，骨、角、牙、蚌类材质本身，也承载着相关的生物学信息，是研究当时自然环境、生态资源乃至贡赋和商贸的重要资料。

选材分析：收集、选择骨角牙蚌等材料，是骨角牙蚌器加工制作的首要工序。旧石器时代的骨料多来自所猎获动物的骨骼，如大型动物的肢骨、鹿角、蚌壳等。新石器时代以来，则更多地利用家畜的骨骼，如各种哺乳类动物的头骨、长骨、肋骨、椎骨等。青铜时代，选材从多样化发展到择优化，牛骨因其骨壁厚、骨节长而成为制作骨器的主要原材料。[③] 动物骨骼之外，有时人类自己的骨骼也被充作制骨原料，尤其敌酋的骨骼。

① 李永迪、岳占伟、刘煜：《从孝民屯东南地出土陶范谈对殷墟青铜器的几点新认识》，《考古》2007 年第 3 期。

② 齐东方：《中国早期金银工艺初论》，《文物季刊》1998 年第 2 期。

③ 马萧林：《关于中国骨器研究的几个问题》，《华夏考古》2010 年第 2 期。

技术分析：骨角牙蚌器的截裁和制作方式，也可以采用微痕分析方法进行研究。旧石器时代多使用石、骨、角等工具或硬物，采取砍斫、敲砸、打击等手段进行截裁，由此而形成的骨材形态多不规范，可以观察到清晰而明显的打击疤痕。新石器时代截裁技术渐趋成熟，加工过程中普遍采用劈削、切锯、切割、刻划、钻孔、打磨等工艺，雕镂工艺也极为发达。

另外，遗址中伴出的工具，如带有纵横交错磨痕的砺石或刀、削、锯、钻、凿、锥等金属工具，可与骨料上留存的各类痕迹相互佐证。

功能分析：由于骨角牙蚌器形制明确，且大多沿用到后世，因而根据器物造型特征即可判断其使用功能。如生产工具类有凿、刀、铲、锄、针、锥、梭、鱼镖、鱼钩等，生活用具类有笄、梳、钗、匕、盒、尺、勺等，武器类有矛、镞、剑鞘等，车马器类有带钩、辖首形器，艺术或装饰品类有人物造型、动物造型和各种环、珠、管、坠等佩饰。牙制品分为两大类，一类为兽牙类小工具和小饰品，另一类是制作精美的象牙制品等，多用于礼仪、装饰等（图 4-6）。

（二）竹木漆器

有关竹木器的最早出现时间，迄今也很难回答。一般认为简单的竹木用具出现时间很早，因可燃和易腐而极难保存，只有在某些特殊环境中才可能得以长久保存，致使考古发现的概率较低。而形态和技术较为复杂的竹木器，则应是在石器制作和木加工技术日渐成熟以后才大量出现的，至少新石器时代以来的竹木器可谓屡见不鲜，而漆器的出现相对较晚。

选材分析：竹木漆器的材料分析，主要是对材质进行种属鉴别。早期竹木器多就地取材，后期由于特殊需求而出现了远距离运输。如河姆渡遗址的木器材料，经检测有圆柏、栎树、樟树和白蜡树等，均应产自当地。

技术分析：竹木漆器的技术分析旨在复原器具的加工过程和使用方式。加工方法因器而异，如河姆渡遗址的曲柄形器柄主要用石器削、凿而成，T形柄和木桨等大多以板材劈削成形后再作精工修磨而成，蝶形器则主要是雕凿成形后再辅以修磨、钻孔等工序。在加工过程中，还常用火焦化木材需要去除的部位，以提高工效。

漆器制作工艺，主要有制胎、髹漆、附饰三个步骤。漆器的胎骨有木胎、夹纻胎、竹胎、皮革和竹丝编织物等，尤以木胎最多。制成后先在器表施"漆灰"，抹平凹陷和缝隙，晾干后再施底色漆。"漆灰"的成分与调制方法为：生漆 40%、糯米糊 20%、砖瓦灰 40%，调拌如泥状。据长沙凤篷岭汉墓出土漆器残片中的残留物分析，证实了汉代漆器制作过程中使用淀粉作为黏结剂。①

---

① 孙红燕等：《长沙凤篷岭汉代漆器制作工艺中淀粉胶黏剂的分析》，《文物保护与考古科学》2011 年第 4 期。

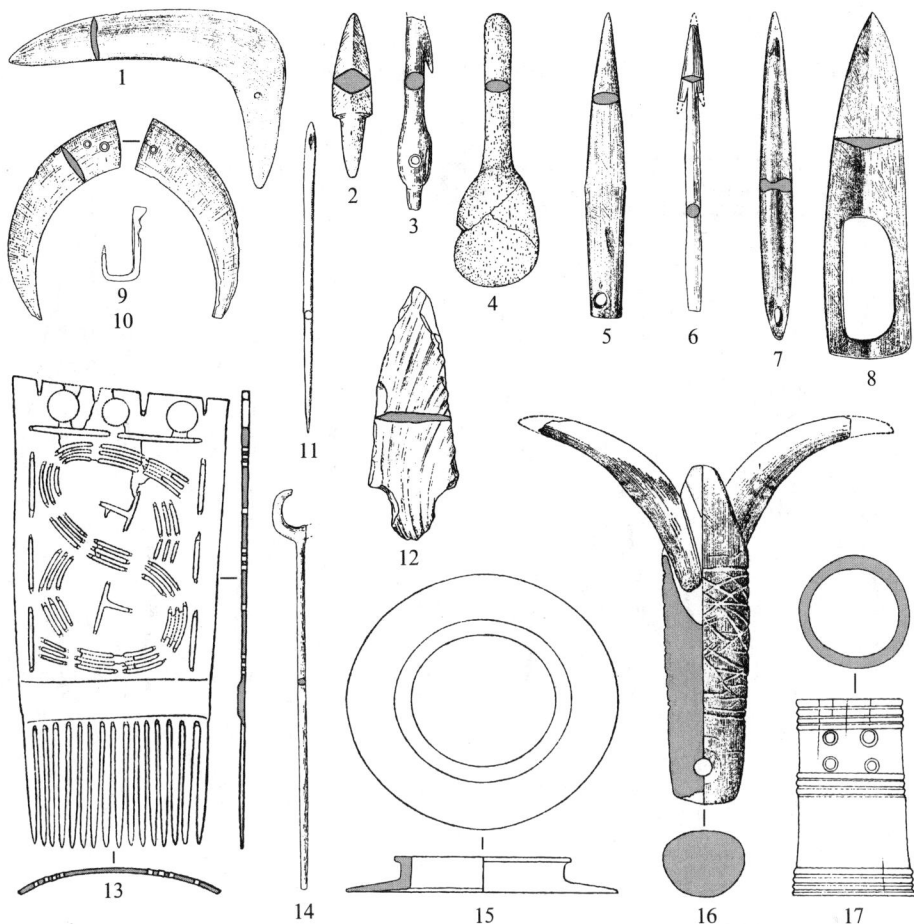

图 4-6 大汶口文化骨牙蚌器

1. 骨镰 2. 骨镞 3. 骨镖 4. 骨柶 5. 骨矛 6. 骨镞 7. 骨梭形器 8. 骨匕首
9. 骨鱼钩 10. 骨束发器 11. 骨针 12. 蚌镞 13. 象牙梳 14. 骨笄
15. 象牙琮 16. 獐牙钩形器 17. 象牙雕筒

制作色漆的方法是，在漆液中加入植物油和矿物染料调和制成。一般采用切片技术、X 射线衍射光谱、X 射线荧光光谱和傅立叶红外吸收光谱等分析方法，来观察生漆的漆膜。如盱眙东阳汉墓两件木胎漆器的分析研究显示，素色漆器的漆膜由漆灰层和黑色漆层构成，而彩绘漆器由三层结构组成，漆灰层中的填料主要为石英和钠长石，漆膜中的红色颜料为朱砂。①

功能分析：竹木漆器的功能和使用方式，可根据器物造型及其共存物品而定。如生产工具类的耜、槌、杵、铲、桨、矛、匕、针等，其功能和形制与今天无异

———————

① 金普军、谢元安、李乃胜：《盱眙东阳汉墓两件木胎漆器髹漆工艺探讨》，《文物保护与考古科学》2009 年第 3 期。

（图4-7）。漆器则多自铭其名，如满城汉墓所出麻布胎漆盘，自名"褚饭盘"（褚即纻）；马王堆1号汉墓出土的遣册中亦有"鬃布小卮""布鬃检（奁）"等，纪名之外还进一步表明其胎骨为麻布制作。①

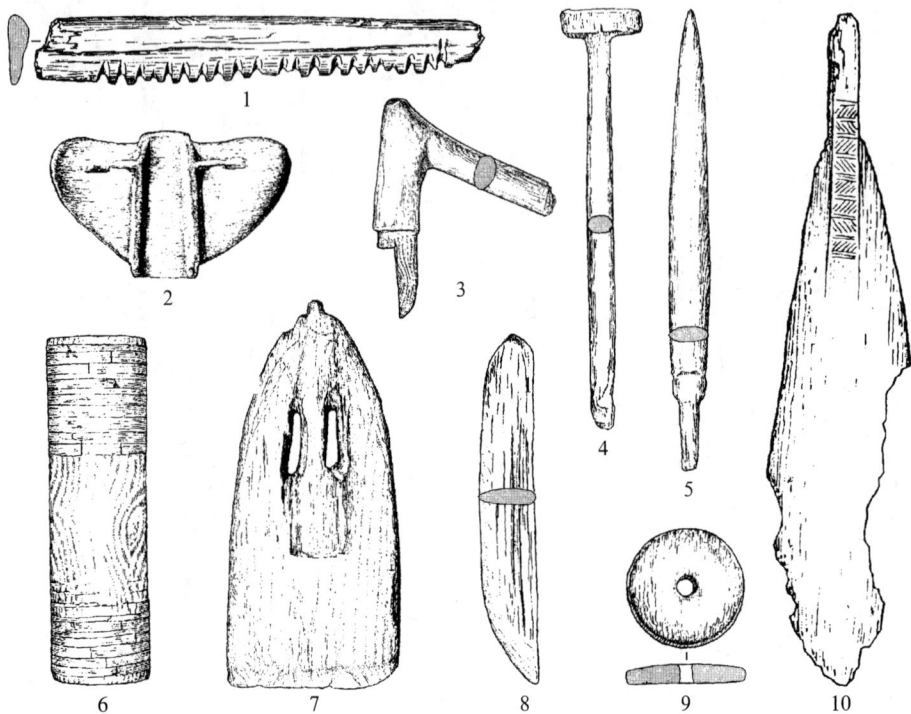

图4-7　余姚河姆渡遗址出土木器

1. 锯形器　2. 蝶形器　3. 安锛木柄　4. 安耜木柄　5. 矛　6. 筒　7. 耜　8. 匕　9. 纺轮　10. 桨

（三）纺织遗物

纺织遗物是指考古发掘出土与传世的纺织品和衣物，以及纺织工具、有关纺织的图像等。通过分析各时期的纺织原料、加工技术和纺织品的使用功能，可以反映出当时纺织技术水平和生产、消费状况。而纺织品的质地、纹饰、出土背景，还蕴含着当时人们的价值取向、审美情趣、社会地位甚至商贸往来等其他信息。

中国目前发现的纺织品实物遗存，可以上溯到新石器时代晚期，质料有麻、丝、葛等（图4-8）。纺织品的印痕也屡有发现，纺轮等工具更是遍及每一处遗址。商周时期的织物残片，一般多附着于棺椁、青铜器或其他随葬品之上，虽不乏经纬清楚者，但更多的却是以腐蚀残留物的形式存在，并可以细分为炭化、矿化和泥化织物痕迹三种类型。

---

① 孙机：《关于汉代漆器的几个问题》，《文物》2004年第12期。

图 4-8 古代纺织品残件

1. 吴兴钱山漾绢片 2. 苏州草鞋山葛纤维纺织品 3. 长沙马王堆 1 号墓绒圈锦
4. 且末扎滚鲁克墓葬白地挖花毛织物

对于纺织纤维相对清楚的遗存，主要采用纤维形貌特征分析和红外光谱比对相结合的方法，以鉴别纤维种类。如新疆营盘墓地出土的纺织纤维分析表明，30个样品中，所采用的原料从质地上划分主要有丝、毛、棉、麻四类，尤以前两类多见。其中丝织品又有绢、锦、绦、绣、染缬等，毛织品则多见罽、毯、毡之类。[①] 对于仅存印痕的纺织品，则需要采用显微观察测量、扫描电镜、X 射线衍射、拉曼光谱以及淀粉粒刚果红染色法等技术方法综合分析，也可获取较为丰富的信息。如 2004 年山西绛县西周倗国墓地板结在土层表面的荒帷印痕和土样的测试分析，表明荒帷为平纹组织，经纬密度大约为 38×24 根/平方厘米。所用红色颜料为朱砂，黄色颜料推测为黄赭石。石染法所使用的胶结物应为淀粉类黏合剂。[②]

作为历史悠久的文明古国，中国历代文献中与纺织、服饰有关的术语极为丰富。因此，绝大多数出土纺织品，只要特征明晰，均可查询到比较准确的名称、技法和使用范围等信息。历代纺织工具则可提供技术方面的佐证，尤其当时的图像资料，如汉代画像石中屡屡所见的织机图，更是直观而形象地再现了当时的纺织场景。另外，历代绘画、雕刻与人物造像，如壁画、帛画、玉人、陶俑、佛像

① 李文瑛、周金玲：《营盘墓葬考古收获及相关问题》，新疆文物事业管理局等编：《新疆维吾尔自治区丝路考古珍品》，上海译文出版社 1998 年版，第 63—76 页。

② 马颖等：《西周倗国墓地出土荒帷印痕的科技分析》，《中原文物》2009 年第 1 期。

等，也可以与出土衣物服饰相印证。

第二节　人工遗迹分析

人工遗迹是指古代人类活动中遗留下来的不可移动的痕迹，包括人工建造的各种设施和人类活动遗留下来的痕迹等。人工遗迹分析，主要包括技术与空间分析两个方面。前者通过观察遗迹的形制、风格和技术，复原其营建程序、采用材料、建筑技术、原初样式等。后者则是在共时性基础上对人工遗迹空间布局特征的分析，以便解读人类在自己营建的空间之内是如何活动的，进而探究人类的组织形式和社会结构等。

一、人工建筑

人工建筑是为特定活动提供空间或设施而修建的，依照其使用功能，大致可以归纳为日常生产生活类如房屋、窖穴、水井、广场、作坊、集市、园林等，交通防御类如城墙、壕沟、哨所、关隘、烽燧、驿站、道路、运河、桥梁等，宗教礼仪类如祭坛、庙宇、佛寺、道观、祠堂、牌坊等。这些分类显然无法涵盖人工建筑的全部形式与功能，上述列举是为了更具体地展现其形式的多样性和功能的复杂性。

（一）材料和技术分析

在人类社会早期，材料的选择往往取决于周围环境可以提供的资源。建筑物所在地的地形地貌、山川走向、气候条件、矿产资源、林木植被等，在很大程度上制约着建筑的朝向、布局、结构、材料和技术。

以房址为例，可以依据房间平面形状、空间位置、地基、墙体、地面和屋顶所采用的材料和技术等，还原其建造过程。若以居住面与地表面的位置关系为依据，则可划分为地穴式（较浅的称为半地穴式）、地面式、高台式三大类。另外，北方黄土高原地区还多见窑洞式，而江南水乡则多见干栏式（图4-9）。墙体的结构主要有挖槽立柱的木骨墙、草拌泥垛墙、夯土墙、土坯墙、石砖墙等类别。地面处理方式则有踩踏面、夯打面、烧烤面和白灰面等不同形式。

除了时代和地域因素，等级性因素往往也是产生建筑体量及其技术差异的重要原因。早在距今五六千年的新石器时代晚期，同一文化区域的不同聚落之间，甚至同一聚落内部不同房屋之间，建筑规模及其技术就开始出现十分明显的差异。如中原地区仰韶文化中期的普通聚落，小型房址面积一般不超过30平方米，居住面用细泥涂抹再经火烤，形成青灰色表层；而灵宝西坡大型聚落遗址的房址F106，

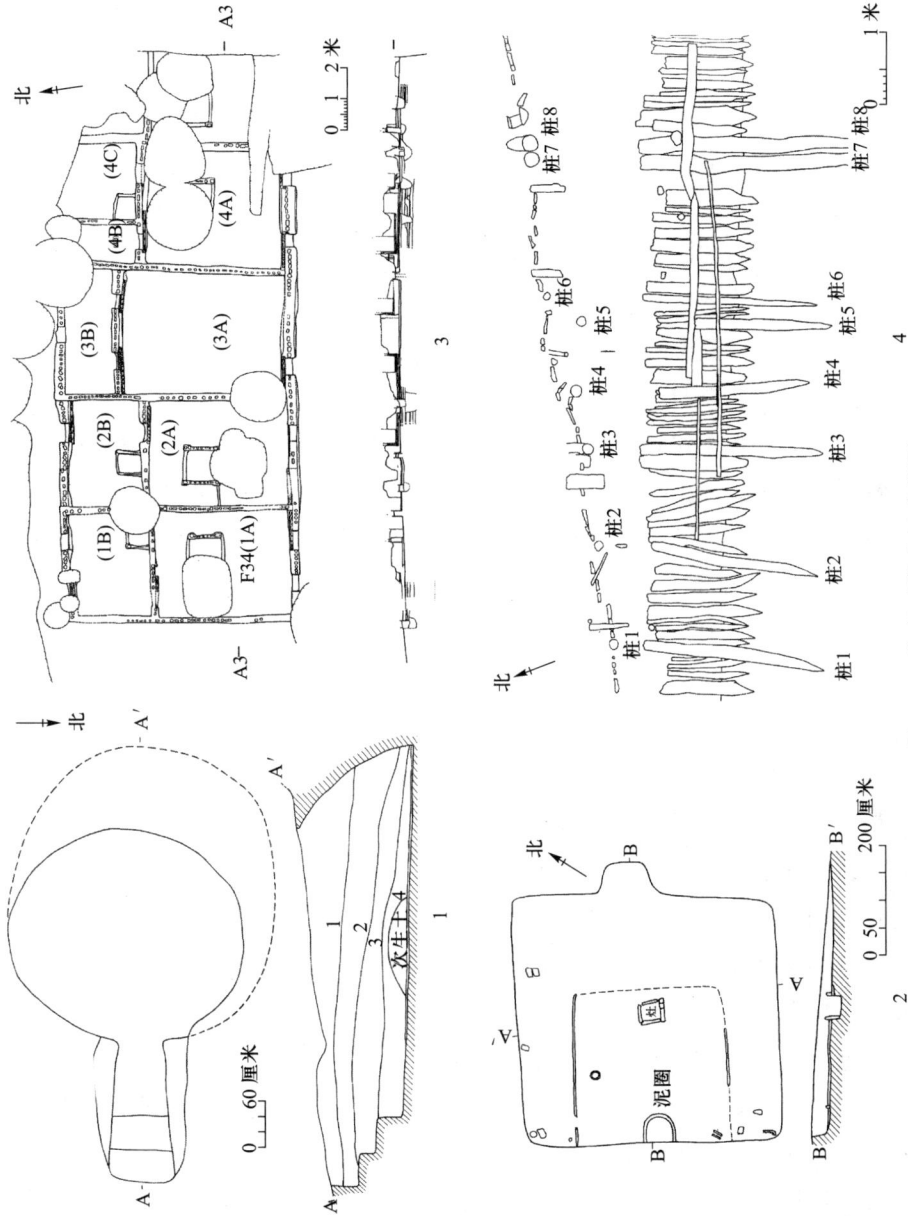

图4-9 先秦时期房址分类图

1. 地穴式:宁夏海原菜园 LF2 平、剖面图　2. 半地穴式:林西白音长汗二期乙类 AFS2 平、剖面图
3. 地面式:邓州八里岗 F34 平、剖面图　4. 干栏式:余姚河姆渡干栏式建筑第 12 排排桩平、立面图

建筑面积达 240 平方米，居住面有 7 层，且墙面、地表均有涂朱现象。[1] 如此规模宏大、结构复杂的房屋，需要大量的人力、物力以及高超的建筑技术和周密的协调组织方能建成，应是仰韶文化中期社会结构复杂化的重要证据。

新石器时代的筑城技术也在一定程度上体现了人地关系。黄河中下游地区的城址一般形状规整，城外有壕沟；建筑方法多为先平整地面，然后再在其上堆筑或版筑城墙。长江中游的城址多依冈阜、河流等微观地形修建，形状不甚规整；又因黏土特性的制约和影响，一般采用堆筑技术，土层薄厚不均，不见版筑技术；而城垣外侧往往建有宽大的城壕，应是针对南方地区降水量大和洪水多发特点，集防洪、给排水、交通和防御等多种功能于一体。内蒙古中南部的城址一般为石筑，多建在地形较为险要的山前台地，且面积偏小，所能承载的居民人口和日常活动能力有限，军事堡垒类的防御功能突出。[2]

（二）空间和功能分析

空间分析就是对各类建筑遗存空间分布及其相互关系的研究，涉及范围包括原材料、建筑物、遗址、交通路线、资源分布及其所反映的人类活动状况等。从单个房屋到整个遗址，再到由若干遗址组成的区域，它们在空间上的分布状况及相互关系，往往隐含着同一时间维度人们共同体的组织形态和社会关系的各种信息。[3]

建筑物形制和共存遗物是判定其功能的基本依据。通过分析建筑物内部设施和各类物品的放置部位等，可以复原其空间布局特征，进而推断不同部位的具体功能。一处形状规整、居住面清楚、设有固定灶址并有生产生活用具伴出的房屋遗存，一般可以判定为一个家庭日常居住生活的建筑单元；而家庭成员的主要分工及其在室内空间上的分隔，也可以借助遗物的分布位置识别出来。对这些判断结果的验证，则需要采用微观形态学的理论与方法，如用显微镜观察诸如席子、垫子等植物遗存及其印痕，用化学手段分析地面上的食物残渣、工具碎屑等，以便进一步确定房间的功能分区。

较之普通房址，判定新石器时代聚落遗址中"大房子"的功能，则相对复杂一些。据民族学材料显示，聚落中存在的"大房子"，其用途可以归纳为公共住宅、集会房屋、男子公所和妇女公所、首领住宅、其他（如仓库）等几类。在建筑形制、内部结构、装饰方式、伴存遗迹和遗物等多方面分析的基础上，再参考

---

[1]　中国社会科学院考古研究所河南一队等：《河南灵宝市西坡遗址发现一座仰韶文化中期特大房址》，《考古》2005 年第 3 期。

[2]　赵辉、魏峻：《中国新石器时代城址的发现与研究》，北京大学中国考古学研究中心、北京大学古代文明研究中心编：《古代文明》第 1 卷，文物出版社 2002 年版，第 1—34 页。

[3]　郭伟民：《论聚落考古中的空间分析方法》，《华夏考古》2008 年第 4 期。

民族学资料，即可判定史前时期"大房子"的具体功能和使用方式。如河姆渡遗址用于炊煮的陶灶、陶釜等容量较小，适应于各自为炊的小家庭使用，所以该遗址的干栏式长房很可能是公共住宅；西安半坡、临潼姜寨等聚落遗址的"大房子"内无卧室痕迹，又很少发现日用器物，因而可能是集会场所；湖北十堰郧阳区青龙泉等聚落遗址"大房子"与小房址并存，且出土物更符合家庭使用的器具，因此可能是首领住宅。①

在分析历史时期的大型建筑时，则更多地需要借助文献资料。以殷墟宫殿区的复原研究为例，1928 年至 1937 年间发掘出 53 处宫殿建筑基址，习称甲、乙、丙三组；1989 年至 1991 年发掘的一处凹形建筑基址或称丁组基址，为商代宫殿宗庙建筑的复原研究提供了重要资料。依据地层关系重新考订各建筑基址的年代，并根据建筑物的规模、结构、附属遗迹遗物，找出各建筑基址成组、成单元的内在关系；再比照二里头遗址和偃师商城宫殿基址的发掘资料，并结合殷墟甲骨文和金文及古代文献中有关宫室建筑和其他礼仪建筑的记载，从而推定殷墟宫殿区是继承夏和商代早期宫室建筑传统、遵循中轴对称、前朝后寝、左祖右社原则规划设计而成的，甲组建筑为寝殿、乙组为朝堂、丙组为社坛、丁组为宗庙（图4-10）。②

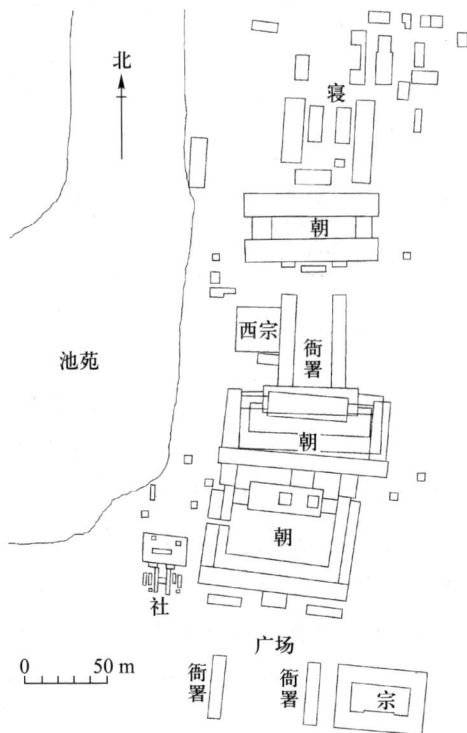

图 4-10　安阳殷墟宫殿区礼仪建筑分布示意图

---

① 汪宁生：《中国考古发现中的"大房子"》，《考古学报》1983 年第 3 期。
② 杜金鹏：《殷墟宫殿区建筑基址研究》，科学出版社 2010 年版，第 424 页。

二、墓葬

墓葬是生者对逝者的一种安置方式。墓地的选择、墓葬的排列、墓室内部结构、人体安置方式以及随葬品的类别、数量和位置等，往往体现着当时人们的生活方式和思想观念。因此，深入分析墓葬资料所包含的信息，可以一定程度地了解当时的社会制度、组织结构、经济技术、风俗习惯、宗教信仰等各方面的情况。

（一）墓地选择和布局

人类有意识地埋葬死者，大约开始于旧石器时代中晚期，新石器时代早期则已出现专设的墓地。而历史时期的高等级墓地，多设专人管理。据《周礼·春官宗伯·冢人》记载，"冢人掌公墓之地，辨其兆域而为之图，先王之葬居中，以昭穆为左右。凡诸侯居左右以前，卿大夫士居后，各以其族。"河北平山战国时期中山国王墓所出金银嵌错铜版"兆域图"，是目前发现最早的陵区规划图（图4-11）。[①]

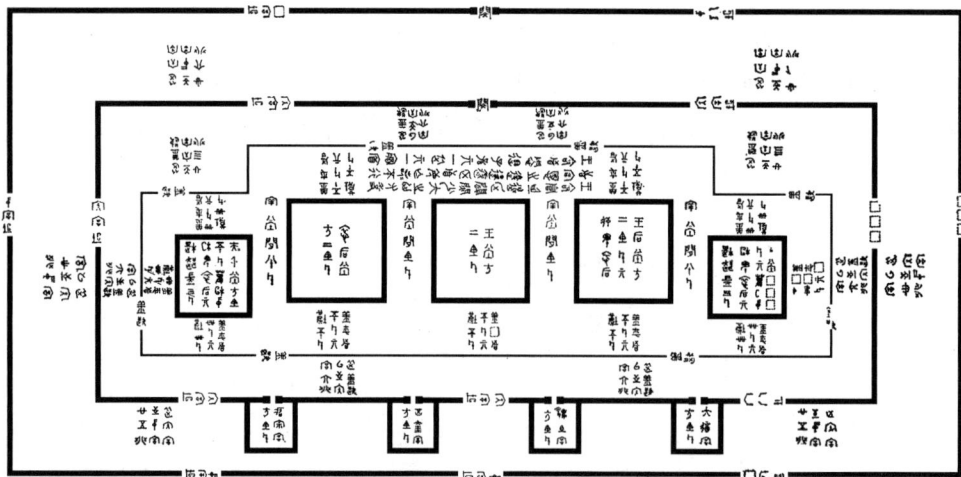

图 4-11　平山中山王墓出土"兆域图"铜版摹本

墓地的规划布局和形成过程，需要在确立年代标尺的基础上，通过墓葬位置、墓向、形制、规模、葬式和随葬品差别等，进行空间布局和结构形态分析，以便确认墓地的原始排序，从而探讨社会组织结构乃至人口构成状况。如以长江中游地区的几处墓地为例，通过辨析不同随葬品组合的相对早晚关系，采用"概率考古分析方法"，推断墓葬下葬的空间顺次，进而探讨墓地的空间构成与社会组织的相互关系，结合聚落和居址材料，最终得出各墓地中存在的墓组、墓群、墓区分别对应的是社会关系中的核心家庭、扩大家庭和大家族之认识。[②]

[①] 杨鸿勋：《战国中山王陵及兆域图研究》，《考古学报》1980年第1期。

[②] 赵辉：《长江中游地区新石器时代墓地研究》，北京大学考古系编：《考古学研究》（四），科学出版社2000年版，第23—54页。

（二）墓葬形制和结构

墓葬形制包括地表与地下两个部分。早期墓葬地表可辨别的遗存甚少，尤其是黄河流域。但许多史前墓地沿用数百年而墓葬之间鲜有打破关系的情形表明，当营建墓葬与埋葬之时，似应存在某种地上标志。地上标志可能因时因地而异，如红山文化积石冢、良渚文化的祭坛墓地、新疆小河墓地的地表木柱等。后世墓葬地表遗存渐趋丰富，主要有陵园、封土、石棚、墓上建筑、石雕像、石碑等，以及石桌、石凳类祭祀遗存。

墓葬地下结构，以材质划分，则有土构墓、石构墓和砖构墓三大类。其中土构墓又以竖穴土坑墓最为常见，另有部分土洞墓。竖穴土坑墓有时设有二层台、腰坑和墓道（图4-12）。熟土二层台是木质葬具腐朽之后遗留下来的特殊形态，反证了木质葬具的存在。[1] 腰坑最初出现于长江中游地区的屈家岭文化，后与海岱地区大汶口-龙山文化的殉狗葬俗在中原地区二里头文化融合，形成腰坑殉狗的葬俗，并随着商文化的扩张而有所传播。[2] 墓道最初的功能可能是修建墓葬时方便出土和下葬时输送棺椁和随葬品，或者利用墓道进行多次合葬，也有学者认为其是墓主灵魂出走的通道或是权力的象征。[3]

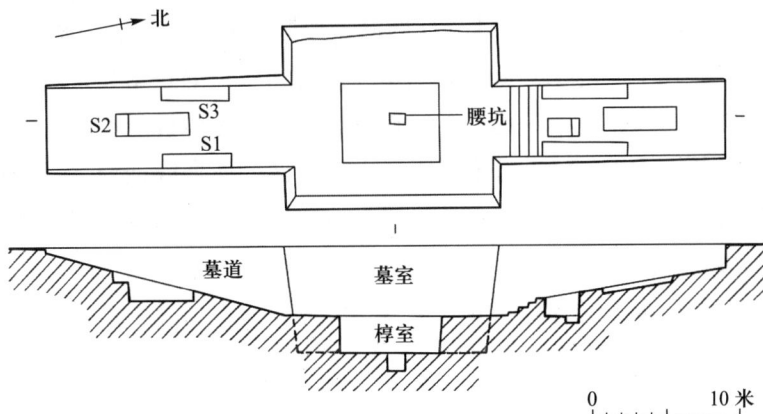

图4-12　安阳殷墟武官村大墓平、剖面图

砖、石结构墓葬兴起之后，墓葬平面布局和立体结构趋于复杂，墓室结构常常比照生前的"前堂后室"布局。画像石墓和壁画墓的画像内容，也多反映墓主生前的生活场景，体现了当时"事死如生"的埋葬观念。

（三）埋葬方式

埋葬方式即安置尸体的具体方式。从埋葬次数来看，可分为一次葬、二次葬、

① 栾丰实：《史前棺椁的产生、发展和棺椁制度的形成》，《文物》2006年第6期。
② 张庆久、杨华：《从腰坑葬俗的延传轨迹看东夷—华夏文明的融合过程——兼论周代山东地区腰坑葬俗》，《文物世界》2008年第3期。
③ 韩国河：《简论坡形墓道》，《郑州大学学报（社会科学版）》2000年第5期。

多次葬等；以埋葬人数论，可分为单人葬、双人葬和多人葬。史前时期合葬的现象相对较为普遍，墓穴内的死者又存在人数、性别、年龄等方面的差异。多人合葬墓往往是二次或多次形成，对其成因的分析，主要有血缘关系亲近、居住地域临近、死亡时间接近等假说。成年男女双人合葬的墓主，则多认为生前可能是夫妻。至于具体一处墓地内所有成员的社会关系如何，还需借助体质人类学尤其是DNA 的分析结果予以验证。

葬式是指对死者尸体摆放的方式。目前所见有仰身直肢、仰身屈肢、侧身直肢、侧身屈肢和俯身葬等多种形式，其中以仰身直肢最为常见。另外，个别墓地还偶见无尸墓和骨骼不全的墓，可能与日趋频繁的战争有关。总之，结合考古学和民族学材料来看，逆向埋葬和特殊埋葬现象多与宗教信仰或具体死因（凶死）有关。

（四）葬具

作为葬具的棺椁，按质地分有石、陶、木等材料。石质和陶质葬具产生较早，从新石器时代开始出现，但没有成为主流葬具，并且缺乏连续性和系统性，因而在反映社会等级差别方面的作用不大。

木质葬具大约出现于仰韶文化中期的海岱地区和环太湖地区。龙山时代早期，双重棺椁增多并趋于规范化，遂成为地位、权力和身份的指示物，由此形成棺椁制度。只是史前时期的木质葬具极难保存下来，只能凭借板灰痕迹甚至墓穴下部填土的质地、结构、颜色等进行辨识。在三晋地区，西周晚期至春秋中期，才逐渐形成基本规范的制度。不过，春秋晚期至战国早期，僭越现象层出不穷，以棺椁数量判断墓主身份的可靠性降低。另外，零星发现的置椁窆棺工具，如载柩车、铁架铜滑轮等运载牵引工具，麻绳、布帛、丝带等捆绑加固工具，为复原下葬过程提供了依据。[①]

（五）随葬品

早期墓葬所见随葬品，多为生活用具和饰品，新石器时代中期开始出现专用于随葬的明器。夏商周三代普遍使用成套的陶质和木质礼器、明器随葬。秦汉时期，礼乐类明器逐渐衰落，新的明器类型代之而起，如秦始皇陵陪葬坑出土的兵马俑、西汉中期以后的仓、灶、井、屋、院落、楼阁、圈舍、作坊、田地等明器，充分反映了汉代庄园经济的发展盛况。唐宋以后，纸明器逐渐流行，其他质料的明器显著减少。

有关随葬品的分析，可从物质属性与社会属性两个方面进行。物质属性是指随葬品的材质、技术、风格等内容，由此来辨析单个墓地（遗址）与周围遗存甚

---

① 刘尊志：《西汉诸侯王墓棺椁及置椁窆棺工具浅论》，《考古与文物》2012 年第 2 期。

至其他区域的联系；社会属性则是依据随葬品的具体位置和伴存物品，探究社群内部的相互关系。如上海青浦福泉山墓地的随葬品研究表明，该墓地各类随葬品比例较为平均，但其来源渠道具有多样化特点，暗示着区域中心是通过多方向的远程流通来获得资源的；与此相反，周边聚落表示身份的器物多为大量同类器物，应是直接控制或参与了有关的手工业生产的结果。[1] 另外，随葬品在墓室中的摆放位置，也可以透露出死者的身份信息。如内蒙古大甸子夏家店下层文化墓葬的研究表明，壁龛中的随葬品如彩绘陶器、动物骨骼等，反映了墓主的社会地位和身份；而葬具内的随葬品如工具、首饰之类，则是墓主个人财富和喜好的标志，不具备任何特殊含义。[2]

三、生产类遗迹

生产类遗迹是指人类在进行各项生产活动时留下来的痕迹。遗迹的形式及其分布位置保留了古代人类空间规划与活动特征等方面的信息。生产类遗迹的分析，主要是通过辨识活动场地、加工对象、工具、产品等，并结合各类遗物的空间分布，推断当时采用的生产技术，并尽可能复原全部生产流程。

（一）农田遗迹

工业革命之前，农业是人类的主要生产方式之一。受到材质等因素的影响，以石、骨、蚌特别是金属材料制作的各类生产工具，在古代遗存中得以大量保存，而农田和灌溉系统方面的农业生产遗迹则保存相对较少。由于农田往往长期耕作使用，所以古代的农田很难保留下来；即便偶尔有所保留，也很难通过规模有限的发掘来全面复原当时的耕作系统。而且，在一般的农史著作中，通常仅提及与农田相关的灌溉系统，基本不涉及农田的格局。[3] 尽管如此，人们还是通过各种方法，在世界各地发现并确认了一些农田遗迹。

在日本，一些古代水田或者被火山灰覆盖且埋藏较深，或者受到河水泛滥而淤积掩埋，往往能够较好地保存下来。迄今为止，已经发现并确认了多处弥生时代以来的水田遗迹。其中，有些水田遗迹保存相当完整，揭示出当时水田的格局及其与聚落的相对位置关系（图4-13）。

在中国长江流域，也陆续发现了一些古代的水田遗迹，如江苏苏州草鞋山遗址就发现确认了崧泽文化时期的水田遗迹。另据报道，在湖南澧县城头山遗址汤

① 秦岭：《福泉山墓地研究》，北京大学中国考古学研究中心、北京大学震旦古代文明研究中心编：《古代文明》第4卷，文物出版社2005年版，第1—36页。
② 吴瑞满：《墓葬习俗中的性别角色研究——以内蒙古自治区大甸子墓地为例》，［美］林嘉琳、孙岩主编：《性别研究与中国考古学》，科学出版社2006年版，第33—73页。
③ 张波、樊志民：《中国农业通史·战国秦汉卷》，中国农业出版社2007版，第128—157页。

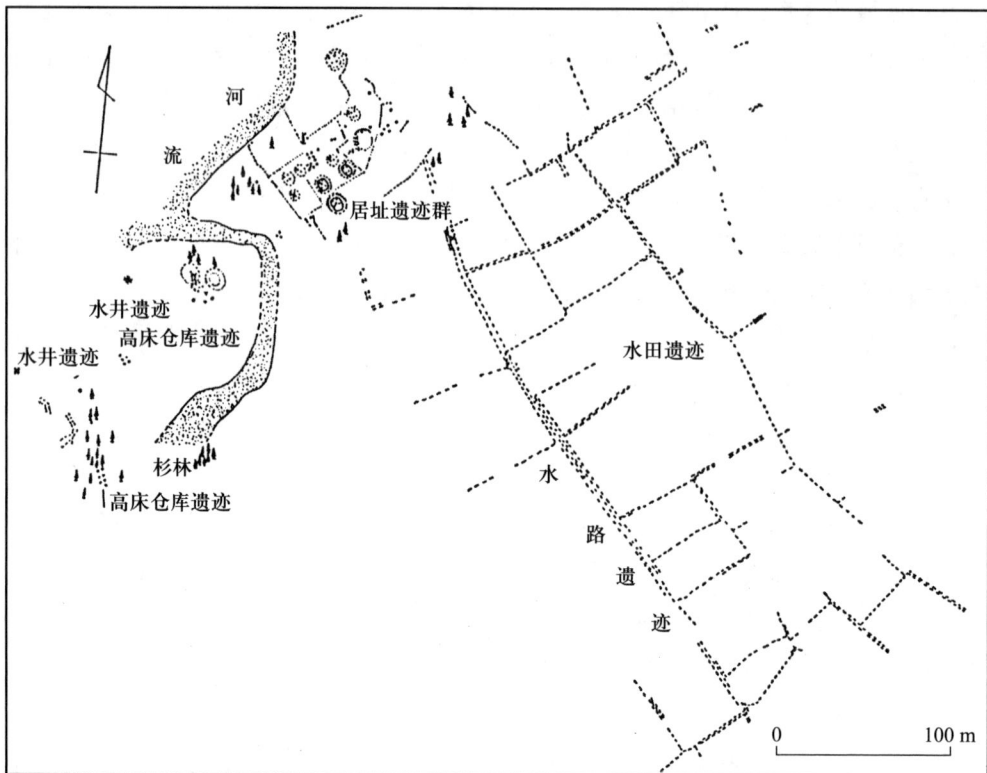

图 4-13 日本登吕遗址弥生文化水田遗迹分布示意图

家岗文化堆积中，也发现有水田遗迹,[1] 时代要早于草鞋山遗址。

相对而言，旱田遗迹的发现较少。中国最重要的发现就是河南内黄三杨庄汉代聚落遗址的旱田遗迹，因黄河泛滥而被埋藏于现代地表 5 米以下，保存完好，为认识和研究汉代聚落和农耕活动提供了重要依据。[2]

一般来讲，农田遗迹发现和研究包括以下几个步骤：一是根据聚落遗址周围的地貌特征，寻找可能存在农田的地貌区位。二是钻探可能的地貌区位，分析钻孔岩芯的土壤理化性质、古生物化石等，如发现农作物遗存（花粉或植硅体）相对比较集中，就说明这里可能存在农田遗迹。三是通过试掘确认是否存在农田遗迹，如果确认了农田的存在，即可进行较大规模的发掘，进而展开系统的综合研究工作。

（二）矿业遗迹

矿业遗迹是指矿业开发过程中遗留下来的痕迹及相关实物遗存，具体包括矿产地质遗迹和矿业生产过程中探矿、采矿和冶炼、加工等活动的遗迹。目前发现

---

① 湖南省文物考古研究所：《澧县城头山——新石器时代遗址发掘报告》，文物出版社 2007 年版，第 164—167 页。

② 刘海旺：《河南秦汉考古发现与研究概要》，《华夏考古》2012 年第 2 期。

的矿业遗迹主要是玉石矿和金属矿。以湖北大冶铜绿山古铜矿遗址为例，矿石开采始于商代，经西周—春秋—战国延续至汉代，唐宋时期也进行过一定规模的开采。遗址面积约250万平方米，已发掘清理出西周至汉代不同结构、不同支护方法的竖井、斜井、盲井数百座，平巷百余条。这些发现表明，浅井探矿和利用淘砂盘进行重砂测量，是古代开发铜绿山矿区的重要探矿方法；而利用木支护结构井巷进行地下开采，则是铜绿山矿区古代开采技术的显著特点。此外，在采矿方法、矿井提升、通风、排水以及工具制作等方面也有不少创造发明。铜绿山古铜矿遗址的发现和发掘，初步展现了铜料开采、冶炼的全部过程，为研究中国古代矿冶技术发展史提供了一批珍贵的实物资料（图4-14）。[1]

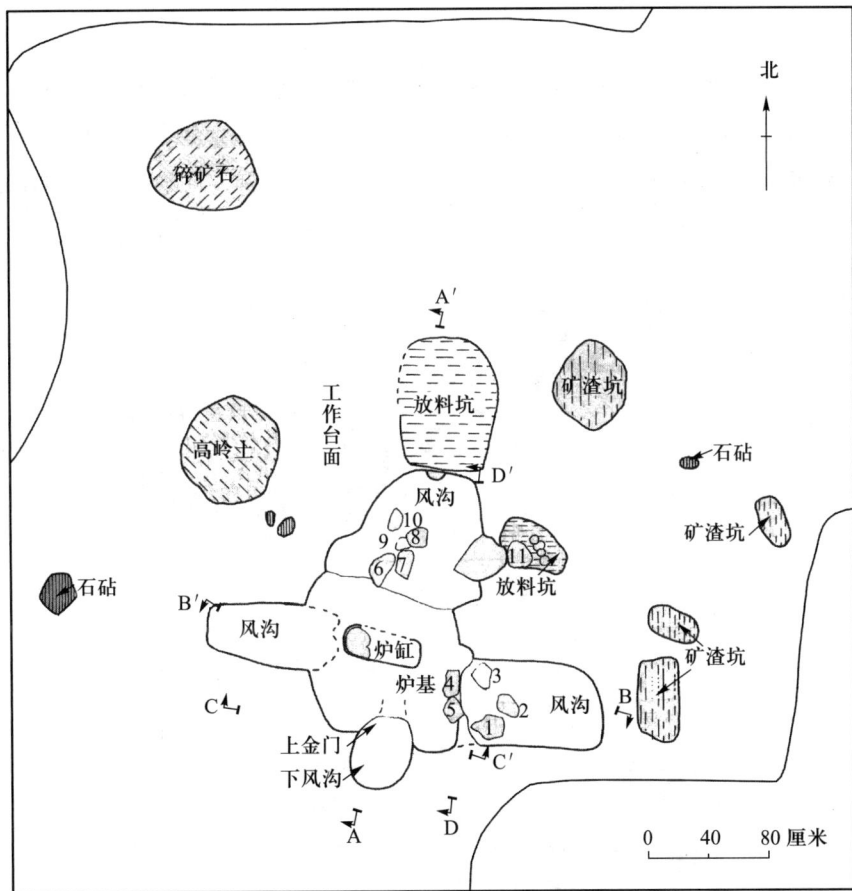

图4-14 大冶铜绿山X1号矿体冶炼遗址9号炼铜炉及辅助设施平面图

（三）手工作坊遗迹

手工作坊遗迹是指专门制作手工业产品的场所和设施，以及生产过程中遗留

---

[1] 黄石市博物馆：《铜绿山古矿冶遗址》，文物出版社1999年版，第151页。

下来的痕迹等各类实物遗存。具体包括作坊遗址、原材料、工具和生产过程中生成的成品、半成品、废弃料、操作平台等遗迹、遗物。一般手工业的生产流程往往存在室内和室外两个操作空间，因而分析确认作坊遗迹的布局结构，对于复原加工技术和工作场景也十分重要。

目前发现的手工业作坊遗迹，主要涉及玉石、陶瓷、金属、骨角、纸业等领域，而皮革、纺织和食品加工类遗迹则鲜有发现。

玉石作坊遗迹往往会伴出大量的原料、工具和废料，作坊本身的布局结构则相对简单。如良渚文化塘山遗址的制玉作坊，出土石质的制玉工具 400 余件、玉器半成品 100 余件，未见完整玉器，也没有发现房屋类建筑遗迹，只发现 3 处用石块砌成的"工作台"。①

陶瓷作坊遗迹则相对复杂一些。除早期平地堆烧陶器的遗迹较难确认外，固定结构的窑址一般比较容易发现和确认，并伴存料池、窑炉、窑具等遗迹和遗物。其他共存的遗迹现象还应有取土场、生产空间等，并伴出相当数量的制作工具、半成品或残次品，这些都是复原陶瓷器制作流程的重要物证（图 4-15）。

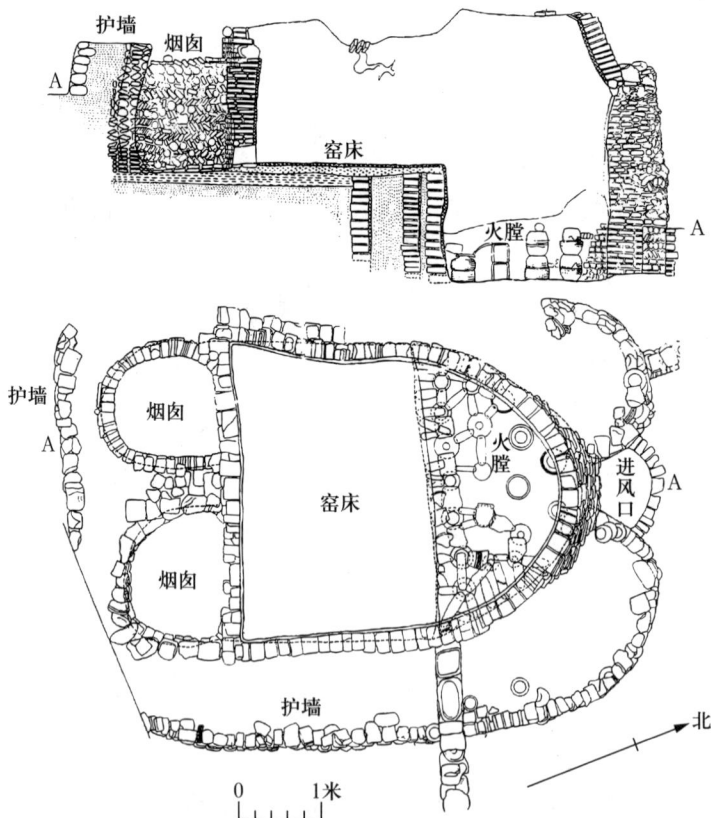

图 4-15 观台磁州窑 Y2 平、剖面图

① 浙江省文物考古研究所：《良渚遗址群》，文物出版社 2005 年版，第 318—319 页。

大型冶铸遗址，一般均有体积较大的熔炉、大批陶范以及相关的居址、窖穴、水井、祭坑、烘范窑和道路、工作台面等遗迹。洛阳、新郑、侯马等地发现的铸铜作坊遗址中，都发现有陶质鼓风管，说明熔炉的熔化能力已显著提高。近年来，三维激光扫描技术与 GIS 技术已逐步用于冶铸遗址的分析研究之中，很大程度上提升了遗存信息的精度与广度。以北京延庆大庄科乡冶铁遗址群为例，将三维激光扫描技术应用于矿冶遗址的测绘，获取到完整精确的冶铁炉炉体尺寸信息、表面三维信息和纹理信息，并建立冶炼炉的三维模型，为炉形复原研究提供可靠数据。① 而通过 GIS 工具对遗址群空间结构及其与资源、环境的关系进行分析，初步表明，随着冶炉容积（即冶铁产量）的增加，人类生产活动中对资源的依赖程度有所减低。②

（四）盐业和酿造业作坊

与人类饮食密切相关的酿造类作坊遗迹种类较多，如酿酒、酿造和生产各种调料（如盐、酱油、醋、植物油等）等，下面以盐业生产为例予以说明。盐业考古的研究内容，包括识别特定的盐业生产遗迹、工具及制盐环境，重建盐业生产技术，分析制盐环境的时空背景，探讨盐业生产的专业化发展，以及盐业生产、贸易与社会经济的关系等。③

在早期制盐遗址中，往往同时存在大量器形一致、种类单一的陶器。如三峡中坝遗址以花边口沿为突出特征的大口尖底缸、鲁北地区商周时期的盔形陶器等。遗迹则有卤水井、大型灶址、盐田（盐池）以及盐业生产人员的生活设施和专门烧制特定陶器的作坊等。

确认盐业遗址和煮盐工具，通常还需要借助相关的化学分析技术。目前，化学分析以 X 射线荧光光谱分析及 X 射线衍射分析技术为主，用于分析制盐陶器器壁及遗迹残留的白色钙化物等。山东寿光大荒北央遗址发现有许多盔形器，其内壁附着白色凝结物，氧化钠及氯的含量高于周边土壤数倍；在相关遗迹方面，还发现了大量黑色草木灰与白色凝结物交互成层的特殊堆积现象。④

四、其他遗迹

在人工建筑、墓葬和生产类遗迹之外，人类在其他领域的活动也会留下各种痕迹。如穴居生活、交通迁徙、防洪治水、战争、贸易、宗教和祭祀等，均可留

---

① 魏薇、潜伟:《三维激光扫描技术在矿冶遗址研究中的应用——以延庆水泉沟冶铁遗址为例》,《中国文物科学研究》2016 年第 2 期。
② 李潘等:《GIS 在北京延庆大庄科辽代冶铁遗址群景观考古研究中的初步应用》,《文物保护与考古科学》2016 年第 3 期。
③ 陈伯桢:《中国盐业考古的回顾与展望》,《南方文物》2008 年第 1 期。
④ 王青、朱继平:《山东北部商周时期海盐生产的几个问题》,《文物》2006 年第 4 期。

下一些特定的遗迹现象。通过分析辨别这些遗迹现象以及所伴存的零散遗物，可以丰富我们对当时人类的行为模式乃至思维方式的认识。

（一）洞穴遗迹与旷野遗迹

天然洞穴是人类早期赖以栖身之地，分析洞穴中古人类的遗留物位置，是探知远古先民生产生活状态的重要手段。如 20 世纪 30 年代发掘的山顶洞遗址，即分为洞口、上室、下室和下窨四部分。上室东部地面上发现一堆灰烬，内有装饰品和少量石器，应是人类居住的地方；较低的西部发现 3 具完整的人头骨和一些躯干骨，人骨周围散布有赤铁矿的粉末及一些随葬品，可能是有意识的埋葬区。①

旷野遗迹是指采集狩猎人群在特定区域活动所遗留下来的各种痕迹，把一系列活动痕迹串联起来，可以构成整个生计策略的不同环节和内容。美国学者路易斯·宾福德通过对努那缪提因纽特人聚落的民族考古学研究，识别出相隔约 1 公里的狩猎、屠宰和肉食储藏三处遗迹，共同构成狩猎驯鹿的猎人在一天之内的全部活动过程。这项研究结果为解释史前旷野遗迹、探索人类活动方式提供了生动的参考范例。②

（二）水利遗迹

自人类诞生以来，水资源利用和防治洪水灾害，始终是人类的一项重要活动。目前，考古学意义上的水利遗迹，可分为生活用水类、防洪泄水类、农田灌溉类、漕运航运类和利用水能的制作加工类等。

生活用水设施主要包括供水设施和排水设施两方面。早期人类多滨河湖而居，利用天然水源维持生计。至迟在新石器时代中期，已经出现人工凿井技术（图 4-16）。排水设施中较为常见的是陶质排水管道，如河南淮阳平粮台龙山古城南门门道下，发现有呈"品"字形排列的三条陶质排水管道，对后世的城市建设应有较普遍的影响。③

防洪泄水遗迹主要有堤坝、围堰和海塘三种类型。目前所见时代最早的堤坝

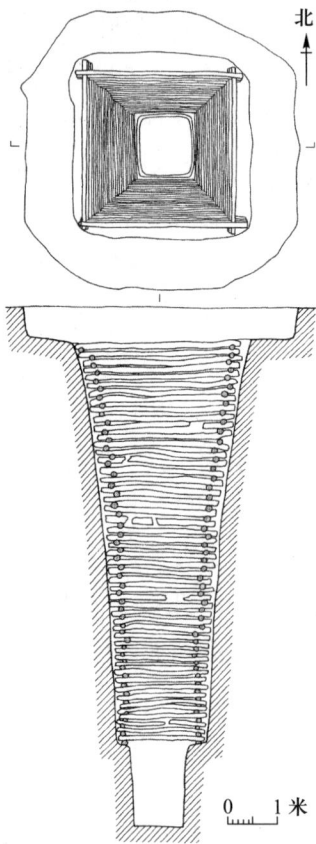

图 4-16　汤阴白营遗址水井

---

① 裴文中：《周口店山顶洞之文化（中文节略）》，《文物春秋》2002 年第 2 期。
② ［美］路易斯·宾福德：《追寻人类的过去——解释考古材料》，陈胜前译，上海三联书店 2009 年版，第 95—135 页。
③ 河南省文物研究所、周口地区文化局文物科：《河南淮阳平粮台龙山文化城址试掘简报》，《文物》1983 年第 3 期。

是良渚文化塘山堤坝遗址，系利用自然土丘堆筑连接而成，并连续堆筑加高，以防天目山洪水泛滥，保护塘山以南地区密集的良渚文化遗址群（参见图6-9）。[①]

灌溉系统可分为河灌和井灌两类。灌溉工程则有堰坝、陂塘、沟洫、水门，而提水灌溉设备则有桔槔、辘轳、翻车、筒车、架槽等。还原这类设施的具体使用方式，可以有效推断当时的农业生产、园艺技术及其发展水平。

漕运航运类遗迹主要包括内河河道、码头及堰埭、水闸、栈道等，后者还包括壁孔、底孔、桥槽、转筒以及历代题记等。如通过三门峡漕运遗迹的调查，揭示出大多数地段黄河古栈道的开通方式，即先在岩壁上向内开凿出通道，然后再凿壁孔、插木梁，最后铺设木板。[②]

（三）军事遗迹

"国之大事，在祀与戎"。在人类社会的发展过程中，尤其农业产生以来，集团式的暴力冲突日益频繁，从而形成了战争这一特殊的人文现象，伴随着历史演进的始终。近年来，有关军事考古的研究渐趋深入，形成了"军事考古学"的新领域，[③] 并引入"场域"概念，作为军事考古学研究基本单位，用来建构战争遗存的研究框架。[④] 关乎战争的军事遗迹主要有三大类，其一是军事防御设施如长城、城防、海防、烽燧、驿站、关隘等；其二是古战场遗存，包括战场遗址、军事指挥遗存、埋葬战死者的遗迹乃至描绘有战斗场面的造型艺术品或画面等；其三是与武器有关的遗存，比如兵器制造工场遗址、兵器陪葬现象或武器祭祀现象等。[⑤]

长城是我国古代最为著名的军事防御体系，上下两千年、纵横数万里，体系庞大、结构复杂。2006年以来启动长城资源调查项目，全面、准确地探明了各地历代长城的规模、分布、构成、走向及其时代、自然与人文环境、保护与管理现状等基础资料，新发现了一批墙体、堑壕、土垄、障、坞等相关设施，为研究历代疆域变迁、边塞治理、军事与贸易以及长城两侧历史上不同时期农耕民族与游牧民族的关系问题提供了翔实的基础信息。[⑥]

完整的城防体系，可以重庆合川钓鱼城遗址为例。钓鱼城遗址位于合川东城半岛的钓鱼山上，由山顶环城和南、北一字城墙与南、北水军码头共同组成，另有连接南水军码头的城墙一道，充分体现了冷兵器时代的山地城防特点，而且对考古学、历史学、军事学、建筑学以及嘉陵江流域的水文、环境等多学科研究具

---

① 浙江省文物考古研究所：《良渚遗址群》，文物出版社2005年版，第118—222页。
② 张庆捷、赵瑞民：《黄河古栈道的新发现与初步研究》，《文物》1998年第8期。
③ 赵丛苍：《军事考古学初论》（上），《中国文物报》1999年11月10日第3版；赵丛苍：《军事考古学初论》（下），《中国文物报》1999年11月17日第3版。
④ 赵丛苍：《军事考古学理论与方法体系论纲》，《宝鸡文理学院学报（社会科学版）》2015年第4期。
⑤ 赵丛苍、张朝：《考古学视野下的丝绸之路军事遗存》，《文物》2016年第2期。
⑥ 国家文物局：《中国长城保护报告》（2016年11月）载国家文物局网站。

有重要的学术价值。①

　　另外，镇江古城遗址还曾发现东晋、隋唐时期具有军事性质的砖砌甬道，其作用就是连接军事大本营与城垣防御设施之间的地下通道，为研究六朝至唐代的城防军事设施提供了重要实例。②

　　战场是战争的实际发生地，对战场遗迹进行细致发掘、详尽记录，并结合当时的地貌与环境进行分析，可以阐释战争进行状况、复原军事装备乃至战略战术。如依据战场上箭镞的分布方向、布局特点等信息，即可推知这次战役对阵双方的位置及进攻方向。③

　　中国古代历史上曾经发生过无数次战争，其中许多著名的战场遗址一直保留至今。如山西高平长平古战场遗址，已发现尸骨坑 18 处，死者均为青壮年男性，尸骨上多有箭痕、砸痕、刀痕和骨折痕迹等，并伴出兵器，证明他们应是战死沙场或沦为战俘被杀后而集中埋葬于此。④

第三节　自然遗存分析

　　自然遗存，是指考古遗址中保存下来的与人类活动有关、但又明显具有自然属性的一类遗存，包括人类、动物和植物遗骸以及在考古遗址中保存量最大的土壤和沉积物等。

一、人体遗存

　　考古发现的人体遗存，由于受到埋藏原因、埋葬习俗、保存环境和后期自然或人为破坏等因素的影响，保存状况不尽一致，可分完整的尸体、完整或不完整的骨架和人体印痕等多种形式，其中以完整或不完整的骨架较为常见。人类不仅具有特定形态的骨骼结构，而且生命运动过程中的性别、年龄、特殊习俗、特定职业或活动等，也会不同程度地在骨骼上留下印记。因而，通过骨骼及其形态结构的比较研究，既可以判断人类体质特征和发展阶段，也有助于解释其生产生活状况和社会活动，进而探讨当时的社会组织和社会意识等情况。

---

① 袁东山、蔡亚林：《合川钓鱼城古战场遗址取得重要发现》，《中国文物报》2010 年 2 月 5 日第 12 版。
② 镇江古城考古所：《镇江晋、唐军事甬道遗迹考古简报》，《南方文物》1995 年第 4 期。
③ 赵戈、冉万里：《古代战争遗存的考古学研究现状与思考》，《西北大学学报（哲学社会科学版）》2016 年第 1 期。
④ 山西省考古研究所等：《长平之战遗址永录 1 号尸骨坑出土刀币》，《中国钱币》1998 年第 2 期。
　　山西省考古研究所等：《长平之战遗址永录 1 号尸骨坑发掘简报》，《文物》1996 年第 6 期。

（一）基本信息的提取

骨骼鉴定和测量：考古发掘中获得的人骨遗存，首先需要进行各部位骨骼的鉴定及完整标本的测量工作。人体共由 206 块骨骼构成，包括头骨、躯干骨、牙齿和四肢骨等几大部分（图 4-17）。根据不同部位骨骼的测量结果，可依照特定的公式进行脑容量的推算和人体身高、面部等的复原。

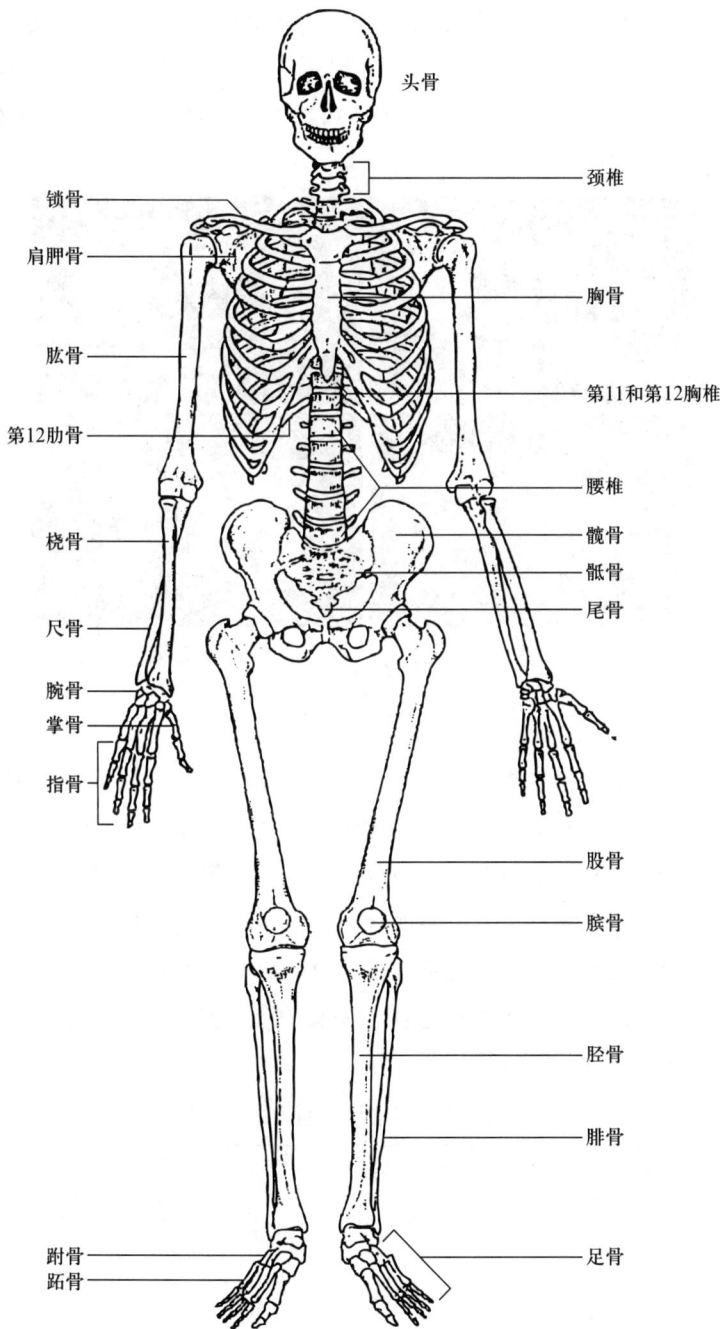

图 4-17　人体骨骼示意图

性别鉴定：在一些特定部位的骨骼形态结构上，性别特征表现得较为明显。如骨盆，一般男性的骨盆盆腔高而窄，坐骨大切迹窄而深，耻骨联合部较高，耻骨下角较小；女性的骨盆盆腔浅而宽，坐骨大切迹宽而浅，耻骨联合部较低，耻骨下角较大，且在髂骨上常有耳前沟（分娩沟）（图4-18）。又如颅骨，一般男性的较大，厚重而粗壮，眉弓发达，眶上缘圆钝，前额较为倾斜，颧骨高而粗壮，乳突和枕外隆凸均较为发达；女性的则较小，光滑而细致，眉弓不发达，眶上缘锐薄，前额较为陡直，颧骨低而纤细，乳突和枕外隆凸都不发达。此外，人体其他部位的骨骼，如下颌骨、胸骨、肩胛骨和长骨等，性别差异有时也较为明显，都可以作为性别鉴定时的参考。

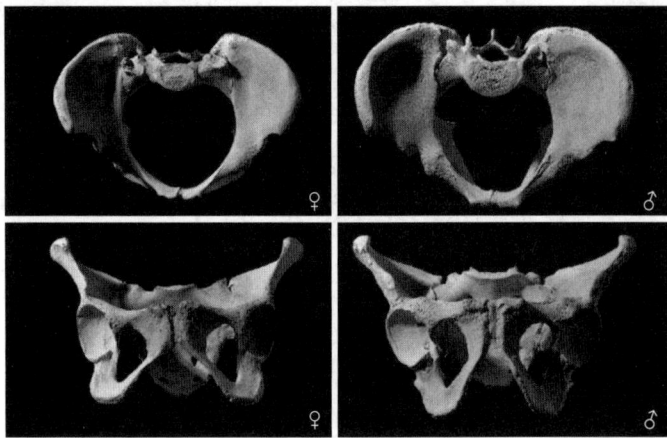

图4-18 人体骨盆的两性差异示意图

左·女性 右·男性

年龄鉴定：人体骨骼发育基本贯穿于生命过程的始终，尤其牙齿和骨骺愈合程度等，往往具有较为显著的年龄阶段特征。因而，可以通过肉眼观察牙齿的萌出（表4-1）和磨耗程度、骨骺发育及骨缝愈合程度等，判断其所处的年龄阶段。国内外已有多位学者总结出了牙齿磨蚀分级（表4-2）、颅骨骨缝愈合程度分级和耻骨联合面的变化与年龄之间的关系（图4-19）等多种分级量化体系，增加了年龄鉴定的准确度。此外，还可以通过实验室微观组织学观察和影像学方法，来估计骨骼和牙齿所代表的年龄特征。

表4-1 我国儿童恒齿萌出的时间[①]

牙齿种类		男性	女性
上颌	中门齿	6.5—8岁	6—9岁

① 邵象清：《人体测量手册》，上海辞书出版社1985年版，第45页。

续表

牙齿种类		男性	女性
上颌	侧门齿	7.5—10 岁	7—10 岁
	犬齿	10—13 岁	9.5—12 岁
	第一前臼齿	9—12 岁	9—12 岁
	第二前臼齿	10—13 岁	9.5—12 岁
	第一臼齿	6—7.5 岁	5.5—7.5 岁
	第二臼齿	11.5—14 岁	11—14 岁
下颌	中门齿	6—7.5 岁	5—8.5 岁
	侧门齿	6.5—8.5 岁	5.5—9 岁
	犬齿	9.5—12 岁	8.5—11.5 岁
	第一前臼齿	9.5—12.5 岁	9—12 岁
	第二前臼齿	10—13 岁	9.5—13 岁
	第一臼齿	6—7 岁	5—7 岁
	第二臼齿	11—13.5 岁	10.5—13 岁

表 4-2 臼齿的磨耗级别及其与年龄的关系

级别	表现特征	M1		M2	
		平均年龄	95%可信区间	平均年龄	95%可信区间
I	齿尖顶和边缘部分微有磨耗	20	17—22	23	20—27
II	齿尖磨平或咬合面中央凹陷	24	22—25	29	28—30
III	齿尖大部分磨耗，齿质点暴露	32	31—33	36	34—38
IV	齿质点扩大连成一片	41	37—45	47	40—54
V	齿冠部分磨耗，齿质全部暴露	52	44—60	60	—
VI	齿冠全部磨耗，齿腔暴露	61	—	—	—

骨骼异常现象：考古发现的人体骨骼异常现象，可以分为形态结构异常和位置结构异常两大类。

形态结构异常一般是生前或死亡时所形成的局部骨骼形态变异。战争、手术或日常生产活动，都有可能在骨骼上留下不同的表现。如意外伤害造成的创伤，包括骨折、关节脱位、工具或武器所导致的伤痕等（图 4-20）。再如用于治疗的开颅术，也会在头骨上留下痕迹。据相关学者研究，头骨穿孔主要有刮剥、挖槽和锯切三种方法，中国在山东广饶傅家大汶口文化中期遗址、青海民和阳山半山和

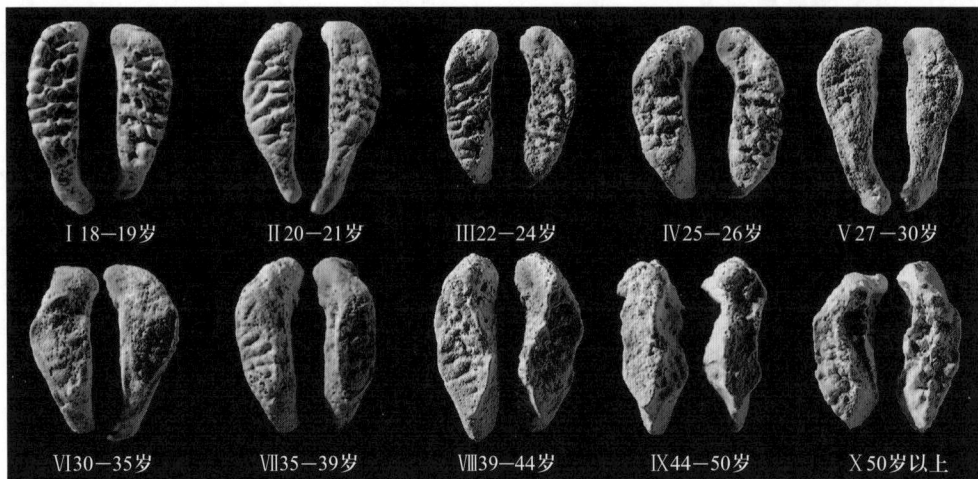

I 18—19岁　　II 20—21岁　　III 22—24岁　　IV 25—26岁　　V 27—30岁

VI 30—35岁　　VII 35—39岁　　VIII 39—44岁　　IX 44—50岁　　X 50岁以上

图 4-19　成年人耻骨联合面年龄变化示意图

马厂文化墓地等都发现有颅骨穿孔的标本，多采用刮削方法实施开颅。

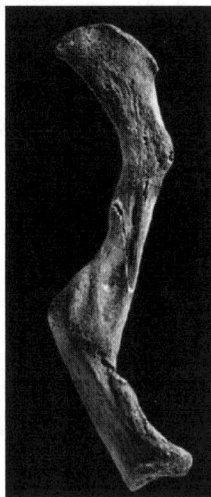

图 4-20　锁骨骨折示意图

　　长期从事某种活动或特定的风俗，也会造成一定程度的骨骼异常现象。如过屈或垂向压缩使得椎体骨松质被压缩，从而产生的椎骨压缩性骨折；由于长期采用蹲姿而导致的蹲踞窝；头骨的人工变形；口含小球造成的下颌骨变形和生前拔牙的现象等。针对这些骨骼异常情况进行分析，可以对古人的行为、习俗和社会分工等做出相应的判断。

　　位置结构异常亦即埋藏性异常，一般是指生物人死亡之后，在埋葬或埋藏过程中形成的人体骨骼位置结构变异。学术界对此类异常现象还缺乏系统的总结，但相关的研究工作早已展开。如所谓二次葬、二次扰乱葬、人骨推挤现象等，都应属于埋藏性原因导致的人体骨骼位置结构异常。

　　病理鉴定：人类的一些疾病，也会在骨骼和牙齿表面留下不同的表现。如由于贫血和营养不良等原因造成的颅骨的疏松性骨肥厚、眶部筛孔样改变、脊柱明显可见的骨质疏松、手足部短骨骨质疏松形成的蜂窝样结构和长骨的哈瑞斯线等，这些常常被用作评价古人生存和健康状况的指征。

　　牙齿病变主要是龋齿和釉质发育不全。其中龋齿与食物密切相关，摄取富糖食物的频率越高，越容易产生龋齿。釉质发育不全则可能是新生儿溶血或早产所致，婴儿期的高热疾病如肺炎、麻疹、猩红热，严重的营养障碍如维生素 A、D 缺乏，孕妇妊娠期患风疹、毒血症等，都可能造成釉质发育不全。

（二）科学检测与综合分析

在上述鉴定的基础上，可选取典型标本进行科学检测和分析，主要包括食谱分析、锶同位素分析、古 DNA 分析和生物力学分析等。

食谱分析：人骨组织的化学组成与摄取食物的化学组成存在对应关系。不同的食物来源及其所存在的稳定同位素成分差异，也会体现在人体骨骼的稳定同位素组成方面。因此，分析骨骼中的稳定同位素（主要是稳定同位素 ^{13}C 和 ^{15}N）组成，即可揭示人类的食物构成。

锶同位素分析：自然科学中通常用 $^{87}Sr/^{86}Sr$ 来表示锶同位素的组成，由于岩石类型和年龄的不同，地球表面各地的 $^{87}Sr/^{86}Sr$ 值也不尽相同。长期生活在一个地区的人们，从水和食物中获得的锶同位素比值是相对一致的，一般可以在人类遗存中易于保存的牙齿和骨骼中找到相应的 $^{87}Sr/^{86}Sr$ 值的信息。当人类从一个地方迁移到另一个地方，随着地质条件的不同，锶同位素比值发生改变，人体内的锶同位素比值也会发生相应的变化。人类牙齿的锶同位素比值能够保持牙齿长成时所在地的数值，反映的是人类幼年时期生活地区的地质特征，而骨骼中的锶同位素比值则反映的是人类死前若干年生活地区的地质特征。如果某一个体的牙珐琅质与骨骼存在不同的锶同位素组成，那么就可以推断该个体栖息地发生过变动。因此，通过人骨锶同位素组成分析，就有可能获取有关古人迁徙即栖息地变动的信息。

古 DNA 分析：古 DNA 指的是从考古和古生物化石标本中获取的古代生物DNA。DNA 是脱氧核糖核酸的英文缩写，它基本上是包括人类在内的所有生物的遗传信息载体，记录着生命个体的诞生过程，其相似程度能够揭示不同个体之间的亲缘关系。对古代人类遗骸的 DNA 进行提取、聚合酶链式反应（PCR）扩增和相关数据分析，能够帮助鉴定个体性别，分析亲缘关系，重建古代人群的遗传结构、进化过程和迁移模式。目前，古 DNA 分析多用于早期人类起源和现代人起源和扩散及人群亲缘关系等方面的研究。需要注意的是由于埋藏环境的影响，古生物遗存保留的 DNA 含量已经极其微弱，且多已分解成片断，提取成功率较低；同时，古 DNA 的整个研究过程包括样品采集、DNA 抽提、PCR 扩增和克隆等都可能会引入污染，会对分析的结果产生影响。

生物力学分析：不同的活动姿态往往会导致生物力学的环境变化，而经常性的特定力学环境就有可能导致骨骼（尤其长骨）性能和结构发生变化。利用 CT 扫描等技术手段，配合相关软件对人体长骨进行分析，便可获得较为直观的骨骼功能信息，进而对古人的生产和生活情况做出相应的推断。如根据股骨横断面几何形态的差异，就能够获得史前人群生活方式（定居或者流动）方面的信息。

综合以上信息，结合其他相关资料，即可在一定程度上了解当时的经济方式，如是以采集狩猎还是以农业为主。同时，也有助于判断当时的社会分工和组织形态，如是否出现了专门的手工业生产及阶层分化等社会现象。

二、动物遗存

考古遗址中所见的动物遗存，一般都只保留了身体组织中比较坚硬的部分，主要包括脊椎动物的骨骼、牙齿、角、甲壳，软体动物和节肢动物的甲壳等。

（一）基础鉴定

遗址中出土的动物遗存，首先要进行基本信息的提取，包括种属及部位、年龄和性别的鉴定，尺寸和重量的测量以及表面痕迹的观察等内容。

种属鉴定：主要以各种现生动物的解剖学特征为基础，同时参照有关文献和图谱，进行种属的鉴定。要尽可能确定具体的属种，不能确定属种的要按照其特征分别鉴定到纲、目和科，并确定骨骼所在部位和具体名称（图 4-21）。

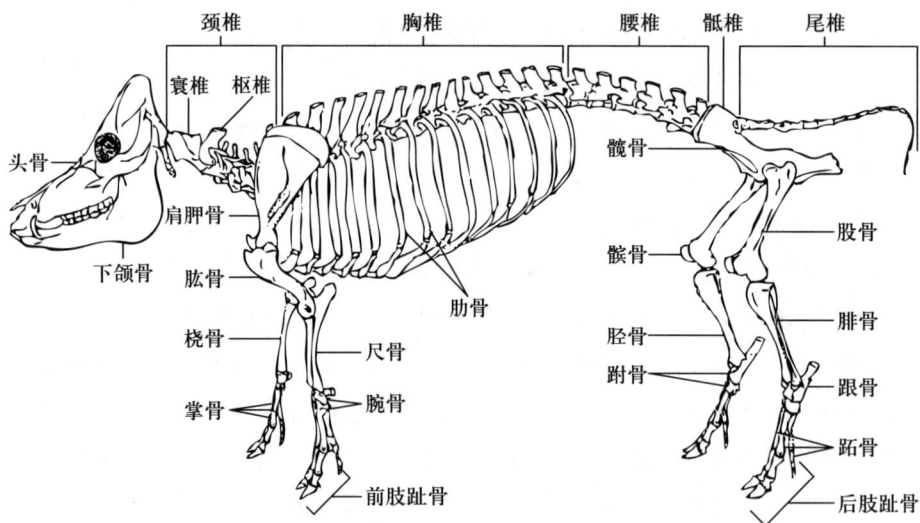

图 4-21 猪的全身骨骼示意图

年龄鉴定：不同种属的动物，其生命周期与骨骼发育特征存在较大差异，所以判断年龄的标准各不相同。所有的哺乳动物都可以通过牙齿的萌出和磨蚀、骨缝和骨骺的愈合程度来判断年龄。双壳类软体动物，可以通过贝壳断面的生长线来判断年龄。鱼类可以通过钙质在鳞片、耳石、骨骼上沉积形成的生长线和年轮来判断年龄。

动物的死亡年龄结构，既可作为判断该种动物是否被驯化的依据，也可以研究人类对该种动物的利用模式。一般认为，只有经过人工驯养的动物，才会在相对集中的年龄段被宰杀。其中主要提供肉食的动物如猪，其死亡年龄一般集中在青少年时期，而主要用于提供劳役或其他制品（毛和奶）的动物如狗和马、牛、羊等，其死亡年龄多集中在老年时期。

性别鉴定：动物的雌雄特征常常也体现在某些部位的骨骼上，据此可以判断其性别。如鸡形目的一些鸟类，成年雄性的跗跖骨上有突出的脚趾状的距，雌性则无或不发育。利用这一特征对遗址中出土鸡骨进行性别比例分析，有助于推断鸡是否被驯化。

有角的动物，可以通过角的有无或大小判断性别。如鹿类动物，除驯鹿雌雄皆有角外，其余种属皆为雄性有角，可依角的有无判断性别。而洞角类动物（牛和羊），尽管雌雄均会长角，但是雄性的角发育要更加充分，且在断面等形状上也会有所区分，可依角的大小和结构特征判断性别。

哺乳动物的骨盆（髋骨）也存在着一定的两性差异。一般来说，由于雌性担负着生育任务，骨盆的空腔要更大一些，而且这种特殊结构导致雌性动物的耻骨更为纤细。有时甚至还可在髋骨上观察到动物生育过的痕迹。

此外，还可以通过犬齿来判断动物的性别。一些不长角或角发育较小的鹿类动物，如獐、麂和麝等，雄性个体会长有锋利的上犬齿，而雌性则很小或不见。猪虽然雌雄皆长犬齿，但一般雄性犬齿发育程度要更高一些，尤其下犬齿的性别差异更为明显。

表面痕迹观察：动物骨骼的表面痕迹包括风化磨蚀、动物啃咬、人工砍砸切割与烧烤痕迹等，形成原因可分自然和人为两大类。自然原因产生的表面痕迹，包括长期暴露在空气中造成的风化痕迹、土壤压力或动物踩踏造成的骨骼破裂痕迹，啮齿动物啃咬留在骨骼表面整齐平行的痕迹，食肉动物啃咬留在骨骼上杂乱无章的痕迹等。人类行为留下的痕迹有直接和间接之分：直接者如宰杀肢解动物留下的砍砸和切割痕（图4-22）、制作骨器遗留的切锯痕和磨痕等；间接痕迹则是人类的间接行为造成的，主要是驯化和使役行为引发的一些疾病致使动物局部骨骼发生病变，如家马的脊椎由于长期负重而产生的骨质增生病变等。针对这些痕迹及其形成原因的分析，可以了解古人的行为和社会分工等。

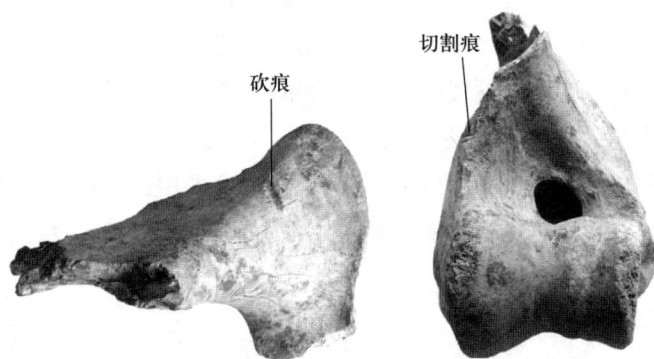

图4-22　骨骼表面的人工痕迹示意图（广西百色革新桥遗址）

测量：不同种属的测量标准不尽相同。双壳类软体动物，主要测量其长度、宽度和壳体的高度；腹足纲动物，主要测量其高度和壳口等部位的宽度；哺乳动物则根据安格拉·冯登德里施的测量方法与标准,[1] 对鉴定出的不同骨骼进行测量。这些测量数据不仅可以复原动物的形体大小，也有助于动物分类及动物发展演化研究等。

（二）定量统计

鉴定工作完成后，需要对不同动物的遗存进行相关统计和量化分析。

可鉴定标本数：表示可进行系统分类或可以鉴定到骨骼部位的标本数量，它能提供标本数量多少的信息。其优点在于数值可以追加，如果在初步鉴定后又发现了一些可鉴定标本，那么只要在原来数量的基础上直接增加即可。其缺点是对于可鉴定标本的样品，只要能鉴定出一定分类水平上的种属，就划归为一件新的标本，容易受遗存埋藏条件和保存状况的影响，如一件蚌壳破裂成 20 件标本，这些标本根据其特征都可以鉴定为蚌壳，那么可鉴定标本数即为 20 件。

最小个体数：是指计算同一分类系统中的标本可能代表的最少个体数量，统计方法就是根据这类动物骨骼的部位及其左右，通过聚合的统计数量来选择最大值。其优点是可以避免像可鉴定标本数那样易受遗存的埋藏条件和保存状况影响；缺点是在数量累计时，划分层位的多少可能影响最小个体数的数值。

肉量统计：小型哺乳动物如兔子，与大型哺乳动物如黄牛、麋鹿相比，其所能提供的肉量存在很大差距。因此，在进行肉量统计时，应该充分认识到这一点，要考虑动物体型大小的因素。

有关动物肉量的计算方法主要有两种。[2] 一是西奥多·怀特的计算方法，即长腿哺乳动物可食用肉量=活体动物重量×50%×该种动物的最小个体数，鸟类和短腿哺乳动物可食用肉量=活体动物重量×70%×该种动物的最小个体数。这种计算方法充分考虑了不同体型动物在肉量提供中所占据的地位，但受到动物最小个体数的较大影响。二是查尔斯·里德的计算方法，即首先根据不同动物骨骼与活体动物重量之间的比例关系，计算出遗址中所出动物骨骼所能代表的活体动物重量；然后按照可食用肉量=遗址中发现的活体动物重量×50%的公式，计算出这些动物遗存所能提供的肉量。这种计算方法完全取决于动物遗存的收集情况，因此受到动物遗存保存和埋藏情况的影响较大。目前，国内多采用怀特的统计方法，在具体统计过程中尽量结合动物的性别和年龄鉴定，力求获得客观的动物肉量。

---

[1]　［德］安格拉·冯登德里施：《考古遗址出土动物骨骼测量指南》，马萧林、侯彦峰译，科学出版社 2007 年版，第 19—125 页。

[2]　Elizabeth J. Reitz and Elizabeth S. Wing, *Zooarchaeology*, Cambridge：Cambridge University Press，1999，p. 236.

（三）检测分析

在量化分析的同时，还可选取部分标本利用现代科技手段进行检测和分析，主要包括食性分析、古 DNA 分析和脂肪酸分析等。

食性分析：相对野生动物而言，家养动物的生活环境较为狭窄，食物来源比较稳定，并与饲养者的食物有较强的关联性。一般认为，家养动物尤其家猪的饲料应以农作物的副产品为主，包括主要粮食作物的皮壳、人类日常饮食的剩残物等。因此，以遗址发掘出土的动物骨骼为对象，通过稳定同位素碳、氮和氧元素的测试分析，可以了解它们的食性，结合对同一遗址出土的人骨进行同样的测试分析，可以比较推断当时是否已经存在家畜饲养等人类行为。

古 DNA 分析：动物的遗传基因大多类似于人类。动物遗骸是其死亡后留下的唯一实物证据，其中所保留的古 DNA 可直接用来鉴定性别，追溯现代动物的种群形成过程及其演化轨迹。目前，已有学者利用这一技术进行家养动物（水牛、黄牛等）起源的研究，并取得了重要成果。

脂肪酸分析：脂肪酸是由碳、氢、氧组成的链状化合物，属最简单的脂类化合物，不同动物脂肪中脂肪酸的种类和比例各不相同。由于脂肪酸链的一端是一个烃基，所以脂肪加热就会汽化。使用气象色谱仪或用气体质谱仪，既可测量脂肪的分子量，也可判断样品中的脂肪包含哪几种脂肪酸及其相对含量比，从而推断属于什么物种的脂肪。据此，可以研究当时人类利用动物的行为和方式。

（四）综合研究

利用上述动物遗存的统计、检测和分析资料，可以进行动物驯化和人类季节性活动特征（或遗址使用季节）等方面的综合研究。综合动物骨骼形态学特征、死亡年龄结构、性别构成、数量比例、病理、食性、古 DNA 等方面的分析结果，能够进行有关动物驯化的相关讨论。如对家猪的判断依据就包含上述内容：部分骨骼、牙齿尺寸等都有变小的趋势（吻部变短和齿列扭曲现象），死亡年龄结构有相对集中的现象，数量上占据了一定的优势地位，存在线形牙釉质发育不全现象，同位素食性分析显示出与人类的关系密切等。

某些特定的动物，如鸟类和部分鱼类等，每年会在固定的季节迁徙或洄游；鹿类动物的角，每年都会在固定的季节自然脱落。这些动物遗存的存在，无疑有助于判断遗址的使用季节。同样，哺乳动物的牙齿和软体动物的贝壳，在生长过程中都会留下相应的生长线，依据对牙齿和贝壳切片的显微镜观察和分析，也可以判断遗址的季节性使用特点等。

三、植物遗存

考古遗址中的植物遗存丰富多样，通常可分为植物大遗存和植物微体遗存两大类。植物遗存研究一般采用如下方法和步骤：根据研究目标设计采样方案，在田野调查、发掘中采集相关样品；采用特定技术手段获取植物遗存，进行种属鉴定和数量统计，开展研究和定性和定量分析。不同类型的植物遗存，由于在植物体内的形成机制、沉积方式及其所代表植物种属与人类活动之间的关系不同，其采样、实验室分析以及解释等方法也有差异。①

（一）植物大遗存

植物大遗存是指肉眼或低倍显微镜可以观察到的植物遗存，包括种子、果实等繁殖器官和茎、叶等营养器官。考古遗址中的植物大遗存存在炭化、浸水、风干、浸金属和印痕等多种保存形式。根据植物大遗存的保存形式和特点，通常要采用不同的采样、提取方式，但鉴定和统计分析的步骤基本一致。

1. 炭化植物

由于燃烧不充分以及长期埋藏地下，植物可能以炭化形式保存下来。炭化植物遗存远比一般的沉积物要轻，对于可能含有植物遗存的灰坑等遗迹中采集的土样进行浮选，就可以获得炭化植物遗存（图4-23）。炭化植物具有脆弱易碎的特点，需要在采样、浮选和后期保存过程中多加注意，尽量避免标本受损，以便于借助显微观察鉴定其种属，并进行进一步的研究。

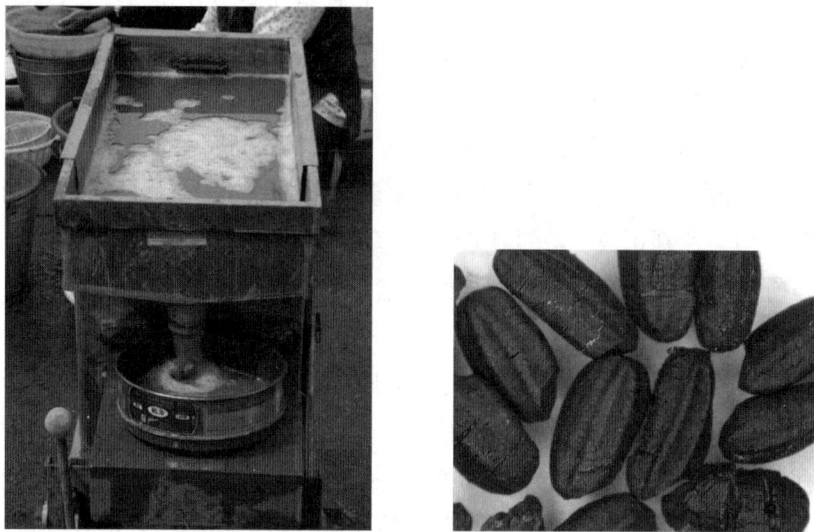

图4-23 浮选仪（左）和所获得的炭化稻米（右）

---

① 刘长江、靳桂云、孔昭宸：《植物考古：种子和果实研究》，科学出版社2008年版，第4—5页；赵志军：《植物考古学：理论、方法和实践》，科学出版社2010年版，第12—13页；D. M. Pearsall, *Palaeoethnobotany: A Handbook of Procedures (2nd Edition)*, San Diego: Academic Press, 2000, pp. 6—10.

2. 浸水植物

在湖泊、沼泽等饱水环境中，由于隔绝了空气，致使厌氧状态下的微生物难以生存，新鲜的植物就能得以保存。如在浙江田螺山遗址，大量的有机物保存在饱水环境中，其中植物遗存特别丰富，窖穴中的橡子出土时颜色鲜艳如初。① 在这种环境下，饱水的坚果和植物茎秆等大型遗存可以现场直接采集，但细小的植物遗存如禾本科植物种子等，则需要采集土样并以湿筛的方法提取。

3. 风干植物

在极度干燥的环境下，有机物往往很快处于脱水状态，微生物活动微弱，使腐蚀和腐化作用影响很小。在这种情况下，有机物常常会以风干的形式保存下来。比如中国新疆地区一些古代墓葬中，就经常发现有干尸、棺木、随葬粮食及食品等。对于肉眼可见的风干植物遗存，可在发掘现场直接采集；但有些微小的植物遗存，则需要采用筛选法获取。

4. 浸金属植物

在冶金术发明以后，金属物品经常用于随葬，有的还盛放植物。在墓葬等遗迹中，植物有时会和金属制品一起长期保存。如果在植物腐烂之前，金属物质已经浸入植物组织中，就会保护植物免于腐烂变质。

5. 植物印痕

古人常以"草"为羼和料拌于泥中，用作建筑材料草拌泥或制坯的陶泥。其中的"草"主要是禾本科植物，以农作物的茎秆和谷壳为主。无论草拌泥还是陶坯，干燥或烧结后都具有坚硬而不易变形的特性。因此，即便植物本体业已腐朽或炭化，但其形态特征仍能以印痕的形式保存下来。若将比较容易造型的硅胶灌入印痕中，就可获得植物印痕的准确形态并确定其种属。山东栖霞杨家圈遗址出土的红烧土块中，就发现有水稻的印痕，这是山东半岛最早发现的新石器时代水稻遗存，为认识稻作农业从长江流域向中国北方传播提供了重要证据。在即墨北阡遗址，经火烧过的草拌泥墙体残块中，也保存有清晰的植物痕迹（图4-24）。

（二）植物微体遗存

微体遗存是相对于大遗存而言的，具体是指那些肉眼无法观察到的、一般在5—500微米之间的微小植物遗存。不同类型的微体遗存，在植物体中的形成机制以及在遗址中的沉积方式和保存条件不尽相同，采样、提取方法和研究思路也有所区别，但其种属鉴定和统计、分析方法相似。

1. 植硅体遗存

---

① 傅稻镰等：《田螺山遗址的植物考古分析》，北京大学中国考古学研究中心、浙江省文物考古研究所编：《田螺山遗址自然遗存综合研究》，文物出版社2011年版，第47—96页。

图 4-24　植物印痕
左. 栖霞杨家圈遗址出土水稻印痕　右. 即墨北阡遗址红烧土

植硅体是植物生长过程中不断吸收地下水、水中二氧化硅沉淀于植物组织中而形成的，具有耐高温和耐酸等特点。植物死亡甚或腐烂后，其体内的植硅体则会就地沉积。禾本科植物的植硅体含量最高，1 克稻叶即可包含几十万个植硅体。在水稻等主要农作物中，植物的茎叶、谷壳上的植硅体形态明显不同（图 4-25）。

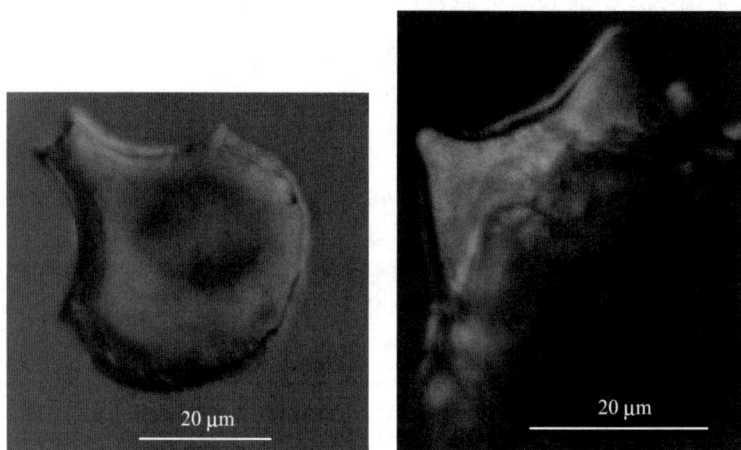

图 4-25　稻叶（左）和颖壳（右）上的植硅体（山东胶州赵家庄遗址）

植硅体产量大、易保存和形态特征明显等特点，使得植硅体分析在植物考古研究中具有特殊的优势。[1] 在考古发掘过程中，只要在沉积物中采集少量土样，或者从可能用于植物收割、加工的工具上提取残留植硅体，就有可能获得植物的相关信息，包括植物的种属和植物利用的具体方法等。比如，水稻等植物不同部位

---

[1]　王永吉、吕厚远：《植物硅酸体研究及应用》，海洋出版社 1992 年版，第 3—4 页；D. Piperno, *Phytolith Analysis：An Archaeological and Geological Perspective*, San Diego：Academic Press, 1988.

的植硅体数据可能提供有关稻谷收割和加工乃至分配方式的信息。① 不仅如此，植硅体分析还是寻找和研究古代水田的重要手段之一。②

2. 淀粉粒遗存

淀粉粒是由葡萄糖分子聚合而成的长链化合物，贮藏在植物的根、茎和种子等器官的薄壁细胞质中。和植硅体相似，在含淀粉的植物中，淀粉粒产量通常比较大，针尖大的一块面团就包含了成百上千颗淀粉粒。人类利用的植物性食物大多拥有形态各异的淀粉粒，③ 可以根据淀粉粒形态将人类利用的这些植物鉴定到种属。同时，淀粉粒可以在遗址堆积或相关遗物中长时间保存，所以分析考古遗址沉积物或遗物中的淀粉粒能获得人类利用植物的信息。对于考古发掘过程中需要采集的各种与谷物研磨加工有关的工具（如石磨盘和石磨棒）、动物和人类的牙齿等标本，在提取淀粉粒之前，不要进行水洗清污。淀粉粒分析已经在了解古人类的植物利用、农作物的起源和传播、社会经济模式、食物加工过程以及器物的功能等方面取得了重要成果。④

3. 孢粉遗存

孢粉是孢子和花粉的总称，均为植物的繁殖器官。孢粉的主要特点是：个体小、重量轻、产量大，大量保存在各类沉积物中；孢粉具有坚硬的外壁，可以抵抗强烈的酸碱而不被破坏，虽然经过千百万年甚至于几亿年，化石孢粉仍能保存完好。不同植物的孢粉形态各异（图 4-26），因而可以进行物种鉴定。

由于孢粉在研究古代植物方面具有明显的优势，通过对考古遗址及其周围沉积物中的孢粉分析，可以获得很多古代文化方面的信息。首先，禾本科、豆科等主要农作物分别拥有独特的花粉形态，如果在考古遗址及其周围环境中采集土样提取花粉，就有可能获得植物栽培等农业活动的信息。禾本科植物花粉一直是欧洲学者判断早期农业起源和聚落变迁与农业关系的重要证据之一。其次，由于孢粉组合具有古环境方面的意义，⑤ 能够提供有关人地关系方面的环境信息，因而已经成为环境考古研究的重要资料。其研究方法是，通过分析遗址附近自然地层剖

---

① 靳桂云等：《山东丹土和两城镇龙山文化遗址水稻植硅体定量研究》，山东大学东方考古研究中心编：《东方考古》第 2 集，科学出版社 2006 年版，第 280—290 页；靳桂云等：《山东胶州赵家庄遗址龙山文化石刀刃部植硅体分析与研究》，中国社会科学院考古研究所科技考古中心编：《科技考古》第三辑，科学出版社 2011 年版，第 74—79 页。

② 栾丰实等：《山东栖霞县杨家圈遗址稻作遗存的调查和初步研究》，《考古》2007 年第 12 期。

③ 孔爱群、伍时照、孔宪扬：《中国主要食用淀粉粒形态》，广东科技出版社 1987 年版。

④ 杨晓燕：《北京平谷上宅遗址磨盘磨棒功能分析：来自植物淀粉粒的证据》，《中国科学 D 辑：地球科学》2009 年第 9 期。

⑤ Knut Faegri, Johs Iverson, *Textbook of Pollen Analysis* (*4th Edition*), Caldwell: The Blackburn Press, 1989, pp. 1—9.

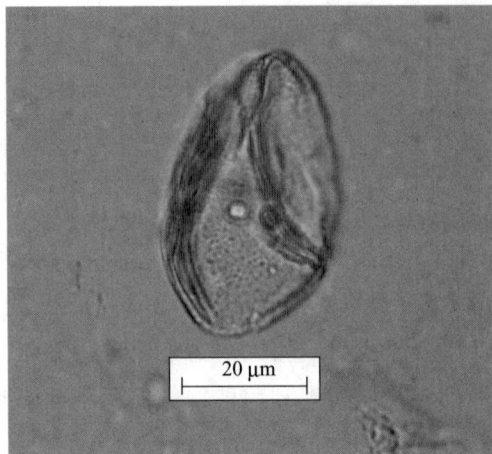

图 4-26　禾本科植物花粉形态（山东胶州赵家庄遗址）

面的孢粉组合，重建遗址周围的局域或区域植被演化历史和气候变迁过程，将考古学文化序列与同一区域内具有连续地质剖面的孢粉谱相互联系，分析环境变迁与人类文化发展之间的关系。

总之，大量的考古实践表明，古代遗址中普遍保存着丰富的植物遗存。对这些植物遗存进行科学提取、准确鉴定和统计分析，能够为理解人类利用植物、农业起源和发展、人类活动对聚落周围植被的影响等问题提供重要证据。

不论是植物大遗存还是植物微体遗存，植物考古研究的基本工作步骤都包括采样、提取植物遗存、鉴定种属和数量统计、数据解释。由于不同类型的植物遗存在揭示人类与植物关系方面的性质差异，不同遗址中所保存的植物遗存未必完全一致，所以科学研究的前提就是必须尽可能多地采集各种植物遗存标本。举例来说，考古遗址中的淀粉粒来自人类直接食用的植物淀粉，而植硅体则来自植物的茎、叶和壳体细胞，这种差别导致了它们在植物考古中采样方法和解释的不同。植物遗存，尤其微体遗存标本的采集，还需特别注意其来源问题或具体出土状况。考古遗址中的植物遗存，既可能与沉积物同时形成，也可能早于沉积物而形成，甚至不能完全排除来自上部堆积即晚期沉积物中的可能性。[①] 所以，植物遗存的标本采样，要以对沉积物的正确认识为前提，采集那些基本可以确定是与沉积物同时形成的土样。

需要说明的是，植物遗存的种属鉴定是采用将今论古的方法，根据已知种属的种子果实或植硅体、淀粉粒的形态特征，来鉴定考古遗址中出土的相关样本。

---

① E. C. Harris, *Principles of Archaeological Stratigraphy (2nd Edition)*, London: Academic Press, 1989, p. 121; O. Fishkis, J. Ingwersen and T. Streek, *Phytolith Transport in Sandy Sediment: Experiments and Modeling*, Geoderma, 2009, pp. 151, 168—178.

从事这项工作，既需要具备一定的植物学知识和技能，也需要实验室具备充足的现代植物标本可供对比分析。不仅如此，对于植物考古数据的解释，还需要结合民族学、古代文献、动物考古、人骨同位素的食谱分析等结果进行综合研究，才能获得关于古代人类生计方式及相关问题的科学认识。

四、土壤和沉积物

在古代遗址中，体量最大的遗存既非陶器、石器等人类遗存，也不是人体、动物和植物等自然遗存，而是各类沉积物。一般来讲，遗址沉积物的性状分析，主要是通过民族志比较、文献记载、实验考古和野外观察以及化学、物理、微形态分析等方法。① 沉积物分析结果不仅有助于重建遗址的古气候背景，还可解释遗址的形成和废弃过程，进而认识人类的行为特点。随着多学科技术的广泛应用，沉积物分析与研究已经在中国田野考古实践中获得了相当丰富的经验积累。②

（一）概念

地球的表层物质由于风化、侵蚀过程而破碎又被风、水、冰或重力作用搬运，就形成了沉积物。在气候（气温和降水）、坡度、有机物（动物和植物）、母质（初始物质）和时间的作用下，某些沉积物就演化成土壤。也就是说，土壤实际就是特定类型的沉积物。一般情况下，土壤的概念主要用于农业和古气候演化研究领域，而沉积物主要用于地表或考古遗址的堆积物成因研究领域。

（二）沉积物分析

在考古调查、勘探尤其发掘过程中，通过观察各种沉积物的土质土色及其包含物，以确定不同的文化层堆积或遗迹单位。这个观察过程实际就是沉积物研究的一部分。

在田野考古发掘过程中，随着浮选、筛选等方法的普遍采用，遗址沉积物中容易被忽视的那些微小遗存，如碎石屑、小型动物骨骼、各类植物遗存等样品逐渐被系统地收集。此外，在文化堆积和自然沉积物中，还保存了丰富的沉积学信息。这些信息首先需要采用沉积学的方法进行野外观察和描述，然后采样以供实验室分析。

1. 沉积物野外观察与描述

沉积物的野外观察和描述包括颜色、组成、质地和结构等内容，同时也要关

---

① ［英］科林·伦福儒、保罗·巴恩：《考古学：理论、方法与实践》（第六版），陈淳译，上海古籍出版社 2015 年版，第 31—52 页。

② 张弛：《理论、方法与实践之间——中国田野考古中对遗址堆积物研究的历史、现状与展望》，北京大学考古文博学院、北京大学中国考古学研究中心编：《考古学研究》（九），文物出版社 2012 年版，第 801—819 页。

注后沉积过程对沉积物的改变,如胶结、次生碳酸钙沉淀等。

沉积物的颜色是通过与标准色谱卡进行对比,如采用蒙赛尔色卡等对比确定的。这种方法在确定一些模糊不清的微地层细节时相当有效,有助于准确解释沉积物的形成方式。随着聚落考古研究的深入,中国田野考古实践中客观、准确描述土质土色的需要日益增强。《田野考古工作规程》就提出了相关的要求,目前也有一些初步的实践。沉积物的组成能提供其物质来源、风化过程、沉积过程和后沉积条件等方面的重要信息,而沉积物结构是指各种颗粒之间的关系及其反映的沉积物形成特点等(图4-27)。由于沉积结构是由沉积时的特定条件决定的,因而在解释沉积物形成历史时具有重要意义。沉积物颗粒的粒级可以解释沉积环境的动力特征,进而解释沉积环境的类型。沉积之后,沉积物可能会胶结、压实、再结晶,甚至还会出现溶解现象。

图4-27 沉积物结构示意图
1. 砾石(山东枣庄) 2. 红黏土砾石黄土(甘肃天水) 3. 黄土和古土壤(山东滕州)
4. 沙地古土壤(内蒙古浑善达克)

2. 实验室分析

沉积物的田野观察结果,需要得到实验室的验证和支持。目前,最常用的分析方法涉及沉积学、化学、物理学和微形态学等。

沉积学分析：可以提供沉积物形成方式、沉积后的改造作用等相关信息。粒度分析的程序依沉积物杂质的含量、沉积物胶结的程度、砂黏土和淤泥的比例，以及样品的含水量不同而有所不同。常用仪器是专业的粒度分析仪。重矿物的特点是比重相对较高，比较容易被分离出来；不同矿物类型的物理和化学稳定性不同，能够指示化学风化和物理风化的程度，而风化程度是受气候等环境因素影响的。X射线分析是常用的沉积物分析方法。黏土矿物是沉积物中最常见的矿物类型，可用于推断沉积条件，这是因为各种黏土矿物的形成与特定的环境参数有密切关系。

化学分析：遗址沉积物的化学分析能够提供多种重要信息。通过分析房屋居住面上的沉积物，可以探讨房间的功能分区；而不同居住面土壤中磷酸含量，可能会提供食物结构变化的信息。此外，结合其他的沉积物分析结果，沉积物的化学分析还可能提供遗址周围的环境信息。如潮湿气候条件会过滤碳酸钙；在碳酸钙水质中，铁的溶解性会受到抑制，而硅的溶解性却能得到强化。

物理分析：主要是测定沉积物中的有机碳含量。有机碳的变化可以反映沉积物形成时期水体生物的初级生产力。有机碳含量在研究古代湖沼方面具有重要作用，同时也是判断古代农田的一个重要指标。烧失量法是应用范围最广的有机碳含量测定方法，具体做法就是在加热炉中燃烧一定量的样品，通过质量损失法来计算样品中的碳含量。

微形态分析：其任务是在显微镜下观察、描述沉积物微结构，用以说明沉积物性质、形成过程等。20世纪80年代以来，在欧洲、中亚、中美洲等地的考古发掘和研究中，较多地进行了土壤微形态分析工作。[1] 土壤微形态分析不仅促进了考古学领域的相关研究，也极大地推动了地质学、土壤学等学科与考古学的结合，在人地关系研究方面显示出巨大的潜力。[2]

在考古学研究中，微形态分析的环境意义主要体现在环境演化与人类行为关系方面。对山东长清月庄遗址周围沉积物的微形态分析显示，土壤微结构表现为明显的洪水沉积特点（图4-28），[3] 暗示当时月庄人生活在环境不稳定的洪积平原

[1]　M. A. Courty, P. Goldberg and R. Macphail, *Soils and Micromorphology in Archaeology*, Cambridge: Cambridge University Press, 1989, pp. 193—322; R. A. Schaetzl, *Soils: Genesis and Geomorphology*, Cambridge: Cambridge University Press, 2010, p. 25, fig. 2.15.

[2]　靳桂云：《土壤微形态分析及其在考古学中的应用》，《地球科学进展》1999年第2期。

[3]　Yijie Zhuang, Wenbo Bao and Charles French, "River Floodplain Aggradation History and Cultural Activities: Geoarchaeological Investigation at the Yuezhuang Site, Lower Yellow River, China", *Quaternary International*, vol. 315 (2013), pp. 101—115.

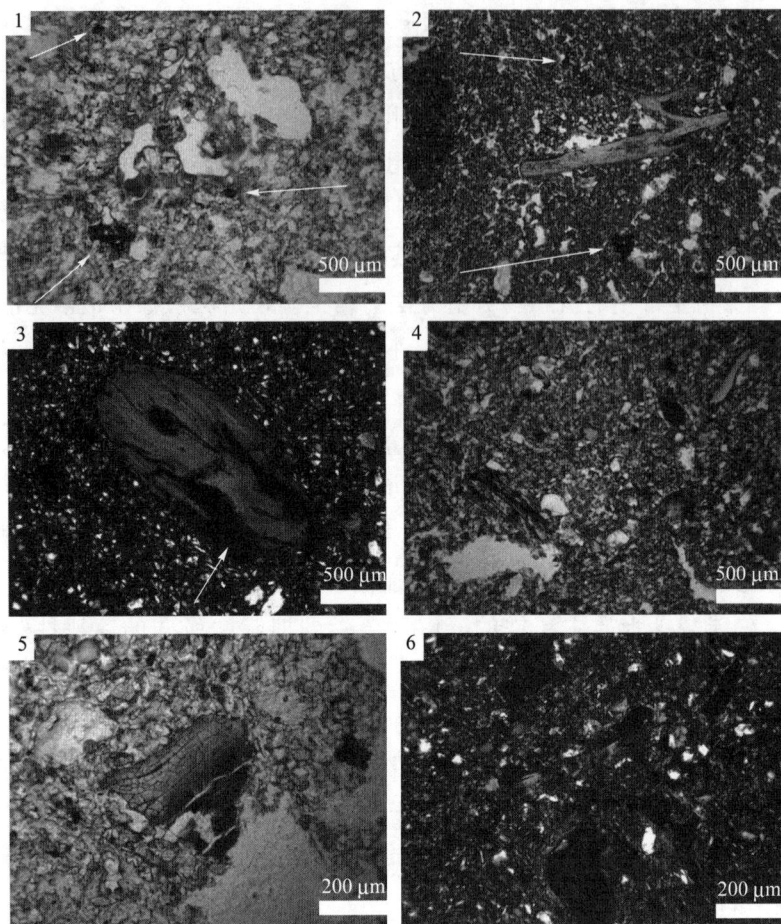

图 4-28　长清月庄遗址土壤微形态特点

1—5. 人类活动遗存，包括炭屑等植物遗存和骨骼碎片　6. 自然堆积，显示河流相沉积特点

上。对喇家遗址内外沉积物的微结构分析，佐证了水对聚落变迁产生过重要作用的结论。[1] 北京王府井东方广场旧石器时代遗址文化层的土壤微形态分析发现，在晚冰期的气候条件下，王府井一带的平原可能是古人类临时活动的场所，古人类季节性地来到这里从事渔猎采集活动。[2] 此外，在评估考古遗址的沉积物是否被扰动过的时候，土壤微形态分析也能提供至关重要的证据。湖南道县玉蟾岩洞穴沉积物的微形态分析结果，证实采自文化层中的骨骼和木炭都属于原生堆积，进一

---

[1]　董广辉、夏正楷、刘德成：《青海喇家遗址内外的土壤微形态初步分析》，《水土保持研究》2005 年第 4 期。

[2]　靳桂云、郭正堂：《北京王府井东方广场旧石器文化遗址——沉积物的土壤微形态学研究》，山东大学东方考古研究中心编：《东方考古》第 8 集，科学出版社 2011 年版，第 349—352 页。

步增强了其测年结果的可信度。[①]

总的来讲，考古遗址的沉积物分析，是田野考古的重要工作内容之一。通过科学发掘、准确记录、合理解释各部分沉积物，判明沉积物的性质、性状及其形成过程和形成原因，进而促进考古学研究向纵深发展。

考古遗址的沉积物分析，从不同角度、不同层面为考古学研究提供了一系列的重要证据。无论哪个层面的研究，都需要充分利用沉积物分析的多种指标，同时把沉积物分析与其他考古学分析方法结合起来，才有可能获得更接近历史真实的研究结果。而沉积物的分析，尤其需要地质学家的积极参与。

思考题：

1. 简述分析金属制品成分和工艺的手段。
2. 简述陶器产地来源分析方法的原理和过程。
3. 举例说明如何判别人工建筑的功能。
4. 如何分析手工业作坊遗迹？
5. 试述研究人体遗存的主要流程。
6. 概述考古遗址中动、植物遗存的主要类型和研究方法。
7. 举例说明沉积物分析在考古学中的应用。

▶ 拓展阅读

① E. Boaretto, X. Wu, J. Yuan, O. Bar-Yosef et al., "Radiocarbon Dating of Charcoal and Bone Collagen Associated with Early Pottery at Yuchanyan Cave, Hunan Province, China", *Proceedings of National Academic Science*, vol. 106, no. 24 (2009), pp. 9595—9600.

第五章　环境、资源与经济研究

从全球范围来看，人类文化的多样性和历史发展的不平衡性相辅相成，而自然环境及其所能够提供的资源，无疑应是人类生存发展及其文化创造的物质基础。越来越多的研究结果显示，不仅人类起源、农业的产生、文明社会的形成等重大历史事件与气候变迁、资源利用和社会经济的发展密切相关，而且自古至今丰富多彩的世界文化都是在全球或区域气候环境的基础上形成的。与此同时，以各种生产、生活行为为主的人类活动，既开发利用了自然资源，也在不同程度上影响了自然环境的变化。尤其新石器时代以来，随着农业、畜牧业等经济行为的日益强化，人类活动对环境要素和环境系统的影响作用愈加显著。因此，深入探讨人的行为、环境、资源及其之间的互动关系，是当前和今后中国考古学研究的基本任务之一。

第一节　生存环境的重建

在环境考古研究中，重建生存环境的目的就是廓清人类社会发展的环境背景，进而探讨人类社会与环境之间的互动关系，包括人类对环境的适应（环境对人类的影响）和改造（人类对环境的影响）。从历史的经验来看，人类生存区域的山川河流等地貌环境、动物群和植物群等生态环境，都会直接影响人类的活动，而这些环境要素又直接受到气候因素的影响。比如温带气候下的动植物群与亚热带或热带气候下的动植物群就明显不同，冰期气候和间冰期气候下的动植物群和河流地貌都有显著差异。

一、气候和环境

气候是某一地区气温、降水等气象要素长期统计结果（平均值、方差、极值概率等）所表现出来的特征，是各种天气状况的综合。在人类所处的生态系统中，气候是决定性的因素。尽管学术界对于历史上气候变迁的原因还有不同意见，但都承认气候变迁对动植物群乃至人类历史产生过重要影响。所以，环境考古研究首先要认识气候演化历史。

古气候重建的理论基础是糅合了均变论和灾变论的结果。均变论主张"现在是通往过去的一把钥匙"，一切过去所发生的地质作用都和现在正在进行的作用方式相同，所以研究现在正在进行的地质作用，就可以明了过去的地球历史。而灾变论则认为地球曾经遭受过许多短暂的灾难，其中有些是世界性的。根据上述理论，科学家通过分析深海沉积、黄土沉积、冰岩芯和湖泊沉积中的古气候指标，在确定年代标尺的基础上重建古气候演化过程。[①] 此外，考古遗址中出土的动植物遗存，也可作为定性分析古气候的重要证据。如竺可桢对殷墟大象所代表的气候特点的研究，就是一个典型的例子。[②]

来自深海沉积、黄土沉积、冰岩芯和湖泊沉积的古气候记录表明，相对于新生代的古近纪和新近纪高温炎热的气候，第四纪以全球气候显著变冷、周期性波动和不稳定性为特征，称第四纪大冰期。[③]

第四纪气候的周期性变化表现为冰期与间冰期的交替。早期的研究认为第四纪存在 4 次冰期和 4 次间冰期。但近年来深海岩芯和黄土堆积的研究表明，第四纪气候变化远比从前的认识复杂，经历了若干个旋回(图 5-1)，并存在 2 万年、4 万年和 10 万年不同的变化周期。在此基础上，第四纪气候还存在若干短时间尺度的周期性变化，如千年尺度、百年尺度和十年尺度等。不仅如此，第四纪气候另一显著特点就是不稳定性，即气候系统存在急剧的变化现象，一般称之为气候突变事件。这些气候突变事件在深海沉积、冰岩芯和黄土堆积中都有清楚的记录。

第四纪气候变冷的阶段性特征，主要表现在气温下降、冰川扩张、气候带迁移和相关生物群移动等方面。距离我们最近的一次冰川旋回，就发生在距今 13 万—1 万年前后，被称作末次冰川旋回，延续了 12 万年左右。在这个旋回的前期是间冰期（即末次间冰期，距今 13 万—7 万年），后期是冰期（即末次冰期，距今 7 万—1 万年）。在中国黄土高原，末次间冰期对应于黄土—古土壤序列中的第一层古土壤（S1）。根据古土壤性质和孢粉组合特征，推断暖期时气候温暖湿润，年均温度较现今高 3 ℃—4 ℃，降雨量多 300—400 mm，估计年降雨量可以达到 800 mm，属于暖温带落叶阔叶林环境。间冰期之后的末次冰期，当时陆地年均温度大致在-1 ℃左右，与末次间冰期温度相差 8 ℃—12 ℃，海面降温幅度为 2 ℃—5 ℃。末次冰期的盛冰期（LGM）出现在距今 2.8 万—1.4 万年期间，由三个冷事件（H1、H2 和 H3）组成，是末次冰期中最为寒冷的时期。其中全球冰盖体积最大的时期出现在距今 2.1 万—1.8 万年（H2）期间，在距今 1.8 万年前后盛冰期达到高峰，但最冷的时期大致出现在距今 1.43 万年前后（相当于 H1）。在寒冷的末次冰期期间，在距今 5.5 万—2.5 万年间出现比较温暖湿润的小间冰阶气候，对应于黄土—古土壤剖面中马兰黄土（L1）中部所夹的古土壤层（通常称 L1S）。全球

---

① 刘东生等：《黄土与环境》，科学出版社 1985 年版，第 303—412 页。
② 竺可桢：《中国近五千年来气候变迁的初步研究》，《考古学报》1972 年第 1 期。
③ ［澳］M. A. J. Williams 等：《第四纪环境》，刘东生等编译，科学出版社 1997 年版，第 1—12 页。

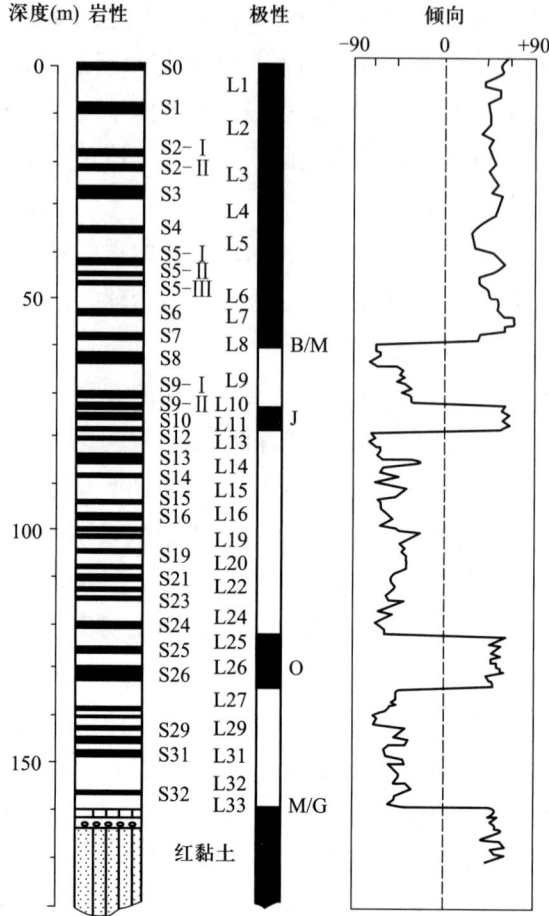

图 5-1 黄土记录的第四纪气候旋回示意图

范围内出现的这次小间冰阶，其气候状况介于末次盛冰期与全新世适宜期之间，属于现代气候的相似型。

从距今 1.4 万—1.3 万年冰川开始消融到距今 1 万年全球气候全面转暖为止，属于末次冰期的晚冰期。晚冰期是一个复杂的气候波动过程，在约 3000 年的时间内，气温在强烈的波动过程中逐渐升高，期间出现两个温暖期和两个寒冷期，年均温度变化幅度高达 6 ℃，寒冷期降温速度达到 5 ℃/100a（现今仅 1 ℃/100a），其中以延续约 1400 年的新仙女木寒冷期（距今 1.29 万—1.15 万年）最引人注目。新仙女木事件历时 1000 多年，其中初始的降温过程和结束的升温过程都是在 50 年内完成的。而极地冰芯的进一步研究揭示，上述大幅度的温度转折甚至只用了 5—20 年。

新仙女木事件之后，末次冰期最终结束，全球气候普遍开始转暖，地球历史进入一个全新的时期，称全新世，又称冰后期或现代间冰期。随着气温回升，距今9000年前后，气温达到现今的水平，并在距今8200年之后进入气温高于现今的全新世大暖期。早期的研究普遍认为，全新世气候是持续暖湿型的。但越来越多的证据显示，全新世期间气候存在明显的波动，气候变化经历了升温期—大暖期—降温期的过程。其中，在距今8200年、5300年和4000年前后，曾发生三次显著的降温过程，分别称全新世气候事件Ⅰ、Ⅱ、Ⅲ。

在距今8200年前后，北半球发生了一次大范围的明显降温事件。这一事件持续了300—400年，称"8200年气候突变事件"或"全新世气候事件Ⅰ"。此后，全球气候转暖，并进入全新世大暖期。

距今5300年前后，全球气温再次明显下降，被称为全新世气候事件Ⅱ。这次降温持续了300年左右。在河南孟津的全新世湖积剖面中部，距今5500年前后出现过一次短暂的湖沼萎缩事件，当时湖沼面积明显缩小，水生生物几乎绝迹，植被中乔木花粉急剧减少，说明当时气候出现了明显的恶化。

距今4200年前后，发生了全新世最强烈的一次降温气候事件。由于降温幅度大、影响范围广，被认为是新仙女木事件以来最为强烈的降温过程，也被称为全新世气候事件Ⅲ。在中国的泥炭、石笋、海洋沉积和湖泊沉积之中，都有这次降温事件的记录。如中国北方祁连山的敦德冰芯明确显示，当地气温在距今4200—4000年之间达到最低点；中原地区也有这次气候突变事件的记录，表现为河南孟津地区在距今4000年前后湖沼消亡。广东湛江湖光岩玛珥湖也揭示出距今4250年左右的降温事件(图5-2)。

从距今4000年开始，全新世大暖期结束，全球温度开始呈下降趋势，称全新世降温期。期间，全球出现过多次小规模的冰川扩张，称"新冰期"。最显著的冰川扩张出现在公元前1575年、前1200年、前500年和公元16—19世纪，分别称新冰期第一期、第二期、第三期和第四期。其中第四期又称小冰期，开始于1610年，结束于1860年。在降温期内也存在有多个温暖时期，如900—1200年气温上升，年均温度比现在高1℃左右，称"小气候最宜时期"，1900—1940年全球气候变暖，称"20世纪高温期"。1940年以后，气温有下降的趋势。近年来，受人类活动影响，全球气候呈现总体变暖趋势。

二、植被和环境

所谓植被，就是覆盖地表的植物群落的总称，是植物学、生态学、农学和地球科学中的基本概念之一。在不同气候带或相同气候带的不同地貌条件下，植被类型明显不同。在北纬35°—40°这个区域内，中国的植被类型由东到西，由于气候差异导致了植被组合显著不同。处在这个区域东端的胶东半岛，也因地貌条件不同使植被类型存在一定差异，海拔较高的山地发育的是温带落叶灌丛，而低山

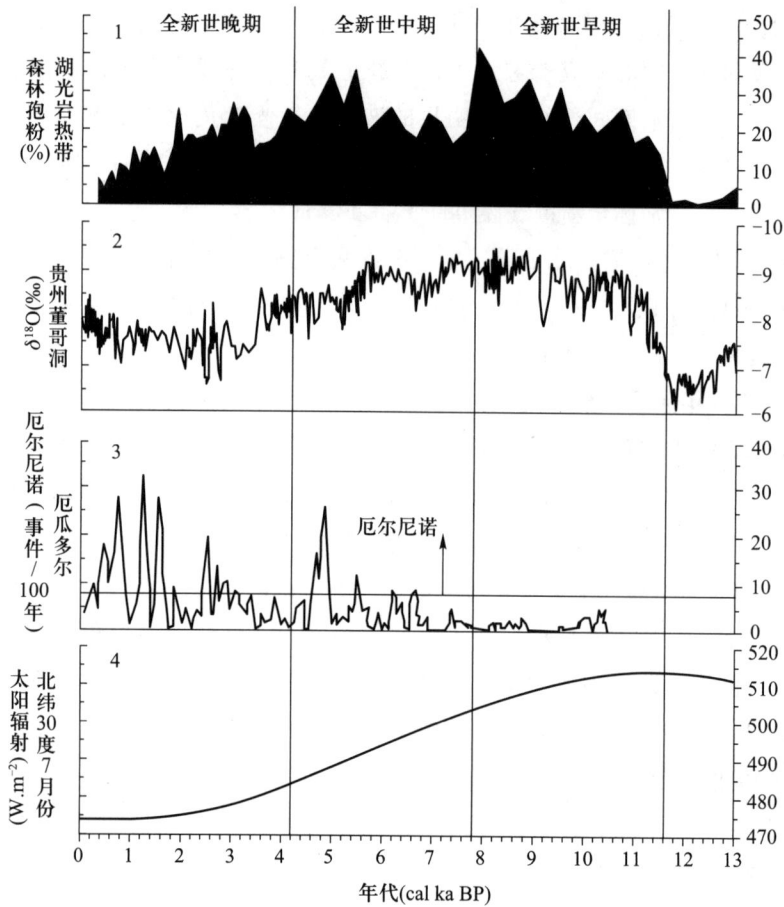

图 5-2   湛江湖光岩玛珥湖孢粉曲线和其他气候记录对比图

1. 热带森林孢粉记录   2. 董哥洞石笋记录   3. 全新世厄尔尼诺事件记录   4.7 月份北纬 30 度太阳辐射

丘陵地区则发育了温带落叶阔叶林。黄土高原全新世最温暖湿润时期的植被，塬面上以草原为主，而沟谷则以森林为主。①

环境考古研究关注植被变迁，主要是因为植被在生态系统中占有至关重要的地位，植被的变化影响着整个生态系统发生改变。首先，植被作为一种脆弱的生态因素，直接受到气候的影响，气温和降水的变化，对植物的生长和植被组合的影响几乎是立竿见影的。西欧全新世以来的植被变化，明显与气候变化直接相关（图 5-3）。而植被组合的变化以及由此引起的一系列环境变化，都会对人类社会产生重大影响。其次，植被是生态链中的底层要素，整个动物群的生存和发展都依赖植被，微生物和各种昆虫需要有适当的植被环境。第三，伴随着植物群和动物群的改变，人类的生存策略必然发生变化。更新世末期和全新世初期，人类对禾本科植物的

①   中国地图出版社编：《中国自然地理图集》，中国地图出版社 1998 年版，第 67—68 页。

收集（种子）、驯化和栽培，就是适应动植物群变迁的文化策略之一。

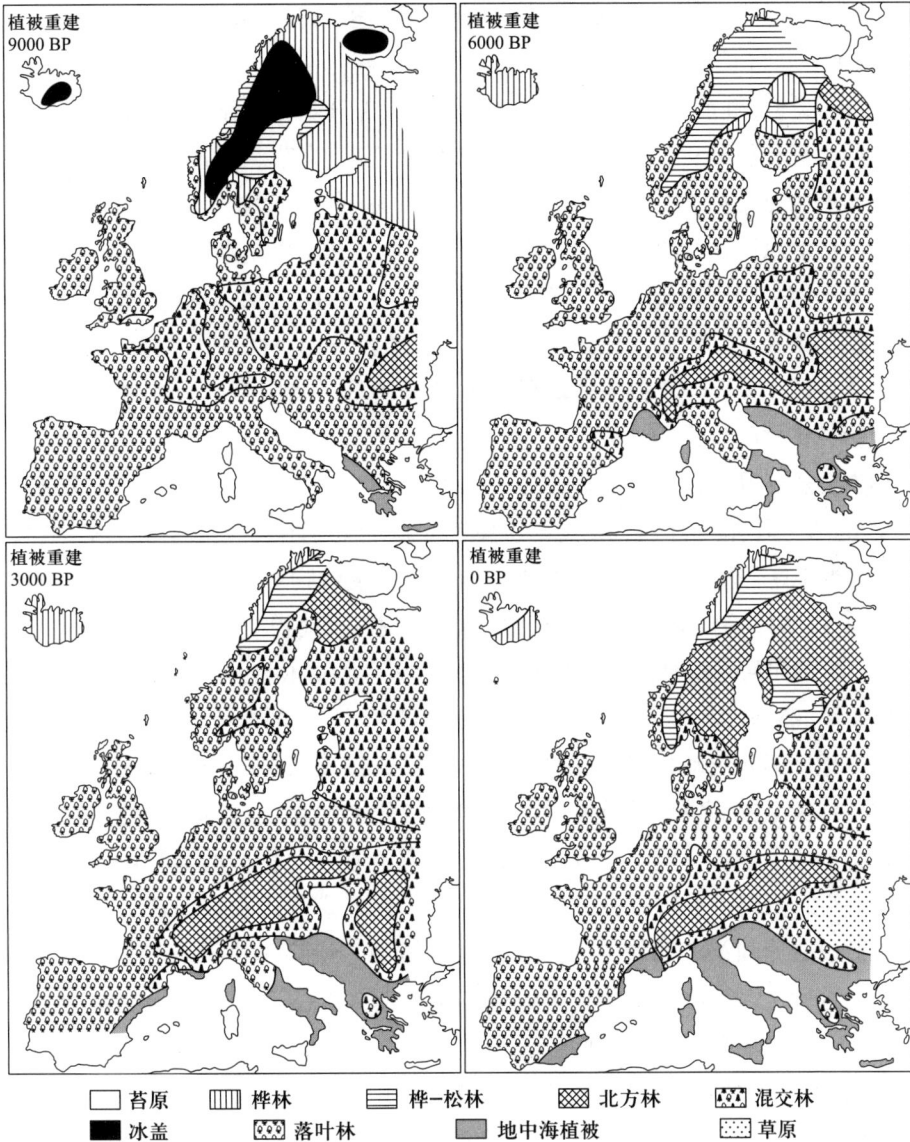

图 5-3　基于孢粉数据重建的欧洲西部距今 9000 年、6000 年、3000 年和
现今主要植被类型对比图

　　如同现代植被的层级性分区一样，历史上的植被变迁也存在层级性差异。在
中国北方，第四纪暖期植物界与现今植物界大致相同，而冷期则与现今差别较大。
冷期植物界有如下特征：以蒿和藜为主的草本植物大量增加，进而成为优势种属；
一些现在生活于亚热带温暖湿润气候条件下的种属，如铁杉、山核桃、枫杨等基
本消失；温带落叶阔叶树，如椴、榆和栎等大大减少或消失；耐寒的针叶树，如

云杉、冷杉、松等所占比例增大，松属在木本中普遍占优势，林下植物稀少，且主要为石松、卷柏等温带种属。其中，最显著的植被变化发生在中全新世（距今6000±500年）和末次盛冰期（距今18000±2000年）。中全新世东部森林全面向北推进，温带落叶阔叶林向北推进约4个纬度，大部分森林明显向草原推进，青藏高原的冻原大面积退缩；在西南地区局部和热带地区，气候较今略为冷湿，热带季节雨林转变为热带雨林。而末次盛冰期，草原大面积向南扩张，抵达现代的常绿阔叶林区的北缘，热带森林消失，常绿阔叶林退缩到现代热带区域。①

末次冰期—间冰期旋回中，北半球的气候事件对中国北方的植被都有显著影响。孢粉记录显示，华北平原在新仙女木事件阶段气温下降8℃左右；海拔500—600米的盆地生长着以云杉为代表的寒温性针叶林，表明当时可能经历了一次云杉、冷杉林扩大的过程。②

动物群随着植物群的变化而变化。在北半球的低纬度地区，第四纪动物群的组合变化不大，不仅接近于现代动物群，甚至与第三纪的动物群也没有太大的区别。但在中高纬度地区，基于气候变化的影响，第四纪哺乳动物群的演替比较明显。如在中国南方地区，第四纪哺乳动物群一直为大熊猫-剑齿象动物群所占据。而在北方，则有早更新世的泥河湾动物群、中更新世的周口店动物群和晚更新世的萨拉乌苏动物群，第四纪气候尤其是青藏高原抬升对动物群产生了显著的影响。③

北方地区第四纪动物群的这种变迁，不仅直接反映了气候和植被的变化，也揭示着人地关系方面的某些变化。从环境考古研究的角度来看，这种变化可能对人类行为产生了重大影响。也就是说，人类为了适应动物群的这种剧烈变迁，不得不调整生存策略，使得部分人群逐渐改变了以狩猎方式获取肉食资源的生存策略，转而以驯养和饲养动物的方式获取肉食资源，最终驯化了狗、猪、羊、牛等家畜。而这种生存策略的变化，不仅塑造了史前人类的文化，也影响着历史时期乃至现代人类的社会生活。

植被变迁是古环境重建研究的重要内容。其基本方法是：选择沉积物，提取其中的植物化石（花粉、植硅体等），在确定年代的基础上探讨植物组合的时空变化过程。④ 陕西渭南黄土剖面的孢粉分析结果显示，10万年以来，该地区经历了草甸草原—榆树林—蒿属草原—草甸草原—蒿属草原—榛树疏林—菊科为主的草

① 中国第四纪孢粉数据库小组：《中国中全新世（6ka BP）和末次盛冰期（18ka BP）和生物群区的重建》，《植物学报》2000年第11期。

② 广新菊等：《河北平原沉积物中记录的新仙女木事件》，《云南地理环境研究》2000年第1期。

③ 邱铸鼎、李传夔：《中国哺乳动物区系的演变与青藏高原的抬升》，《中国科学D辑：地球科学》2004年第9期。

④ 李文漪：《中国第四纪植被与环境》，科学出版社1998年版，第1—234页。

甸草原—含高山针叶林的草甸草原—蒿属草原的植被变化过程。[1] 在国际学术界，植硅体分析方法在第四纪古环境研究中已经取得了许多成果，有助于认识相关地区古环境与古文化的关系。黄土高原南部关中盆地黄土沉积的植硅体分析结果显示，L2顶部黄土层沉积时期，普遍发育了极端干旱环境的荒漠和草原化荒漠植被；在S1古土壤发育时期，则发育了落叶阔叶林和森林草原植被（关中盆地西部的宝鸡地区则以森林草原植被为主、间断出现短期的落叶阔叶林植被）。在马兰黄土沉积时期，兰州地区主要发育了荒漠植被，气候相对温暖期则发育了短期的典型草原或干旱草原植被类型；而在关中盆地的渭南和宝鸡地区则以典型草原植被为主，在相对寒冷时期也曾发育短期干旱草原植被类型。[2]

考古遗址中出土的植物遗存，也是复原植被的重要依据。比如，木炭种属的鉴定和统计结果，不仅反映人类利用森林资源的方式，也是定性分析植被组合与分布的证据。[3]

人类的生存活动必然会一定程度地影响自然生态系统。因此，研究古代植被变迁时要注意区分自然作用和人为作用下的植被变迁。前者需要选择没有受到人类影响的沉积物，而考古遗址及其周围（当时人类有效活动范围内）沉积物记录的植被，则反映了人类对自然植被的干扰和影响，比如刀耕火种等农耕方式对森林的影响。

由于影响植被变迁的因素较多，因而也需要获取多方面的证据。遗址周围的植被记录可能反映人类对自然植被的干扰过程和程度，比如自然植被减少和人工植被的增加等；远离聚落的植被记录则可以提供聚落所在区域自然植被的状况，为了解当地的生态环境和气候提供重要信息，同时也是对比研究人类活动对植被影响的重要参照。

三、地貌和环境

（一）地貌的概念

地貌是指地球表面（包括海底）由内营力和外营力相互作用而形成的各种形态。内营力地质作用造成了地表的起伏，控制了海陆分布的轮廓及山地、高原、盆地和平原的地域配置。而外营力的地质作用则是通过多种方式，对地壳表层物质不断进行风化、剥蚀、搬运和堆积，从而形成了现代地面的各种形态。在各种

---

[1] 孙湘君等：《黄土高原南缘10万年以来的植被——陕西渭南黄土剖面的花粉记录》，《科学通报》1995年第13期。

[2] 吕厚远等：《末次间冰期以来黄土高原南部植被演替的植物硅酸体记录》，《第四纪研究》1999年第4期。

[3] 靳桂云等：《山东日照两城镇龙山文化（4600-4000a B. P.）遗址出土木材的古气候意义》，《第四纪研究》2006年第4期。

外营力中，流水、风力和生物活动的作用比较明显。而在各种生物活动中，人类对地貌的影响最为显著。在漫长的历史过程中，人类的生存和发展与地貌密切相关。人类一方面在适应自然地貌，根据地貌来选择住所和生存策略；另一方面也通过修建房屋等各种活动改造地貌。所以，在环境考古研究中，不可避免地要开展地貌及其演化历史的研究。

地貌具有不同的规模和各种特征，探讨人类与地貌的关系首先要关注这些特征。最大规模的地貌是陆地和海洋，陆地上有环绕太平洋和横贯欧亚大陆的高山大川，也有中等规模或者小规模的丘陵、河谷。地貌规模不同，对人类行为的影响程度和方式也不相同。其中与人类关系最直接的是那些中小规模的地貌。

地貌是在构造运动、外营力作用和时间三个要素的影响下不断发展变化的。[①]第四纪尤其是全新世以来，地貌变迁受到人类活动影响的程度越来越显著。特别是工业革命以后，由于新技术的迅猛发展，生产力水平的加速提高，人类对自然地貌的改变不断加剧，乃至现代社会在许多地区已经很难找到真正的自然地貌。

气候变迁以及由此导致的海平面升降，也会对地貌产生显著影响。全新世中期，高海面形成的海侵，就对中国东部沿海的地貌产生了巨大影响，一些沿海低地被海水淹没（图5-4）。

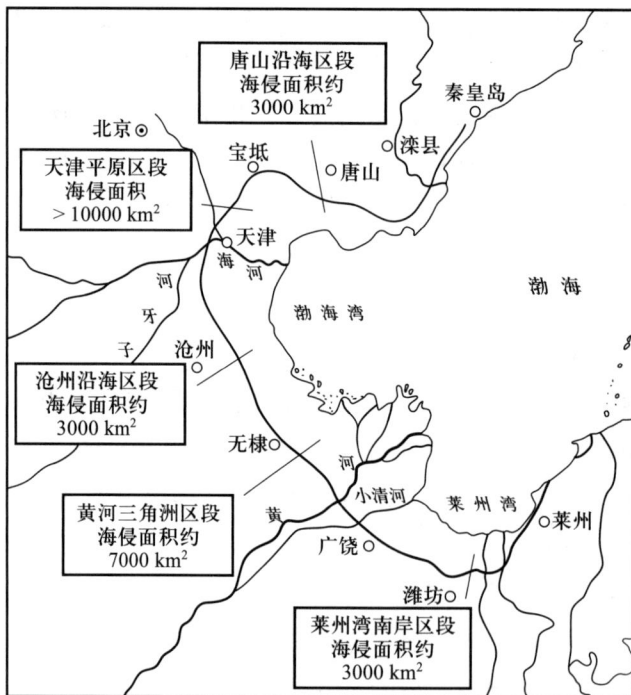

图5-4 渤海西南岸全新世中期最大海侵范围与海岸线分布示意图

① 杨景春、李有利：《地貌学原理》，北京大学出版社2001年版，第1页。

（二）地貌类型和人地关系

能够充分揭示人地关系的第四纪地貌类型，主要有岩溶地貌、黄土地貌、海岸地貌和河流地貌等。

岩溶地貌又称喀斯特地貌，专指各种石灰岩地形。其中，石灰岩洞穴曾经是史前人类的栖息场所之一。著名的北京周口店北京猿人和山顶洞人、湖北长阳人、广西柳江人等，都发现于石灰岩洞穴遗址中。甚至在旧、新石器时代的过渡阶段，或者农业起源的初始阶段，天然洞穴依然是人类栖息地之一。江西万年仙人洞、湖南道县玉蟾岩等洞穴遗址，既发现有早期的陶器遗存，也发现有驯化、栽培稻属植物的重要线索，应是长江中游地区从采集狩猎经济向植物栽培经济转变的历史见证。不难设想，在人类早期历史发展过程中，岩溶地貌的天然洞穴曾经发挥过重要作用。

黄土地貌是指黄土在流水作用下形成众多沟谷和塬面交织的地貌类型。黄土是一种质地均匀的黄色土状堆积物，具有疏松多孔隙、富含碳酸钙、垂直节理发育、透水性强等性质。黄土堆积在很大程度上是第四纪气候变迁的产物。当气候干冷时，西伯利亚冷高压气团南移，中国北部空气扰动加剧，风力增强，黄土堆积速率加大，同时降水减少，地表侵蚀相对减弱，有利于黄土堆积。反之，当气候转暖时，西伯利亚冷高压气团北移，中国北部空气扰动减弱，黄土堆积速率减小，同时雨量增加，地表侵蚀加强形成冲沟并发育古土壤。古土壤层所发现的旧石器时代人类遗存，[①] 可能表明在气候温暖湿润阶段，黄土高原的塬面地带比较适合人类生存。认识黄土—古土壤的这种旋回，对于我们寻找旧石器时代人类遗存和认识人类生存环境具有重要意义。

海岸地貌在很大程度上是受海平面变化控制的，而气候变化、构造运动、均衡作用、沉积物堆积等作用，皆可引起海平面变化。气候变化导致的海平面升降，主要表现在第四纪冰期和间冰期交替引起海洋水体的增减。冰期时海洋水体减少，海平面下降；间冰期时海洋水体增多，海平面上升。海平面变化的最大幅度可达170米，海岸带地貌就会随之发生变化。海平面变化是一个复杂的过程，人类对海岸带的利用也经历了相当漫长的过程。考古调查显示，在末次盛冰期时，大陆架大面积出露，从而成为旧石器时代晚期人类活动的重要区域，甚至中国东南沿海还成为联结亚洲大陆和东南亚海岛人类的重要桥梁。此后，人类就没有停止过对海岸带的开发和利用。

河流地貌是指河水在流动过程中，通过侵蚀、搬运和堆积等作用，形成各种河谷地貌以及河漫滩、冲积扇、三角洲等堆积地貌。从河谷横剖面看（图5-5），

① 吴文祥、刘东生：《大荔人遗址黄土—古土壤序列》，《地质科学》2001 年第 3 期。

可分为谷底和谷坡两部分，谷底包括河床和河漫滩，谷坡是河谷两侧的岸坡，常有阶地发育。从河谷纵剖面看（图5-6），上游河谷狭窄，中游河谷较宽，发育河漫滩和阶地，下游河床坡度小，多形成曲流和汊河，河口段形成三角洲。在不同的历史阶段，人类对河流地貌的利用方式明显不同。在史前时期，可能主要利用冲积扇和阶地，对河漫滩的利用相对较少；及至历史时期尤其是现代，不仅河漫滩，甚至连河道也已经被大量开发利用。

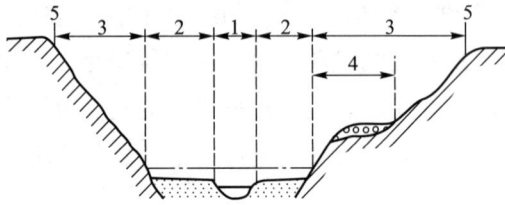

图 5-5   河谷横剖面结构图

1. 河床   2. 河漫滩   3. 谷坡   4. 阶地   5. 谷肩（谷缘）

—枯水位--洪水位

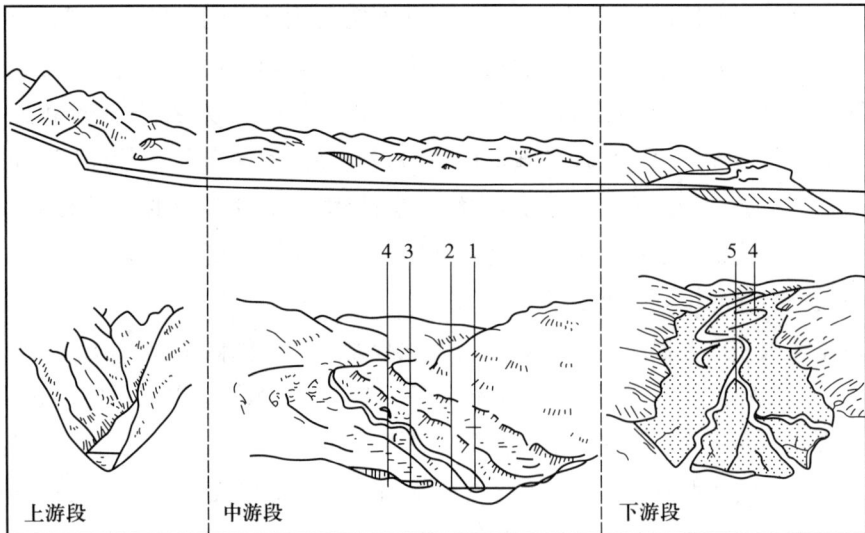

图 5-6   河谷形态特征示意图

1. 河床   2. 河漫滩   3. 阶地   4. 牛轭湖   5. 三角洲

此外，坡地地貌、大陆架地貌等，也与人类活动有较为密切的关系。

（三）地貌变迁研究方法

环境考古中的地貌变迁研究，最终目的是认识地貌变迁与人类活动的关系。一方面是人类对地貌的适应即地貌对人类的影响，包括人类选择居址、生业经济模式与地貌的关系等；另一方面是人类对地貌的影响，主要是人类行为对地表景观的改变，比如各类建筑行为对地表的改变等。如果考虑研究的空间范围，则可把地貌变迁研究分为遗址所在区域地貌变迁研究和遗址内外地貌变迁研究。

遗址所在区域地貌研究，属于第四纪地貌研究范畴，需要遵循第四纪地貌研究方法，即通过实地调查、采样和分析来获取认识地貌演化的科学数据。地貌调查的内容包括地貌类型、形体大小、高程、分布以及物质组成、地貌的成因和年龄、不同地貌类型之间的关系等。需要说明的是，研究过程中还要考虑环境考古的需求，结合考古学文化现象开展地貌研究。

遗址内外地貌变迁研究，首先需要考虑的是遗址分布和生业经济模式的特点，再以此为基础开展相关的地貌调查和采样，分析地貌对聚落选址的影响、人类适应地貌的生业模式选择和人类活动对地貌所产生的影响。

毫无疑问，地貌变迁研究的根本问题，就是通过调查寻找适合的沉积物、获得可靠的年代数据。环境考古中的地貌研究则需要特别注意以下两个方面的问题。第一，要切实与地质学家合作，尤其需要邀请熟悉区域地貌的专家，在充分了解地貌信息的基础上制订工作计划和实施方案。这是因为，只有系统地了解区域地貌，才能更好地认识古代遗址及其周围的地貌演化规律。如同考古学研究需要了解不同规模区域文化变迁的过程一样，区域地貌研究是一个系统工程，并不是一朝一夕就能完成的。第二，区域地貌与遗址内外地貌研究相结合。一般来讲，区域地貌主要是自然力作用的结果，遗址内外的地貌变迁可能受到自然和人为力量的双重影响，而后者也能为认识区域地貌变迁提供重要信息。原因在于以往的研究显示，随着人类活动强度的不断加大，特别是过度垦殖导致的水土流失，会在改变小流域沉积物结构和地貌变化的基础上，对更大规模的流域地貌产生影响。

正是通过气候、植被、地貌等因素，环境变迁影响了生态系统。而作为生态系统组成部分的人类，则在适应和改造环境的过程中不断谱写历史篇章，为我们留下了认识人类与环境关系的种种历史记录。

四、文化变迁和环境的关系

考古学研究所涉及的巨大时空范围，不仅为认识和理解古代社会提供了多种可能性，而且也可以通过借鉴历史的经验教训以指导我们今天的行为。客观而言，环境危机等问题并不是今天才出现的，但现代科学技术的快速发展却导致了有史以来最为严重的环境危机。只有深刻认识人类历史才能正确理解现代社会，并科学地解决我们所面临的问题。而客观地认识历史上的人地关系，也是深刻理解人类历史发展和积极应对环境危机问题的前提和基础。

大量的环境考古研究实例显示，环境变迁和人类行为是相互影响的。首先，气候对地貌和植被的直接作用，在很大程度上决定了可利用资源的种类和丰富程度，进而决定了人类的生产生活方式。反过来，人类生存过程中对环境资源的利用和改造，也会对地貌和植被产生相当明显的影响，进而影响地球的气候系统。

（一）人类对环境的适应

在各种环境因素中，气候、生态系统和地貌变迁对人类行为的影响最为显著，而气候因素对人类生存及行为特征的影响最为明显。

旧石器时代考古证据表明，更新世早期可能发生了两次人类迁徙浪潮，时间分别在距今 118 万—116 万年和 110 万年前后。第一次迁徙是直立人开始走出非洲，迁徙至其他中低纬度的热带-亚热带地区；第二次迁徙是直立人逐渐开始占据中高纬度的温带地区，都发生在第四纪气候转型、环境产生重大变化的时期。人类大范围迁徙与气候环境变化在发生时间上的一致性，揭示出它们之间可能存在某种内在联系，气候转型期的环境变化可能是引发两次人类迁徙浪潮的主要驱动力。

气候变迁对人类文明的影响，是人地关系研究中最受关注的重要内容之一。近年来的研究显示，中全新世的气候变迁是中华文明形成和发展的重要助推器，发生在距今 4000 年前后的干冷气候事件，导致黄河平时流量减小，流经下游平原地区的流速减慢，泥沙沉淀加剧致使河床抬高，极易造成洪水泛滥，危及中原地区居民的生存安全，从而造就了大禹治水的故事。同时，气候恶化进一步加剧了生存空间和资源占有的不稳定性，使之成为诱发战争的重要原因之一。中华文明就在这种气候变迁的大背景下诞生的。与之相反的是，中全新气候变迁却导致了印度哈拉巴文明的衰亡，原因就在于气候干旱几乎摧毁了哈拉巴文化的农业。中南美区域气候研究显示，玛雅文明衰落的主要原因在于晚全新世的气候干旱事件，持续而严重的干旱动摇了玛雅文明赖以存在的农业基础，玛雅的辉煌戛然而止。

气候变迁对人类的影响，主要是以改变生态环境系统的方式来实现的，西亚地区的农业起源就是一个典型例子。研究结果显示，西亚地区农业起源是在晚更新世向全新世过渡阶段逐渐完成的，人类为了适应末次盛冰期的极端气候条件对生态系统的改变，从居住地选择到生计方式都发生了显著改变，开始了广谱采集狩猎的经济模式。之后，新仙女木气候事件再次迫使人类改变生存策略，在反复适应气候变迁和生态系统变化的过程中，人类积累了利用各种动植物资源的经验，最终掌握了植物栽培和动物驯养技术，农业就这样诞生了。

地貌变迁也深刻影响着人类的行为方式。大量的研究表明，第四纪尤其是全新世以来，地貌变迁对人类产生了显著影响而且主要反映在生计模式和聚落选址等方面。其中，不同类型的生计模式对居址选择至关重要，因为采集、捕捞和狩猎与农耕等不同类型的生计方式对地貌和环境的要求不同。旧石器时代人类以采集狩猎为主要生存方式，居住地多选择在食物资源丰富的森林草原地带，冬季选择洞穴居住，其他季节可能在旷野居住。新石器时代农业不断发展，使得人类对耕地资源的需求日益增大，可耕土地资源丰富的区位地貌，如河流冲积平原等就成为营建聚落的首选。比较典型的例子就是，新石器时代以来河流地貌变迁对人类居址的影响。① 在西拉木伦河流域，遗址的分布基本上受阶地演变过程的控制，随着各级阶地的逐步形成，人类的活动范围也同步由黄土塬面向下一级河流阶地扩展。在伊洛河流域的二、三级阶地和黄土台塬上，都有不同时期的新石器文化遗址分布，说明二级和三级阶地形成于新石器时代之前，当时就已经成为可供人类选择的栖息地。山东南部的薛河流域属于准平原地貌，发育两级阶地，其中新石器时代遗址主要坐落在二级阶地上。这种情况表明，由于区内构造稳定，新石器时代的人类长期生活在二级阶地面上，从而形成了北辛—大汶口—龙山等不同时代聚落遗址时常叠压在一起的情况。

海岸地貌对史前人类生存方式的影响也较为显著，最显著的例子莫过于白令海峡陆桥的形成引发早期人类迁徙和开发北美的史实。在整个第四纪时期，伴随着冰期—间冰期的气候旋回与地质构造运动，阿拉斯加海岸和西伯利亚东部的相对海平面都发生了多次波动，并直接影响了陆桥的发展。在这个过程中，不仅动植物的迁徙习惯受到影响，而且人类发展也受到陆桥发展进程的控制。② 尤其是在末次盛冰期，陆桥的形成和不断扩大，为亚洲人类向北美洲的迁徙提供了机会。另外，山东东部沿海地区新石器时代晚期文化的发展和繁荣，也应是人类适应气候变化引发海岸地貌变迁的典型实例。在中全新世气候干冷的大背景下，山东沿海地区由于海面下降、沿海低地可开发，农业人群迁徙而至，从而造就了距今5000年以来繁荣的新石器时代晚期文化。③

（二）人类对环境的改造和影响

人类自诞生的那一刻起就开始了对环境的改造和影响，所以人类常常也被视为生态系统的重要组成部分。无疑，不同地区、不同生业经济模式和不同历史发展阶段，人类对环境的影响方式和程度有显著的不同。总的来讲，采集狩猎人群较之农耕人群对环境的影响明显要小一些，季节性定居人群较之常年性定居人群对环境的影响也要小一些。现代社会则是有史以来人类对自然环境影响最大的时期。

早期地质学家认为，相对于自然环境自身的变迁而言，人类对自然环境的影响微乎其微。不过，19世纪末20世纪初欧洲移民对北美自然景观的破坏，引起了人们的注意。通过进行土壤侵蚀、金矿开采对地貌影响的一系列研究，深刻揭示

---

① 夏正楷：《环境考古学——理论与实践》，北京大学出版社2012年版，第53—71页。
② B. M. Fagan, *Ancient North America*, London: Thames & Hudson, 1991.
③ 靳桂云、王传明：《海岱地区3000BC—1500BC农业与环境研究——来自考古遗址的植硅体证据》，山东大学东方考古研究中心编：《东方考古》第7集，科学出版社2010年版，第322—332页。

出人类行为对自然环境的影响作用。此后，针对人类影响自然环境的问题，欧美学术界开展了全方位的研究。20 世纪 70 年代的环境革命，涌现出一批探讨人类对自然环境影响的科学研究成果；20 世纪 80 年代以来的全球变化研究，也把人类对环境的影响作为一项重要内容。进入 21 世纪以来，由于全球环境危机的不断加剧，各国政府和相关科研机构都加大了人类对环境影响问题的研究力度。目前，人类活动对环境的影响已经成为社会共识并影响着大众的日常生活，尤其低碳生活已经成为全人类所倡导并追求的一种健康生活方式。

从历史发展的角度来看，旧石器时代采集狩猎人群对环境的影响是非常有限的。相比较而言，新石器时代农业人群对环境的影响明显加剧。首先，新石器时代人类定居的生活方式，需要营建遮风避雨、御寒保暖的房屋建筑，其后果不仅会改变居住地的地貌景观，而且需要包括木材在内的各种建筑材料。其次，农业生产方式下的土地开垦，必然导致居住地周围森林和草原的覆盖面积急剧减小，自然生态系统受到严重干扰，水土流失和地貌变化进一步加剧。第三，遗址所在区域的地貌和生态系统变化，难免也会间接地影响邻近区域的自然生态系统。可见，新石器时代的农业生产通过影响森林、草原覆盖和生态系统，进而影响遗址周围地貌和遗址所在区域的生态系统，一定程度地干扰甚至破坏了区域环境。有时候，人类会对不太利于居住的区域进行改造，进而营造出一个适合自身居住和生活的微观环境。如浙江余杭良渚地区，在新石器时代属低海拔的沼泽区，并且，洪水经常会从西侧 C 形半包围的山区来袭。为了改变这种不利于人类居住的环境，当时的人们在几个主要下泄洪水的山口，人工修建了拦水坝，以改变洪水的流向，来减轻对良渚遗址群人们的生存威胁。同时，在地势较低的沼泽区，人工垫筑起高高的台形基址，以利于人们的居住（参见图 6-9）。

青铜时代，尤其铁器时代，由于金属工具的普及和生产效率的提高，人类改造环境的能力得到进一步提升，加大了对环境的破坏程度。这一时期，人类活动可能会对河流沉积物等产生一定的影响。随着农业经济的发展，森林草原面积减小，农耕活动对土壤的翻动、过度放牧等因素，都不同程度地破坏了自然植被并导致水土流失加剧。同时，植被的破坏又会直接导致土壤的持水量减少，进而改变地表径流结构。这些现象最终改变了区域内河流及其冲积平原的动力机制，进而改变了局部甚至区域地貌，并对水文机制等产生一定的影响。地中海地区环境考古研究显示，罗马时期的农耕活动在某种程度上改变了区域内河流冲积物的结构，并影响了区域环境的自然发展途径，显示出人类活动塑造区域地貌的力量。[1]

---

① M. Wagstaff, "Buried Assumptions Some Problems in the Interpretation of the 'Younger Fill' Raised by Recent Data from Greece," *Journal of Archaeological Science*, vol. 8, no. 3（1981）pp. 247—264.

另外，在整个北温带地区，人类继承并不断发展了新石器时代以来的农业生产技术。而农耕技术与农业经济的持续发展，势必造成更严重和更大范围的水土流失，进而影响河流下游地段的阶地发育。所以，北温带地区全新世晚期冲积物和相关的阶地发育，可能都是自然因素和人为因素共同作用的产物。

人类与环境的关系主要是通过一系列的生产行为体现出来的。所以，在文化与环境的关系中，生业经济与环境的关系最密切。考古学者需要采取多种科学方法来描述和解释古代聚落遗址所拥有的生态特点。而借用其他学科的理论方法，既需要准确地认识和理解这些理论方法产生的基础，更需要采用适合处理考古遗址数据信息的方法。任何一种学科理论和方法，都是由特定的研究对象所决定的，因而可能都存在与生俱来的有效性和局限性，需要以批判的态度克服拿来主义的借鉴方式。重建人类过去的生存环境，能够使我们认识人类适应的初始条件和导致这些初始条件变化的原因。而对于人类生存、发展的宏观环境背景的比较研究，不仅有助于解释或阐明人类起源及其发展的根本原因，而且有助于认识人类的行为特征和文化发展的基本特点。

第二节　生业经济

生业经济是指人类为了维持生存需求而获取基本生存资源的经济行为。一般来讲，生业经济是对人类社会早期阶段经济模式的概括，尤其是旧石器时代到新石器时代。在漫长的旧石器时代，人类几乎没有发展出任何食物生产技术，人类的生存主要依靠从大自然中攫取各类资源来维持，到了新石器时代，人类才逐渐发展出最初的食物生产技术，包括农业（作物种植和家畜饲养）和牧业等。考古遗址中经常会有各类反映人类生业经济方式的资料保存下来，相关研究显示，生业经济可以分为以采集、捕捞和狩猎为主的攫取经济和以动植物驯化栽培为主的生产经济。

一、攫取经济

所谓攫取经济，是指人类依赖其居住地点周围的自然环境和资源，食物等基本生存资源是从大自然中攫取而不是生产所得。由于人类的杂食习性非常突出，所以获取食物的主要方式包括采集、捕捞和狩猎。

（一）食物类别和特点

人类杂食习性的形成可能与物种的演化有关。作为人类远祖的早期灵长类更像食虫类，它们在植物性食物之外，可能也捕食昆虫类。在高等灵长类动物中，根据黑猩猩群体的围猎行为，可以推测人类的祖先可能也偶尔猎取动物类食物，因为五六百万年前人类的祖先就已经具有适应杂食习性的牙齿。从单位食物的热量值比较来看，早期人类更多地食用肉食是符合其物种特性的。不过，较之捕捞尤其狩猎，食物采集相对比较容易。采集的对象既包括各类可食用的植物资源，也包括昆虫和小型水生软体动物等，特点就是不具移动性或移动速度很慢。所以，在渔猎技术完善之前，人类可能主要依靠采集方式获取食物资源，肉食的比例相对较低。

由于食物类型和特性差异，其保存状况各不相同，尤其植物遗存在旧石器时代遗址中很难发现和确认。原因可能有二：第一，人类在消费植物资源时，常常会把采集来的部分全部食用而不留任何"蛛丝马迹"，如野菜、块茎类植物等；第二，相对于动物骨骼类遗存，植物遗存更难保存，即便是坚果类硬壳，在没有发生炭化或石化过程的情况下，也会慢慢地腐烂（或被作为燃料烧掉），难以留下痕迹或线索。由于植物资源的自身特点和人类的消费方式等原因，使得我们在分析攫取型经济模式时，往往极度缺乏植物类遗存的相关信息，不得不在很大程度上借鉴民族志资料。值得期待的是，人骨同位素分析方法已较多地应用于新石器时代及历史时期的人类食谱研究，可一定程度地弥补这一缺憾。

即便是攫取经济模式下的捕捞、狩猎，由于时代和区域差异，所获取的动物类资源也明显有所区别。但总体而言，捕获的对象主要是各种飞禽，包括雉等；渔捞的对象主要是水生生物，包括淡水和海洋中的各类生物，如鱼、虾、蟹、各种软体动物等；狩猎的对象主要是陆生哺乳动物，如鹿类、野猪、狼、獾、猫、貉等。姑且不论热带和高寒地区，就是进入生产经济阶段的中纬度地区，捕捞和狩猎也一直是人类获取动物蛋白的一种补充手段。然而，对于中、高纬度地区的早期人类来讲，狩猎不仅可以获得高蛋白的肉食资源，还可获得生存所需的其他资源，尤其大型食草动物具有很高的综合利用价值。猎取大型动物，除了获得比较充分的肉食资源外，经过加工的皮革便于制衣取暖、搭盖帐篷等，而骨骼也可用于营建帐篷的基本构架或坠拉帐篷以及制作各类骨器等。

一般来讲，攫取经济人群的生活方式具有如下特点：第一，人群流动性强。因为源于自然界的食物资源，大多具有季节性的生长或活动特征，无论采集还是狩猎捕捞行为，往往需要随着季节变化而变化。如温带地区，人们可能在适合捕捞的夏季集中于河流、湖泊附近，在果实成熟、适合采集的秋季可能集中于山地或山前地带，而在其他资源相对匮乏的冬季则可能集中于鹿、野猪等各种陆生动物活动的疏林草原地带。不仅如此，为了获取生存资源，人群可能还会在更大区域范围内往返迁徙，尤其是狩猎行为，旧石器时代发现较多的狩猎营地就是证明。第二，人群中的资源分配相对平均。这是由于资源有限，为了维持种群的繁衍，必须最大限度地保证成员的存活率。第三，人类群体内的知识传承颇受重视。因为不论是狩猎捕捞还是采集都需要有丰富的经验，群体内已经积累的相关知识是维系其生存发展的关键。

（二）攫取经济的发展

旧石器时代从二三百万年前开始，到距今 1 万年左右结束，涵盖人类历史的 99% 以上。尽管目前还无法确定人类狩猎能力的出现及其具体发展过程，但狩猎能力的不断提高则是整个旧石器时代攫取经济发展的突出特征之一。参考民族志资料以及灵长类动物的基本习性，人类最初除了采集植物、昆虫、小型水生软体动物以外，获取肉食资源的狩猎方式可能主要是邂逅式狩猎、围猎和长途跟踪等。到了旧石器时代中期，人类狩猎的成功概率应有所提高，中国华北地区大量出现的石球可能就是用来制作流星索一类的狩猎工具，而野驴、野马等大中型食草类动物已经成为人们猎取的主要对象。及至旧石器时代晚期，人类已经可以进行有效的狩猎，打制石镞的存在标志着弓箭类狩猎工具已经出现，狩猎的成功率进一步提高，甚至居住遗迹也不乏以大型动物骨骼作为建筑材料。旧石器时代末期，广谱经济模式的迅速发展，最终为生产经济的到来奠定了基础。

一般认为，直立人成功地离开热带非洲是生物进化和文化发展的结果。尽管在一些更新世中期的遗址中发现有灶和烧骨，但更新世早期（旧石器时代早期）的相关证据少而模糊，所以有关更新世早期人类是否主动猎取大型动物还存在争议。即便旧石器时代早期遗址中石器与大型动物骨骼共存的事实无可否认，但有的观点认为这两类遗存的共存关系并不能证实这些动物就是人类猎获的。不过，在欧洲的一些旧石器时代早期遗址中，确实有证据表明动物骨骼与同出的石器之间存在密切的联系。[①] 中国的旧石器时代早期遗址中，攫取食物类型和方式的信息还相对较少。元谋人化石产地的地层中发现有大量的炭屑、烧骨和哺乳动物化石。陕西洛南盆地花石浪龙牙洞旧石器时代早期遗址发现有人类生活的踩踏面、灰烬层、烧石、烧骨和数万件石制品，还出土了 20 余种哺乳动物、鸟类和水生动物化石，许多石制品表面还沾染有烧过的炭屑及油渍状痕迹等；[②] 这些遗迹现象说明，早期居民曾长期居住生活于此，可能进行过肢解动物、加工植物等活动。

关于旧石器时代中期人类的狩猎能力，目前还有不同的认识。其中一种观点认为，旧石器时代中期的狩猎技术虽然低于旧石器时代晚期，但人们已经掌握了狩猎中小型食草动物的技能。事实上，在法国、意大利、德国、以色列和中国等国家的旧石器时代中期遗址中，都曾经发现了人类狩猎和屠宰原始牛或野牛的证

---

① Sarunas Milisauskas, *European Prehistory：A Survey（2nd Edition）*, New York：Springer, 2011, p. 46.

② 王社江等：《洛南花石浪龙牙洞 1995 年出土石制品研究》，《人类学学报》2004 年第 2 期。

据。其中，许多动物种类都呈现出"壮年居优死亡模式"，即以壮年个体数量占据绝对优势的死亡特征。这种特定的模式表明，人类显然对周围环境及资源特征非常了解，尤其已经熟知这些大型食草类动物的生活习性和迁徙规律，并掌握了足够的狩猎知识和技能。可以说，人们总是以经验和智慧能动地调整狩猎方式和生存策略，从而保证可以经常性地猎取性情凶猛的原始牛和奔驰如飞的普通野马等壮年个体。河南许昌灵井遗址位于当时泉水形成的小型湖泊附近，下层动物群的绝对年龄距今约 10 万年，发掘结果显示这里曾是人们狩猎、屠宰和加工兽皮以及制作石器、骨器的工作营地（图 5-7）。[1]

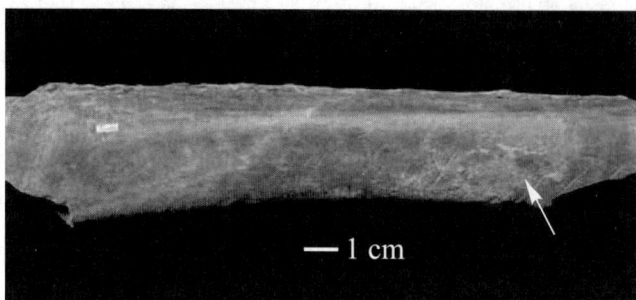

图 5-7　许昌灵井遗址大型动物肋骨上的切割痕

虽然有学者认为 30 万—20 万年前人类才开始广泛用火，[2] 但越来越多的考古证据表明，人类可能很早就能控制性用火了，相关的考古证据遍及亚洲、欧洲和非洲等地。距今 70 万—20 万年之间的周口店遗址，就发现了比较确定的用火遗迹。用火能力的发展直接影响人类的生计模式、行为方式、体质变化和分布区域。用火能力对生计模式、行为方式有明显的影响，诸如取暖照明、驱赶猛兽、群聚而居、加工食物以及制作和创造新的生活资料等。用火还可以增加人类可食用资源的种类，改变物质营养成分，促进人类体质进化等。人类从温暖、食物丰足的区域向生存环境相对较差的区域拓展、迁徙，也是在掌握用火之后才实现的。

旧石器时代晚期的文化发展，充分体现出人类的生存能力得以迅速提升。中国旧石器时代晚期人类，创造出了丰富多样的文化成就，主要表现为：石器制作技术的进步，如石叶工业和细石叶工业的发展；弓箭、鱼镖等狩猎工具的使用；磨光技术和钻孔技术的应用促使缝制衣服能力的发展；用火技术的成熟等（图 5-8）。这些成就使得人类可以向北部更寒冷的地区扩展，而活动范围扩大就意味着获取资源能力的增强。

---

[1]　张双权等：《灵井动物群的埋藏学分析及中国北方旧石器时代中期狩猎—屠宰遗址的首次记录》，《科学通报》2011 年第 35 期，图 4。

[2]　A. Gibbon, "Food for Thought", *Science*, vol. 316 (2007), pp. 1558—1560.

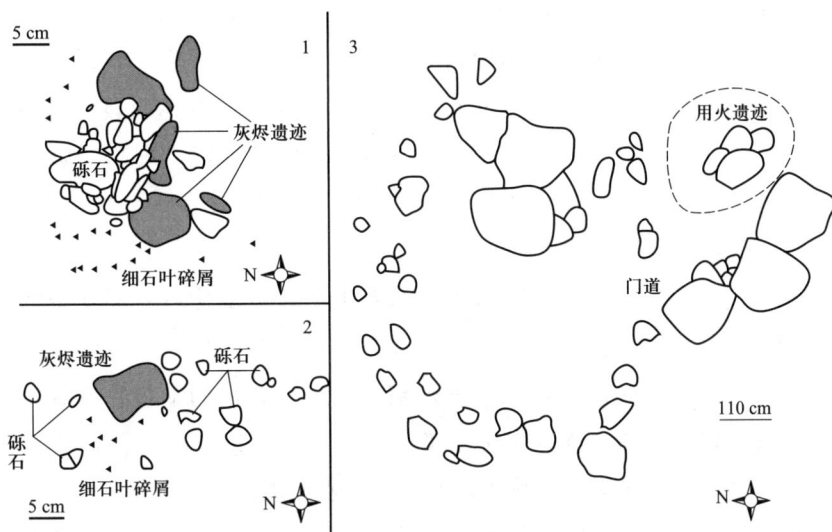

图 5-8　旧石器时代晚期人类用火遗迹
1. 青海海南沟后水库遗址　2. 青海海北娄拉水库遗址　3. 吉林西山遗址

　　旧石器时代晚期的阎家岗遗址，位于高纬度的松嫩平原南部的哈尔滨市郊，距今约 2 万年，出土有人类化石、石器和丰富的动物化石。其中动物化石 3000 多件，包括哺乳动物和两栖动物。哺乳动物纲有狼、沙狐、最后斑鬣狗、松花江猛犸象、野驴、普氏野马、披毛犀、野猪、河套大角鹿、普氏羚羊、东北野牛等近 30 种。两栖动物纲有蛙、蟾蜍。但个体数量则以马类、犀类和牛类最丰富，三类大型食草动物标本几乎占一半以上。孢粉分析显示，遗址周围发育温带植被，其中多数科属中有可食用植物类型。综合来看，人类生活时期这里是疏林草原环境，可能是古代猎人的营地。①

　　位于华北的北京王府井东方广场遗址出土有丰富的文化遗物。经初步鉴定，脊椎动物化石有原始牛、斑鹿、蒙古草兔、安氏鸵鸟、雉和鱼等。许多动物骨骼上发现有人工切割和砍砸痕迹，揭示出人类对肉食资源的利用方式及特点。遗址中还出土有树叶、树根和果实种子等植物遗存。结合石器、骨器和动物骨骼的分布特征来看，王府井遗址的居民不仅在这里宰杀、肢解猎物，而且还进行炊事活动，这里应是一处临时居住地。②

　　地处南方的贵州马鞍山遗址的动物考古研究显示，③ 古人类获取的动物按照个

---

① 黑龙江省文物管理委员会、哈尔滨市文化局、中国科学院古脊椎动物与古人类研究所东北考察队：《阎家岗——旧石器时代晚期古营地遗址》，文物出版社 1987 年版，第 13—60 页。

② 李超荣等：《王府井东方广场遗址骨制品研究》，《人类学学报》2004 年第 1 期。

③ 张乐等：《马鞍山旧石器时代遗址古人类行为的动物考古学研究》，《中国科学 D 辑：地球科学》2009 年第 9 期。

体大小可以分为四个等级，早期阶段人类倾向于更多地猎获水牛、中国犀和东方剑齿象等大型动物，而晚期则更多地猎获水鹿和猕猴等中小型动物；早期人类将富含肉食和骨髓的上、中部肢骨带回营地，而晚期这种现象不明显；早期居民对猎物资源开发得不够充分，具有一定的选择性，而晚期居民则对猎物资源利用得比较充分。

（三）广谱经济及其影响

旧石器时代末期，人类获取资源的方式发生了显著变化，有的学者将其概括为"广谱经济"模式。所谓广谱经济，也称为广谱革命，是指旧石器时代晚期到新石器时代早期的一段时间内，原来不曾被利用或被忽视的动植物资源，也逐渐成为人类开发利用的对象。而这一显著变化的重要意义就在于，由此逐步导致了单一的攫取经济模式的结束和食物生产的开始，农业革命随之发生。

在西亚美索不达米亚地区，公元前4万—1万年间发展出一种食物资源的广谱开发模式，食物种类明显拓展。狩猎采集者的食谱包括羚羊、野绵羊、山羊、牛、猪、野驴、鹿及其他小型哺乳动物，还有鸟类、鱼类、淡水蛤类、乌龟、螃蟹及蜗牛等，以及一年生和常青野生植物种子如小麦、大麦、豆类、黑麦草等。[①] 人们正是依靠增加食物多样性的生计方式，提高了更新世末期不稳定环境的承载能力。具体来说，就是旧石器时代晚期，人们在主要依赖中小型动物的基础上，同时开发利用原来被忽视了的多数小型动物（如鸟类、兔类、乌龟等），并开始采集那些低热量的植物种子。以色列奥哈楼遗址出土的植物遗存非常丰富，包括142类，总数达到9万个以上，其中草类遗存的个体超过1.9万个。[②] 不仅如此，这里还出现了植物利用模式的显著变化，就是从早到晚对野草的利用逐渐减少，而对野生谷物的利用逐渐增多，从而反映出生计模式的变革和植物驯化的过程。淀粉粒分析发现，距今2.3万年前后已经开始利用野生谷物。[③] 这种现象与旧石器时代人骨同位素的食性分析结果一致，即距今2.8万—1万年期间现代人的食谱发生了显著变化，早期以肉食为主，后来逐渐以植物为主。这些行为奠定了植物驯化和家畜饲养的基础，拉开了西亚新石器时代的序幕。

在欧洲的中、高纬度地区，广谱革命发生在距今12000—8000年间。伴随着人类食谱的多样化，狩猎、食物加工、食物储存设施快速多样化，包括植物种子晒

---

①　K. V. Flannery, "The Ecology of Early Food Production in Mesopotamia," *Science*, vol. 147, no. 3663 (1965), pp. 1247—1256.

②　E. Weiss and W. Wetterstram, "The Broad Spectrum Revisited Evidence from Plant Remains," *Proceedings of the National Academy of Science*, vol. 101, no. 26 (2004), pp. 9551—9555.

③　R. D. Piperno and E. Weiss: Processing of Wild Cereal Grains in the Upper Paleolithic Revealed by Starch Grain Analysis, *Nature*, vol. 430 (2004), pp. 670—673.

干、研磨和坚果储藏以及小动物的开发利用。研究发现，人类首先利用乌龟等爬行动物，随后行动敏捷的啮齿类和鸟类等也进入人们的食谱。

即便学术界对广谱经济发生的原因存在认识分歧，但基本接受更新世末期气候环境变迁的影响作用。既然这种生计模式的变迁受到环境因素的显著影响，那么在这个转变过程中，不同生态区域就会采取不同的生计模式。这种情况在中国表现得比较突出，在前述旧石器时代晚期的生计模式中，中国北方各遗址动物骨骼种类明显少于南方地区；由于保存条件等因素的影响，相当于广谱经济阶段的考古遗址中植物遗存很少发现。这种地域性生计模式的差异表明，随着环境的变化和人类经验的积累，攫取经济发展到一定阶段，有些地区便逐步转变为以生产经济为主导的生计模式。

二、生产经济

生产经济是相对于攫取经济而言的，是指人类已经开始生产食物资源的生业经济阶段。在历经二三百万年的狩猎捕捞采集生计方式后，人类逐渐积累了相当丰富的经验和知识，最终在北半球的中纬度即温带和亚热带地区率先完成了向生产经济的转变，其核心内容就是植物栽培和动物驯养。客观而言，生产经济模式使人类获取食物资源的途径和方式产生了革命性变化，但并不排斥对食物资源的攫取行为。即便在生产经济获得了长足发展后，狩猎捕捞和采集等攫取模式仍占一定的比重。所以，生产经济依然属于生业经济范畴。也就是说，人类生产活动的主要目的仍然是满足自身的生存需要。而且，在不同的环境背景下，这种生产行为的发生时间也不一致，有的地区自旧石器时代末期就已经开始酝酿生产行为，而有的地区则是新石器时代早中期乃至更晚时期才开始出现生产行为。认识古代社会的生产经济，需要解决两个关键问题，就是农业的起源和早期发展。

（一）农业起源

农业作为一种全新的生业模式，是欧亚大陆史前时期生业经济的重大变革。不同于野生祖本而具有驯化性状的动植物的出现，就标志着农业已经诞生。农业的出现标志着人类从此结束了完全依赖自然资源生存的经济模式，开始拥有更多的生存主动性，相对稳定的食物来源引发或强化了定居生活方式，进而促进了石器和陶器制作技术的进步，以及人类社会乃至精神文化的全面发展。从这个意义上来讲，尽管农业起源可能经历了从认知利用到驯化栽培的长期演化过程，但这并不影响其革命性的意义。

在攫取经济基础上发展起来的生产经济，同样也会受到环境和资源的制约而具有显著的区域特色，尤其不同区域的植被组合直接决定人类最初利用和栽培

（驯养）的植（动）物种类，从而在全球范围内形成了多个农业起源中心。① 其中包括全新世早中期形成的西亚小麦和大麦作物中心、中国分别以稻和粟为代表的作物中心，晚全新世形成的中美洲玉米作物中心和非洲的珍珠米作物中心等。

西亚地区的农业起源，发端于地中海东岸的黎凡特地区。这一地区以死海和阿西河-约旦河谷为东部边界，河谷从南向北经历了显著的高差变化。向东倾斜的台地被许多溪谷分割，而这些溪流流经沙漠到达美索不达米亚或阿拉伯半岛，在广阔的沙漠盆地则孕育出一些绿洲。这一地区现代的气候是冬季阴凉多雨而夏季炎热干旱，沿海平原和临近山区以森林、林地、疏林草地等地中海植被为主，全新世早期气候比现在湿润得多。因此，在全新世中期的干旱气候到来之前，当地的狩猎采集者及后来出现的农耕民，就生活在气候和水文资源更好的环境中。在森林覆盖的山区和疏林草原中，常绿橡树和阿月浑子树为主要树种；高海拔地区则生长野橄榄、杏树和雪松；海岸平原和东部高原的西缘为林地所覆盖。夏季零星的降雨可能产生比今天更为茂盛的植被，包括谷物在内的植物资源十分丰富。

考古证据显示，黎凡特地区更新世晚期细石器文化的创造者，不断适应频繁而剧烈的气候环境变化。在逐渐转暖和新仙女木等气候事件的作用下，纳吐夫文化时期（14500—11700/500aBP）的一些人群，便在密集的狩猎采集活动下，开始了部分栽培活动。进入前陶新石器时代 A（PPNA）阶段更多的人群选择居住在适合植物栽培的地区（图 5-9），比如洪积扇、泉水边、河流台地等，尽管多数聚落仅存续了短短几个世纪。及至前陶新石器时代 B（PPNB）初期，动植物驯化栽培急剧扩张，小麦、大麦、豆类、亚麻等都已成为驯化植物，② 山羊、绵羊、牛和猪等也在距今 10500 年前后成为驯养动物。与此相适应，房屋建筑等居住遗迹也发生了显著的变化。考古证据充分显示出，当时农业社会食物资源的富足程度，既体现在西亚地区农业经济的持续发展方面，也体现在农业经济通过传播与当地的文化交流和融合方面，从而奠定了欧洲农业社会及史前文化发展的基础。

水稻是当今世界最重要的粮食作物之一，栽培稻的起源与传播过程长期受到学术界的高度关注。随着考古资料的积累和相关研究的深入，稻作和粟作农业起源于中国的事实，③ 已经获得国际学术界的认可。

关于稻作农业起源的具体时间和地点，学术界还存在不同认识。但目前学术界的

---

① D. Zohary, M. Hopf and E. Weiss, *Domestication of Plants in the Old World: The Origin and Spread of Domesticated Plants in Southwest Asia, Europe, and the Mediterranean Basin (4 Edition)*, New York: Oxford University Press (USA), 2012.

② M. A. Zeder, "Domestication and Early Agriculture in the Mediterranean Basin: Origins, Diffusion, and Impact," *Proceedings of the National Academy of Science*, vol. 105, no. 33 (2008), pp. 11597—11604.

③ 严文明、安田喜宪：《稻作、陶器和都市的起源》，文物出版社 2000 年版，第 3—16 页。

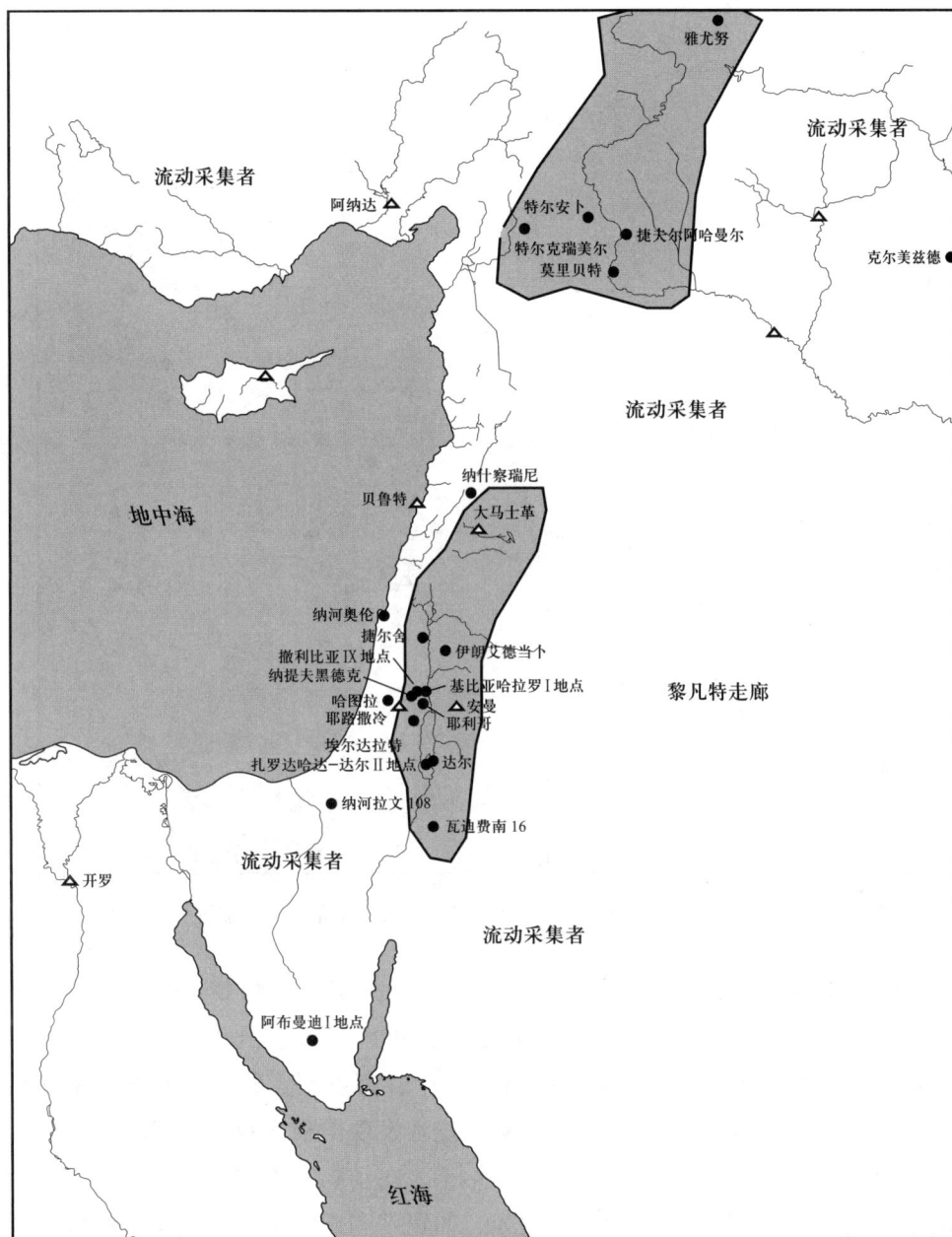

图 5-9 西亚黎凡特地区前陶时期遗址分布及最早出现农业的"黎凡特走廊"

共识是：更新世末期和全新世初期阶段，在中国长江流域及周围地区，人类经历了从采集野生稻到栽培野生稻的演化过程，最终出现了驯化稻，产生了稻作农业（图 5-10）。

在稻作农业的起源阶段，人类的生计模式具有如下主要特点：第一，在植物性食物资源中，栽培植物所占比重比较小，采集的野生植物则占较大比重，如湖南澧县八十垱、河南舞阳贾湖、浙江余姚田螺山等遗址中，都出土了大量

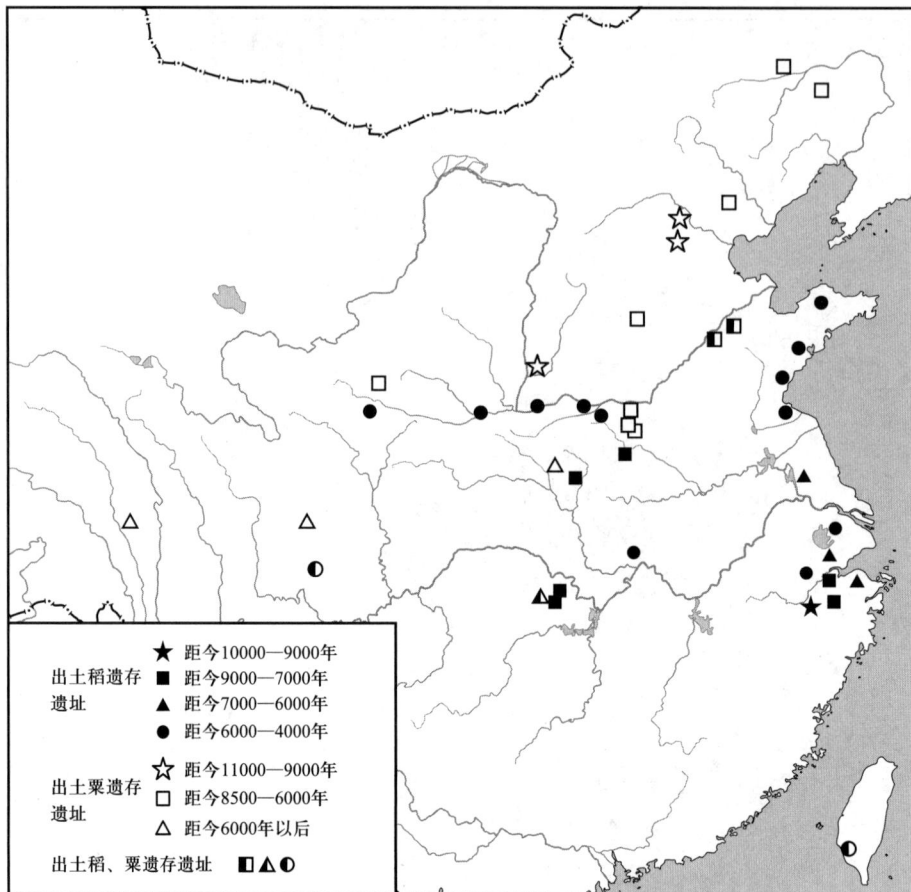

图 5-10　中国稻作、粟作农业起源和初期发展阶段出土稻粟遗存遗址分布示意图

的野生植物遗存，种类包括栎果、菱角、藕、芡实、野葡萄、野大豆等。第
二，水稻由野生到驯化栽培的演化过程，是十分复杂而漫长的，在年代较早的
江西万年吊桶环①和浙江萧山跨湖桥②等遗址中，都发现了野生稻和驯化稻并存
的证据；而在年代较晚的江苏高邮龙虬庄遗址发现的稻米粒型突然增大，这一
现象则可能反映了栽培过程中的质变。第三，在动物性食物资源中，狩猎尤其
是淡水捕捞可能是肉食来源的主要途径，如贾湖和田螺山等遗址出土的猪骨明
显具有从野生向家畜转变的特点，表明家畜饲养在肉食资源中所占比例较低。
第四，与农业生产相关的工具不仅数量少而且形制简单。跨湖桥遗址出土的各

---

① Z. J. Zhao, "The Middle Yangtze Region in China is One Place Where Rice Was Domesticated:
　Phytolith Evidence from the Diaotonghuan Cave, Northern Jiangxi," *Antiquity*, vol. 72, no. 278
　(1998), pp. 885—897.

② 郑云飞、孙国平、陈旭高：《7000 年前考古遗址出土稻谷的小穗轴特征》，《科学通报》2007
　年第 9 期。

类工具中，135 件石器包括锛、斧等生产工具、加工工具和装饰品三大类；100 余件骨器包括耜、镞、镖等，代表农耕、渔猎、纺织、缝纫等各类用途。[1] 其中可能与农业生产相关的工具仅有 5 件石斧和 4 件骨耜，尚未发现与谷物收割和加工有关的工具。

尽管稻作农业起源阶段水稻生产在食物资源中所占比重较小，但生计方式的变化却对人类社会发展产生了重大影响。根据相关省份文物地图集的统计数据，在长江流域及周边地区，这个时期考古遗址数量比旧石器时代晚期迅速增多，当与植物栽培和动物驯养有关，定居或一定程度的定居已经成为人类的主要居住方式，河姆渡和田螺山等遗址发现的干栏式建筑，都显示出定居生活给人类生活方式所带来的巨大变化。

在粟作农业的起源研究方面，因为考古发现相对较少，所以综合研究不如稻作农业那样深入。现有资料显示，至迟在裴李岗时代（距今9000—7000 年），以种植黍为主、兼种粟的旱作农业已成为北方地区居民获取植物性食物的重要手段（图 5-10），而此前则可能经历了一个相当漫长的采集、甚至栽培禾草类野生植物的过程。[2]

距今 11000—9000 年，采集乃至栽培某些黍、粟类禾草植物，可能已是人类生计方式的重要内容之一，尽管攫取经济依然是获取食物资源的主要手段。山西吉县柿子滩遗址出土的石磨盘和磨棒上，发现有以禾草类和栎果为主的淀粉粒，包括黍属、栎属、小麦族、薯蓣类、豆科等。[3] 同层出土的动物骨骼也比较多，以啮齿类动物牙齿为主，还有一些鸟类。其中小米类淀粉粒中野生狗尾草的比例逐渐下降，而粟的淀粉粒数量逐渐上升。南庄头遗址除了野生鹿科等动物遗骸和较多草本植物花粉之外，也在石磨盘和磨棒上发现有以禾草类为主的淀粉粒。[4]

这些发现表明，这一时期的人类可能已经强化了某些禾本科植物种类的开发利用，包括采集和初期的栽培活动。到距今 9000—7000 年，这些被强化利用的植

---

[1] 浙江省文物考古研究所、萧山博物馆：《跨湖桥》，文物出版社 2004 年版，第 154—217、323—324 页。

[2] 秦岭：《中国农业起源的植物考古研究与展望》，北京大学考古文博学院、北京大学中国考古学研究中心编：《考古学研究》（九），文物出版社 2012 年版，第 260—315 页。

[3] L. Liu, Wei Ge, Sheahan Bestel et al, "Plant Exploitation of the Last Foragers at Shizitan in the Middle Yellow River Valley China: Evidence from Grinding Stones," *Journal of Archaeological Science*, vol. 38, no. 12 (2011), pp. 3524—3532.

[4] 李月从、王开发、张玉兰：《南庄头遗址的古植被和古环境演变与人类活动的关系》，《海洋地质与第四纪地质》2000 年第 3 期；X. Y. Yang, Z. W. Wan, L. Perry et al, "Early Millet Use in North China," *PNAS*, vol. 109, no. 10 (2012), pp. 3726—3730.

物种类业已成为植物性食物的主要来源，人类的生计模式发生了重要转变。内蒙古兴隆沟遗址第一地点、白音长汗遗址、北京平谷上宅、河北武安磁山、河南新郑裴李岗、甘肃秦安大地湾、山东章丘西河等遗址中，都发现了黍、粟类淀粉粒和炭化种子，这些植物遗存不仅数量多，而且出土的频率也明显提高，显示出它们在人类食物构成中的比例显著上升。

这一时期，人类在农业方面的成就，还包括工具制作技术的进步和工具类型的多样化。在大多数遗址中，都出土了数量较多的各类工具，包括可能用于砍树垦荒的石斧、翻土的石铲与加工植物的石磨盘和石磨棒等。在裴李岗文化和后李文化的一些遗址中，还出土了可能用于谷物收割的石镰或石刀。工具进步既是农业发展的必然结果，也会进一步促进农业的发展，进而推动社会的全面进步。

目前，学术界关于稻作、粟作农业起源的认识，主要得益于近年来迅速发展起来的系统的植物考古和动物考古研究。毫无疑问，随着资料的积累和研究的深入，更多与农业起源相关的科学问题必将逐步得到解答。诸如稻（粟）作农业是单中心还是多中心起源及其起源时间和地点问题，稻作农业起源的环境和文化背景以及早期稻属植物的扩散问题等。无论如何，距今 8000—7000 年，农业作为一种生计模式，已经在中国东部地区建立起来。理由不仅在于这一时期的考古遗址中屡屡发现有驯化植物遗存，还在于这一时期的经验积累为随后农业生产的长足发展奠定了基础。

需要说明的是，作为农业起源的基本标志，植物驯化和动物驯养的出现，并不意味着农业从此就成为人类的唯一生计手段。事实上，农业起源之后的相当长时间内，生业经济还处于"低水平食物生产"阶段，或者说是农业的初期发展阶段，采集、捕捞和狩猎仍然是十分重要的生计手段，农业经济主导地位的建立尚需时日。

动物考古研究结果显示，与稻粟黍的驯化与栽培的同时，家猪饲养业逐步发展起来（图 5-11）。

（二）农业经济的发展

以动植物驯化为标志的农业起源，在经历了长时期的缓慢发展之后，终于进入了农业经济的大发展时期，逐步确立了植物种植和家畜饲养在生业经济中的主导地位。在生产实践过程中，随着相关知识和经验的日渐丰富，生产工具和耕作方式逐渐改进和完善，农业经济最终发展成为稳定的食物来源。进而，人口增长和环境变迁等因素又不断导致人群的扩散和交流，其结果不仅促进生产技术的进步，也会带来农作物和家畜种类的不断丰富，至此完成了农业经济的初步发展历程。

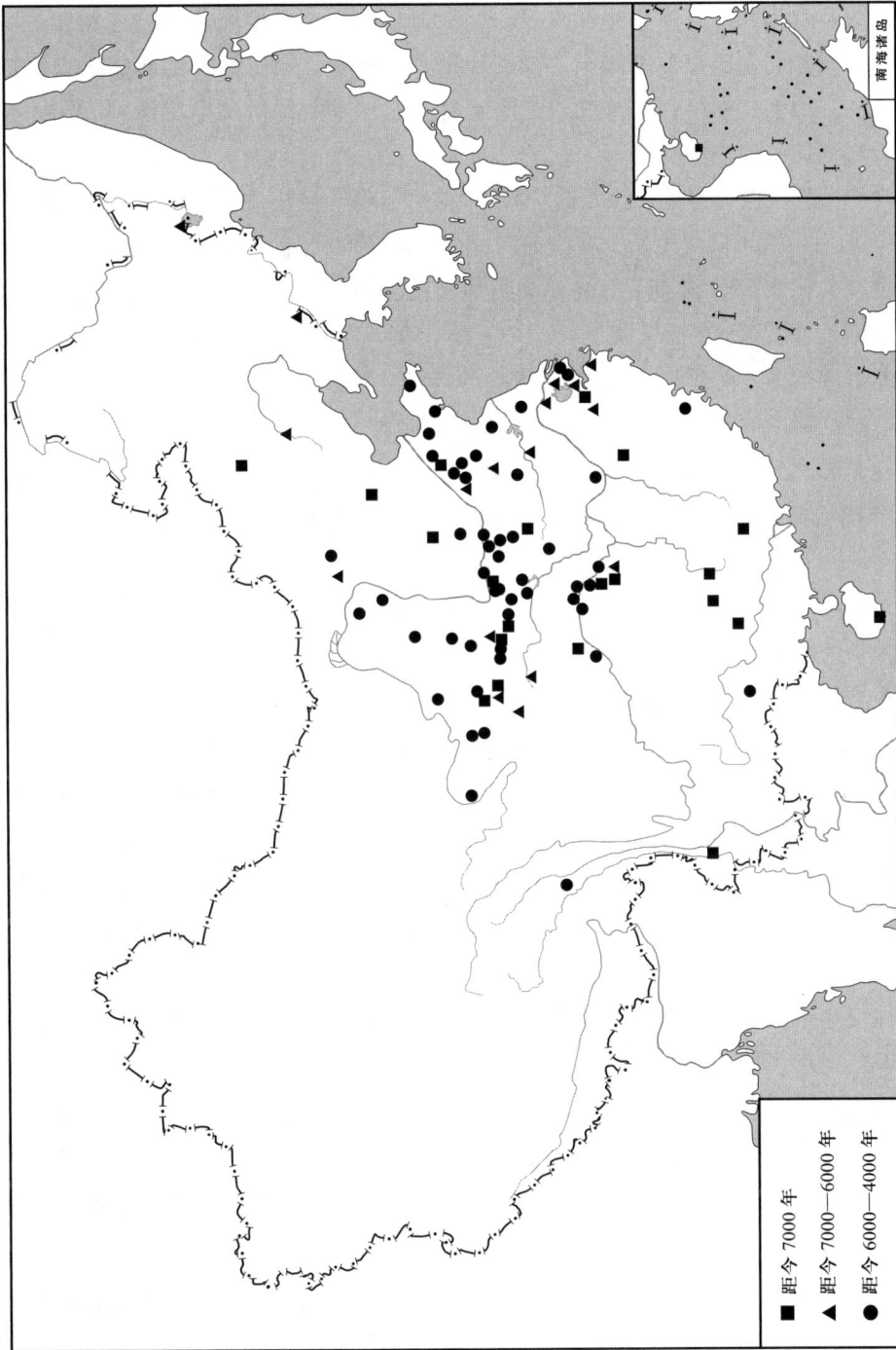

图5-11 中国出土猪骨新石器时代遗址分布图

南海诸岛

距今 7000 年
距今 7000—6000 年
距今 6000—4000 年

　　基于自然环境和文化传统的影响，世界不同地区、不同时期分别确立了各具特色的农业经济模式。这些农业经济模式的差异和特点主要表现在农作物和家养动物种类以及相关生产技术等方面。[①] 西亚地区在公元前 8000 年前后就确立了以小麦、大麦和豆类植物为主要农作物的种植农业体系，随后黑麦也演化成农作物种类之一，山羊、绵羊、牛则成为主要家畜。这种农业经济逐渐传播到欧洲，成为孕育欧洲文明的物质基础。

　　在中美洲墨西哥盆地，公元前 7000 年前后已经开始出现了作物栽培，公元前 5400 年前后出现了驯化玉米。在南美洲，公元前 7000 年前后亚马孙河上游开始栽培木薯，公元前 6300 年前后秘鲁高海拔地区已出现了驯化的马铃薯，公元前 5400 年前后则出现了驯化的骆驼类动物，公元前 3500 年南美洲才出现了驯化动物美洲驼。北美洲则在公元前 5000 年出现了葫芦栽培。另外，在美洲的驯化植物中，还有花生、红薯、棉花、南瓜、西葫芦、辣椒及多种豆类。

　　在非洲，公元前 6500 年前后撒哈拉地区成功驯化了北非本地的牛，公元前 6000 年前后撒哈拉当地的小米被驯化成功，公元前 4100 年前后苏丹出现了驯化高粱。在非洲农业起源中心区起源的农作物有高粱、两种非洲小米，并驯化了毛驴。

　　在大洋洲新几内亚岛，公元前 7000 年前后已经出现了以芋头等块根类植物为作物种类的农业经济。

　　在中国，水稻的驯化已追溯到公元前 8000 年前后。公元前 5000 年前后，黄河流域、长江流域均已出现了稳定的农耕聚落，粟、黍和水稻已经成为基本的农作物种类，并在人类植物性食物资源中占据重要地位；家猪和狗成为主要家畜。

　　公元前 5000—前 3000 年的仰韶时代，长江中下游地区的居民已经掌握了比较成熟的稻作农业技术，并成为其生业经济的主体。湖南澧县城头山遗址（公元前 4500—前 3500 年）出土了大量水稻遗存，[②] 表明稻作农业已经成为主要的植物性食物来源，水田遗迹则从耕作方式上证明了稻作农业的发展水平。而粟的发现不仅揭示出粟作农业的传播和影响，而且表明长江中游地区的农业发展达到了一个新水平，农作物种类更加丰富，农业生产结构渐趋合理，有助于降低农业生产的风险，强化了农业生产在生业经济中的主导地位。地处淮河下游的江苏高邮龙虬庄遗址（公元前 4500—前 3500 年），发掘结果显示稻属资源比重逐步增

---

① Elizabeth, Barry Winkleman Wyse, *Past Worlds*: *Atlas of Archaeology*, Ann Arbor: Borders Press, 2003, pp. 77—100.

② 刘长江、顾海滨：《城头山遗址的植物遗存》，湖南省文物考古研究所、国际日本文化研究中心：《澧县城头山——中日合作澧阳平原环境考古与有关综合研究》，文物出版社 2007 年版，第 98—106 页。

加，晚期稻米粒型陡然增大，[①] 说明这一时期稻作农业进入了稳步发展时期。钱塘江以南、宁绍平原的田螺山遗址（公元前 4900—前 4200 年），在大约 700 年持续使用的时间内，水稻的比例逐渐增长，并成为主要食物来源。[②] 在马家浜文化后期的绰墩、草鞋山遗址和崧泽文化时期的澄湖遗址均发现水田遗迹，表明长江下游稻作农业经济从土地管理、工具、技术等方面都达到了一个新水平。到了良渚文化时期，水田的规模扩大，种植技术显著进步，杭州茅山遗址发现的良渚水田就是最好例证。[③]

随着稻作农业技术的进步，稻作农业逐渐向北方地区传播。如淮河上游的河南舞阳贾湖遗址、长江支流汉水流域的陕南西乡李家村和何家湾遗址都发现有裴李岗时代的稻作遗存，豫西伊洛河流域的三门峡南交口遗址、渭河流域的陕西渭南华州区泉户遗址也发现有仰韶文化中期的稻、粟、黍植硅体。公元前 3000 年前后，稻作农业已经传播到甘肃东部天水一带。

较之长江流域的稻作农业，北方地区粟作农业的资料相对较少。不过，现有资料显示，公元前 5000—前 3000 年，北方地区已经确立了以粟作农业为主的旱作农业经济模式。稍晚则发展出以粟为主，兼有黍、稻、小麦、大豆的混合型农业经济模式，从而奠定了黄河流域早期文明产生和发展的经济基础。西安鱼化寨遗址仰韶文化早期的炭化植物遗存显示，以粟、黍种植为主的粟作农业已经建立。[④]虽说有关粟作农业早期发展的植物考古证据还比较有限，但已经显示出粟作农业逐步向中国西南及东北亚地区传播的事实。除了长江中游大溪文化时期出土的粟作遗存，四川成都平原的哈林、营盘山等遗址发现有公元前 3300—前 2500 年的粟和黍，西藏卡诺遗址出土了公元前 3500—前 2200 年的粟类遗存，这些都显示了粟作农业向西南地区传播的过程。大致同时，粟作农业也逐步向东北亚地区传播，在仰韶文化晚期即已到达西伯利亚东部沿海。有关粟作农业向西的传播路线，也颇受学术界关注。有学者认为，公元前 6000—前 5000 年，可能就存在一条小米向西传播的路线。不过，目前发现的年代最早的证据，是哈萨克斯坦东部白噶什遗

[①] 龙虬庄遗址考古队：《龙虬庄—江淮东部新石器时代遗址发掘报告》，科学出版社 1999 年版，第 442—445 页。

[②] 傅稻镰等：《田螺山遗址的植物考古分析—野生植物资源采集与水稻栽培、驯化的形态学观察》，北京大学中国考古学研究中心、浙江省文物考古研究所编：《田螺山遗址自然遗存综合研究》，文物出版社 2011 年版，第 47—96 页。

[③] 郑云飞、陈旭高、丁品：《浙江余杭茅山遗址古稻田耕作遗迹研究》，《第四纪研究》2014 年第 1 期。

[④] Z. Zhao, "New Archaeobotanic Data for the Study of the Origins of Agriculture in China," *Current Anthropology*, vol. 52, no. 54（2011）, pp. S295—S306.

址发现的黍（与小麦共出），种子标本测年结果为公元前 3400—前 3100 年。[1] 这里出土的小麦，可能是小麦从西亚经过中亚向东亚传播过程中的遗留。近几年的考古发现表明，至晚在龙山文化时期，小麦已经传播到黄河中下游地区。到青铜时代，东部沿海地区已经比较普遍地种植小麦了。

需要说明的是，不论是旱作农业还是稻作农业，家畜饲养都是种植农业的重要补充。现有资料显示，各个农业起源的核心地带，植物驯化和动物驯养的进程基本一致，表明作为农业的重要组成部分，植物栽培和动物驯养都具有重要地位。在旱作农业区，以兴隆洼文化为例，兴隆沟遗址出土的粟和黍显示出从野生向驯化过渡的特征，而这里出土的猪骨也具有从野猪向家猪过渡的形态特征；黄河下游地区的后李文化也发现有类似的考古证据。在稻作农业区，以田螺山遗址为例，稻类遗存中野生稻与驯化稻所占比例大致相同，而出土的猪骨也是野猪和家猪共存。到了龙山时代，随着东西文化交流的加强，可能来自西亚或中亚的小麦、绵羊、山羊等动植物的驯养和栽培，逐渐成为中国北方旱作农业经济的重要内容。

当然，生产经济的发展不仅体现在作物和家畜遗存的种类和数量方面，也体现在相关生产工具及其反映的技术方面，因为工具也是专门化生产的具体表现形式之一。在新石器时代中晚期以来的遗址中，除了动植物遗存外，往往还出土有数量较多且种类齐全的农业生产工具，其中石器最多。较之前一个时期，用于砍树垦荒的石斧数量显著增多，用于翻土的石铲乃至石犁等普遍出现，表明农耕技术和生产效率得到进一步提升。工具专门化方面的突出进步还在于，用于收割的石刀和石镰，不仅数量多，而且形制多样，充分体现出种植农业产量的增加。在陕西西安半坡遗址出土的 662 件农具中，石刀数量达 217 件，占总数的 32.78%；而庙底沟遗址出土的石刀等则占农具总数的 56%。[2] 石刀在农具中所占比例的提高，也一定程度地反映出仰韶文化时期农业生产不断发展的过程。而龙山时代大型石犁等工具的出现，表明犁耕技术已经得到广泛采用，进一步提高了生产效率。

毫无疑问，在农业经济确立之后，攫取经济模式下的采集狩猎行为仍然是人们获取食物资源的重要补充。只是由于环境和农业经济发展水平的差异，采集狩猎在整个食物获取行为中所占比例有所不同。现有动物考古数据显示，鹿类骨骼遗存在史前遗址中常有发现。在采集狩猎经济向农业经济过渡阶段的遗址中，鹿类骨骼数量占绝对多数。但随着农业生产经济的发展，尤其是家畜饲养的进步，

---

[1] M. D. Frachetti, R. N. Spengler, G. J. Fritz and A. N. Mar'yashev, "Earliest Direct Evidence for Broomcorn Millet and Wheat in the Central Eurasian Steppe Region," *Antiquity*, vol. 84, no. 326 (2010), pp. 993—1010.

[2] 中国社会科学院考古研究所：《中国考古学·新石器时代卷》，中国社会科学出版社 2010 年版，第 239 页。

鹿类骨骼在动物遗存中所占比例存在下降趋势。山东地区史前遗址调查结果显示，在整个新石器时代，几乎所有遗址都有鹿类骨骼出土，[①] 表明史前居民始终都在利用各种鹿类资源。陶寺遗址动物骨骼同位素分析结果则显示，鹿均属野生种类，说明狩猎行为长期伴随着农业经济而存在，抑或是一种特殊的军事训练方式。进入 21 世纪以来，中国各地系统开展的植物考古研究，也获得了类似的结果。在新石器时代遗址中，伴随水稻、粟和黍等农作物共出的，还有种类丰富且数量可观的可食性野生植物遗存，表明植物采集也是食物来源的重要补充。甚至有些植物类型可能还具有无法替代的特殊作用，如具有某种药用功能的植物等。

生业经济是认识人类早期技术进步和历史发展的重要内容。不论是人类定居的开始、农业起源还是文明形成的研究，都离不开对人类生业经济模式的探讨。生业经济所经历的攫取经济和生产经济两个阶段，是人类社会发展的一般规律，但两者并不是非此即彼的全面替代关系，更不是全球生业经济独一无二的演进模式。

系统研究古代人类的生业经济行为，是考古学的重要研究任务之一。主要包括以下内容：第一，通过考古遗址出土的动植物遗存分析，了解古代人类的食物结构、取食模式和动植物遗存特征所揭示的资源利用模式等；第二，通过考古遗址出土的人类和动物骨骼同位素分析，了解人类食物结构，特别是植物性食物和动物性食物的种类和比例，以及可能隐含于其中的人群和社会结构信息等；第三，通过陶器、石器等文化遗物功能和残留物分析等，以获取有关人类食物结构和食物加工方式的各种信息；第四，通过石器、生产类遗迹使用功能和社会功能的分析，探析农业生产方式及其相关的社会组织结构等；第五，通过各种生业经济模式的环境背景研究，进一步揭示人地关系的演进历程。

第三节　手工业经济

手工业经济是近代工业革命之前各种加工业和制造业的总称。古代所有经济活动和社会生活，都离不开手工业经济，手工业及其产品是古代社会发展水平的重要体现。恩格斯认为，手工业和农业的分离是人类历史上的第二次大分工，其意义在于"随着生产分为农业和手工业这两大主要部门，便出现了直接以交换为

---

① G. Y. JIN: Animal and Plant Remains in the Archaeological Records from the Haidai Region during the Neolithic Age, in Mayke Wagner, LUAN Fengshi and Pavel Tarasov eds. , *Chinese Archaeology and Palaeoenvironment I- Prehistory at the Lower Reaches of the Yellow River: The Haidai Region*, Maine: Philip von Zabern, 2009, pp. 117—128.

目的的生产，即商品生产"①。商品生产促进了贫富分化，破坏了氏族制度，从而使人类从野蛮社会进入了文明时代。因此，对手工业及其产品的研究，一直是考古学研究的重要组成部分。

一、手工业的门类

古代手工业是一个门类众多且十分复杂的产业系统，各门类的数量和比重关系都会随着时代的发展而发生变化。由于研究角度和侧重的不同，有关手工业门类的划分存在一定的意见分歧。近年来，有的学者结合中国古代社会的实际情况，从生产目的角度做了较为细致的划分，认为中国古代的手工业大致可分为 25 个大的门类，有些大门类之下还可分出若干小的门类。②

石器工业：石器工业是史前时代最重要的手工业门类，堪称史前重工业。青铜时代以来，随着冶金工业的出现，石器工业的整体地位和作用明显减弱，唯玉石制作始终比较发达。即便如此，夏商周时期各类玉器和石质工具、历代各种石杵臼、石磨碾等食物加工用具和各类石雕、碑刻、建筑石材等的制作仍然相当发达，说明始终保留着一定规模的石器产业。

木器加工业：既包括史前时代简单的木质工具、器具和木质部件的加工制作，也包括历史时期各种木质工具、生活器具尤其是家具的加工制作，以及木雕等建筑材料的生产。因此也可以分为若干小的门类，如房屋建筑（梁架结构等）业、日用木器加工业、家具制造业等。姑且不论人类历史上是否存在过木器时代，至少木器从史前时代起就在社会生产和社会生活中占有重要地位。因此，木器加工业是自古以来就有的一种产业。

骨角牙蚌器加工业：主要是史前至商周时期的骨、角、牙、蚌质生产工具、生活用具和装饰品等的加工制作，也包括历史时期各种骨、角、牙、蚌质装饰品、小器具及工艺品的加工制作。

陶瓷烧造业：既包括史前时代的陶器、商周时期的原始瓷器，也包括秦汉以来的陶器和瓷器烧造。其中既有日用陶瓷器，也有砖瓦等建筑陶瓷材料。因此，陶瓷烧造业是中国古代经久不衰的一个手工业门类，尤其是东周以后的砖瓦烧造业、魏晋以后的瓷器烧造业，产业规模日渐庞大，并造就了宋元明清时期以瓷器贸易为代表的海上丝绸之路。

青铜冶铸业：中国青铜器的起源可上溯到新石器时代晚期，到夏商时期逐渐成为一种独立的手工业，并且在周代达到了高峰，经过秦汉时期最后的辉煌，魏

---

① 《马克思恩格斯文集》第 4 卷，人民出版社 2009 年版，第 182 页。
② 白云翔：《手工业考古论要》，山东大学东方考古研究中心编：《东方考古》第 9 集，科学出版社 2012 年版，第 561—578 页。

晋以后有所衰弱并形成新的时代特点。青铜冶铸业在商周时期是一种与社会政治、经济、军事、科技等密切相关的支柱产业，秦汉时期在社会生产和社会生活中仍占有重要地位，秦汉以后又分化出若干小的门类，如铜镜、佛像铸造业等。

铁器工业：中国的铁器出现于商代晚期，人工冶铁术起源于公元前 800 年前后的西周末年。战国时期，铁器工业逐渐成为一种独立的产业，并很快成为社会生产和日常生活中的支柱产业，极大地推动了技术经济和社会的发展。

金银器加工业：金银装饰品在中国出现于夏商时期，春秋晚期开始出现金银带钩等日常用具和器皿。尽管金银器在中国没有获得充分发展，金银器加工业也没有形成较大的产业规模，并且金银的使用大多附属于青铜冶铸业、铁器工业和漆器制造业等领域，但金银装饰品、服饰品、器皿及工艺品的制作和使用一直持续不断。因此，金银器加工业依然是古代的一种手工业门类。

纺织业：纺织技术产生于新石器时代早期，此后获得了迅速发展，到新石器时代晚期形成了以麻类植物纤维、毛、丝为主要原材料的纺织业。尤其新石器时代晚期桑蚕养殖和丝织技术出现以后，迅速形成了以丝、麻为代表的一系列纺织技术传统，纺织业逐渐成为一种规模庞大的产业，并形成了一系列独具特色的技术和产品。宋代以后，随着棉花的种植和推广，棉纺织业逐步发展起来。缂丝、棉花加工、印染等属于纺织业的小门类。

制盐业：食盐的使用大致是伴随着人类从"以肉类为主的饮食方式转变为农业社会的饮食方式"而出现的，与人们日常生活密切相关，因而制盐业也是一种历史悠久的产业。中国史前时代的制盐业尚不明了，但商周以来已经形成一种规模巨大的产业，并且与社会政治和社会经济联系十分密切。

酿造业：以酿酒和调味品酿制为主要内容的酿造业，是一种古老而又与人类日常生活密切相关的生产活动。中国酿酒的起源可以追溯到新石器时代中期前后，后来逐渐成为一种相对独立的手工业，秦汉时期更是发展成为具有一定规模的产业。调味品酿造的起源尚不甚清楚，但秦汉时期酱醋的酿造已经达到了相当的规模。

车船制造业：在中国，舟楫出现于新石器时代早期，而马车的使用大致开始于商代，此后车船制造业逐渐发展成为一种产业。古代的车船制造业主要属于木器加工业的范围，但又与青铜冶铸业和铁器工业等密切相关，因此应当是一种相对独立的手工业门类。

采矿业：采矿业不同于加工制造业，它主要是为工业生产提供各种原材料。采矿业应当出现于史前时代，是伴随着工具及装饰品石材的采掘而发生的，甚至旧石器时代晚期就出现了具有专门化特征的石器加工场。随着冶铜术和冶铁术的出现，以金属矿开采为主要内容的采矿业迅速发展，逐渐成为一种相对独立的产业。西汉晚期以后，煤矿的开采逐渐加入采矿业的行列。

此外，还有钱币铸造业、漆器制造业、玻璃制造业、皮革加工业、服装加工业、制糖业、制茶业、油料加工业、造纸业、印刷业、文具制造业、火药制造业、编织业、食品加工业等。需要说明的是，上述分类方案不是绝对的，有些门类之间有着密切联系，不宜截然分开。

二、专业化生产

专业化生产是手工业经济的重要研究内容。它是衡量古代社会复杂化程度的重要指标。随着学术界对古代社会复杂化的研究日渐深入，如何以考古学的方法获取古代手工业生产专业化的信息，进而探讨专业化生产的形式、规模、特征及其与社会复杂化的互动关系，日益受到考古学界的高度关注。截至目前，西方考古界对古代手工业生产专业化的理论和方法问题探讨较为深入，中国也取得不少研究成果。[①]

（一）专业化生产的理论研究

专业化生产的定义和适用范围：西方对专业化生产问题的研究，最初集中在早期国家和高级复杂社会如酋邦阶段，认为专业化生产是超越家庭规模的生产活动，从业人员只要通过专业化生产提供特定的产品，也可获得自己需要的物品和服务，或者得到某种形式的报酬以维持生活，而无需从事其他生产活动。近年来，随着研究视野扩大到前复杂社会，对专业化生产的定义也更为宽泛，即某种物品的生产者比使用者少，就可以说出现了该物品的专业化生产。进而认为，家庭内部也存在基于性别和年龄的劳动分工，专业化初级阶段的大部分专业人员并不都是全职的，而真正全职的专业化生产只是在工匠处于绝对附庸状态下才出现的。

专业化生产的类型：在充分注意前复杂社会、酋邦社会和早期国家专业化生产阶段性差异的前提下，部分学者开始将专业化生产划分为不同阶段和不同类型，如划分为家庭生产和作坊生产，或独立生产和附庸生产等类型。其中家庭生产型就是专业化生产发生在家庭内，规模相对较小，类似初级专业化生产；作坊生产型是在家庭以外的专门场所进行的较大规模生产。独立生产型的生产者在原料获得、产品种类和产品的分配上都有自主权，附庸生产型则相反，生产者在各方面都没有自主权，受到社会上层的控制。不过，不同类型的专业化生产不是绝对的，也不是线性发展的，它们可以在同一社会发展阶段共存。

专业化生产的形成原因：目前较有影响的解释理论主要是马克思主义、文化生态学、政治经济学、正统经济学、社会能动力和性别理论等几种。归纳起来可

---

① 李新伟：《手工业生产专业化的考古学研究》，《华夏考古》2011 年第 1 期。

分为两类：一类试图对手工业生产专业化进行政治性的解释，强调专业化是社会上层为了获取并保持财富和权威而使用的策略，马克思主义、政治经济学和社会能动力的观点大致可归入此类；另一类试图进行经济性的解释，认为专业化是为了提高效率、增加产量以满足人们的需求，文化生态学和正统经济学的观点可归入此类。20世纪60年代以来，在"新考古学"的影响下，人类与自然环境的关系被视为适应关系，所以经济性解释较为盛行。20世纪七八十年代"后过程考古"兴起以来，又强调人类社会的特殊性和能动性，所以政治性解释又大行其道。

（二）界定专业化生产的方法和标准

在考古实践中，如何界定手工业生产的专业化是非常重要的问题。目前，比较成熟的认定标准是从生产系统的构成要素入手来逐个分析和认定，而生产系统的构成要素包括生产者、生产组织、生产技术、原料、产品、分配关系和消费者等六个方面。这六个方面应结合使用，尽量获得生产系统的完整信息，以求对专业化生产得出全面的认识。

生产者：是不是专业化的工匠，主要依据生产者投入的时间和精力、技能高低和获得报酬的形式来分析。其中，除了获得报酬形式很难通过考古资料确认外，其他都可进行实地分析和界定。关于投入时间和精力，一般来说，如果废料堆积与生活垃圾相互反复叠压堆积，则生产活动很可能是季节性的；若生产废料连续堆积，则生产活动很可能是延续不断的。墓葬随葬品的情况也是重要参考，如果随葬了大量手工业生产工具或原料，则墓主很可能是专业化工匠。关于技能高低，通常产品的技术要求越高，就越需要专业化程度较高的工匠来完成，但要准确认定产品所需技术的复杂程度，还需要计划周密的实验考古来验证。

生产组织：主要是通过分析有关遗迹和遗物的空间分布，说明靠近这些遗迹的居民组织是否控制着相关手工业生产。如石器原料和半成品在房屋内男性工作区的集中分布，可能说明家庭内部的生产分工，在聚落某些房屋内的集中分布则说明石器生产受到某些家庭的控制。生产工具、原料在墓葬中的分布情况，也可以成为推断专业化生产的重要依据。

生产技术：对生产技术的分析是深入研究手工业生产其他环节的基础，甚至可以区分出不同的生产单位或不同工匠的产品。生产技术的研究途径有民族学类比、实验结果验证和多种科技手段分析等。研究内容涉及产品、生产设施和生产场所，如陶窑、浇铸作坊等。一般认为，可长期使用的生产设施和复杂技术，都是专业化生产的标志。

原料来源：生产所需的原材料来源，有时也能揭示出手工业生产的专业化程度。例如，如果某些遗址的玉器原料来自同一玉矿，造成这种情况的原因一般就有两种可能：一是这些玉器是控制玉矿的聚落进行专业化生产的产品，再通过某种形式流通到各地；二是远离玉矿的聚落以交换的方式从控制玉矿的聚落获得了原料。这两种情况分别能直接或间接说明专业化生产的存在。原料产地研究还要结合器物类型学的分析，以便为判断进口原料或进口产品提供依据。近年来，自然科技手段在产地分析的运用越来越多，目前比较成功的研究实例包括陶土产地分析、石器中燧石和黑曜岩等原料的产地分析和金属器的矿源分析等。

产品分析：通过产品分析可以为专业化生产研究提供重要线索。如目前研究较多的产品标准化问题，就是判断专业化程度的重要指标，因为专业化生产出来的产品一般标准化程度较高。但有一个问题需要注意，就是奢侈品的专业化生产很可能并不追求标准化，反而会有意凸显产品的个性化特征，以适应社会上层表现其身份地位的特殊需要。

产品的分配和消费：这一环节往往与专业化生产相辅相成，即专业化生产必然会带来产品的分配和消费问题，因为专业化生产的产品远远超出了生产者的自身消费需求。在微观层面上，聚落内部的产品分配和消费情况，可以由遗物在居址和墓葬中的分布推测，例如奢侈品如果只在大型房址和大型墓葬中出现，则可推测社会上层掌握着奢侈品的分配，并且是奢侈品的主要或唯一消费者。在宏观层面上，区域性产品和分配情况，可以通过大范围的遗物类型学研究和产品原料产地分析而获得。

（三）专业化生产的研究实例

中国对专业化生产的研究，过去主要集中在原料产地和生产技术两个方面。近年来，受到西方有关理论和方法的启发，在生产者、生产组织、分配和消费等方面也取得了一些重要研究成果。如利用地理信息系统的技术支持，对兴隆洼文化石器的专业化生产进行深入探讨。根据有关遗址房屋建筑所出细石器的统计分析，认为兴隆洼文化中的细石器等产品很可能已经出现了专业化生产。如内蒙古南台子遗址，以F4为中心的几座房址出土石器特别多，鉴于一些细石器需要较多的加工时间和精湛的加工技术，面积最大的F4很可能在石器生产中发挥着组织管理的作用；尤其那些本地不产、原料稀缺的细石器，应是由F4的居住者组织其周围同一亲属集团的人员生产的（图5-12）。这种情况说明，兴隆洼文化的石器生产可能是被聚落中的上层人物控制的。换言之，各种生产活动并不是均衡发生在各个家庭当中，显示了初级专业化生产可能已经产生，并且受到社会上层人物及其亲属集团的控制。只不过这种专业化生产的规模还相对较小，应是业余从事的，且大多服务于聚落内部的消费。[①]

再如，殷墟孝民屯晚商铸铜遗址的发掘和研究表明，这是一处面积超过5万平

---

① 李新伟：《地理信息系统支持的兴隆洼文化手工业生产专业化研究》，《考古》2008年第6期。

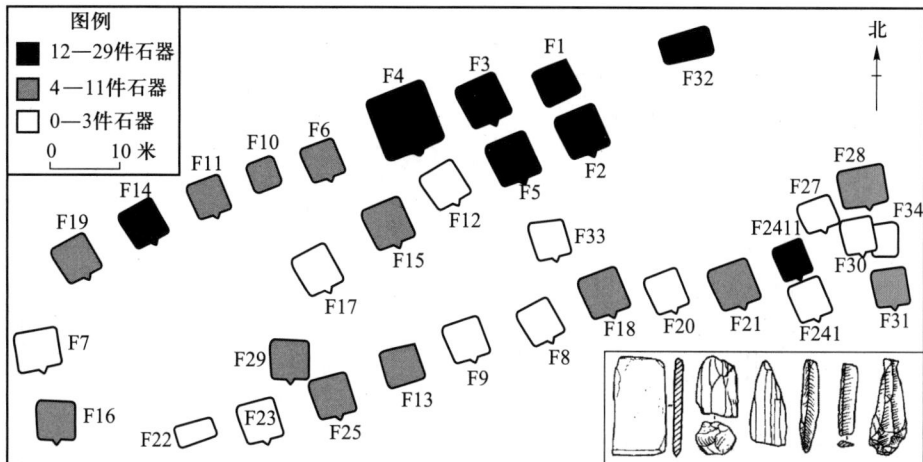

图 5-12　赤峰南台子房址及其出土细石器的数量分布图

方米的大型铸铜手工业遗址。从出土的陶模、陶范可知，所铸造的青铜器种类齐全，不少是规格极高的礼器，应是商王室直接控制的官营作坊（图 5-13）。遗址中除了铸铜作坊遗迹外，还有大量墓葬和房址围绕作坊分布，应是以家族形式从事青铜铸造所形成的族邑；少数随葬品较多的墓主生前应是负责生产作坊日常运作的族长，由此形成了王室管理和家族管理两级组织管理模式。根据发掘结果和出土铭文研究，在殷墟范围内，围绕小屯一带的宫殿宗庙区，分布着众多从事各种专业化手工业生产的族邑，族邑的外围则是墓葬区，大致形成"卷心菜"式的聚落布局（图 5-14）。[①]

陕西周原齐家遗址的发掘和研究表明，这是一处西周时期制作石玦的大型作坊遗址，也集中分布着许多生产遗迹和墓葬。而且，墓葬随葬品的分析结果显示，制玦工匠应属于文献记载的"百工"之列，其身份为平民，而非以前所说的工奴或奴隶。[②] 这些都是对中国早期王室贵族手工业即附庸型手工业的全新认识，也为今后进一步研究生产者及其组织形式等问题提供了重要的经验借鉴。

三、产品的交换和贸易

产品的交换和贸易，是古代手工业经济的重要内容。对于走向复杂化的社会

[①]　殷墟孝民屯发掘队：《河南安阳市孝民屯商代房址 2003—2004 年发掘简报》，《考古》2007 年第 1 期；何毓灵：《殷墟手工业生产管理模式探析》，中国社会科学院考古研究所夏商周考古研究室编：《三代考古》（四），科学出版社 2011 年版，第 279—289 页；岳洪彬、何毓灵、岳占伟：《殷墟都邑布局研究中的几个问题》，《三代考古》（四），第 248—278 页。

[②]　孙周勇：《西周手工业者"百工"身份的考古学观察——以周原遗址齐家制玦作坊墓葬资料为核心》，《华夏考古》2010 年第 3 期。

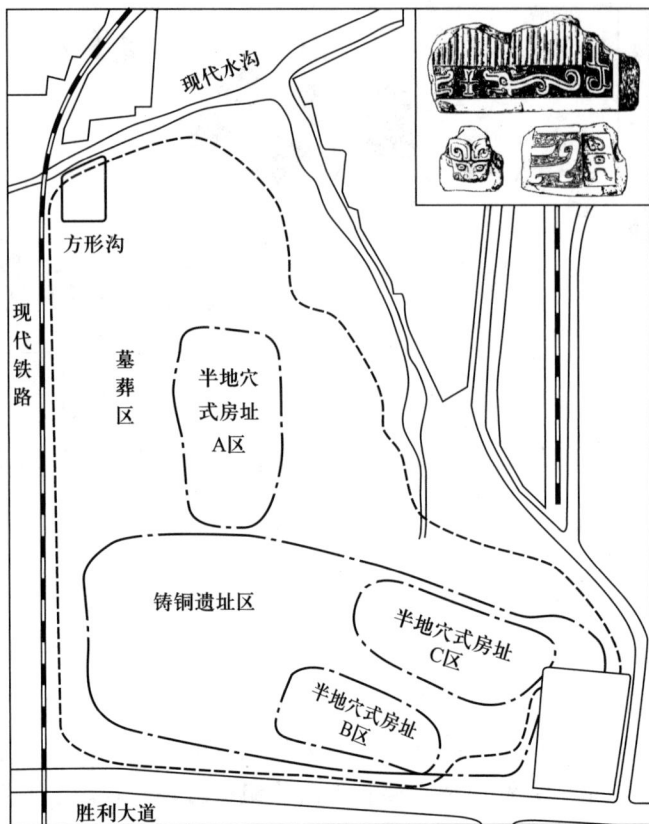

图 5-13   安阳殷墟孝民屯晚商铸铜遗址平面布局示意图

来说，尽管用于交换和贸易的产品也有粮食及其他食物，但大多是手工业产品。这些产品尤其奢侈品的生产和交换、贸易，既是手工业专业化生产的结果，反过来也推动了社会复杂化的发展。因此，产品交换和贸易流通研究，对于考察社会复杂化进程乃至国家起源都具有重要意义。

（一）交换和贸易的理论研究

交换和贸易的类型划分：1957 年，美国人类学家卡尔·波拉尼（又译卡尔·普兰尼）首次将交换和贸易分为三种类型，即互惠交换、再分配交换和市场交换。随后，这一观点也被引入考古学研究领域，常常用于社会交往方面的研究。互惠交换是指地位平等的双方之间发生的交易现象，通常是指两个社会群体之间直接而简单的交易，"支付"手段既可能是以物易物或提供一定服务，也可能是通过契约规定的劳动或货币。互惠交换可以发生在任何社会发展阶段，但最早则是平等社会中流行的交易方式。再分配交换是指在一个中心组织的控制下进行的交易现象，包括手工业产品的货物被送到或被吸引到这个组织中心，然后再分配出去。再分配交换方式比互惠交换显然要复杂一些，需要

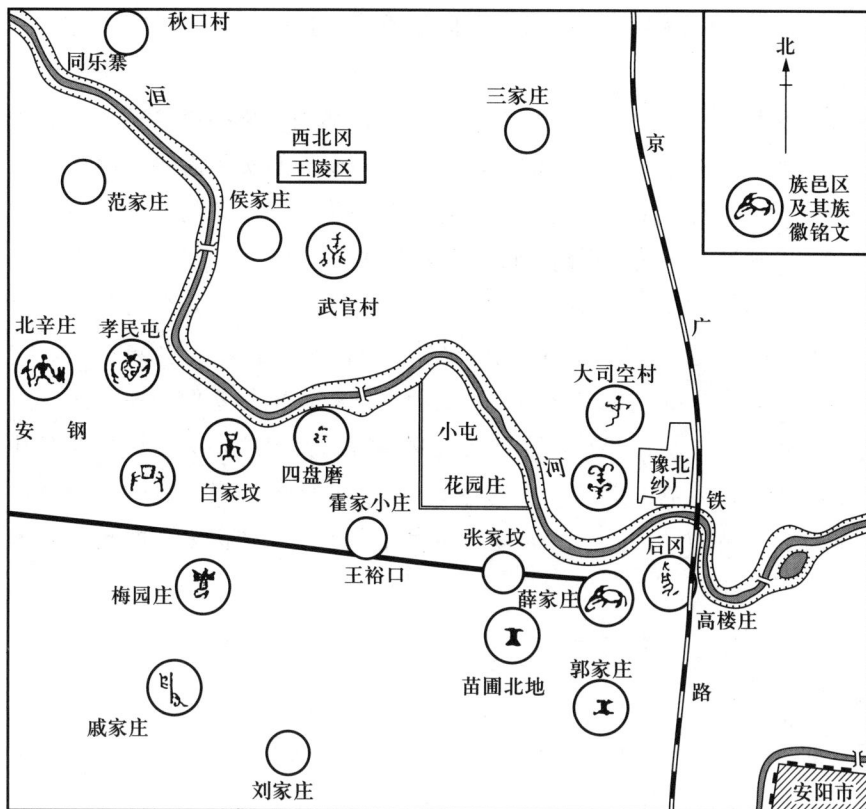

图 5-14　安阳殷墟晚商时期从事手工业专业化生产的族邑分布图

第三方或者专门的机构来集中货物，如产品、贡品、关税或赋税等，然后再把积聚的货物分配给他人。再分配交换方式多见于酋邦和国家社会。市场交换是指交换行为发生在特定的中心场所即市场，以讨价还价的方式进行交易。因此，市场交换一般需要通过协商确定价值系统来维持秩序，基于良好规范的货币系统也应运而生。市场交换方式是国家社会阶段流行的交易方式。

当然，学术界还有其他形式的划分方案。如把交换和贸易分为内部交换与外部交换两种类型，前者是指发生在同一社会系统内部的交易现象，后者则是指不同社会系统之间的交易现象，通常具有远程交换或贸易的特点。因此，内部交换又称为本地交换，外部交换又称为异地交换或异地贸易。另外，英国学者伦福儒曾把古人获取资源的行为分成十种模式，除了不需要交换的直接获取资源外，互惠交换被分为在家庭进行和在边界进行两种模式，再分配交换则被分成沿贸易线递减模式、在中心聚落进行再分配、在中心聚落的市场进行交换等七种模式。他还对互惠交换做了更详细区分，即正互惠交换（发生在近亲之间利他式或慷慨式交换）、平衡互惠交换（发生在一个社会内部彼此熟悉的成员之间的完全平等的交换）、负互惠交换（发生在陌生人或一个社会中彼此不熟悉或相隔较远的成员之间、交易的一方试图从另一方获利的交换)。①

交换和贸易的异同：不管是交换或者贸易，都是使货物流通的双方交易。换言之，交换和贸易都有两个必备的共同要素，即交易的实际需要和用来交易的物品。交换和贸易还有一个共同特点，就是都会随着空间距离的延长，用来交易的货物数量也在递减，尤其是距离超过200公里时，即使中间存在能够再分配的中心聚落，货物的数量也会急剧减少(图5-15)。当然，交换和贸易也有一些重要差别，如交换行为的范畴更广，可以包括贸易。但在社会复杂化进程的一些研究中，交换多指平等社会中的互惠式交换，其发展水平相比贸易要低一些。而贸易一般指外部交换或远程贸易，即对外部社会的交易行为。因此，贸易往往拥有其运营轨迹，如延伸的地域范围更广，可穿越多个社会实体的边界，有时甚至因贸易关系紧密而难以区分边界。显然，远程贸易多发生于社会结构复杂的政治实体如酋邦和国家社会当中。

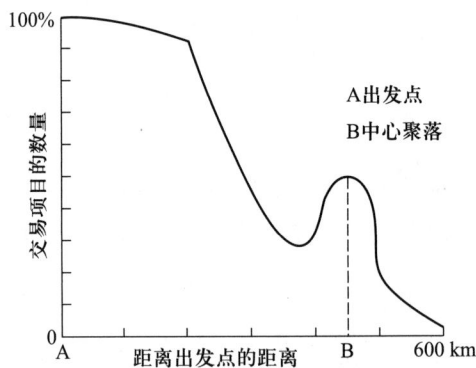

图 5-15　交换或贸易数量沿贸易路线递减模式示意图

交换和贸易物品的分类：用于交易的物品主要是以自然资源为原料制成的产品，一般分为实用品和非实用品两类。前者包括获取、储存和加工粮食工具，武器，衣服和其他物品；后者包括礼品、祭品、祭祀用器具以及能够提高声望的奢侈品或贵重物品。实用品常常被广大社会成员所共享，而奢侈品一般只有少数人即富人或拥有权势的人享用。奢侈品一般由专门的手工业工匠生产，并有特殊的交换或贸易流通网络。奢侈品在任何形式的交换或贸易中都是引人瞩目的高级产品，与普通的实用品如食物和陶器等判然有别，它们因稀有、耐久和好看等特质而显得非常贵重。在古代社会尤其是酋邦和国家中，奢侈品的形式多样，如黄金、

① ［英］科林·伦福儒、保罗·巴恩：《考古学：理论、方法与实践》（第六版），陈淳译，上海古籍出版社 2015 年版，第 329—362 页。

宝石、玉器、其他美石制品（玛瑙、水晶、黑曜石、石英等）、象牙以及精美纺织品、亮丽的羽毛或羽冠等。

交换、贸易与社会演化的关系：交换和贸易对社会演化具有重要的促进作用。无论哪种交换或贸易形式，都是人们获取资源、信息和技术的重要途径。在平等社会的互惠交换过程中，个人与群体之间的联系得以加强；而互惠交换的形式还可能引起个人或群体之间竞争，从而引起社会的分化或整合，这有助于理解文化交流和文化变迁。在酋邦和国家社会多见的再分配交换过程中，具有再分配权力的往往是酋长、国王或有权势的官员，用于交易的物品通常由他们所控制，这无疑又赋予他们更大的经济利益和潜在的社会利益，从而使再分配更多地为其政治目的服务，直至成为控制社会其他成员的工具，促使社会加速发展。再分配交换还有一个优于互惠交换之处在于，它能使社会内部的政治组织更加紧密，尤其对于社会结构比较复杂的酋邦或早期国家这样的政治实体来说，对奢侈品的关注和追求显得格外重要。奢侈品的生产、交换和贸易，以及对奢侈品交换系统和贸易网络的维护，都是社会复杂化进程乃至区域性社会演进的重要推动力。[①]

（二）研究交换和贸易的方法和手段

原料产地、制作和使用场所的认定：考古学主要通过发现的物品来研究古代交换和贸易，这些物品包括人工遗物和自然遗物。而交换和贸易研究的前提，是首先确认这些遗物的原料来源、制作和使用场所，因为它们都是组成交换和贸易网络的基本因素。原料的来源主要根据古代的采石场、矿场和其他原料产地来确定，制作场所可以根据作坊遗址直接确定，也可以根据相关的废弃物间接确定。而发现这些遗物的遗址一般就是使用场所，当然前提是这些物品是原生堆积中出土的。由于交换或贸易可以在原料获取、制造和使用过程的任何阶段、任何地点进行，因而需要结合实际情况来判定。对此，我们可以采用图示的方式，以表示原料产地和目的地之间可能存在的交换或贸易行为（图5-16）。

自然遗物的交换或贸易行为相对比较容易判断，一般只需要确定产地和使用地。如海产品被发现于遥远的内陆遗址，低地动物的遗骸被发现于高原地区的遗址中。当然，揭示这两种物品所体现的贸易行为，首先需要进行生物学上的种属鉴定，确认这些自然遗物不是本地所产，进而追溯其原产地并推断可能存在的交易行为。

由于人工遗物是人为制造或加工而成的产品，所以不仅要确定原料的来源和

① 李新伟：《中国史前玉器反映的宇宙观——兼论中国东部史前复杂社会的上层交流网》，《东南文化》2004年第3期。

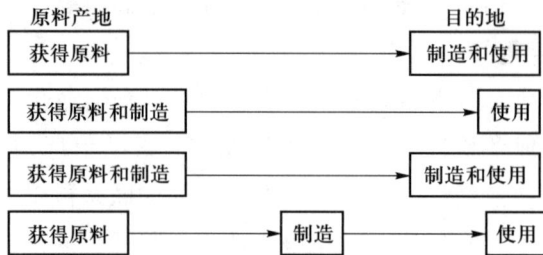

图 5-16   原料产地和目的地之间可能存在的交易行为示意图（箭头表示交易方向）

使用地，还要分析其制造地。制造过程如果是分若干步骤完成的，则每个步骤都有可能是在不同地点进行的。例如燧石和黑曜岩等石料，有时就在矿床所在地制作成器，然后直接进行成品交易；有时则是直接交易原材料然后在目的地制作成器；或者既在原产地完成部分制作程序，又在目的地完成最终的制作，即先在原料产地制作成毛坯，然后交易出去，最终在目的地制作成工具；或者加工地既不在原料产地，也不在目的地，而是在其他地点加工。如果遗物经过了再次改造利用，还需要注意区分出最初产地和再加工地。

另外，传统的类型学研究也可以帮助确定产品交换和贸易行为，即通过遗物的外在风格特征推断外来物品的制作地。这种方法一般用于陶器的交易分析。不过，以器物的风格特征如形态、颜色和纹饰等，作为判断本地与外地产品的标准，本身就有不确定性。因为器物形制、表面颜色和纹饰等，很容易通过模仿外来样品而在本地制造，尽管这并不意味着颜色、纹饰和形制的比较分析毫无用处。事实上，贸易关系的影响还表现为技术和思想的交流。也就是说，本地的陶器、建筑等技术和风格吸收一些外来因素，或者外来因素与本地因素相融合，的确可以作为推断交换或贸易行为的间接证据。

交换和贸易的物品分布研究：对交换和贸易过程中物品的空间分布和流动范围的研究，是交易行为的核心问题。这一问题的研究，首先要考虑到各种交易行为可能产生的考古遗物的空间分布状态，因为遗物的分布状态是否具有沿贸易路线逐渐递减的特征，通常是判断交易行为存在与否的普遍模式。尔后较为流行的就是趋势面分析，即先将疑似交易物品的出土遗址标在地图上，再按照定量分析的结果画出等量线或相等比例线，这种等量线所反映的考古遗物的分布状态和趋势，就会揭示交易行为的存在与否。例如，英国南部地区一种新石器时代石斧的分布状态，通过趋势面分析，说明当时可能存在以这种石斧作为礼物的交换行为。其中，这种石斧在林肯郡东部的出土数量约 500 件，占英国南半部出土总数的 50% 左右，而从林肯郡东部向四周的等量线分布明显呈递减趋势，表明这里应是交易行为的出发地，这种石斧由此交换到很远的地域范围。在这一分析过程中，各遗址出土的石斧都经过了岩相切片分析，证明出自同一个制造产地，这是趋势面分析的必要前提(图5-17)。虽然这种趋势面分析可以说明交易和物品流动现象存在与否，但并不能揭示具体的交易路线和完整的贸易网络，因而还需要结合其他手段进行深入分析。

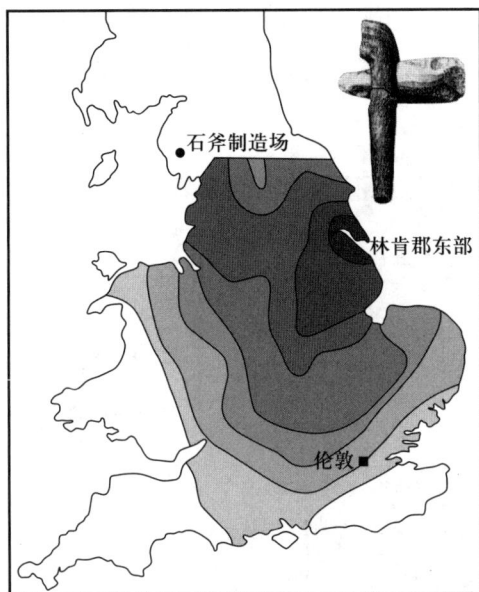

图5-17　英国南部新石器时代石斧趋势面分布图

交易物品的科技分析手段：现代科技分析手段的大量运用，是研究古代交换和贸易的突出特点。现代科技分析主要用来检测考古遗物的化学成分，特别是遗物及其原料样品的微量元素含量，这是追踪交易行为的"指纹特征"，以此可以确定原料产地、制造地和使用地，进而恢复交换和贸易网络。

(三) 黑曜石贸易的研究实例

黑曜石是火山喷发过程中酸性熔岩迅速凝结形成的火山玻璃，主要成分是二氧化硅，质地坚硬，断口多呈贝壳状，非常容易剥片，且边缘锋利，是一种适合制作精致石器的优质石材。在全球范围内，黑曜石的产地相对较少，主要分布在美国、墨西哥、西亚、东北亚等地的火山地带。黑曜石的微量元素因产地不同而有所区别，可以通过中子活化分析等手段加以辨别。因此，古代大量用于石器制作的黑曜石，就成为研究交换和贸易的极好样本。黑曜石贸易也是西方学者长期以来的热点研究领域，取得了许多研究成果，这里仅介绍其中两个研究实例，从中可以看出有关外部交换或远程贸易研究的思路和方法。

伦福儒曾对西亚地区新石器时代早期的黑曜石贸易做了经典性研究。他认为，黑曜石产地在安纳托利亚高原地区，高原中部和东部的亚美尼亚地区分别有两处地点，形成两个产地中心。在距离产地中心 320 公里的范围内，相关遗址出土的黑曜石占打制石器的 80%，说明应是从产地直接开采的原料，从而形成两个围绕产地的供应区。而在供应区以外，相关遗址出土的黑曜石数量逐渐减少，形成了两个接触区，塞浦路斯、安纳托利亚和新月形地带的相关遗址分别在这两个接触区，通过外部交换从供应区获得黑曜石（图 5-18）。这个实例说明，当时西亚地区的黑曜石贸易是递减式贸易，还没有出现中间商贸易或具有再分配地位的中心聚落。①

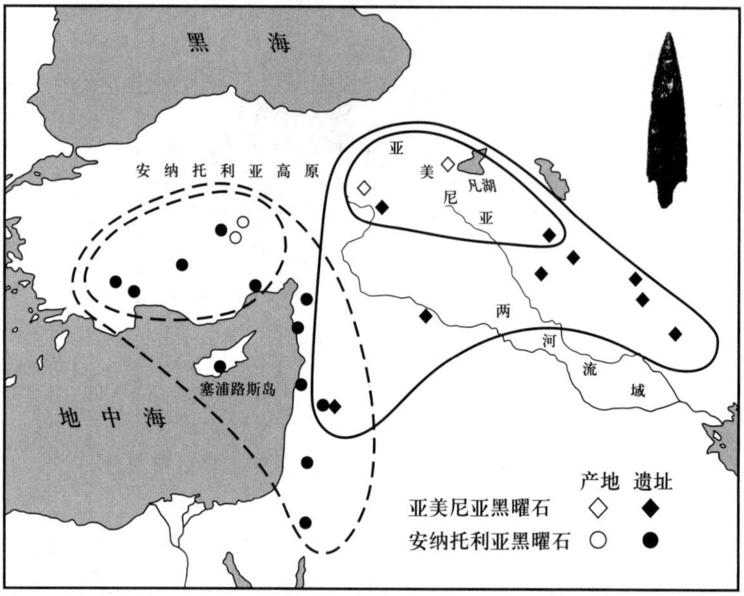

图 5-18　西亚地区新石器时代早期的黑曜石贸易地图

中美洲尤卡坦半岛玛雅文化黑曜石贸易的研究结果，也具有非常典型的意义。这里的危地马拉高原上也有两个著名的黑曜石产地。其中，产自查耶尔的黑曜石，主要发现于内陆地区的遗址中，应是通过陆路贸易获得的。而产自伊克泰普克的黑曜石，主要发现于沿海遗址中，说明应是用独木舟通过海路贸易获得的。再结合地形和河流的走势，就可以大致推断出这些远程贸易的交通路线（图 5-19）。②

东北亚地区的部分火山地带也是黑曜石的重要产地，如中国东北地区、朝鲜北部、俄罗斯远东地区和日本北海道和九州等地。从旧石器时代晚期开始，东北

① ［英］科林·伦福儒、保罗·巴恩：《考古学：理论、方法与实践》（第六版），陈淳译，上海古籍出版社 2015 年版，第 348—349 页。

② ［美］罗伯特·沙雷尔、温迪·阿什莫尔：《考古学：发现我们的过去》（第三版），余西云等译，上海人民出版社 2009 年版，第 366—367 页。

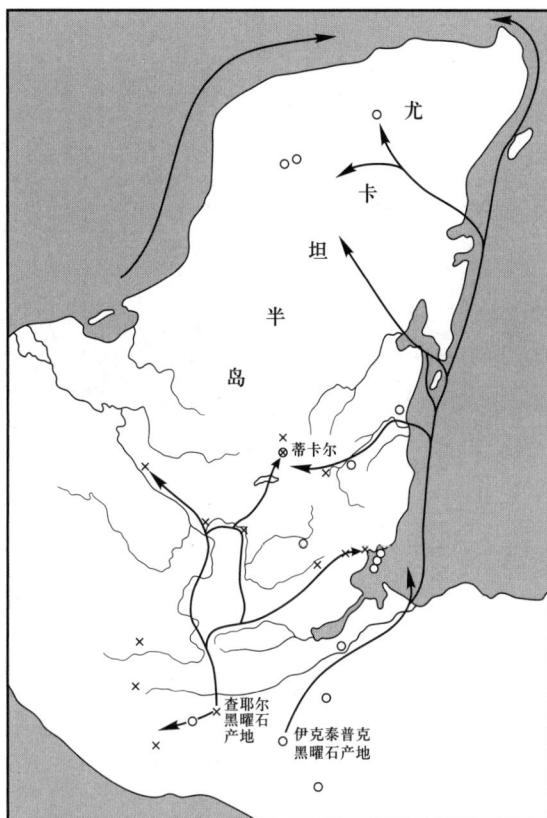

图 5-19　尤卡坦半岛玛雅文化的黑曜石贸易地图

亚地区也普遍流行黑曜石制作的石器，成为这一地区极具特色的古代文化特征之一。显然，这种文化特征的形成与这里出产黑曜石有直接关系。而在产地以外数百公里，许多遗址也都发现有黑曜石工具，这种情况应是围绕产地的远程贸易而直接导致的。目前，有关东北亚古代黑曜石的贸易问题，已引起中国考古学界的注意。[1] 相信上述两个外部交换或远程贸易的实例，对我们研究古代其他形式的交换和贸易也有启发意义。

思考题：

1. 试分析不同地貌类型对人类生存活动的影响。

2. 简述第四纪气候和环境变迁的基本特点。

3. 从狩猎采集经济向生产经济的转变可能受到哪些因素的影响？

---

[1] 刘爽、吴小红、陈全家：《黑曜岩的考古学研究概述》，吉林大学边疆考古研究中心编：《边疆考古研究》第 8 辑，科学出版社 2009 年版，第 301—308 页。

4. 简述稻作农业起源和发展的基本过程。

5. 古代手工业的研究有哪些主要内容和方法？

6. 为何手工业专业化生产能成为早期国家研究的重要手段？

▶ 拓展阅读

第六章　古代社会研究

人类出现至今已有二三百万年的历史，这一漫长过程的 99% 以上时间属于尚未发明文字的史前时代。所以，研究人类的历史和社会，除了依靠有限的文献资料外，考古学肩负着更为重要的任务。本章论述的古代社会研究，有时也称社会考古学研究，主要是指通过考古学来探究古代社会，尤其是史前社会的理论、方法和途径。作为考古学的重要研究内容，其研究方法则是聚落考古或聚落形态研究。随着各主要地区考古学文化发展谱系和年代序列的基本建立，中国考古学的研究重心逐渐转移到以人、社会、环境、资源及其相互关系为主要内容的社会考古领域。

第一节　聚落考古

聚落考古是当今考古学中最为常用的概念之一。顾名思义，它是以聚落为单位进行考古研究的一种方法。聚落考古在中国虽然出现较晚，但发展却十分迅速。这既表现在理论探讨方面，也体现在考古实践领域。结合中国考古实践，学者们提出了聚落考古研究的基本内容。综合来看，聚落考古学的内容至少应包括聚落组成单位的界定、聚落布局和内部结构、聚落的空间分布及相互关系、聚落形态的历时演变等方面。

一、聚落、聚落形态和聚落考古

聚落和聚落形态是人类社会的客观存在，但历史上的聚落及其形态则需要通过聚落考古方法加以揭示。简单说聚落即村落，如《汉书·沟洫志》所说"稍筑室宅，遂成聚落"。而作为学术术语的"聚落"则是一个人文地理概念，如彼得·哈格特认为："聚落是人类占据地表的一种具体表现，因此它们构成了地貌的一个基本要素。"① 考古学上的聚落是人们在特定时间和特定区域从事生产、生活及其他活动所遗留下来的遗存总和。聚落考古的目的就在于发现并揭示不同时代人类行为及其与特定区域、特定空间内遗存之间的联系，复原古代人们的经济、社会和仪式等行为。

人类适应和改造自然的能力，常常随时代变化而有所不同，这种变化所引起

---

① Peter Haggett, *Locational Analysis in Human Geography*, London：Edward Arnold, 1965, p. 88.

的行为差异也必然反映在聚落和聚落形态方面。旧石器时代的生业模式以采集、狩猎为主，临时营地、石器加工场、狩猎场和屠宰场等便构成了聚落的主要内容。新石器时代以降，定居与农业逐渐成为主要的生产生活方式，人们的认知能力逐渐提高，社会组织日益复杂化，聚落的内容也逐渐丰富起来，举凡定居村落、手工作坊、市场、墓地和仪式场所等成为常见的遗存。青铜时代与铁器时代的聚落和聚落关系更为复杂化、系统化和等级化，这是与国家政体的产生和发展相适应的。此时，几乎所有的聚落元素都在规模上不断扩大，形式上更加多样化。比如，新石器时代的手工作坊一般只有制作陶器、玉石器和骨角蚌器等几种，且规模有限；而青铜时代和铁器时代手工业门类则扩大到以铜、铁为主的各类金属器、瓷器和漆木器作坊等，规模也显著扩大。受自然环境、文化因素和社会发展阶段的限制，不同区域、不同时代的聚落在内部布局、尤其在聚落分布形态上往往有明显差异，但特定区域内不同时代的聚落布局却具有一定的延续性，而揭示古代聚落内部功能分区的最好方法就是考古发掘，至于区域聚落形态及其变迁则需要依靠区域系统考古调查解决。

最早对聚落形态进行定义的是美国考古学家戈登·威利，他在《维鲁河谷聚落形态之研究》一书中写道："聚落形态是人类将他们自己在其居地上安置起来的方式。它包括房屋和房屋的安排方式，也包括与社区生活有关的建筑物的性质与处理方式。这些聚落反映了自然环境、建造者所具有的技术水平，以及该文化所持有的各种社会交往与控制的制度。因为聚落形态中的大部分内容是广泛保有的文化需求所直接形成的，它们提供了考古学文化功能性解释的战略性基础。"

在维鲁河谷的调查和研究中，威利首次阐述了聚落形态研究在揭示古代人类经济和社会关系长期演变过程中的适用范围及潜在分析效能，他的视野不仅触及特定区域内生态环境与聚落形态之间的关系，也注意到区域内聚落功能类型的界定问题（图6-1）。聚落考古强调对人和人类社会的研究。人类的活动总会有意无意地在地面和地下留下各类实物和痕迹等，小到陶瓷器残片，大到城墙、宫殿等建筑基址乃至整个城镇。通过考古调查、发掘和综合分析的方法，发现、揭露和辨识聚落单位、聚落布局，进而阐释聚落之间、聚落和环境之间的关系，便构成了聚落考古或聚落系统研究的主要内容，目的就是复原人类社会，尤其社会组织和社会结构。因此，布鲁斯·炊格尔简洁地把聚落考古定义为"用考古学的材料对社会关系的研究"[1]。张光直也同样简洁地定义聚落考古是"在社会关系的框架之内来做考古资料的研究"[2]。

---

[1] B. G. Trigger, "Settlement Archaeology. Its Goals and Promise," *American Antiquity*, vol. 32, no. 2 (1967), p. 151.

[2] ［美］张光直：《考古学专题六讲》，文物出版社 1986 年版，第 86 页。

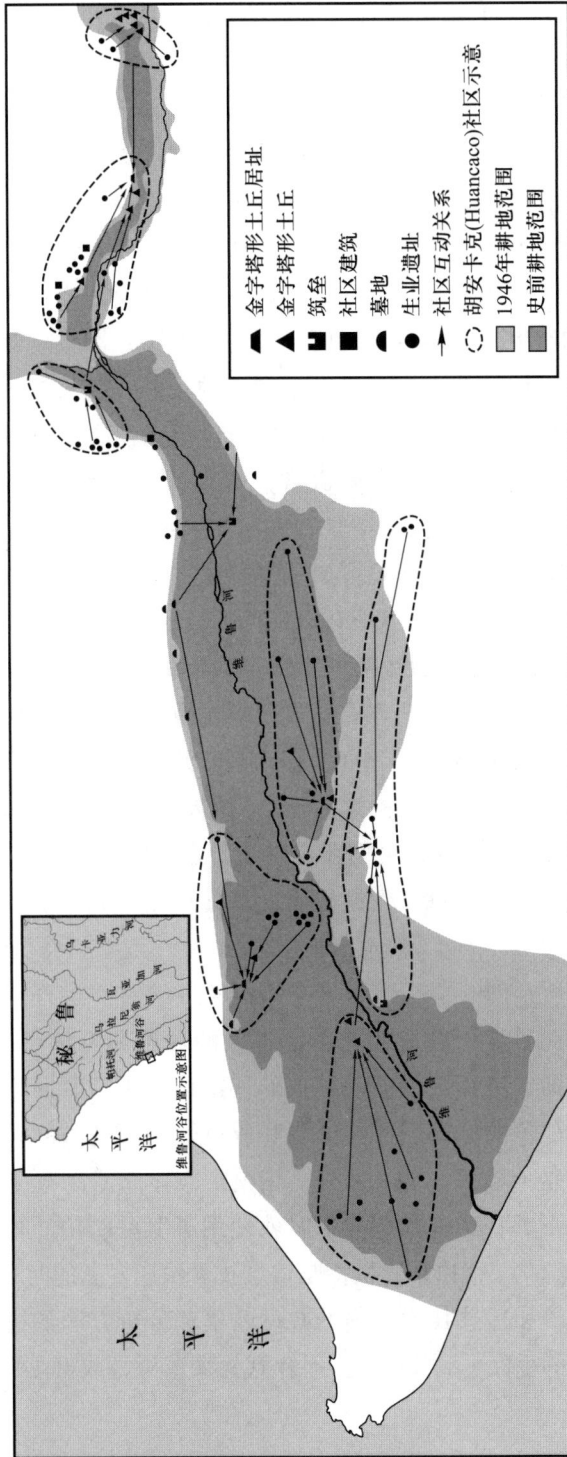

图 6-1 维鲁河谷：前殖民时期聚落分布图

　　聚落考古或聚落形态研究的核心，是社会以及决定或制约社会发展的技术和环境。这一方法最早产生于北美，与其具有发达的人类学理论直接相关。首先，北美民族或文化人类学家一向对印第安人聚落的研究怀有浓厚兴趣，如路易斯·摩尔根对美国西南部地区史前石屋的分布研究就是一个典型事例，[①] 这是欧亚大陆所不具备的。其次，聚落考古对自然环境的关注是基于文化生态学的影响，这在摩尔根的著作中便有所体现，但最直接的影响还是源于倡导文化生态学的美国人类学家朱利安·斯图尔德。文化生态学主张，从人类生存的自然环境和社会环境中的各种变量及其交互作用，来研究文化的产生、发展及其变异规律，实质是指文化（技术、资源和经济）与环境之间所存在的动态关系。也就是说，经济类型在很大程度上取决于可用的技术和可供开发利用的资源。斯图尔德的文化生态学还直接产生了他的文化多线进化论，即不同的自然环境使文化具有不同的技术手段、生产方式，最终形成了不同的发展道路。最后，聚落考古实践是以成熟的年代学为基础的。20世纪40年代，北美与中美洲主要地区考古学文化史的研究进展显著，年代序列业已建立。尤其1949年威拉德·利比发明了碳十四测年技术，使得人们能够集中时间和精力研究年代学以外的问题。

　　20世纪60年代，北美出现的新考古学或过程考古学，也把文化生态学作为关注的焦点，并将系统论引入考古学理论和实践中。因而聚落考古也应是新考古学的基础之一，尤其在涉及聚落形态与生计模式、资源和人口分布方面，二者有许多共同点，尽管新考古学派并不认同这一点。当然，聚落考古最初关注的是社会功能和结构，研究方法还是归纳法；而新考古学所强调的是文化和社会变化过程，反对归纳法而倡导演绎法。可见，无论是研究目标还是研究方法，二者的差异显而易见。[②]

　　尽管如此，威利所开创的聚落形态研究和新考古学对"过程"的强调，最终还是融为一体，并对此后半个世纪的北美考古学的理论和方法产生了极大影响，尤其在区域聚落形态研究方面成绩卓著。人们逐渐认识到，要回答农业起源、定居生活的产生、导致战争的原因、社会分层和政体性质等基本问题，借助区域系统考古调查获取资料是十分关键的。另外，聚落形态本来是地理学概念，对地理信息技术的需求很高，威利调查维鲁河谷时就使用了卫星航拍照片。而第二次世界大战，尤其20世纪60年代以来，恰恰是信息技术快速发展的时代，包括全球定位系统、地理信息系统和遥感技术在内的数据收集和分析方法的进步，从根本上改变了聚落形态研究的手段。到20世纪90年代，聚落考古或聚落形态研究终于迎

---

① ［美］路易斯·H. 摩尔根：《印第安人的房屋建筑与家室生活》，秦学圣、汪季琦、顾宪成译，文物出版社1992年版，第163—189页。

② ［美］张光直：《考古学中的聚落形态》，胡鸿保、周燕译，《华夏考古》2002年第1期。

来了它的收获季节，北美和中美洲历经数十年的许多区域调查、发掘成果，为古代社会诸多问题的研究奠定了坚实基础。[1]

受美洲聚落考古方法的影响，相关工作在其他地区也陆续展开。从 1957 年开始，罗伯特·亚当斯及其同事对西亚地区的沙漠和平原进行了系统考古调查，覆盖面积数百平方公里，极大地促进了对大美索不达米亚地区早期社会、经济和政治等复杂化进程的解析和研究。在爱琴海地区，威廉·麦克唐纳、乔治·拉普和伦福儒等学者也通过系统调查，从更广阔的范围内重新定位若干已发掘的重要遗址。该地区虽历经近百年的考古发掘，历史文献记载相当丰富，但区域研究方法同样显示出巨大优势。

在这期间，聚落形态研究工作在美国西南部多种生态背景下展开，着重探讨聚落遗址分布和自然环境的关系，以确定整个景观区域内不同聚落数量和规模的历时性变化。在每一个调查区域，调查面积越大，聚落形态的多样性和复杂性就越明显。而一个地区内某个聚落规模的不断发展壮大，往往与其他聚落规模的逐渐缩小和数量的减少密切相关；特定区域内聚落形态的变化趋势总是表现为不同聚落的起伏消长。

大体同时，苏联考古学界也发生了一些重要变化。一批年轻学者提出要用马克思主义思想来指导考古学研究。他们批评器物形态研究是先入为主的偏见，是单纯的器物观，类型学也是以生物学观点来解释历史的资产阶级进化论，强调要研究人和人类社会。[2] 在乌克兰境内大面积发掘和重新研究的特里波列文化聚落遗址，就在一定程度上采用了聚落考古学方法，这是苏联考古学研究的代表性重要成果。

在中国，以揭示并探讨特定遗址内遗迹关系的微观聚落考古，大约产生于 20 世纪中叶西安半坡遗址的发掘。当时，发掘者已经意识到这是一处保存较好的原始氏族公社聚落遗址，并注意到环壕与相关遗迹之间的空间关系（图 6-2）。[3] 随后，宝鸡北首岭、华县元君庙、临潼姜寨、兖州王因、汤阴白营等遗址的发掘，都是这种微观聚落考古方法的延续和发展。其中，姜寨遗址的发掘者对同一层面房址、陶窑、墓葬等所组成的若干遗迹群进行分析，进而探讨遗迹群乃至整个聚落所处的社会发展阶段。[4] 20 世纪 90 年代中期以来，微观聚落考古研究取得长足

[1] ［美］布莱恩·R. 贝尔曼：《美洲聚落形态研究的过去、现在和未来》，［澳］贾伟明译，《华夏考古》2005 年第 1 期。

[2] ［苏］B. A. 布尔金等：《苏联考古学的成就和问题》，刘茂译，《史前研究》1985 年第 4 期。

[3] 中国科学院考古研究所等：《西安半坡——原始氏族公社聚落遗址》，文物出版社 1963 年版，第 222—229 页。

[4] 西安半坡博物馆等：《姜寨——新石器时代遗址发掘报告》，文物出版社 1988 年版，第 352—357 页。

进展，长岛北庄、敖汉兴隆洼、邓州八里岗、蒙城尉迟寺、日照两城镇和即墨北阡等史前遗址的发掘，都是采用聚落考古学方法并取得相当成效的实例。

图 6-2 西安半坡遗址发掘现场

聚落考古理论和方法在国内的系统阐释，始于 1984 年张光直在北京大学和山东大学所做的系列演讲，其中"谈聚落形态考古"的专题演讲，系统地介绍了美欧聚落考古的理论和方法，其影响随着《考古学专题六讲》的结集出版而扩展开来。[①] 20 世纪 90 年代中期，在山东日照沿海地区、河南伊洛河流域和内蒙古赤峰地区开展的区域系统考古调查项目，就是这一理论和方法指导下的具体实践。

20 世纪八九十年代以来，随着中国各地考古学文化谱系和时空框架的基本建立，区域研究受到前所未有的重视。文化类型之下"小区"概念的出现，实际就是在区域研究条件日趋成熟的情况下提出的。严文明十分强调小区调查（即区域调查）的重要性，认为是聚落考古中十分重要的一环，并希望作为一种尝试，在调查中引入遗存单元概念。[②] 在这种背景下，少数学者结合研究课题，围绕大遗址（群）实施小范围的系统调查，如湖北天门石家河遗址群的系统调查。

二、聚落组成单位

人类适应环境的能动性使得人类的行为模式多种多样，而人类行为的复杂性又会造成特定聚落遗址中聚落单位的多样性。不过，在相同的发展阶段上，人们的行为方式往往又具有较大的相似性，所创造的物质文化现象也具有一定的相似性。在长期定居的聚落中，人们按照一定的方式营建房屋，从事生产、生活及其

---

① 张光直：《考古学专题六讲》，文物出版社 1986 年，第 74—93 页。
② 严文明：《聚落考古与史前社会研究》，《文物》1997 年第 6 期。

他活动。聚落遗址中常见的房屋、室外灶坑、窖穴、灰坑、沟坎、水井、道路、公共场地、牲畜圈栏、手工作坊、水利工程、防御设施、礼仪场所和墓葬等遗迹，就是当时人们各种活动的产物。而且，这些遗迹总是和具有特定关系的人群相联系，相互匹配地存在于聚落遗址之中，从而形成一些相对独立的小单位，可称为聚落组成单位。聚落组成单位的划分有助于研究聚落内部的社会组织结构，也有助于判断聚落的功能分区。

聚落组成单位的大小取决于聚落人群的生产力发展水平和所处的社会发展阶段。通常包括：一处由一座或一座以上房子和炉灶组成的居住区，或称之为家户；从事不同活动的区域，诸如饲养家畜、食物加工、皮毛衣物加工、各种器具制作、产品储存等；还有处理垃圾的地方。此外，各种专业作坊遗存、水井、城墙、环壕、排水系统、道路系统、墓葬等，都可视为聚落的基本组成单位。定居性遗址（如村落和城镇等）发现的建筑遗存大多加工考究而经久耐用，而临时性或季节性遗址的住所则往往只会留下少量而简单的遗迹。

一般说来，如果一个聚落遗址代表着一个较大的社会组织（氏族、宗族或其他），那么，构成这个组织的基层或基本单位（如家庭、家族）的考古遗存，就应是最小的聚落组成单位。而聚落的最小组成单位就是一个小的考古遗存集合体，如果社会的基本单位是核心家庭，那么一个核心家庭规模的考古遗存就构成一个聚落组成单位；如果社会的基本单位是家族，则与一个家族相联系的考古遗存就是一个聚落组成单位。所以确定聚落组成单位时，要在考古发现的基础上，与当时社会的发展水平和组织结构的具体情况联系起来考虑。属于一个聚落组成单位的遗存，应该符合空间上具有连续性、功能上具有互补性、时间上具有共时性这三个标准。①

所谓空间上的连续性，是指聚落组成单位的所有遗存存在于同一个活动范围之内，它们在空间上连续存在且相互关联，如一座或一排房屋前面的庭院，屋旁饲养畜禽的圈栏，处理垃圾的灰坑，房前屋后储存物品的窖穴，屋外通往其他区域的道路等。如果符合其他要素的要求，这些遗存就共同构成了一个聚落组成单位。同样，如果相距较远且空间上不连续，即使符合其他要求，也不宜将其视为一个聚落组成单位。

所谓功能上的互补性，是指这些空间相连接的遗存在功能上互补，相互结合可在一定程度上反映人们的必要行为。譬如一个制陶作坊，加工原料的场地和水池、制作和晾晒陶坯的场地、烧制陶器的陶窑、储存陶器和供人休息的房屋以及各种相应的工具等，分别从不同方面来满足制作陶器的功能需要。从这一意义上

---

① 栾丰实、方辉、靳桂云：《考古学理论·方法·技术》，文物出版社 2002 年版，第 123 页。

讲，它们在功能上具有互补性。

共时性对于界定聚落组成单位尤为重要，但也是实际操作中较难把握的一项指标。具体而言，一组遗存即使满足了空间上的连续性、功能上的互补性，但是否属于同一个聚落组成单位，关键要看它们是否存在于一个适当的时间跨度之内，即是否具有"时间上的稳定性"①。张光直曾做过这样的解释和说明：一排相连的房屋，在空间上基本可判断为是连续存在的，但从层位的观察和文化内涵分析看，从早到晚发生了重要的变化，那么这一排房屋便有两个或两个以上的聚落单位。所谓重要的变化，是指"当这种变化在一个聚落单位的空间之内如果发生到质变的程度，即发生到整个文化的平衡性遭受到破坏的程度"，这时便须另行开始一个新的聚落单位。

在实际操作中，一些人常常把遗址等同于聚落，认为一个古遗址就是一个古代聚落，这种看法不甚确切。中国古代的遗址多是长期居住逐渐形成的，如果遗址形成的过程有间隔或发生过重大变化，那么一个遗址就可能分为若干个不同时期的聚落。只有属于同一文化的人们连续居住且使用周期相对较短的情况下，才能把一个遗址看作一个聚落。同理，聚落组成单位也是如此。于是，如何确定考古遗存的共时性就成为聚落考古学中的一个关键性问题。

聚落和聚落组成单位的共时性是一个比较复杂的问题。无论是一个家庭、家族，还是更大一些的社群组织，他们总是在不断发展和变化的，因而在聚落形态上的表现就不会是一成不变的。所以，聚落形态随时在发生着程度不一的变化。这些变化包括：房屋的改建、扩建和重建，其他与人们的行为相关的遗存的增加和减少等。一般说来，只要是考古遗存所反映的聚落形态格局没有发生重大变化，就可以认为是一个聚落或聚落组成单位。张光直曾这样来定义："考古学共时性的可被接受的有意义的范围是……一个考古学的共时单位是这样一个单位：在相当长时期内不发生变化、并且不打乱整个文化要素组合的前提下，在其中产生变化。它是一种定态，在这种状态下，从其中的大部分或最重要的部分中归纳出来的行为和方式可以适用于其全体。"②

所谓的定态，应是一种时间上的稳定性。实际上，人类复杂行为的历史表现就是一个不断变化和发展的时间顺序，人们所创造的遗存也是一样。在考古工作中，我们无法以年、月、日为单位揭示考古遗存的时间顺序。如果多数或主要考古资料都显示出重大变化或曰质变，那么我们所看到的考古遗存便由一个时间段进入另一个时间段。而在同一个时间段里，可以假设所有遗存都是同时而非连续

---

① ［美］张光直：《考古学专题六讲》，文物出版社 1986 年，第 87 页。

② ［美］张光直：《考古学中的聚落形态》，胡鸿保、周燕译，《华夏考古》2002 年第 1 期。

的，这就是所谓的定态。但对于那些非本质性变化也不能视而不见，应该着力去观察和捕捉，进而掌握具有共时性的单位内部变化的意义和发展趋向。如郑州大河村 F1—F4，整体上看是属于一个聚落组成单位，它们是共时的，但实际上这些房屋并不是同时建造的，而是随着人口的增加或其他原因而逐步扩建形成的（图 6-3，F1 和 F2 是同时建造的，F3 和 F4 是后来扩建的）。如果每一个或多数构成单位都产生了这样的变化，那么就应该重新审视聚落和聚落组成单位。在田野考古操作上，有学者建议引入"地面"和"活动面"的概念，并将其作为独立的单位，它所代表的是一个"平稳活动时期"，是人类活动的承载体，与某一个时间段内的所有遗迹是共时的。[①] 当然，考古学上的共时是相对的，即在一个稳定期内的共时，而非绝对共时。而且，由于研究目的不同，共时的时间段也是层级性的。时间段跨度长一些，考古资料所显示的变化就比较大。相反，时间段跨度小一些，考古资料所显示的变化可能就比较小。

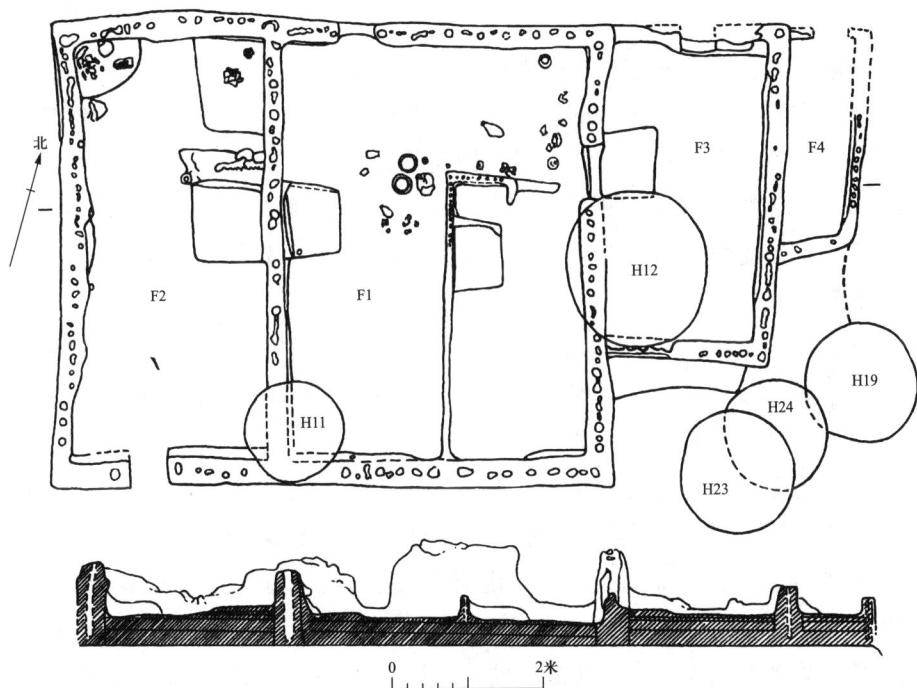

图 6-3 郑州大河村仰韶文化 F1—F4 平、剖面图

这里所说的重大变化或质变，也很难提出一个统一的明确标准。而且，如何在量上把握这些变化的程度，也往往取决于具体的研究目的，所以时间段也是分层分级的。如果把一个考古学文化的年代跨度定为一个时间级差（当然，不同

---

① 赵辉：《遗址中的"地面"及其清理》，《文物季刊》1998 年第 2 期；栾丰实：《关于聚落考古学研究中的共时性问题》，《考古》2002 年第 5 期。

考古学文化的年代差别也很大），相对而言就比较容易把握和区分，但这样往往不能充分揭示聚落形态的细微变化。所以，究竟是以考古学文化为一个时间段，还是在同一考古学文化内确定几个时间段，尚需今后的聚落考古研究给予重点关注。

三、聚落布局

聚落布局是指古代聚落内各类遗存在空间上的分布，布局形态一般与其社会组织结构密切相关，而聚落的社会组织结构又因时代不同而存在较大区别。在以采集狩猎为主要生计方式的旧石器时代和新石器时代早期，社会的整体发展水平较低，聚落的结构也相对比较简单。随着经济和社会的发展，聚落的内部结构趋于复杂，表现在聚落布局上，不仅是原始时期的村落和文明时代的城市差别巨大，而且即使同为一般聚落，时代不同、自然环境不同或经济类型不同，聚落的大小、布局也明显不同。

房址在研究聚落布局方面具有无可替代的作用，这是因为房屋的大小和精致程度反映的是居住者或使用者的职业和社会地位。如果一个聚落内房屋建筑是按穷人和富人家庭分开布局的，那么可以据此研究其社会结构。用作保护私人财产和人身安全的设施如栅栏、围墙和壕沟，则反映了私有制、竞争和战争的存在。此外，房址研究也可以揭示专业化功能分区，如有的区域是手工业匠人生产和加工特定材料的场所。

聚落内部的布局，通常可以从功能和社会组织结构两个方面进行区分和讨论。如果将目光放到聚落以外，聚落的选址与周边环境、聚落辐射区域内的资源状况等，也是聚落考古研究需要关注的内容。

聚落组成单位及其功能的界定，是揭示聚落布局的基础。就像任何一个聚落都会在社会系统中发挥其独特的功能一样，任何一个聚落组成单位都会在聚落中承担一定的社会功能。如前所述，在定居社会中，聚落组成单位的核心是房屋，而房屋除了最基本的居住功能之外，还有诸如储藏、烹饪、养殖、生产作坊、礼仪活动等其他各种功能。这些功能不同的房屋，往往在外在形式和内部结构方面存在差异，并可通过细致的发掘、采样、检测和分析来加以判断。在一个社会中，这些形式不同、功能各异的房屋会以特定的方式被安置，从而形成特定的组合模式或功能分区。结合墓葬等其他聚落组成单位所透露出来的功能分区，就会一定程度地了解该聚落的布局。从考古实践来看，当发掘具有一定规模时，就可以揭示出聚落遗址的功能区划。以姜寨一期仰韶文化聚落遗址为例，防御设施以壕沟的形式环绕在居住区的周围，部分地段还有突出的哨所；居住区占据环壕以内的大部分空间；制作陶器的生产区主要分布在遗址西南部靠近临河一带；埋葬区则位于居住区之外，已经揭露的三大片墓地主要分布在居住区的东部和东南部（图6-4）。① 姜寨史前聚落的规划和设计十分巧妙，把聚落与自然环境比较和谐地结合在一起。如聚落选址在临河岸边，既解决了人畜用水问题，又增加了一道天然屏障，省却了部分人工挖掘壕沟的劳作之苦。同时，把用水量较大的制陶作坊安排在河边一带，更是出于因地制宜的考虑。当然，像姜寨聚落这样功能区划比较清楚的情况，目前在中国的考古学资料中依然屈指可数。而且，在中国新石器时代遗址中，布局这么严整的聚落是具有普遍意义的现象，抑或是一种区域性特点，还有待于今后的考古发掘和研究加以揭示。

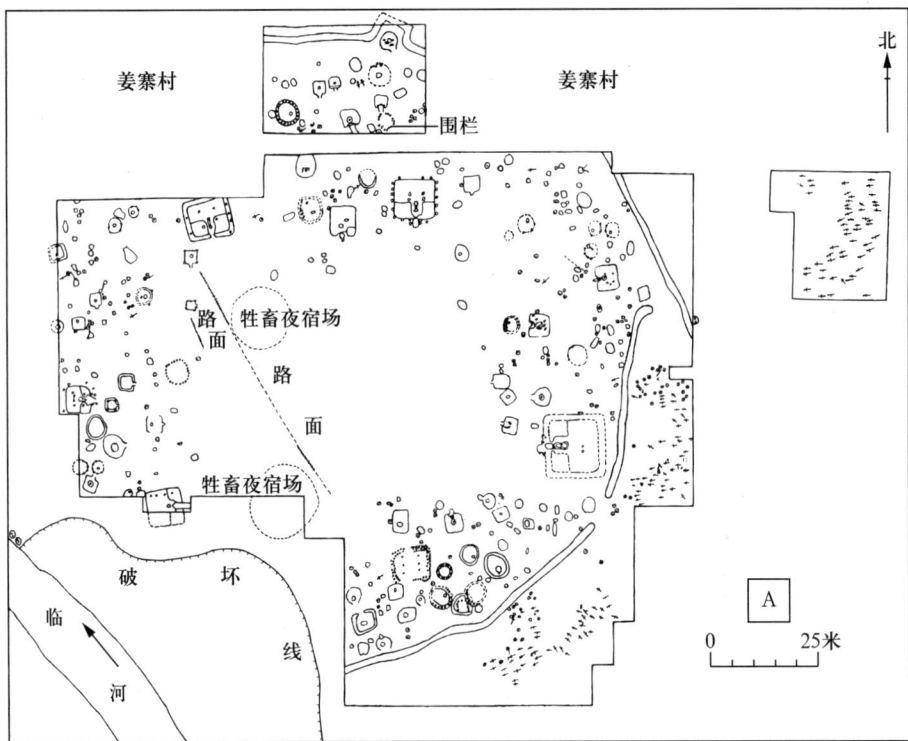

图6-4 临潼姜寨仰韶文化早期聚落遗址平面图

进入文明社会之后，中心聚落尤其都城遗址的内部规划痕迹就更为明显。以二里头遗址为例，象征王权的大型建筑基址均位于遗址中部的宫城之内，宫城外围有垂直相交的大道。贵族聚居区和贵族墓地主要分布于宫城东北部。绿松石作坊区在宫城南端，铸铜作坊区位于靠近洛河的遗址南端。祭祀活动区位于宫殿区北部、西北部（图6-5）。② 不难推测，进入国家阶段后，社会的组织系统和统筹

① 西安半坡博物馆等：《姜寨——新石器时代遗址发掘报告》，文物出版社1988年版，第67—69页。

② 许宏、陈国梁、赵海涛：《二里头遗址聚落形态的初步考察》，《考古》2004年第11期。

能力明显得到了加强，其控制的区域也会大大拓展。在二里头文化时期，像二里头遗址这样的聚落布局，也仅见于该遗址本身。而这一时期在伊洛河流域乃至更大空间内分布的遗址，其聚落布局无疑存在着较大差异。显然，伴随着社会的复杂化进程，聚落尤其是中心聚落在布局上也呈现出复杂化和等级、功能分化的趋势。

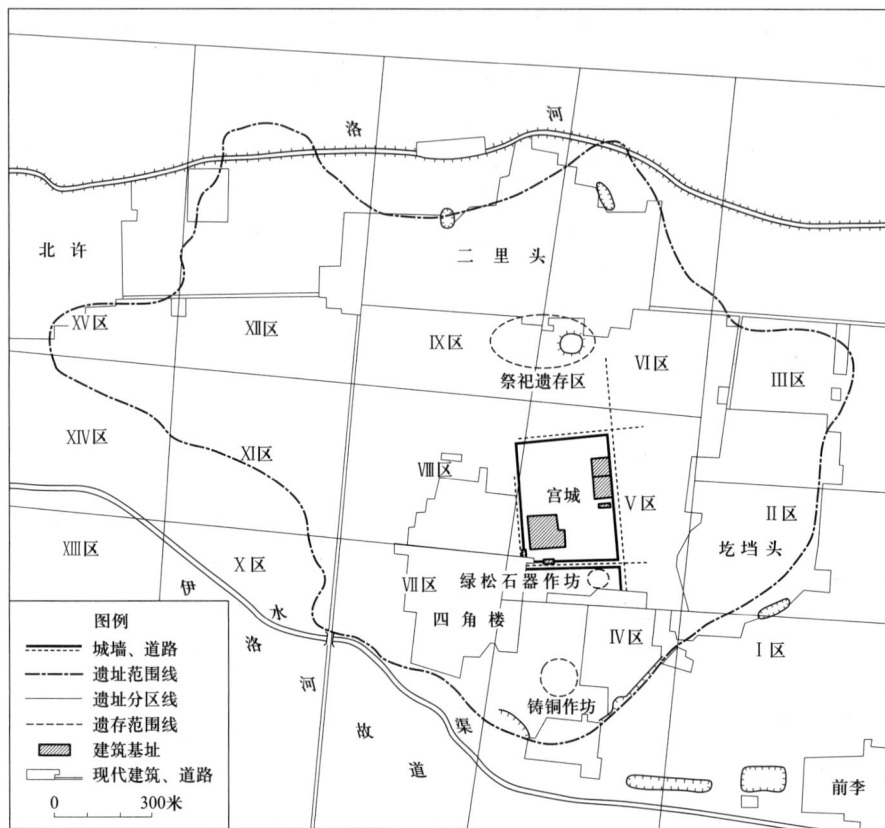

图 6-5　偃师二里头遗址平面布局图

　　通过聚落布局的分析，进而解读聚落内部人群的社会组织和社会结构，是考古学研究古代社会的重要途径。在聚落居住区内，以房屋为主的各种遗迹的排列方式，在一定程度上可以视为当时聚落内不同层级社会组织的具体体现。在这里，细致、准确的田野考古发掘是各种后续研究的基础。在发掘中，单独的房子、窖穴、灰坑、室外活动面、文化堆积等遗存，都是考古工作者经常碰到的对象。如果把这些遗存从时间、空间和功能三个方面进行衔接，组成有意义的、不同层级的聚落组成单位，就可以有效地复原古代社会组织和社会结构，进而研究当时的亲属关系和政治管理制度。

　　姜寨一期仰韶文化的聚落布局，应是聚落内部社会组织结构的外在反映。居住区内以房屋为主的各种遗存分为五大组，每组之内有大中小三种类型的房子，大型房子只有一座，中型房子有一两座，小型房子则有一二十座不等，大中小型房子在数量上呈金字塔状分布（图6-6）。综合来看，在姜寨一期仰韶文化聚落内部至少存在两三个层次的聚落组成单位：即以一座大型房子为中心的各组是几个层次较高的聚落组成单位；每组之内以中型房子为中心的各组是层次较低的聚落组成单位；小型房子是否构成一级聚落组成单位，要视其内部结构和功能以及与其他遗迹的匹配情况而定，如果各种现象表明它构成了一个基本的生产或消费单位，就可视为一级聚落组成单位，否则就不是。如果把小型房子及其相关遗迹作为一级聚落组成单位，那么姜寨一期仰韶聚落中就存在着四级结构，即小型房子—中型房子组—大型房子组—整个聚落。[1]

图6-6　临潼姜寨仰韶文化早期聚落复原图

至于这样的聚落布局代表了什么层级的社会组织和社会结构，学术界尚有不同意见。不过，这样的布局是由聚落内部社会组织结构所决定的，却无异议。而且，居住区、作坊区、公共空间和墓葬区分区明显，显然是事先规划的结果。当然，聚落的规划和布局不只受到社会组织和社会结构的影响，有时也与自然环境和文化传统密切相关。如邓州八里岗的仰韶文化聚落内部，存在着由一个套间、一栋房子、一排房子和整个聚落构成的四级结构，[2] 反映的社会结构与姜寨极其相似，但八里岗的聚落布局则与姜寨完全不同，是由成排的房子构成的。八里岗仰

---

[1]　栾丰实、方辉、靳桂云：《考古学理论·方法·技术》，文物出版社2002年版，第128页。

[2]　赵辉：《长江中游地区新石器时代墓地研究》，北京大学考古学系编：《考古学研究》（四），科学出版社2000年版，第47页。

韶聚落内部也存在三个层次的聚落组成单位，自上而下依次是：以排为单位的各组房子是层次最高的几个聚落组成单位；每排房子之内又分为相对独立的几栋房子，每栋房子就是一个层次略低的聚落组成单位；每栋房子则由几个前后分隔的套间组成，每个套间内各自拥有火塘，性质与姜寨的小型房子相似。在时代较晚的安徽蒙城尉迟寺大汶口文化晚期聚落中，依然流行这种排房式房屋建筑（图6-7）。这或许与淮河流域地势较低、河流众多的自然环境有关，因而成为当地的史前建筑文化传统。

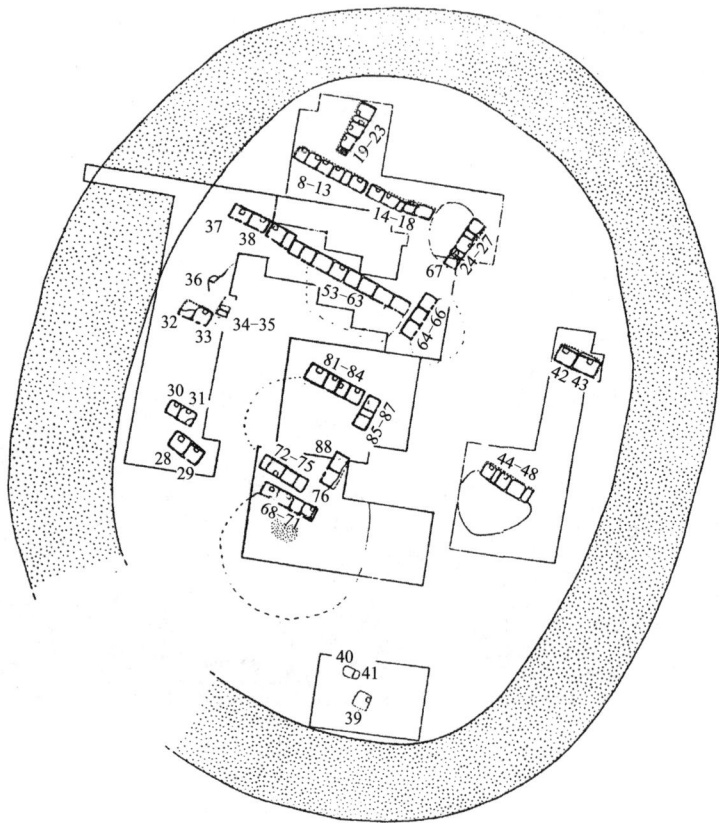

图 6-7　安徽蒙城尉迟寺大汶口文化聚落遗址平面图

　　在聚落遗址分级和分区研究的基础上，再结合墓葬及其随葬品进行综合分析，进而探讨当时的社会结构和组织关系，所得出的结论就会更加可靠，更具说服力。因为墓地也是聚落布局分析的重要内容之一，甚至保存有居住区难得一见的现象或信息。

　　聚落遗址外围或者内部往往存在着或大或小的墓地。如果它们与聚落内的遗存属于同一时期，就势必与居住区内的某个部分相对应。毫无疑问，较之不同的墓地，葬于同一墓地的死者，他们生前理应拥有更为密切的社会关系，或属于同一氏族，或属于同一宗族，或属于同一较高或较低的集团。即使在同一墓地内部，从墓葬的排列方式、相互关系、埋葬习俗和人骨鉴定结论等方面进行综合分析，对于复原古代社会组织结构和亲属制度也是至关重要的（图6-8）。因为墓葬挖在地下，一般不易被破坏或全部破坏，多数墓地可以保存得较为完整。而房子建在地上，往往因连续居住而进行规模不等的改建、扩建和重建，旧有的聚落极易遭受破坏，较难得到完整保存。所以，完整的墓地和成组的墓葬是聚落考古的重要研究对象。当然，最好像姜寨聚落遗址那样，既有较为完整的居址，也有保存很好的墓地，两者结合起来分析研究，结论自然就更可靠一些。

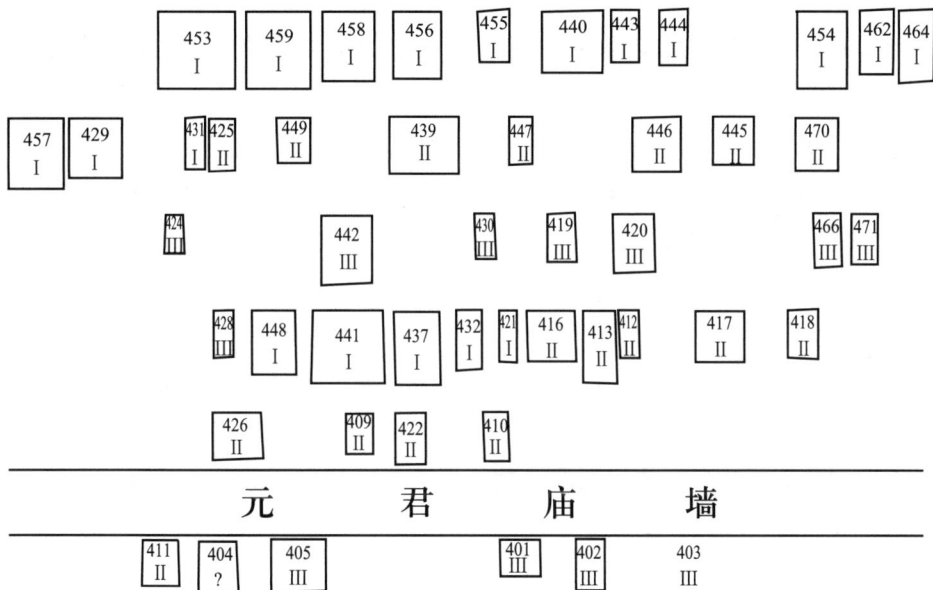

图6-8　陕西华县元君庙遗址仰韶文化墓地平面图

聚落是社会的基本单位，通常反映着社会基层组织的发展状况。因为社会是复杂的，所以不同区域、不同时期的聚落存在差别是不言而喻的。有的聚落经过严格的规划和设计，就显得比较整齐划一；有的聚落则没有什么规划，是在发展过程中逐渐形成的，可能就比较凌乱；有的聚落可能开始时有规划，后来随着发展又打破了原有的秩序；而有的聚落开始时没有什么规划，随着社会发展的需要，可能进行了人为的干预和控制。后两种聚落可能就显得既不那么整齐，又好像有规律可循。因此，各种具体情况的认定，都需要在实际操作中仔细地加以分析和区分。①

西方学者对古代聚落布局的研究，多集中在房屋的布局和器物特征布局两个

① 　严文明：《聚落考古与史前社会研究》，《文物》1997年第6期。

方面。前者以张光直的研究为代表,他认为一个村落式遗址内出现的房屋或灶塘遗迹可以分为四类:有计划的、无计划的、分组的和独立家屋式的。鉴于聚落布局是研究古代社会组织关系的一条重要线索,所以他曾建议把聚落布局称为"社区形态"[①]。而后者则是从器物的细部特征及其在聚落单位内的空间分布关系,来研究古代的社会关系问题,也取得了一些重要的发现。[②]

四、聚落的空间分布形态

聚落的空间分布形态是指聚落按照社会和文化需要,在特定区域内和区域之间的分布状态,也称为聚落形态。如果说分析聚落内部的结构和相互关系是微观的聚落形态研究,那么在较大的空间范围内探讨共时的聚落之间的相互关系,就是一种宏观的聚落形态研究。

对于宏观聚落形态研究的目的,张光直认为主要有三个方面:1. 把聚落单位集聚成为有某种意义的更大的单位;2. 辨认这些更大单位内各个聚落单位之间关系的规则性;3. 对这种规则性加以解释。[③] 实际上,这三个目的可以归结为一个目的,即阐释聚落和聚落、聚落群和聚落群之间的关系。

在人类社会中,任何个人或群体几乎都不是孤立存在的,而是与其他人或群体形成共存关系。这些古代人群的关系如何,在缺少文字记载的情况下,只能通过聚落形态研究来获知。就整个人类社会发展而言,不同区域的聚落形态同样也受到生产力水平与社会复杂程度的影响,经历了由简单到复杂的过程。不过,对于特定区域内特定发展阶段而言,也不排除聚落形态存在相反的发展方向。

在以狩猎采集为主要生计方式的旧石器时代,聚落形态一般是以季节性聚落群的形式而存在的。据民族志资料,处于这一发展阶段的人群,一年之中居住在一个能够满足他们生存的区域之内,即人类学中的"年求生区"。张光直考察了北极圈民族志资料所反映的年求生区的位置变化,对这种季节性聚落群的形态进行了分类,提出季节性聚落群可分为两种:一种是游动性的季节性聚落群,人群的年求生区每年或数年需要搬迁到他处;第二种是固定性的季节性聚落群,人群的年求生区一般在同一个区域而不变化。固定性的季节性聚落群又以其主要营地的变化分为两类:一类是永久性的主要营地,一类则是主要营地每年或数年会有变

---

① K. C. Chang, "Study of the Neolithic Social Grouping: Examples from the New World", *American Anthropologist*, vol. 60, no. 2 (1958), pp. 298—334.

② James Deetz: The Dynamics of Stylistic Change in Arikawa Ceramics, Urbana University of Illinois Press, 1965, pp. 103—107. James N. Hill, "A Prehistoric Community in Eastern Arizona," *Southwestern Journal of Anthropology*, vol. 20, no. 1 (1996), pp. 9—30.

③ [美] 张光直:《考古学专题六讲》,文物出版社 1986 年版,第 90 页。

化。与泛泛地将狩猎采集民族生活方式描述为"游居"或"游群"相比，这个分类显然更为细致和准确。

比旧石器时代的季节性聚落群更为高级的聚落单位，从低到高可以划分为以下五种：共生区域、自给自足的村落、在较高水平上的大范围联结（或称高级聚落群）、城乡连续体、考古学上的"文化"。

共生区域由不同人群同时占据的不同聚落组合而成。在这个共生区域中，各个大体同时的聚落往往与不同的自然资源相结合。因此，同一共生区域的人群通常是专业化的，并形成一种贸易伙伴关系。这种共生区域往往出现在文明的边缘地带，其中共生的成员便是农人和牧人。

自给自足的村落或聚落，一般以农业经济为基础，通常是经济上自给自足的社区，但在聚落形态上，它们往往与卫星营盘式环绕在聚落周围的固定性或季节性居址和临时营地共存。

更高一级的聚落群则是以共享一个专业化的重要场所为特征。当然，在不同的功能层面会有不同性质的场所。在经济层面是一个作坊或市场，在宗教信仰层面是一座庙宇或礼仪中心等神圣空间，在社会层面则是一个墓地。而殖民式的村落群，则是由一个主村落和若干个分支村落组成。

城乡连续体是一种级别更高、范围更大的聚落形态。在这里，城市是自给自足的，包括行政中心、居住区、工场、市场、礼仪中心和陵园墓地等，它们互补而构成一个整体。而乡村则不是自给自足的，离开城市便不能独立维持。

考古学文化包括聚落单位及其联结而形成的系统。文化拥有一种共同的风格，以区别于其他文化的单位和系统。①

由此看来，第一种聚落形态只适用于某种特殊的情况，即农牧结合的边缘地带，不具有普遍性。但其他几种聚落单位的概念，则代表了从新石器时代到铁器时代，或从史前社会到文明社会不同阶段的聚落形态，构成了社会考古学的主要内容。

那么，宏观聚落形态研究从何着手？或者说如何研究较大空间范围内聚落之间的相互关系？一般说来，每个区域内都会存在若干不同类型、不同功能的聚落遗址，那些分布面积大小不等、使用时间长短不一的居住遗址，无疑是研究的重点目标。这种聚落遗址规模不一，可以小到营地，也可以大到村庄、城镇乃至城市。与之共存的还有许多其他类型的遗址，其中常见的是所谓提取性遗址，是指与居住无关但具有特殊生产用途的场所，人们从这里获取所需原材料和资源，如动物屠宰场、采石场、铜矿、铁矿和盐业遗址等。墓地往往是独立于居址以外的

---

① ［美］张光直：《考古学中的聚落形态》，胡鸿保、周燕译，《华夏考古》2002 年第 1 期；张光直：《考古学专题六讲》，文物出版社 1986 年，第 92—93 页。

另一种遗址，一般距居址不远。祭祀或者礼仪场所也构成了遗址的一种类型。因为这些不同类型、不同功能的聚落共存于特定区域之内，要获得它们的分布信息，毫无疑问应从考古调查入手。而且，这样的调查工作应尽可能地细致，对设定区域内所有地段进行实地踏查，并覆盖较大规模的空间范围。这样的方法在国际上称为区域系统调查或全覆盖式调查，中国则多称之为拉网式调查（详见第二章第一节）。

世界许多地区的经验表明，区域系统调查如果辅之以航空照片或遥感技术，效果会更好。区域系统调查与一般的考古调查并无质的差别，但这种调查是为了揭示特定区域的聚落形态，并非传统的以发现遗址为目的，尽管聚落形态信息的获得是建立在遗址发现基础之上的。地理信息系统可以在区域聚落形态研究中发挥重要作用。近年所开展的中华文明探源研究课题中，就采用 GIS 技术建立了部分重要的都邑性聚落（如良渚、陶寺和二里头）及周边地区聚落资料的数据库，内容包括地质、土壤、植被、气候、地貌、村落、古遗址的分布等信息。如近年来在良渚遗址群的考古工作中，将遥感技术和传统的考古调查、勘探、发掘有机结合起来，进而在良渚古城的西、北侧外围，发现了与古城同时期的多处大型水坝等遗迹构成的水利系统（图6-9）。这对于分析聚落的空间关系和社会结构无疑具有十分重要的意义。

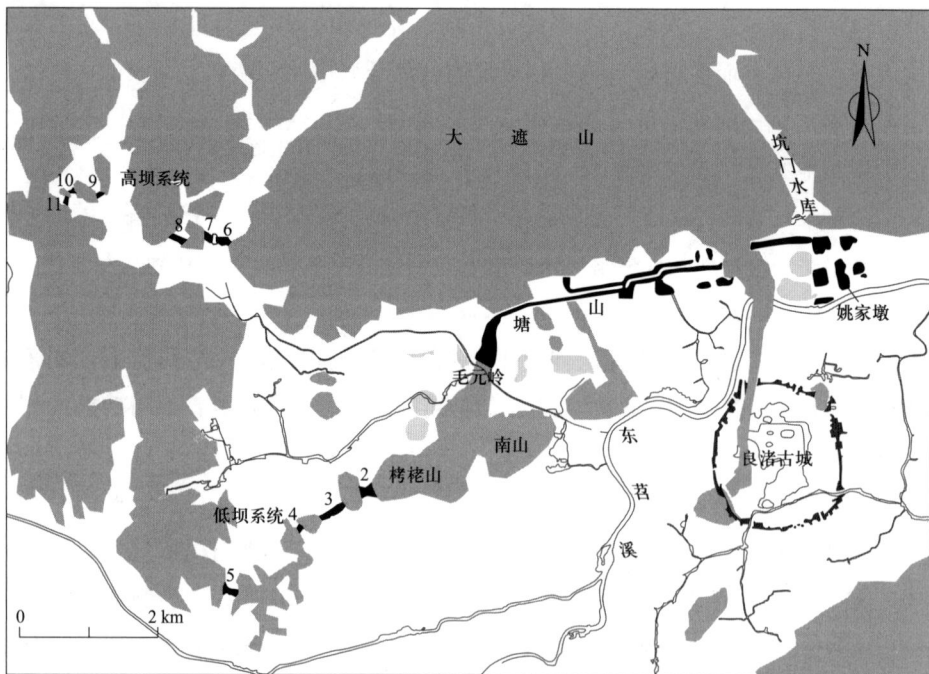

图6-9　良渚古城和外围的大型水坝遗迹平面图

研究区域聚落形态仅凭考古调查资料是远远不够的。这是因为无论调查多么系统，仅根据地表采集物发现并界定的遗址难免具有一定程度的不确定性。系统的考古调查揭示的是聚落形态，它有助于我们在阐释层面上建立假说，而对于假说的验证则需要求助于考古发掘。这种"先假设，后求证"的研究方法，曾被指责为"先验论"。但是，如果是在充分占有资料的基础之上而设定的假说，就不能无端地排除其合理性了。

聚落群的确定需要在了解每个聚落遗址基本内涵、结构及其周围的地理地貌、自然环境的基础上进行，尽可能获取聚落遗址之间存在内在联系的线索，以确认它们是一个有效的聚落集合体。张光直认为，聚落单位是固定不变的，而它们组合起来的聚落群则是可以变动的，关键是看划定聚落群的标准。基于不同层面的考虑，如资源、经济、宗教、社会组织等，所划分出来的聚落群可能相同也可能不同。

不同区域、不同时代的聚落形态，都是特定文化或人群与特定自然环境相适应的产物。时代越早，人类社会对自然环境的依赖程度就越大；时代越晚，技术越进步，人类利用和改造自然的能力就越强，突破自然环境限制的力量就越大。人类的这些行为特征及其结果往往也会反映在聚落形态上。因而，聚落的空间分布常常与地理位置、地貌类型、自然环境和经济类型等密切相关。如北方地区的史前聚落遗址多分布于河流（古河道）两岸台地，具体形状取决于河流的走向和河流两侧的资源容量。山前聚落遗址一般沿山脚分布，大约在相差不大的海拔高度上，沿海的聚落与其相似。在平原地区，较早时期散点式分布的现象较多，而随着社会的发展和人口的增长，聚落遗址的数量不断增多，逐渐形成相互关联的聚落群。同时，以农耕为主和采集渔猎为主等不同生计方式下的聚落，在空间分布等方面也有显著的区别。

聚落遗址的规模、数量、等级等基本因素，与各个时期社会政治、经济、文化的发展变化和人口的增减等密切相关。以海岱地区为例，距今8000年前后的后李文化时期，已发现的聚落遗址只有20处左右，它们之间相距较远，基本分布在泰沂山北麓的山前平原地带。到距今六七千年的北辛文化时期，聚落遗址数量增至百余处，分布区域从丘陵边缘发展到平原和沿海地带。到距今五六千年前后的大汶口文化阶段，聚落遗址数量超过了600处，聚落之间的分化和聚合现象已相当普遍，面积最大的大汶口聚落达数十万平方米，而一般的聚落遗址只有数万乃至数千平方米。距今4000年前后的龙山文化时期，聚落遗址的数量急剧增多，达到创纪录的1000余处，聚落形态已分化出大中小三级甚至四级的结构，并在数量上呈现出金字塔状的分布特征，特别是具有防御功能的城址迅速发展起来。龙山之后的岳石文化时期，聚落遗址的数量显著减少，目前仅发现300余处，文化发展处于低潮时期。到了商代，聚落遗址数量虽略有增加，但也远未达到龙山文化时期的规模。而到周、汉两代，遗址数量都超过了2000处。类似的聚落发展演变特点，也存在于中国其他地区。

要研究聚落的空间关系，首先要明确聚落遗址的共时性问题。只有确定为大致同时存在的聚落，才能探讨它们之间存在的各种关系。因此，确定聚落遗址的共时性，就成为聚落考古研究的一个关键性问题。确定特定区域内不同聚落遗址是否同时存在，就目前的情况而言，大体要经过这样的程序或步骤：首先要建立该地区较为细致的考古学文化分期和年代体系；其次是界定和把握研究区域内每一处聚落遗址的基本年代范围；最后要横向比较区域内的全部聚落遗址，以确定不同考古学文化或不同时间段内的聚落遗址数量和范围等。[①]

聚落之间的相互关系，因性质和类别的不同可以有多种，从基本内涵特征来看主要有两种关系，即社会关系和经济关系。其中，社会关系相对比较复杂，既涉及政治、经济、军事、文化等，也包括血缘、宗教信仰等。就政治关系而言，不同时代聚落相互关系的性质也很不相同。在聚落形成及初期发展阶段，基本保持着相对平等的关系；后期则逐渐向不平等的隶属关系演进，最终随着国家形成而进入文明社会，出现了统治和被统治、管理和被管理的政治关系。如仰韶时代中晚期和龙山时代，许多区域先后形成了两级、三级乃至四级聚落等级，拥有一至三层决策机构，或称之为"都、邑、聚"式的社会结构体系。[②] 山西襄汾陶寺发现的规模恢宏的龙山时代城址，就是处在当时社会顶端的都城级中心聚落（图6-10）。需要注意的是，不同区域之间聚落关系，往往具有非常突出的不平衡发展特点，有的地区已经建立了成熟的国家，而另一些区域却还停留在平等或初步分化的前国家阶段。

聚落之间的经济关系，在农业产生之前的攫取经济阶段较为简单，但也可能存在特殊产品的简单交换关系。到仰韶时代和龙山时代，随着手工业的发展，交换贸易也日渐发达起来，以交换市场或产品制造作坊为中心的经济关系网络逐渐形成。像仰韶和龙山文化的制陶业、良渚文化的制玉业、商周时期的冶铜业和盐业等，都在相当广阔的区域间形成了贸易交换关系，而小范围小区域的贸易活动可能更多。

五、聚落形态的历时演变

聚落形态的历时演变是考察社会变迁的重要手段。因此，考察聚落形态的历时性变迁及其发展演变规律，进而探讨聚落形态变迁的社会原因和动力，就成为

---

① 栾丰实：《关于聚落考古学研究中的共时性问题》，《考古》2002年第5期。

② 张学海：《城子崖与中国文明》，张学海：《纪念城子崖遗址发掘60周年国际学术讨论会文集》，齐鲁书社1993年版，第22—24页；［澳］刘莉：《龙山文化的酋邦与聚落形态》，星灿译，《华夏考古》1998第1期；栾丰实：《日照地区大汶口、龙山文化聚落形态之研究》，张忠培、许倬云主编：《中国考古学跨世纪的回顾与前瞻》，科学出版社2000年版，第242—243页。

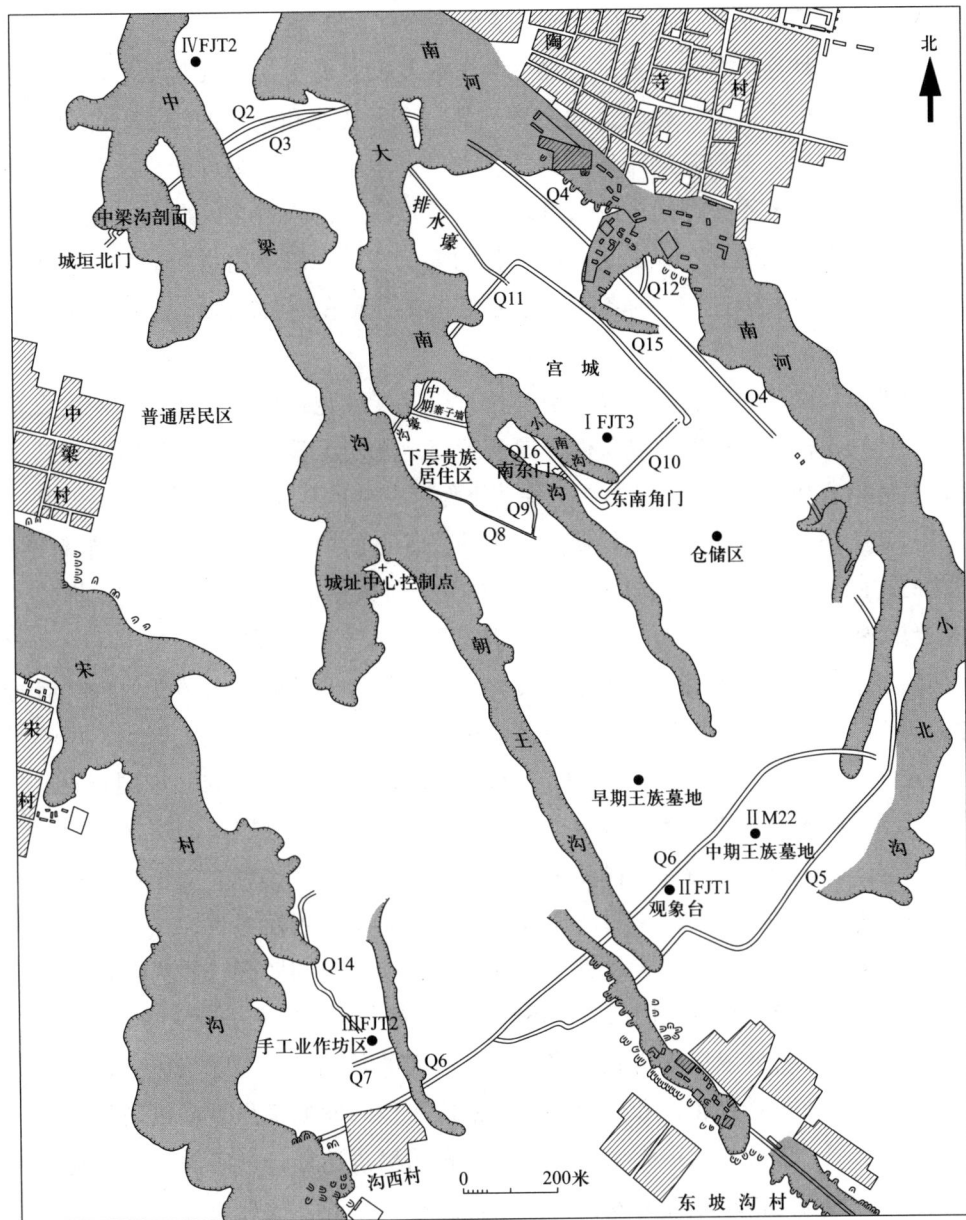

图 6-10 陶寺龙山时代城址平面图

聚落考古学研究的主要内容之一。聚落形态的历时性演变包括两个部分：一是单个聚落遗址内部的变迁，研究的基础是经过较大规模发掘或密集式考古调查而获得较为丰富的聚落变迁信息；二是区域聚落形态的变迁，这一研究虽然也可以建立在普通调查资料的基础之上，但以经过专门的区域系统调查后开展最为理想。

（一）单个聚落的内部变迁

如前所述，每个聚落遗址内部都可分解为若干层级不同的聚落组成单位，而聚落的完整形态则是这些不同层级的聚落组成单位的集合。

经过长时期连续居住的遗址，往往会形成复杂且有分层的文化堆积。如果把各个层位的聚落形态加以比较，就会发现其间有无变化和变化的幅度。如果没有变化或变化不大，自然就属于同一聚落。如果发生了变化，则可能存在两种基本情况：一是取代关系，即晚来的人群取代了较早时期的人群，人群和文化的变化而引起了聚落形态的质变；二是同一文化的人们在同一聚落内世代居住，表现为同一文化的连续发展过程。前者因文化突变造成的聚落差别较大，相对容易区分，而后者多系渐变而较难区分。

当然，以聚落为单位的基层社会的长时段发展变化，更多是通过不同的聚落遗址而体现出来的。所以，要获得并厘清特定地区乃至整个中国不同时期聚落变迁的具体内容和发展趋势，就需要选择若干保存较好的典型遗址进行大面积揭露，在此基础上加以分析和开展比较研究，归纳出各自的内涵特征，进而总结其发展变化的规律。严文明曾概括性地勾画出中国史前聚落结构的发展模式，提出了"从凝聚式统一体到向心式联合体再到主从式结合体"的发展轨迹。即裴李岗文化时期的聚落结构是以大房子为中心的凝聚式统一体，仰韶时代则演变为内部有分化的向心式联合体，龙山时代聚落内部的房屋明显有高级和一般的区别，可称为主从式的结合体。[1] 这一认识是基于已知聚落形态的研究，并总结了中国新石器时代聚落结构的演变规律，还有待于进一步深化。这是因为中国新石器文化的分布区域极为辽阔，地理环境、气候和生态、生存方式和经济类型、文化传统等都存在着巨大差别，尤其以往的考古学研究较少采用系统的聚落考古方法，缺乏细致的研究。就目前的情况而言，尽管聚落考古方面的探索和实践已较为普遍，但还缺乏成功的研究范例可供人们借鉴，还有待聚落考古研究的进一步发展。

聚落组成单位的变迁是历时性聚落形态研究的基础。在实际工作中，随着考古发掘工作越来越精细化，和以前相比，单位面积的发掘工作量成倍增加。在这样的新形势下，面对数万平方米乃至更大面积的聚落遗址，每次发掘只能局限在非常有限的面积之内，这样的发掘可以说都是解剖性的，很难通过一次或几次发掘就基本搞清某个聚落本身的变迁。但通过发掘可以搞清发掘区内的不同堆积层次、各类遗迹与遗物的空间关系、功能和性质，进而探讨聚落内局部区域的变迁。当然，最理想的还是在不同地区分别选择少量典型遗址进行全面揭露，廓清聚落的平面布局和历时演变，进而探讨古代社会的结构和变迁。

（二）区域聚落形态的变迁

区域聚落形态变迁是指跨越单个遗址的更大范围内聚落形态的发展演变。张

---

[1]　严文明：《聚落考古与史前社会研究》，《文物》1997 年第 6 期。

光直从文化生态学角度把一个地区定义为一个自然空间,在这一空间范围内各种资源可以互补,能够保证其中的居民自给自足地生活。他还列举了几种重要的组织方式:一个单独的社群在一个季节性聚落群内组织起来;几个群体在几个季节性聚落群中组织起来;几个群体各自居住在一个生态小区内,并且结成共生关系;一种共生聚落和季节性聚落的联合体。前两种组织方式显然适用于史前社会特别是较早时期的聚落形态,后两种方式则适于研究分层社会乃至整个阶级社会。而一个地区内聚落形态的变迁,从季节性聚落和聚落群到聚落共生,从核心聚落到离散聚落,或者从任何一种形态到另一种形态,都体现了生存形态的变化和人、动植物、土地三者之间关系的变化。[①]

国内学者在区域聚落形态的变迁研究方面,也逐渐形成了一套学术系统和规范术语。这里所指的区域包括了从小到大一连串的层级范围,依次是:

聚落群:在一个较小的地理范围内由若干具有内在联系的聚落遗址构成的聚落群,以往也曾将这一类聚落群称为文化小区;

地方类型:由若干个聚落群即文化小区组成的地方类型;

考古学文化:可以划分为若干个地方类型的考古学文化;

文化区:由几支具有某种内在联系的考古学文化合成的文化区,如中原文化区、海岱文化区、燕辽文化区等。

就前国家和早期国家阶段的区域聚落形态研究而言,最重要的是聚落群和再上一级的聚落形态。当然,这种情况是中国史前社会和文化发展到一定阶段才出现的。在这之前的区域聚落形态则不甚明了,或可参考张光直所论述的前两种聚落形态。

由于资料的不足,以往在研究聚落形态变迁时多从宏观角度加以分析,往往着眼于中国史前聚落形态的演化道路和发展的阶段性。王震中认为中国新石器时代聚落形态演变经历了三个大的阶段:即大体平等的农耕聚落形态、初步分层和分化的中心聚落与都邑国家形态。[②] 严文明则将中国新石器时代聚落的变迁归纳为"从平等的聚落到初级中心聚落再到城市性聚落"这样三个大的阶段。[③]

20世纪90年代以来,围绕区域文化和社会变迁及人地关系研究的系统考古调查逐渐展开,相关资料不断增多,为区域聚落形态变迁研究提供了有利条件。区域系统考古调查所揭示的区域聚落形态,有助于研究特定区域内人群对于资源乃至自然界的适应和利用方式,而调查资料的系统性也有助于揭示特定区域内聚落形态历时变迁的轨迹。以鲁东南沿海地区的调查为例(图6-11),这一地区最早

---

① [美]张光直:《考古学中的聚落形态》,胡鸿保、周燕译,《华夏考古》2002年第1期。
② 李学勤主编:《中国古代文明与国家形成研究》,云南人民出版社1997年版,第16—70页。
③ 严文明:《聚落考古与史前社会研究》,《文物》1997年第6期。

N

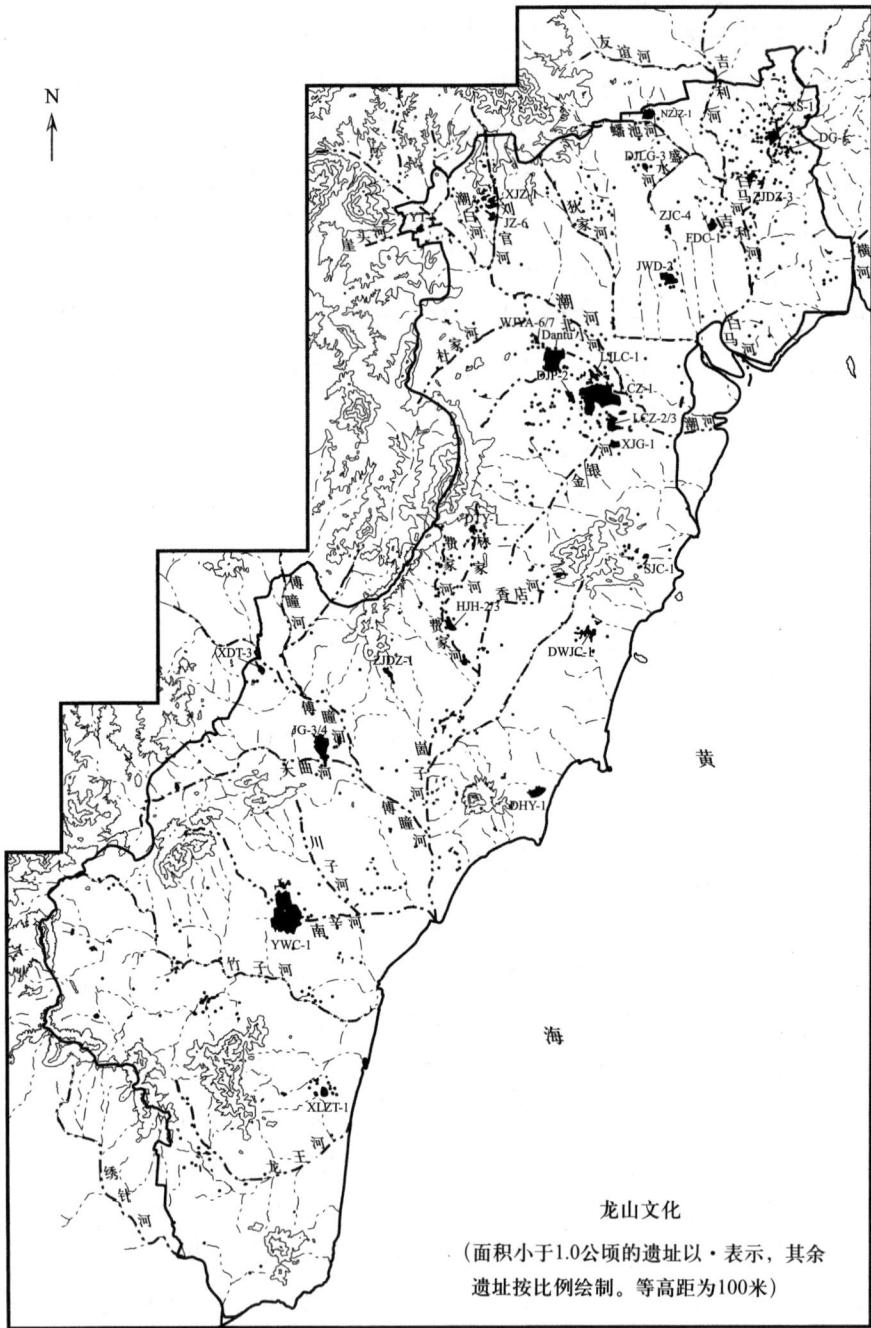

龙山文化

（面积小于1.0公顷的遗址以·表示，其余
遗址按比例绘制。等高距为100米）

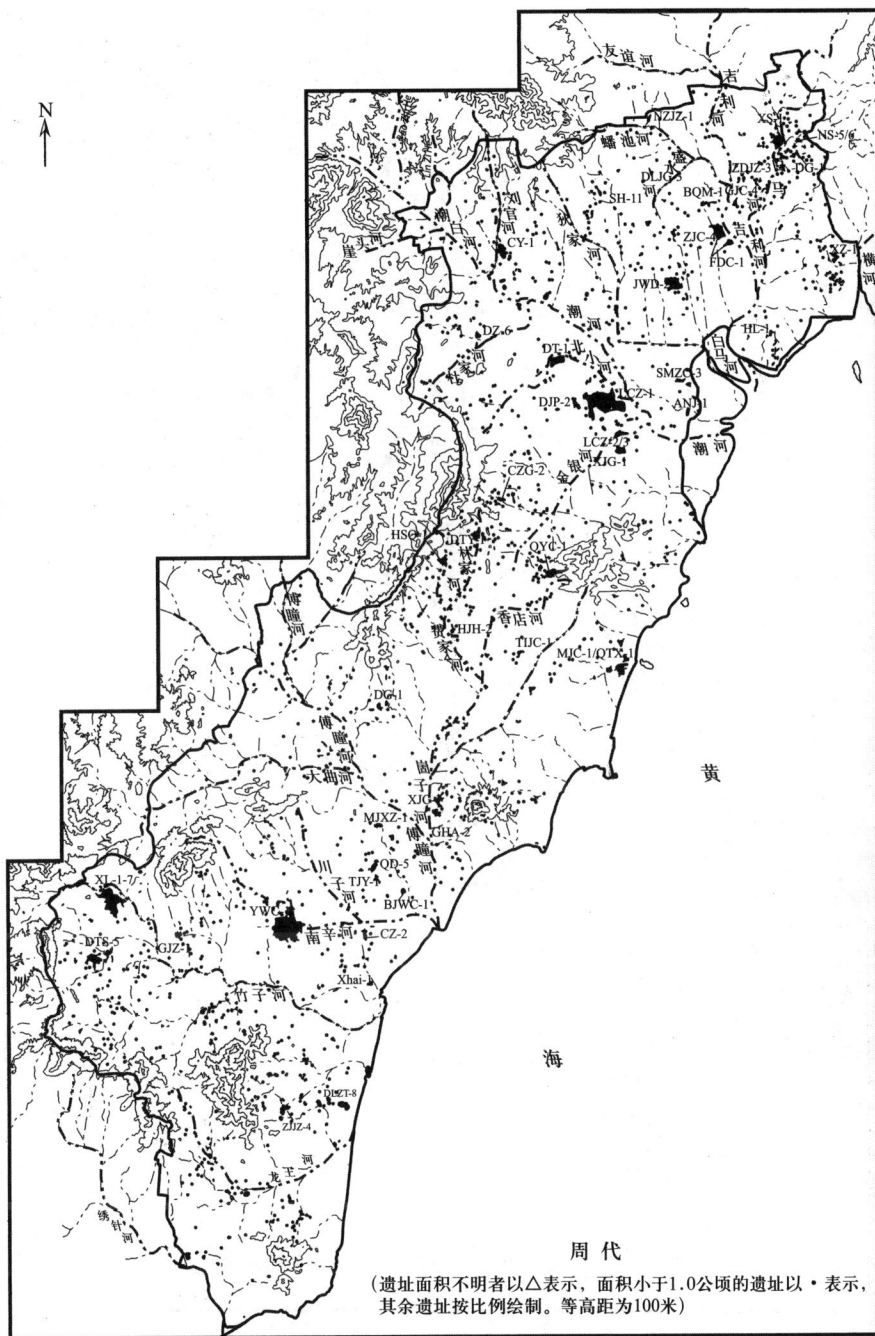

周 代

（遗址面积不明者以△表示，面积小于1.0公顷的遗址以·表示，
其余遗址按比例绘制。等高距为100米）

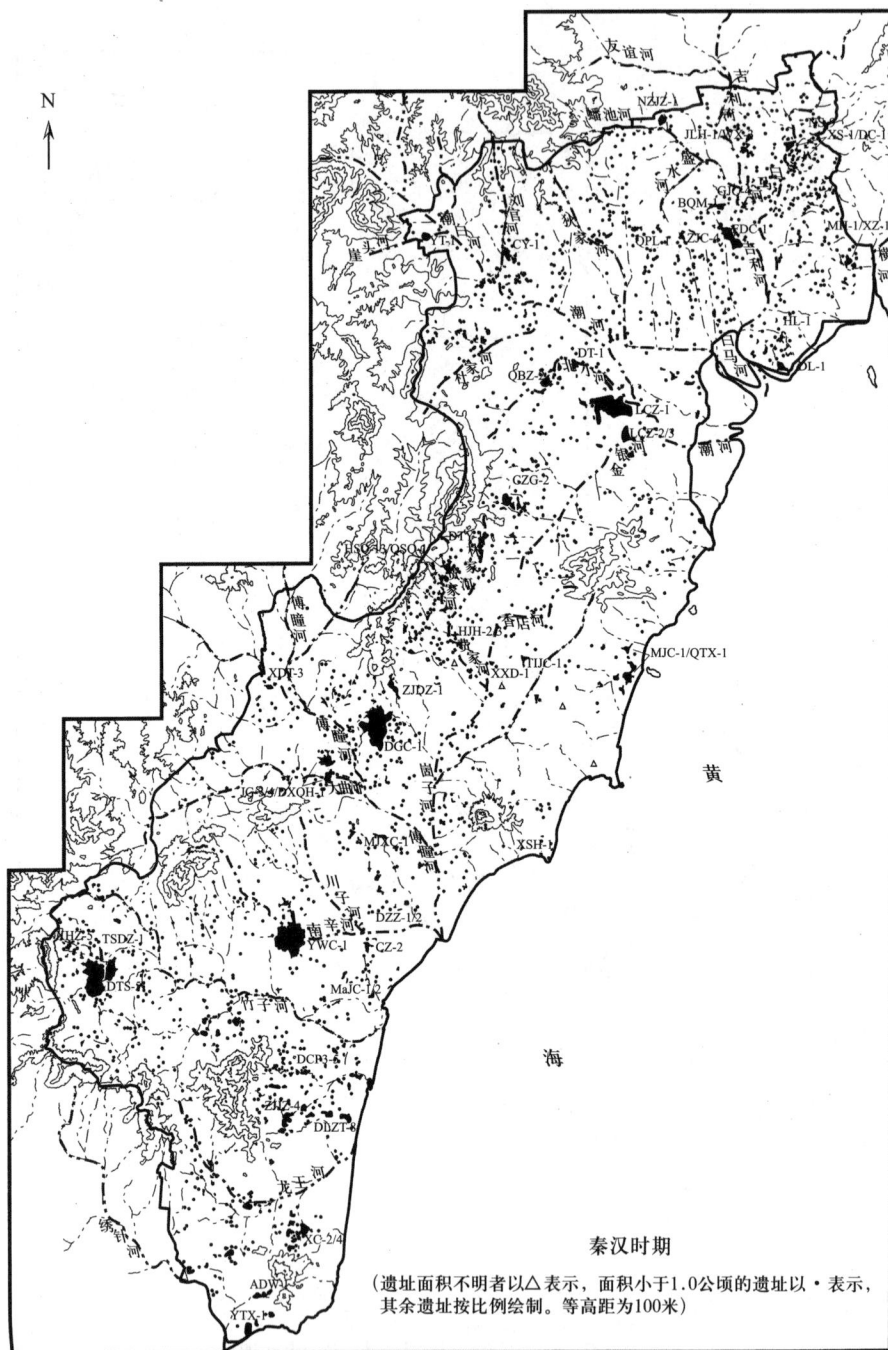

秦汉时期

（遗址面积不明者以△表示，面积小于1.0公顷的遗址以·表示，
其余遗址按比例绘制。等高距为100米）

图6-11 鲁东南区域调查发现的龙山、周代和秦汉遗址分布图

的农耕社会出现于北辛文化，遗址只有两处，分布于既适合小规模农耕也便于采集狩猎的奎山山麓西侧。这种聚落分布形态无疑是由食物获取方式决定的，因此这两处遗址后来便遭废弃。大汶口文化晚期开始出现以尧王城和丹土（后移至附近的两城镇）为主的两个区域中心，聚落的分布显然离开山麓地带而向更适合农耕的傅疃河与潮白河流域中下游移动，直到秦汉时期这两个区域一直是该地区的中心。得益于优越的农耕和海洋食物资源、便利的沿海交通网络，以及"日出先照"的自然和人文优势，该地区在大汶口文化末期至龙山文化早中期便迎来了文明的曙光，即以两城镇和尧王城为中心、明显呈等级状分布的聚落形态，应是早期国家政体的具体反映，或为文献所谓"万国时代"中的两个古国。龙山晚期、岳石文化至商时期，可能受到气候变化和政治中心转移的双重影响，鲁东南地区的人口数量急剧减少，社会复杂化程度明显降低，直到东周时期才有所改观。不过，两城镇和尧王城始终保持了区域中心的地位。直至秦汉时期另一个发展高峰的到来，在秦汉王朝中央集权的郡县制之下，两处遗址才大体降至县治以下的乡级治所。① 近年来，中国关于区域聚落形态变迁的个案研究，还有河南伊洛河流域和内蒙古赤峰等地区。②

第二节　人口与社会组织

在人类社会发展的诸多因素中，人类自身的发展始终是第一位的。人类的体质、智力和科学技术的发明创造，都是社会生产力的基本要素。史前时期，由于生产力水平相对低下，人口数量成为区域社会和文化发展的重要因素。而古代社会组织的形成和发展，社会结构的变化等，无不与人口数量和结构等密切相关。可以说，人口始终是社会发展过程中的一个基本因素或变量。因而，作为社会主体的人口规模和结构以及社会组织形态等，是考古学研究的重点内容之一。

一、人口考古

中国历史上可靠的人口记载始于汉代。汉代以前特别是更早的史前时期，缺乏可靠的甚至完全没有关于人口的统计和记载。从历史发展的角度来看，人类有

① 中美日照地区联合考古队：《鲁东南沿海地区系统考古调查报告》，文物出版社2012年版，第289—326页。
② 陈星灿等：《中国文明腹地的社会复杂化进程——伊洛河地区的聚落形态研究》，《考古学报》2003年第2期；赤峰中美联合考古研究项目：《内蒙古东部（赤峰）区域考古调查阶段性报告》，科学出版社2003年版。

文字记载的历史阶段极为短暂。即使限定在农业经济产生以来的 1 万多年，也有 80% 以上时间的人口数量极不清楚。而汉代以前的人口问题研究，几乎完全依赖于考古资料，而且需要寻求切实可行的人口研究和统计方法。

（一）分析人口数量的方法

20 世纪以来，国内外学者逐步展开了人口问题的考古学探索和研究，总结出一些研究古代特别是史前人口的方法，如聚落资料分析法、人工制品分析法、墓葬资料分析法、生物学分析法和生态学分析法等。[①] 这些方法逐渐被引入中国早期人口的考古学研究之中，取得了一些学术成果。

1. 聚落资料分析法

就是根据聚落遗址的资料来分析和研究古代人口数量，具体研究途径包括：遗址面积、遗址的时间跨度、遗址的居住空间、房屋数量、居室用于睡卧的面积、废弃物等。其中遗址居住空间（包括引申出来的房屋数量）和遗址面积是两种常用的方法。这两种方法都是基于人类居住、占用遗址的空间或面积大小与人口数量的关系而建立起一种计算模式或模型，由此来计算和确定不同时代、不同地区的聚落遗址甚至区域的人口数量。

对于经过发掘并且保存较好的单个遗址，采用人均居住空间或共时房屋数来计算人口数量较为切实可行。国外有学者认为，史前遗址的人口数量是居住房屋面积总平方米数的 1/10 到 1/3。[②] 根据房屋数量和面积大小来计算聚落遗址的人口数量，国内学者比较重视经过大面积发掘并且房屋保存状况较好的一些遗址，如临潼姜寨。关于姜寨一期阶段整个聚落人口数量的估算，发掘报告认为约有 500 人，王建华推定为 406 人，而周南等认为只有 189—340 人。[③]

关于某些特定区域古代文化的人口数量，多是根据遗址面积来加以推定的。这一方法的核心，或者说决定这种方法精确度高低的是人均占有遗址面积这一变量数据的确定。王建华在研究黄河流域史前人口时，通过典型居住址和墓葬两种途径，计算出各个时期的人均占有遗址面积。以河南省为例，不同时期人均占有遗址面积的变量数据分别为：裴李岗文化时期约为 412 平方米；仰韶文化早期约为 250 平方米，仰韶文化中期约为 168 平方米，仰韶文化晚期约为 186 平方米；龙山文化时期约为 150 平方米；二里头文化时期约为 148 平方米。[④] 从发展趋势上看，

---

① 王建华：《史前人口研究初论》，《文物》2003 年第 4 期。

② ［英］科林·伦福儒、保罗·巴恩：《考古学：理论、方法与实践》（第六版），陈淳译，上海古籍出版社 2015 年版，第 436—437 页。

③ 赤峰中美联合考古研究项目：《内蒙古东部（赤峰）区域考古调查阶段性报告》，科学出版社 2003 年版，第 69 页。

④ 王建华：《黄河中下游地区史前人口研究》，科学出版社 2011 年版，第 29、47、107、166 页。

史前时期黄河流域人均占有遗址面积存在一个随着时间的推移而递减的趋势。在缺乏历史时期同类数据的文献记载的情况下，或可用同一地区现代村落人口密度的数据与之比较。以华东地区为例，根据 1985 年的统计资料，当代农村村落内人均占用居地面积为137. 45 平方米。[①] 这一数据与史前时期的数据有较强的关联度。[②] 所以，采用这一方法来研究古代人口数量应该是可行的，但还需要考虑经济类型、居住和生活方式、交通情况以及环境等方面的差异程度。

当然，决定不同时期人口数量和规模的还有其他一些重要因素，如遗址的数量、每个遗址的占地面积、研究区域内所有共时性遗址的占地总面积等。要获得这些比较准确的统计数据，还需要做大量的实际工作。如通过区域系统调查发现和记录所有古遗址，采用勘探甚至考古发掘来确定每一处遗址不同时期的准确范围和面积，利用各种方法和手段来确定不同时期同时共存的遗址数量等。而且，这还没有包括因埋藏条件、历代人为和自然破坏等因素，致使今天所发现的遗址数量和状况已远非其历史原貌，甚至许多遗址早已消失不存。所以，采用聚落资料来研究古代人口数量，只能力求接近实际，或者说只能得到一个近似的数据。

此外，也有学者采用其他资料来研究人口数量问题。或通过灰坑的密度和数量来研究人口数量，[③] 或根据文献记载户均居住指数来估算史前城址的人口数量等。[④]

2. 人工制品分析法

采用这一方法来分析古遗址的人口数量，首先要计算出人工制品在遗址中的密度，并建立起这一密度同人口数量之间的比例关系，进而确定遗址可能拥有的人口数量。

采用人工制品的分布密度来推算人口数量，是基于这样一个假设前提，即较多的人口会在遗址上遗留下包括人工制品在内的较多垃圾等，否则结果便相反。在人工制品或生活垃圾中，以陶器及其碎片数量最多，且易于保存。一些学者便利用当时地表遗留的陶片数量、密度来探讨遗址和区域的人口规模问题。同类研究在中美洲墨西哥盆地古代聚落遗存中进行得最为系统，后来也应用于世界其他地区。基于遗址地表陶片的分布密度和聚落内居住的人口密度具有内在关联，进而通过计算遗址面积和不同时代地表陶片的分布密度来推算人口数量及其变化。

---

① 国家土地管理局土地利用规划司：《全国土地利用总体规划研究》，科学出版社 1994 年版，第143 页。
② 方辉等：《日照两城地区聚落考古：人口问题》，《华夏考古》2004 年第 2 期。
③ 佟伟华：《垣曲盆地古城东关史前聚落之变迁》，北京大学中国考古学研究中心、北京大学震旦古代文明研究中心编：《古代文明》第 3 卷，文物出版社 2004 年版，第 12 页。
④ 马世之：《关于史前文化城址的规模与人口问题》，河南省文物考古学会编：《河南文物考古论集》，河南人民出版社 1996 年版，第 170—175 页。

近年来，在区域系统调查的基础上，有学者采用这一方法分析和讨论了内蒙古赤峰特定区域的人口规模，虽然存在问题较多，许多方面还需要进一步探讨，但不失为一种有益的探索和实践（图6-12）。①

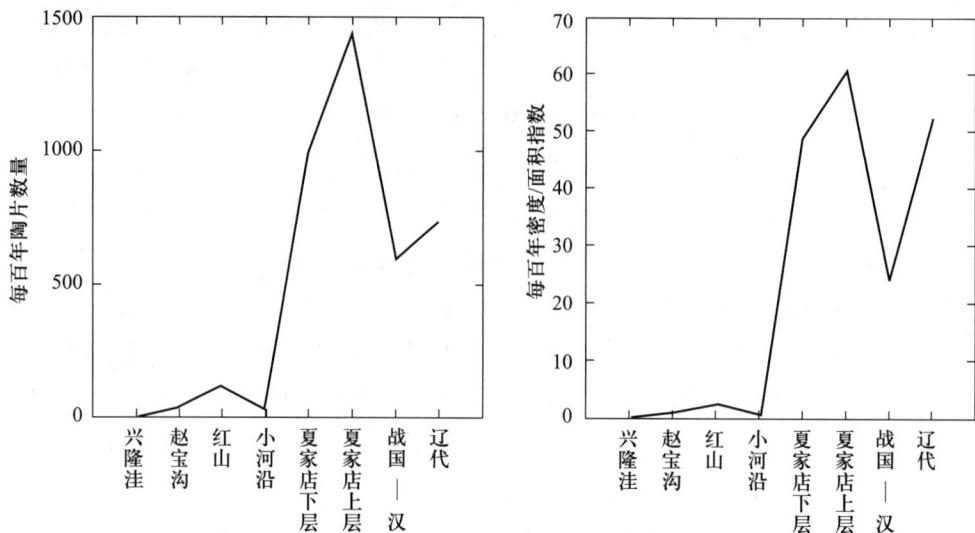

图6-12　赤峰调查区域各时代陶片分布和人口关系对比图

3. 墓葬资料分析法

进入定居聚落阶段以后，人类以特定方式在相对固定的区位埋葬已故的亲人，形成了聚落的特殊功能区——墓地。埋葬习俗和制度作为人类文化的重要组成部分，随着社会的发展而日益规范化和制度化。由于墓葬是人类在"事死如生"观念的支配下，有意识地处置去世同伴或亲人身体的方式，因而保留了较多的社会和文化信息。利用墓葬和墓地资料来研究不同时期和不同文化的人口数量、规模和性别差异等，较之其他方法则更直接，因而可信度更高一些，在国内运用得也较为普遍。

采用墓葬资料研究古代社会人口规模，学界往往使用静止的人口模式。具体就是假设所研究社会单位的年度出生人口数和年度死亡人口数是相等的，因而一个聚落或一个区域的总人口数量在一定时期内保持不变。这样，所研究社会单位的总人口数就可以由年出生人数（或年死亡人数）乘以人均寿命而获得。用公式来表示就是 $P = A \times D/T$，其中 P 代表年均人口数量，A 代表人均年龄，D 代表墓地内总死亡人数，T 代表墓地延续的年数。② 当然，采用静止的人口模式来分析墓葬

---

① 赤峰中美联合考古研究项目：《内蒙古东部（赤峰）区域考古调查阶段性报告》，科学出版社 2003 年版，第 65—72 页。

② 朱乃诚：《人口数量的分析与社会组织结构的复原——以龙岗寺、元君庙和姜寨三处墓地为分析对象》，《华夏考古》1994 年第 4 期。

和墓地资料，进而确定不同时期不同规模社会单位的人口数量，要充分考虑各种变量的实际情况，如死亡的总人口数量、墓地的使用年限等较难确定的变量。

客观而言，上述方法都有其合理性，如果运用得当可以提供有用的人口研究资料。但每一种方法也都存在一定的局限性。所以，使用这些方法来研究古代人口问题时，需要采取审慎的态度。

（二）人口统计学研究

人口统计学主要关注的是人口自身的发展变化，如人口的数量和规模、年龄和性别、寿命和死亡等内容。如前所述，距今 2000 年前后的汉代以前没有保存下来可靠的人口统计数据。所以，探讨中国史前时期和历史阶段早期的人口问题，是人口考古研究的主要内容。

人口数量、规模和密度是古代人口研究中首先需要解决的问题。它包括单个遗址的人口数量、不同聚落群的人口数量和更大范围的区域人口数量等。由于人口数量与生存方式、社会组织结构、环境保持、资源利用、技术发展、产品交换等因素密切相关，所以在以往的人口考古研究中，着力最多的就是测算人口数量。而上述几种关于人口考古的研究方法，也主要是围绕着人口数量问题而提出来的。

人口的自然结构也是古代社会人口研究的重点问题之一。一般说来，人口的自然结构主要是指性别和年龄结构。其中，性别结构的重要性不言而喻，直接涉及婚姻、家庭、人口再生产和两性社会分工等；而年龄结构则关乎社会人口的发展、劳动人口的数量及抚养比例等。这些人口基本要素直接影响或制约着人类社会的发展和人们的生活质量，因而在聚落与社会考古研究中具有举足轻重的作用。

此外，人口的出生率、婴幼儿的成活率、人口的平均寿命、死亡率、人口的增长速度等，也包括在人口统计学的研究范围之内。

（三）人口与社会、环境、资源的关系

在年代久远的旧石器时代，人口的增长速度极其缓慢，人口总量过少，分布密度也很低。所以，这一时期似乎不存在因为人口问题而对生存空间、环境、生态和资源等形成较大压力的现象。

人类社会进入以农耕和定居为主要特征的新石器时代和以后的青铜与铁器时代，人口增长速度逐渐加快。随着人口的增长，前所未有的一系列新问题随之产生。

首先，人类赖以生存的食物资源可能因人口增长而出现短缺现象。在这种状况下，或者因死亡率提高、武装冲突增多而导致社会发展的停滞甚至倒退，或者催生了更加稳定的社会管理系统而促使社会向更高的阶段有序发展。而农业的产生和耕作技术的不断进步，或许与人口增长之间存在着某种必然关系。所以，许多学者认为人口增长是导致资源竞争甚至爆发战争的重要诱因，从而成为影响人类社会从村落向国家演进的重要因素。

其次，人口增长在某种程度上可能导致环境恶化。如人们为了生产生活需要而过度砍伐森林，从而导致水土流失和土地荒漠化，造成生态环境的破坏。因此，在社会考古学研究领域中，人口与社会、人口与环境、人口与资源、人口与技术进步等，都具有广阔的探索和研究空间。

二、社会组织和社会结构

社会组织和社会结构是古代社会研究的核心问题之一，而社会组织和社会结构的变迁往往与人口数量、规模及其增长速度等密切相关。在人口稀少的旧石器时代，人类社会只是一种采集-狩猎群体的组织结构，人们组织起来主要是为了谋生，尤其狩猎活动更需要社会成员之间的分工和协作。当社会发展到人口较多的新石器时代，人口的增长打破了旧的社会秩序，逐渐建立起规模越来越大、管理系统越来越严密、结构越来越复杂的社会组织形式，每个社会成员和社会群体在这样的社会组织系统中分别拥有各自的社会地位。

古代文献记载、文化人类学和民族学的例证表明，人类社会在聚落内部的组织形式自下而上依次为家庭、扩大家庭、家族、氏族或宗族、氏族或宗族联合体。再往上延伸，就是历史时期的各级行政管理体系。如何研究和界定早期社会特别是史前时期的社会组织结构，始终都是考古学研究的重要内容和目标。

通过聚落结构和布局来研究和揭示单个遗址的社会组织关系，已如前述的姜寨仰韶文化早期聚落遗址。在姜寨一期仰韶文化聚落中，可以清晰地辨析出自下而上明显存在数量分布呈金字塔式的四级社会组织：有灶坑的单座小房子—以中型房子为中心的房子组—以大型房子为中心的 5 组房子群—环壕围绕的整个聚落。相应地，一些具有特殊功能的遗存，如饲养牲畜的圈栏、制陶作坊、集会和活动的广场等，分别配属于不同层级的社会组织。更有意义的是，聚落外围的不同墓地也与聚落内部的不同层级社会单位大体对应，从而展现出姜寨一期仰韶文化聚落居民生前死后各种社会活动的生动画面。

区域聚落形态所显示的是高于单个聚落遗址的社会组织状况。前文所引鲁东南、伊洛河、赤峰等地区的区域调查资料，都不同程度地揭示出特定区域内由小聚落群、中聚落群和大聚落群等构成的不同层级的社会组织结构，有的还可以与古代文献记载的早期国家时期的"都、邑、聚"社会组织结构大体对应。

较之居住类聚落资料，墓葬在研究古代社会组织和社会结构方面具有得天独厚的有利条件。一方面，聚族而葬的习俗广泛存在于以血缘为纽带的氏族和宗族社会，墓地中墓葬的排列方式与死者生前的社会组织属性直接相关；另一方面，墓葬一般保存较好，较之居住遗迹更容易获取较为完整的资料，尤其涉及婚姻、家庭形态等方面的资料。

　　通过墓葬的空间位置关系，可以分析死者生前的社会组织形式及其相互关系。在一个连续使用的墓地中，甚至可以看出基层社会组织随着时间推移而增加或减少的变迁特点。如山东兖州王因大汶口文化早期阶段墓地，在延续的六七百年时间中，随着人口的增加，由墓葬空间分布形态反映出墓群也呈现增多的趋势。而且，墓葬的空间分布形态也可反映出不同层级的社会组织形态。王因大汶口文化早期墓地中存在着"墓组、墓区、墓地和由几个墓地组成的整个聚落"这样的四级形态结构（图6-13），[①] 类似于姜寨仰韶文化早期聚落的情况。

　　当然，居住址和墓葬的分析方法有所区别。房屋等居住遗存在建成之后，一般都存在长短不一的使用周期，在房屋持续使用期间，可以与其他房址构成同时共存的关系。而墓葬的情况则不同，多是按个体的死亡时间陆续下葬的。所以，墓地分析时既要考虑墓葬的空间分布形态，也要着力探讨墓葬主人下葬的先后次序，进而分析墓主生前所属的社会组织等。[②]

　　社会结构的分析可以从两个方面展开。一是关于特殊考古遗存的空间分布形态。在聚落遗址中，成组成群分布的房子反映了使用者可能分属于不同的社会组织，而另外一些功能性的建筑，如集会的广场、饲养大牲畜的圈栏、制陶作坊、环壕和城墙等防御设施、宗教和礼仪活动场所等，它们都在一定程度上反映着当时的社会关系。二是考古遗存之间有无差别和差别的程度，由此可以细致地讨论当时的社会结构，分析社会成员是处于基本平等状态还是已经产生了贫富和等级分化现象。如不同人群占据房屋空间的状况、房屋大小和精致程度、房内遗物的种类和数量及质量等。无疑，墓葬更容易获得分析社会结构和社会关系的资料，如墓室的面积和体积、葬具的有无和结构、随葬品的数量和质量，尤其用于礼仪活动的奢侈品和高端消费品的有无及数量，如玉器、象牙器、精美陶器和青铜器等。据此可以判定当时社会成员之间是否出现分化和分化的程度等，从而推定是平等社会抑或是分层社会及其发展水平。[③] 采用这样的方法分析中国古代社会，就会发现在距今7000年以前的新石器时代前期，无论是居住聚落还是墓地，所反映出来的信息基本是平等社会模式，人们居住的房屋、死后的墓葬，相互之间都没有太大差别。而到了新石器时代后期，差别开始出现并呈现出加速度发展的态势，不仅人们生前居住的房屋差别明显，死后埋葬的差别也极为悬殊。这样的发展趋

---

① 王芬：《王因墓地分析》，《考古学报》2006年第1期。
② 赵辉：《长江中游地区新石器时代墓地研究》，北京大学考古学系编：《考古学研究》（四），科学出版社2000年版，第23—53页。
③ 栾丰实：《大汶口文化的社会发展进程研究》，北京大学中国考古学研究中心、北京大学震旦古代文明研究中心编：《古代文明》第2卷，文物出版社2003年版，第28—52页。

图6-13 兖州王因大汶口文化晚期墓地的内部结构示意图

势一直持续到成熟国家产生之后的历史时期，安阳商朝王陵区的王陵和陪葬墓、临潼秦始皇陵和周围的无数大中小型墓葬等无不昭示着社会成员之间的巨大差异（图6-14）。

三、古代社会的演进

古代社会研究是考古学的基本内容之一。人既富有感情，也极具思想，即便是古代社会，其复杂性也可想而知。在社会考古学研究中，人们的生产和生活，人和人以及不同群体之间的社会关系，社会组织的规模和性质，人和环境及资源的关系等，都需要展开深入细致的分析讨论。而且，人们尤其重视文化变迁和社会发展的研究，希望能够从中总结出人类社会的演变和发展规律。因此，各种社会发展的理论不断涌现，并不同程度地影响着考古学研究的发展。

自人类社会诞生以来，人就以特有的智慧能动地适应和改造环境，在艰难而曲折的漫长道路上不断前行。在技术、经济、文化和社会诸多领域，取得了人工取火、发明农业、冶炼金属、创造文字和建立国家等一个又一个重大成果。在这个过程中，人类是以群体亦即社会组织的形式而存在，依靠群体的智慧和力量，逐渐摆脱了愚昧，一步一步地迈向文明的未来。宏观来看，人类社会历史是一个漫长的发展过程，这一过程有着明确但分界又不是完全清晰的阶段性发展特点，而这种特点则集中表现为人类群体的组织方式。因此，考古学十分重视人类社会与社会组织的发展演变历程研究。

（一）社会发展史理论

20世纪80年代以前，中国考古学以马克思、恩格斯的经典论述为指导，接受了路易斯·摩尔根有关古代社会的发展理论。[①] 摩尔根认为，人类的起源只有一个，各大陆的社会发展途径是相同的，都经历了蒙昧、野蛮和文明的渐进式演化过程。世界上没有一种文化是未经历所有的低级阶段就可以直接进入较高阶段的。他在其名著《古代社会》中，继英国人类学家爱德华·泰勒之后，再次提出并细化了蒙昧时代、野蛮时代和文明时代的概念和理论，以划分人类社会历史的发展阶段。[②] 在马克思、恩格斯关于前资本主义阶段"部落制""奴隶制""农奴制"和"亚细亚的、古希腊罗马的、封建的和现代资产阶级的生产方式可以看做是经济的社会形态演进的几个时代"等论述基础上，[③] 归纳和提出的五种社会形态的社

---

①　恩格斯：《家庭、私有制和国家的起源》，《马克思恩格斯文集》第4卷，人民出版社2009年版，第13—198页。

②　[美] 路易斯·亨利·摩尔根：《古代社会》，杨东莼、马雍、马巨译，商务印书馆1981年版，第3—16页。

③　《马克思恩格斯文集》第2卷，人民出版社2009年版，第593页。

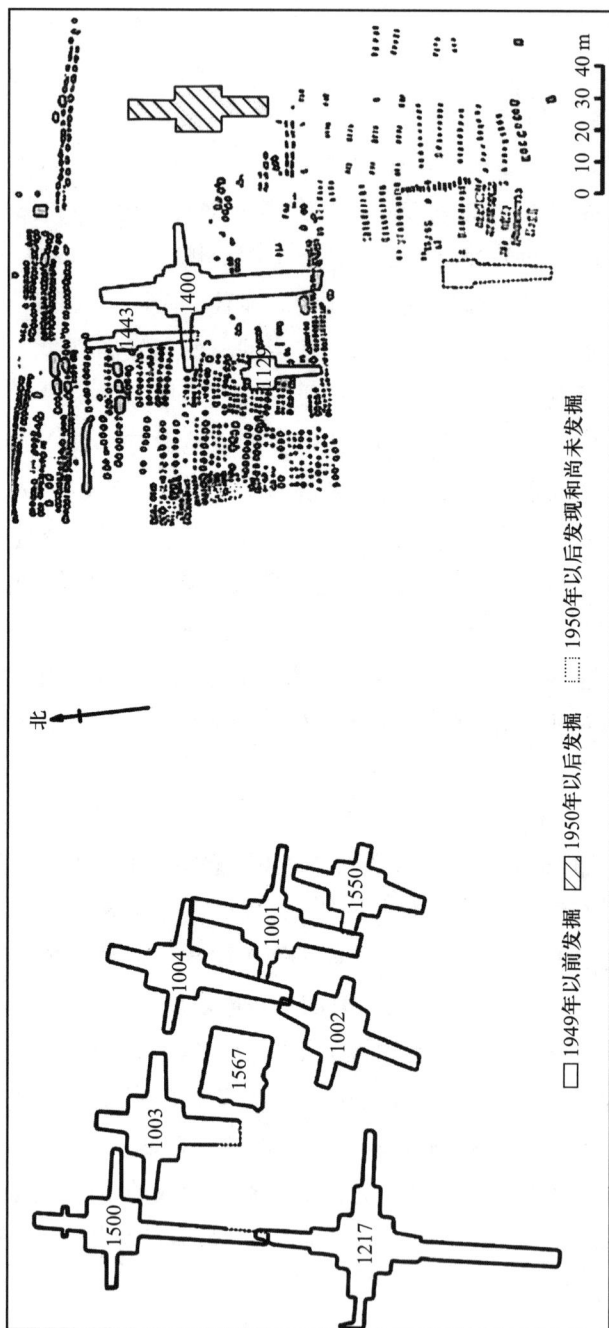

图 6-14 安阳殷墟侯家庄西北冈王陵坑位布局示意图

□ 1949年以前发掘　▨ 1950年以后发掘　⬚ 1950年以后发现和尚未发掘

会发展史理论,[①] 是指导中国历史学、考古学和其他人文社会科学研究的理论基础。

考古学研究所涉及的史前和历史时期,主要属于五种社会形态发展理论中的原始社会、奴隶社会和封建社会。而没有文献记载的原始社会,又进一步划分为原始群(或称前氏族社会)和氏族社会前后两个大的发展阶段。氏族社会还可进一步细分为母系(或称为母权制)氏族社会、父系(或称为父权制)氏族社会前后两个阶段,最终经父系氏族社会末期的军事民主制过渡到国家阶段的奴隶社会。对应中国考古学既有的编年体系,原始群大体相当于旧石器时代晚期之前,因延续时间甚长,而考古遗存发现相对很少,这一时期很难进行社会组织结构方面的实证性研究;旧石器时代晚期至新石器时代前期,大体属于母系氏族社会阶段;新石器时代后期,不少地区开始由母系氏族社会过渡到父系氏族社会,贫富分化起步,私有制产生;在中国,军事民主制阶段约为新石器时代末期的龙山时代,也大致相当于古史传说中的五帝时代。之后,就是发明了文字和青铜器并进入国家阶段初期的夏商周三代。不过,无论母系还是父系,所强调的主要是社会成员的血缘继嗣制度和方式,无法全面揭示古代社会由简单的平等社会向复杂的分层社会的发展变化过程,以及这一时期社会组织结构的内涵和特征,因而目前已很少有人再使用母系和父系氏族社会来概括和表示人类早期的社会发展阶段。

(二)社会结构和国家演进理论

20 世纪 80 年代以来,在社会发展史理论的基础上,根据中国考古发现并结合古代文献的相关记载,中国学者也提出了一些具有本土特色的古代社会结构演进和国家起源、发展的理论。

氏族社会—宗族社会。田昌五提出,东周以前中国的社会组织和社会结构,主要经历了氏族社会和宗族社会两个阶段。人类在经历了起源和早期发展阶段之后,大约在旧石器时代晚期进入氏族社会时期,新石器时代早中期是其发达阶段。到距今 8000 年前后的裴李岗时代,中国史前社会已经形成了"家庭—家族—氏族—部落"多层结构的社会组织体系。时代略晚的姜寨一期四级结构的聚落形态,可大体与之对应,即最低一层的单体小型房子对应家庭,由一座中型房址和若干小型房子构成的房子组对应家族,以大型房子为中心的5组房子对应氏族,整个聚落对应部落。在多层结构的社会组织形态中,介于家庭和氏族之间的家族具有极为重要的作用,随着父系家族在氏族中的出现及其地位不断提升,最终瓦解了氏族组织,进入了"家庭—家族—宗族—姓族"的阶段。在社会结构及其组织形式的发展演变过程中,最重要的变化就是由氏族向宗族的演变。而宗族是由父系家

---

① 斯大林:《辩证唯物主义和历史唯物主义》,《列宁主义问题》,人民出版社 1964 年版。

族构成的，土地等核心生产资料归宗族掌握，形成了宗族土地所有制以及宗族、家族、家庭经济。这一时期的继嗣制度一般为父系，走出了一条宗族城邦国家的道路。①

所谓氏族和宗族的社会发展阶段，从外在组织形态来看似无太大区别，如以聚落为单位的社会基层均为四个层级的社会组织，家庭是最小的社会单位等。但作为社会组织系统核心的家族却发生了质变，这就是父权家族的产生、壮大并最终促使氏族社会转变为宗族社会。所以，以父权家族为基石的宗族制度，不仅是中国新石器时代晚期和夏商时期的社会基础，而且对中国古代社会的长期发展具有广泛而深远的影响。

古国—方国—帝国。苏秉琦在考古学文化区系类型研究的基础上，把中国的国家起源、形成和发展过程概括为古国、方国和帝国三个阶段。②

要理解古国的概念，需要与这之前提出的古文化、古城和古国联系起来考虑。古文化是指原始文化，古城是指最初城乡分化意义上的城和镇，而古国则应是指高于部落的、稳定的、独立的政治实体，这三者之间是一个递进的发展演变过程。距今七八千年的阶段，社会分工已经形成，社会分化业已开始，部分地区已经发展到由氏族向国家进化的转折点；距今六七千年时期，社会分化已经比较明显；距今四五千年前，中国的主要地区大体都进入了古国时代，形成了城邦、古国林立的社会现象。

方国时代大约产生于距今 4000 年之前。按苏秉琦的观点，方国产生于夏之前的五帝时代中期，南方的良渚文化和北方的夏家店下层文化，都是方国的典型实例。较之古国，方国的国家形态比较成熟，是比较发达阶段的国家。夏商周三代王朝都是规模较大的方国。经过两千多年的发展和融合，在秦始皇统一中国之后，标志着中华大地已经由方国进入了统一的帝国时代。当然，也有学者认为古国和帝国之间的国家形态应该是王国，并以夏商周三代的中央王朝为其典型形态。所以，中国文明的起源、形成和发展所展现的社会复杂化进程，总体上经历了平等社会和分层社会两大阶段，分层社会又可依次分为古国、方国、王国和帝国等发展阶段。

（三）酋邦理论

20 世纪 80 年代以来，国外有关社会发展的一些新的理论和模式逐渐传入中国。其中，影响最大的是美国人类学家萨林斯和埃尔曼·塞维斯利用民族学资料构建的社会发展模式，即人类社会的发展历程依次经过了游群、部落、酋邦和国家等四个阶段。由于酋邦发展阶段位于部落向国家过渡的关键时期，故这一古代

---

① 田昌五：《中华文化起源志》，上海人民出版社 1998 年版，第 36—39 页。
② 苏秉琦：《中国文明起源新探》，商务印书馆（香港）有限公司 1997 年版，第 108—139 页。

社会发展模式通常又被称为酋邦理论。经童恩正、谢维扬、刘莉、易建平、陈淳等学者的介绍和在中国国家起源研究中的运用，从而使塞维斯等人的酋邦理论逐渐成为中国早期社会研究中影响较大的理论流派之一。①

游群或称"原始群"，是塞维斯四级社会进化模式中最低一级的社会组织形式。游群处于地域性的流动采集狩猎社会阶段，由于食物供应无法控制，区域人口密度很低，群体规模从十多人至数百人不等，政治和经济上都没有形成永久性的中心。游群内多以血缘关系为纽带，依靠共同的语言和团体意识来维系，男女配偶与未成年子女组成的核心家庭是最基本的社会单位。性别和年龄的差别是造成不同社会地位的主要原因。基于规模过小、缺乏不动产、生产工具简单、成员不固定和资源共享等因素，平均主义是流动采集狩猎群体的基本特点。游群没有正式和固定的领导者，享有威信的首领或头人的位置，主要依靠个人能力和品德来获得，职位一般不世袭。不但游群中的重大事情要集体讨论决定，首领或头人也没有特权和强制性的权力，就连自己的地位也很不稳定。所以，从本质上说，游群是一种平等社会。

由于流动采集狩猎社会留下来的遗存数量稀少、堆积薄（甚至多未形成可供观察的堆积）及其不连贯性，在田野考古工作中往往很难发现。所以，识别这一类遗存，既需要切实了解定居与流动社群的实物遗存之间的联系和区别，同时还要借助于民族考古学的方法来加以研究（图6-15）。

图 6-15　非洲南部桑人狩猎采集的营地（大约摄于 1927 年）

---

① 童恩正：《文化人类学》，上海人民出版社 1989 年版，第 215—227 页；谢维扬：《中国早期国家》，浙江人民出版社 1995 年版；［澳］刘莉：《龙山文化的酋邦与聚落形态》，星灿译，《华夏考古》1998 年第 1 期；易建平：《部落联盟与酋邦》，社会科学文献出版社 2004 年版；陈淳：《文明与早期国家探源：中外理论、方法与研究之比较》，上海书店出版社 2007 年版。

部落是高于游群的社会发展阶段。部落社会的规模要比游群大，并且一般建立在稳定的农业生产经济基础之上，从而形成了永久性的定居聚落，但聚落之间的规模、等级差别不太明显。部落社会的手工业生产和贸易不甚发达。部落内部的社会结构较之游群要复杂许多，其以核心家庭为基本社会单位，进而组成规模更大的血缘群体，并主要依靠婚姻来维系部落内部的关系。有时部落之间还会联合成更高一级组织即部落联盟。部落社会的形成与农业的产生和发展密切相关，因为农业、畜牧业可以提供更加稳定的食物来源，能够把更大规模的人口聚集在同一地点。由于人口的增多和资源供应紧张等问题，相邻的人群之间难免会产生竞争，甚至发生战争。所以，部落社会需要一种凝聚机制，以调节社会内部的各种关系，维系自身的生存和发展。在此基础上，部落内部逐渐形成了以男性为核心的父系社会。

部落和游群有许多相似的地方，如均属于没有政治控制的平等社会，没有严密政治组织的领导人，也不存在个人权力；在经济领域中，缺乏社会分工和较高层次的专门化生产，是比较典型的自给自足的自然经济类型。

由于部落社会阶段属于定居社群，居住地和相关活动设施相对比较集中，在较长使用周期内形成的各种文化堆积较厚，从而有利于保存，所以在田野考古工作中寻找和发现与部落社会相关的遗存相对比较容易。系统了解和研究不同区域史前时期部落社会的理想方法，就是完整揭露一些保存较好的聚落遗址，如内蒙古敖汉兴隆洼、陕西临潼姜寨、山东长岛北庄等遗址的考古发掘工作（图 6-16）。这些遗址的发掘资料，全面揭示了当时以聚落为单位的基层社会，进而能够了解其社会组织和社会结构、生业经济和资源利用、手工业经济和产品流通、与外界的文化交流、丧葬制度和社会习俗、思想意识以及生态环境等方面的状况。而要了解部落阶段的区域社会和文化，主要还是依靠系统考古调查、重点勘探和小面积发掘等田野考古工作和后续研究。

酋邦是部落之后的社会发展阶段。塞维斯将其定义为"具有一种永久性协调机制的再分配社会"。作为生产经济的农业和畜牧业是酋邦社会的经济基础，生产力发展水平远远超过了部落阶段；专门化生产超出了家庭的范围，达到了一个相对较高的水平。在此基础上，部落的人口数量增多，分布密度加大，生产效率提高并产生了剩余产品。

与前两个阶段均为平等社会不同，酋邦是一个由不同的部落组成的等级社会系统，等级差别成为普遍的社会现象。酋邦社会拥有固定的政治机构，统领和管辖区域内的经济、军事、社会和宗教活动。酋邦的最高领导人为酋长，其不仅拥有实际管理的权力，而且职位也是永久性的，有时还可以世袭。围绕在酋长周围的社会群体，其地位取决于他们与酋长血缘关系的远近。酋长的家庭成员，不仅

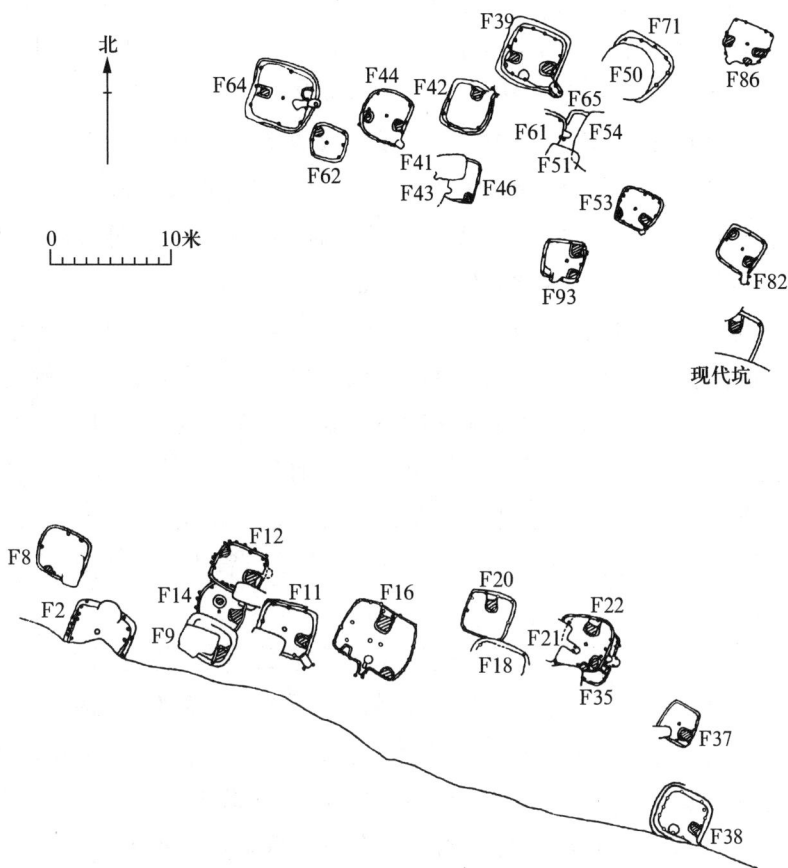

图 6-16 山东长岛北庄大汶口文化早期房址平面分布图

自身地位高于其他家庭，还连带着提高了与其较近的血缘群体的社会地位。剩余产品的再分配权力也掌握在酋长手中，而且是按社会等级进行分配的，脱离了部落社会的平等互惠原则，明显带有剥削的性质。

社会内部的竞争和频繁的战争，是酋邦形成的历史背景和重要条件，同时也是其衰亡的重要因素。酋长拥有征集军队和调动、支配社会劳动力的权力，前者用于进攻或防御的战争，后者用于兴建水利设施等公共工程。酋邦内部频繁的扩张和解体反复轮回，也是酋邦社会的重要特点。

酋邦社会宗教活动的内容和范围都有所扩大。祭司的出现是酋邦社会宗教发展的结果，反映出酋邦社会所拥有的宗教特点。酋长有时也是宗教领袖，以此得到超自然力量的支持，这无疑有助于进一步强化酋长的个人权威。

酋邦作为从平等的部落社会向国家阶段过渡的特定社会形态，受到了国内外学术界的极大关注，进行过热烈的讨论。人们逐渐认识到，酋邦的性质和类型是十分复杂的，刚刚脱胎于部落社会的酋邦和即将进入国家阶段的酋邦，两者的差别之大不言而喻。从发展阶段来看，可以分为简单酋邦和复杂酋邦；从类型特征划分，又有神权型酋邦、军事型酋邦、集团型酋邦和阶层型酋邦的区别。在中国，从 20 世纪 80 年代引入酋邦理论以来，学术界也存在着许多意见分歧。问题的焦点在于：中国是否存在酋邦这一历史发展阶段？如果存在，那么酋邦所对应的究竟是中国上古史和考古学分期体系中的哪一个时期？支持者大多认为：酋邦大致相当于中国古史传说的五帝时代，以及考古学上的仰韶文化中晚期和龙山时代。对此，还需要有新的考古发现和深入研究加以证明。

国家是早期人类社会发展的第四个阶段。国家作为人类历史上最强大的政治组织，拥有高度集中而统一的政府和官僚机构，以及保证政令能够得以执行的强制性合法权力。国家是以等级制度为基础组织起来的分层社会，具有复杂的政治机构，特点就是阶级分化，即出现了统治阶级和被统治阶级。国家的强制力量是军队、警察、法庭、监狱以及法律等，这一切都由政府垄断式地掌控着。政府依靠这种强制力量，合法组织各种活动，管理并维系着社会的正常运转。

国家直接源于酋邦，尤其早期国家常常保留着许多酋邦社会的特征。国家和酋邦的区别主要表现在：国家的人口和疆域规模更大，社会组织和结构更为复杂；国家出现了酋邦社会所不具备的社会政治机构，特别是合法使用武力的权力；社会内部分裂成统治阶级和被统治阶级；人们的居住方式和维系社会关系的方式基本脱离了血缘关系；经济高度发达，出现了集约型农业和高水平的专业化手工业，贸易的范围和对象扩大等方面。

许多学者在社会复杂化进程及其程度的讨论中，尤其在认定国家产生时，十分重视人口规模问题，即人口达到怎样的规模才能产生国家。20 世纪 60 年代，威廉·桑德斯、芭芭拉·普赖斯和斯特德曼·厄珀姆曾根据古代美洲的情况，提出酋邦和国家之间的人口界限为 1 万人；弗利德曼和迈克尔·罗兰兹认为这个数据同样适用于亚洲的早期国家。但在后来的讨论中，又出现了一些异议。如桑德斯和普赖斯就认识到，某些酋邦的人口规模可能会增长到起初时的十倍；而伦福儒认为一些小国的人口也不过 2000—3000 人。总之，国际考古学界对于国家和酋邦之间的人口临界点存在着较大争议。[①] 林沄曾根据《左传》记载春秋初年狄人破卫之后，将剩下的男女 5000 人迁到楚丘重新立国，又据《战国策·赵策》中"人虽众，无过三千家者"等记载，"推想西周以前一般规模的国，人口也不会太多。"[②]

---

① ［美］加里·费曼：《层级和社会组织——关于古代国家的观点》，陈洪波译，方辉主编：《聚落与环境考古学理论与实践》，山东大学出版社 2007 年版，第 115—118 页。

② 林沄：《关于中国早期国家形式的几个问题》，《林沄学术文集》，中国大百科全书出版社1998 年版，第 87 页。

这些研究说明，人口数量和规模是认识早期国家产生的重要因素之一。

思考题：

1. 简述聚落考古产生和发展的历程。
2. 试论聚落考古学的基本内容及其在古代社会研究中的作用。
3. 概述中国古代社会复杂化进程和相关理论的探讨。
4. 评述目前采用的人口考古研究方法。
5. 在现今条件下，如何采用马克思主义的理论和方法研究古代社会？
6. 分析酋邦理论的内容及其在研究人类早期社会中的运用。

▶ 拓展阅读

第七章　思想文化研究

思想是指包括人类社会在内的客观世界在人的意识中的反映，并经过思维活动而产生的结果。因此，思想文化既涉及人类对自然界的认知结果，也包括人类对自身及其所在社会的认知结果。而考古学所涉及的物质文化现象，往往都是人类在特定意识支配下而创造出来的，明显具有反映人类思想意识及其反作用的双重意义。其中，能够集中揭示思想文化的实物遗存，大致可以归为两大类：一是艺术、符号和文字类，另一是习俗、信仰与宗教类，尽管两者之间存在一定的重叠现象。随着考古学的发展，人们愈来愈关注思想或意识形态方面的研究。尤其在新时代背景下，通过思想文化研究，深刻揭示人的思维方式及其基本行为特征，有助于探索构建"人类命运共同体"的有效途径和方式。

第一节　艺术、符号与文字

认知考古学的理论基础是符号象征理论。科林·伦福儒把人类认知能力的发展历程分为前后两个阶段：一是从人类出现到现代智人的形成，认知考古学的研究内容主要有工具的形成、材料的获取与时间观念、组织行为、有意识的埋葬行为、绘画和雕刻；二是距今约 4 万年以来的现代智人阶段，认知考古学的研究内容包括了人类与自然的关系、人与人之间的关系、人与未来和超自然界的关系以及各种形式的艺术品等几乎所有方面。① 从考古发现的角度来看，最具象征意义并能够集中揭示人类思想方式的，似乎还应是艺术、符号与文字类实物遗存。

一、艺术和象征

（一）艺术和思维

艺术是指用形象来反映现实而又不同程度超越现实、典型性更为突出的主观意识和审美观念等，包括雕塑、绘画、音乐、建筑、舞蹈、文学、曲艺、戏曲、影视等形式。在考古学研究中，艺术通常是指以实物形式存在的艺术作品，或者作品本身所体现的艺术形式。从考古发现情况来说，主要涉及雕塑、绘画、音乐（乐器）、建筑等，舞蹈艺术往往包含于雕塑、绘画等艺术作品之中。而内容与形式最为接近的艺术作品，应该是雕塑、绘画类实物遗存。从理论上来说，绘画作

---

① 栾丰实、方辉、靳桂云：《考古学理论·方法·技术》，文物出版社 2002 年版，第 186—195 页。

品对抽象思维能力的要求更高一些。绘画是用二维平面来表现三维结构的具体事物，需要借助光线（明暗程度）、色彩和大小比例等来显示三维的空间感。

艺术是最早出现的可以传达人类抽象思维的表现形式之一，但往往以具象事物为基础。5万—1万年前的欧洲旧石器时代晚期，在法国西南部和西班牙北部的洞穴之中，就出现了绘画等史前艺术作品，并以梭鲁特和马格德林阶段最为繁盛。这些洞穴壁画和艺术品，以动物和抽象符号为主要内容，采用两三种自然色彩绘制而成，或以泥塑或以雕刻造像。动物图案以马和野牛最为常见，其他还有猛犸、犀牛、熊和鹿等。[①] 在以石头、骨头、鹿角和象牙雕刻的雕塑品中，还有一些人像雕刻。发现于奥地利的石灰石"维纳斯"雕像就非常有名，十分夸张地表现出女性丰乳肥臀的性别特征（图7-1）。[②] 新石器时代以来，人类的艺术表现能力快速发展，艺术品的种类和数量急剧增加。诸如特意捏塑的陶塑制品、彩陶图案、骨雕制品和加工精致的玉石制品等。另外，装饰艺术品也大量出现，诸如头饰、项饰、腕饰、服饰等。中国商周时期繁缛复杂的青铜器纹饰，秦汉以来的陶俑、画像石、画像砖、佛教石窟寺和漆器、瓷器、金银器纹样等，无不展现出雕塑、绘画艺术的发展。

图 7-1 欧洲旧石器时代晚期的"维纳斯"雕像

1. 法国拉斯帕古斯　2. 奥地利威伦多夫

---

① 贾兰坡：《欧洲旧石器时代艺术》，中国大百科全书总编辑委员会《考古学》编辑委员会、中国大百科全书出版社编辑部编：《中国大百科全书·考古学》，中国大百科全书出版社1986年版，第357—358页。

② ［美］罗伯特·沙雷尔、温迪·阿什莫尔：《考古学：发现我们的过去》（第三版），余西云等译，上海人民出版社2009年版，第412—413页。

（二）艺术的特有功能

作为象征符号构成部分的雕塑、绘画等艺术作品，并未因文字与文学艺术的出现而衰落，尽管语言文字是人类最为完善的象征系统。毫无疑问，这些形式的艺术作品之所以长期存在并延续至今，不仅在于它具有特殊的视觉效果，也在于它那不可替代的传播功能和象征意义。事实上，不仅自然界中许多事物，如广袤的草原景色、浩瀚的海洋世界等，就是人类社会性活动的宏大场面，如繁华的集市、战争场面等，都很难用语言详尽描述，更谈不上生动再现。对于记录人类的种种仪式活动，缺乏视觉冲击力的语言文字，就显得单调而乏味。作为阅读的前提条件是每一位参与者都需要具备阅读能力，但这在古代几乎是不可能的。而且由于时间和空间距离的限制，仪式活动不可能给每一位参与者提供充分的阅读时间和场所。更何况仪式活动往往还需要在仪式场所营造出特定的仪式氛围，而这种功能却是语言文字难以充分实现的。相反，特定的建筑形式、服饰、雕塑或图案（图7-2）、音乐甚至特定的气味等，皆可一定程度地烘托出仪式所需要的特殊氛围和情境，从而使参与者获得直观的感受并很快融入仪式活动之中。即便是日常生活，在很多情况下，人们也需要借助艺术作品直观地传达或感受某种思想、信息，甚或仅仅是一种简单的视觉享受。对此，我们可以从佛教寺院、基督教教堂等宗教场所获得诸多启发。

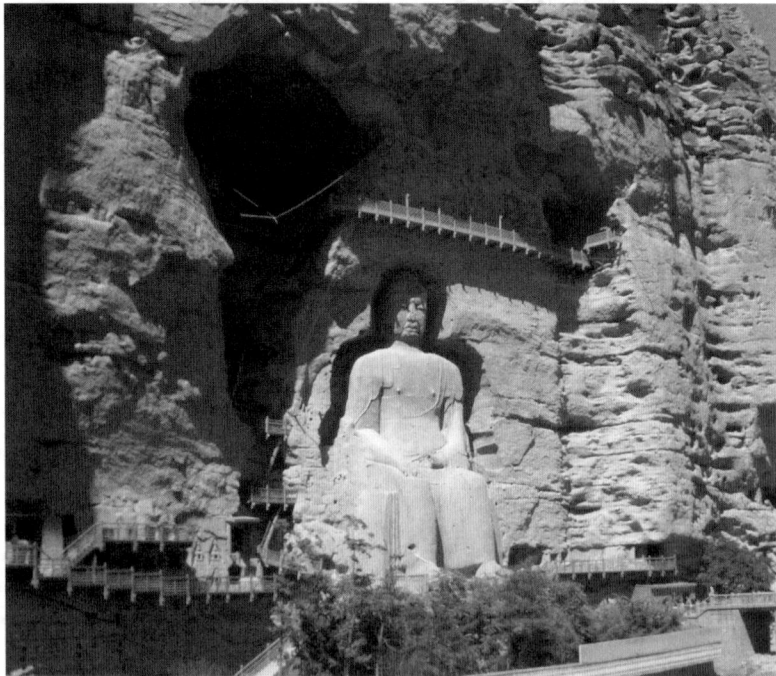

图7-2　甘肃永靖炳灵寺大佛

（三）艺术的象征意义

任何艺术作品，都具有特定的象征意义，包含着作者所希望表达的思想或信息。从考古学的角度来说，既要确认各类艺术作品的时间，也要尽可能研读这些艺术作品的象征意义。艺术作品时间问题的确认方法，如同其他实物资料，以考古地层学和考古类型学为基础，其中类型学的研究内容也应包括对创作技法等方面的考察。相对而言，研读艺术作品象征意义的难度较大，因为实物资料与意识形态之间的因果关系往往具有隐性特征，不易确认。

研读艺术作品的象征意义，首先需要立足于对考古现象的全面考察，如艺术品的出土状况、与遗迹或者其他遗物之间的关系、文化背景（包括生产生活方式、宗教信仰）等。其次，对于历史时期的艺术作品，必须结合相关的历史文献记载；解读史前艺术品则可以借鉴民族学资料。但在跨文化、跨时代的情况下，则需要仔细的比较分析，尽量避免拿来主义式的解读。最后，结合人类的二元认知特征即唯物主义和唯心主义，通过不同观点的相互验证，力求从多维视野的角度进行系统考察，从而使认知结果尽可能接近于历史的真实。

例如，欧洲发现的洞穴壁画图像，最初被认为是代表"狩猎魔法"或"多产魔法"，而现在人们多以为这种解释可能过于简单。因为这些壁画往往都有其基本的主题，图像的明暗程度也是经过刻意安排的，有些图画甚至有意利用了洞壁的自然形态以凸显壁画的立体感。总之，由于艺术作品象征意义的阐释涉及主观意识、审美观念等诸多因素，研究工作更需审慎。

二、符号的作用

（一）符号的含义

符号是象征事物的标记，也是人类思想或意识的表达方式。客观而言，实物资料在揭示人类思想方式或意识形态方面，明显存在着很强的模糊性，极具隐性特征。因此，"象征"符号就成为目前探索早期人类思想方式或者意识形态的主要途径和方法。人们普遍认为，人类与其他动物最根本的区别就是人类会使用"象征"，所有的思维和语言都是基于象征。而且，语言本身就是象征，发音和字符理应象征或代表着真实世界某一方面的事物。当然，象征的意义通常是以特定方式赋予某一象征符号的，而非某一个词或符号理所应当地代表现实世界的某一事物而不是另一事物。[①]"指鹿为马"所以成为讽喻以权势颠倒是非的成语典故，就在于人们已经以特定的方式赋予了鹿和马特定的象征符号；如果在汉字符号形成之时，也许"指鹿为马"就

[①] ［英］科林·伦福儒、保罗·巴恩：《考古学：理论、方法与实践》（第六版），陈淳译，上海古籍出版社 2015 年版，第 363—365 页。

不为错。换言之，一个符号所代表的事物在特定文化传统中是有其特殊含义的，不同语言文字中对同一事物的不同象征符号即可充分说明这一问题（图7-3）。同时，仅仅根据图像或事物的符号形状也很难准确推断它在特定文化中的具体含义，至少还要观察这种符号的使用情况，以及它与其他符号或事物的内在联系。因此，认

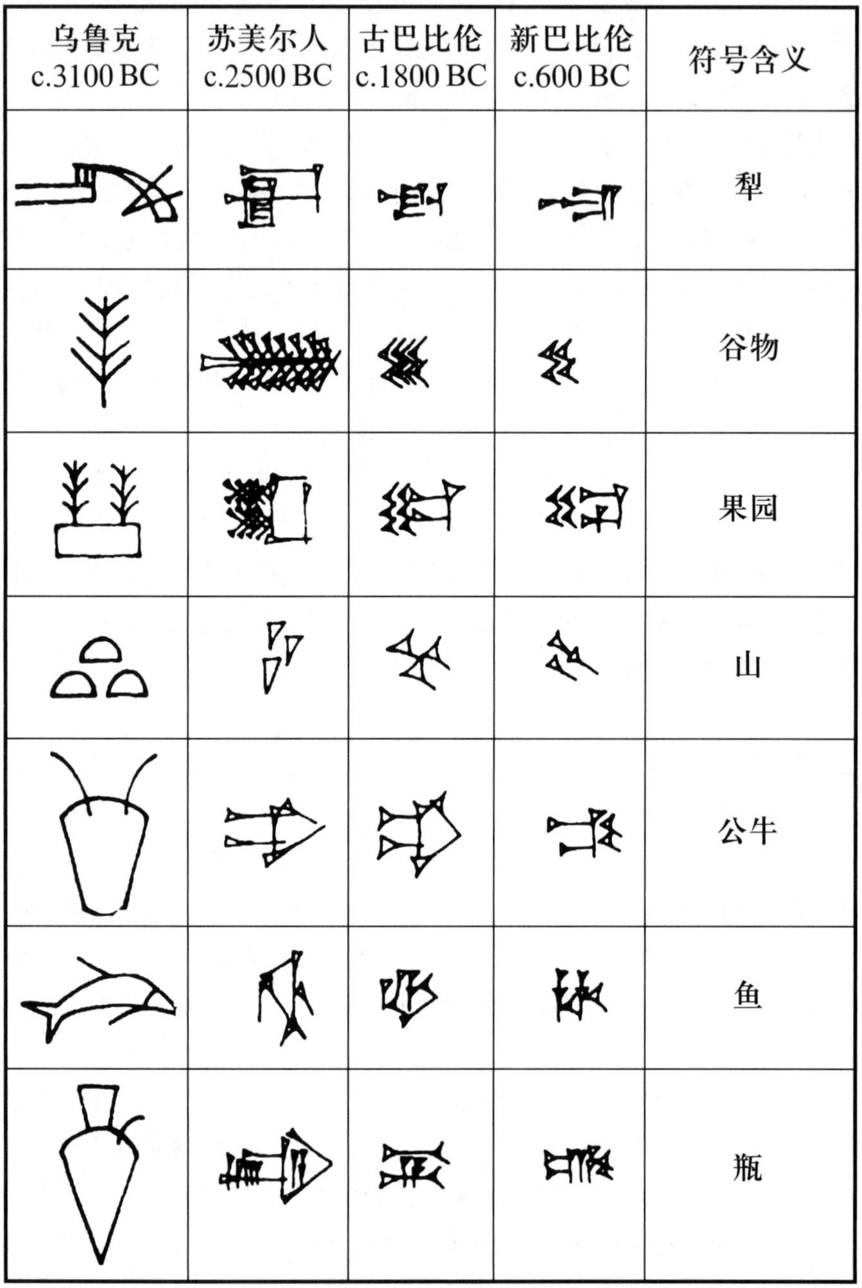

乌鲁克 c.3100 BC	苏美尔人 c.2500 BC	古巴比伦 c.1800 BC	新巴比伦 c.600 BC	符号含义
				犁
				谷物
				果园
				山
				公牛
				鱼
				瓶

图7-3　两河流域楔形文字的演化

知考古学需要高度关注实物遗存出土时的具体状态、特定组合与共存关系。

无疑，象征符号或者图像与物体本身并不会直接揭示它们的具体含义，尤其是缺乏文献或其他证据的情况下。这实际就是实物资料在因果关系方面所表现出的复杂性和模糊性。因此，罗伯特·沙雷尔从识别和分析符号、抽象的实物象征与写实的实物象征、文字符号和度量衡系统等方面，具体阐述了认知考古学的研究方法。① 毫无疑问，象征的具体含义正是研究者根据相关证据加以阐述的，难免也会出现"仁者见仁、智者见智"的认知结果。当然，不同的解释也可以相互验证，通过清晰严谨的求证过程或者运用新资料重新评估。科学的认知结果总是需要反复验证的，不大可能一蹴而就。作为具体研究的第一步，首先需要假设每一个人的头脑中都存在一个世界的影像（即便是非常有限的），一个解释的框架，② 亦即人们不仅对那些留下印象的事物做出反应，还会对现实世界的理解做出一定反应。进而再对留下印象的事物做出相应解释并说明它们的含义，尽管个体乃至群体之间的差异在所难免。

（二）符号的象征意义

象征符号是探索早期人类思想方式或意识形态的主要途径和方法。我们应该首先确定象征符号是如何使用的。无疑，要准确理解象征符号的全部含义，可能不太现实。伦福儒提出，在尚未进行深入分析之前，暂可将"含义"理解为"符号之间的联系"，并概括出了认知考古学中符号使用的六种方式。其一，最基本的一步就是通过划定和界定一个人和一个社区的领地来确定地域，为此经常使用具有象征意义的标识和纪念物；其二，基本的认知研究就是了解测量符号，如时间、长度和重量单位有助于人们搞清人与自然界的关系；其三，符号有助于人们面对未来，如规划可以通过设计更加明确未来的目标；其四，符号可以用来管理和组织人与人之间的关系，例如货币就是极好的例证，还有军衔徽章等；其五，符号用来代表并试图管理人类与其他领域，如超自然界或抽象事物的关系，把考古引向对宗教和迷信的研究；其六，符号可以通过图像如雕刻、绘画等艺术品来描述世界。③

在象征符号中，具有艺术特征的视觉符号的出现，是人类智力发展的重要标志。目前发现的时代最早的艺术品约在距今 5 万年以前，尽管这种象征行为只是在

---

① ［美］罗伯特·沙雷尔、温迪·阿什莫尔：《考古学：发现我们的过去》（第三版），余西云等译，上海人民出版社 2009 年版，第 409—420 页。

② ［英］科林·伦福儒、保罗·巴恩：《考古学：理论、方法与实践》（第六版），陈淳译，上海古籍出版社 2015 年版，第 364—365 页。

③ ［英］科林·伦福儒、保罗·巴恩：《考古学：理论、方法与实践》（第六版），陈淳译，上海古籍出版社 2015 年版，第 371—372 页。

2万年前才获得迅速发展，且不具普遍性，但视觉符号的出现也常常被视为旧石器时代中晚期之间的过渡特征。还有学者认为，语言、绘画和视觉符号的发展是相互关联的，以线条、标记和色彩为代表的艺术形象的起源以及这种认知能力，还需要从选择压力和社会功能方面加以解释。无论如何，早期艺术品的出现都反映了人类已经具备将现实世界的认识转化为抽象表现的思维能力，并开始通过抽象思维的概念构建来表达自己的思想和意识（图7-4）。

图7-4 西安半坡出土彩陶鱼纹盆

　　旧石器时代中期以来出现的有意埋葬行为，也被视为人类认知能力和象征行为显著发展的结果，说明人类已经形成了有关死亡等方面的意识。从人类心理学角度来看，死亡概念的产生是人类认知能力的一个飞跃，而墓葬则是古代人类意识到死亡的不可逆性却试图加以改变的愿望。而且，埋葬和墓葬本身也应具有象征的符号意义，并具体反映在墓葬结构和有意放置的随葬品、特定的尸体处理方式等诸多方面。随着文化的发展和社会结构的日益复杂，墓葬的象征意义进一步呈现出不断强化的演变趋势。[1]

　　（三）王权符号和权力象征

　　在中国，夏商周时期王权的存在几乎毫无争议。而以斧钺之形所象征的王权符号，也得到了学术界的普遍肯定。[2]《太平御览》卷三四一引《字林》曰："钺，王斧也"，直接把斧钺与王权联系在一起。在王权社会中，斧钺与王者如影随形，

[1] 陈淳：《考古学理论》，复旦大学出版社2004年版，第152—153页。
[2] 林沄：《说"王"》，《考古》1965年第6期。

立国征战皆少不了斧钺。《说文》引《司马法》云："夏执玄戈，殷执白戚，周左杖黄戉，右秉白髦。"《史记·殷本纪》亦曰："汤自把钺，以伐昆吾，遂伐桀。"《诗·商颂·长发》："武王（成汤）载旆，有虔秉钺，如火烈烈，则莫我敢曷（遏）。"《逸周书·世俘解》云："（武）王秉黄钺正（征）国伯……王秉黄钺正（征）邦君。"凡有大型国事活动，王者身后须设绘有斧钺图案的屏风状礼仪设施。秦汉至唐宋时期，黄钺始终是皇权的重要象征之一。

斧钺之所以能够成为王权的象征，与石斧在史前战争的作用密切相关。石斧作为史前时期最主要的手持武器，较之远射或投掷武器，往往能够直接影响甚或决定战争的最终结果。进而，由于近身肉搏在战争中发挥着至关重要的作用，用于近身肉搏的斧钺类武器就很容易被视为作战勇敢的英雄的象征。在河南汝州阎村遗址，发现数座仰韶文化中期的成人瓮棺葬，其中 1 件瓮棺所绘"鹳鱼石斧图"的石斧（图7-5），就被视为部落酋长的专用武器。[1] 尤其新石器时代晚期以来，在大型墓葬中常常发现有玉石质斧钺，而且基本不见使用痕迹，说明这些斧钺已经演化为具有权杖性质的礼仪用品。但在同时期的中小型墓葬中，则多见具有实用特点的石质斧钺。前者不妨可以理解为军事贵族所拥有，后者则可能就是职业战士所使用的。

图 7-5　河南汝州阎村遗址陶缸上的"鹳鱼石斧图"

---

[1] 严文明：《〈鹳鱼石斧图〉跋》，《文物》1981 年第 12 期。

在西亚两河流域、古埃及、中南美等古文明地区都存在类似的现象。其中，在爱琴海地区米诺斯文明的米诺索斯王宫，所谓的"接待大厅"也因绘制作为神圣象征物的双面斧而又有"双斧大厅"之名，[①] 其形式和内容皆类似于西周时期的斧依。斧依亦称"黼依"，《周礼·春官宗伯·司几筵》郑玄注："黼谓之斧，其绣黑白采，以绛帛为质；依，其制如屏风然。"朝觐等大型仪式时设于王位之后，即天子背"负黼依"。另外，现代语言中作为专制独裁代名词的"法西斯"，就是源于早期罗马塔克文王朝即伊达拉利亚王统治时期的法斯凯斯。法斯凯斯是王者扈从所持之物，由一束荆棒加斧子组成。在伊达拉利亚王行使职权的隆重场合，身边 12 名扈从随身携带法斯凯斯，作为王者拥有最高统治权的象征，[②] 法斯凯斯实际就是王权的一种象征。这些情况进一步说明，尽管文字的具体形式不同，但王权符号的象征意义却如出一辙。

三、文字的功能

（一）文字和语言

文字是记录语言的符号。姑且不论以象形文字为基础的汉字系统，即便以标音字母为基础的拼音文字，往往也具备音（特定的读音）、形（特定的字母组合）、义（特定的含义）三种要素或特征。显然，文字是语言和符号的有机结合，并赋予特定符号以特定的读音，从而使语言超越了时间和空间的限制。语言、象征符号和文字，无疑都是人类传递信息、表达情感和思想的重要方式之一。其中，语言应该是最原始、最基本的表达方式，可能伴随着人类的整个进化过程，而文字表达方式的出现时间最晚。从世界范围来说，文字主要分象形和拼音文字两大类。拼音文字虽然是现代最流行的文字系统，但形成时间均相对较晚。而早期的文字一般都是象形文字，[③] 除了延续至今的汉字，还有已经失传的古埃及文字、西亚两河流域的楔形文字、玛雅文字（图 7-6）等。因而，我们不妨把象形文字理解为原创性文字，而拼音文字则可以理解为借鉴性文字。

无论如何，文字是以语言的复杂化和象征符号的系统化、规范化为基础的。所谓系统化，就是指形态特征、象征意义不同的符号，应该达到相当的数量，至少能够与语言实现最简单、最基本的对应。而规范化则是指在一定的区域范围内，

---

① ［日］新规矩男等编：《世界考古学大系》13《ヨーロッパ・アフリカ》Ⅱ，平凡社 1962 年版，第 134—135 页；朱龙华：《世界古代史·上古部分》，北京大学出版社 1994 年版，第 329 页。

② 施治生：《王政时代与罗马王权》，施治生、刘欣如主编：《古代王权与专制主义》，中国社会科学出版社 1993 年版，第 123 页。

③ 拱玉书、颜海英、葛英会：《苏美尔、埃及及中国古文字比较研究·序》，科学出版社 2009 年版，第 ii 页。

图 7-6 玛雅文化的神官和文字

象征意义相同的符号应当具备基本相同或相似的形态特征。唯有如此，文字才能形成并不断得以发展，从而实现跨越时空的信息、思想传承。但是，我们似乎还不能完全以此来解释文字的发明和文字的使用功能。原因在于，迄今还存在着许多没有民族文字或者借用其他文字系统的民族。所以，要认识文字的发明及其使用功能，既要分析其他信息传递、思想表达方式及其局限性，也要参照区域文化及其社会历史发展特点。

（二）语言的复杂化

语言并不是人类独有的能力，因为动物也会通过特定的声音传达特定的信息，但复杂的语言系统无疑应是人类智慧和认知能力的直接反映。可以肯定，语言既是人类智力进化的重要结果，也是人类意识的重要表现形式之一。20 世纪 90 年代以来，欧美学者越来越关注人类智力演化问题的研究，尤其是语言和意识的进化问题。一般认为，现代人的智力是在 10 万—4 万年前的晚期智人（国内学者通常界定为距今 5 万—1 万年之间）出现时形成的。至于时间更早的人类智力进化问题，还存在着比较明显的意见分歧。① 进而，在认知考古学研究中，社会性的学习行为通常被视为文化演变的基础，而文化的含义一般是指学习的行为而非遗传控制的本能，学习能力的发展是智慧演化的关键所在。动物学家对人类以外其他灵长类研究的结果，也可进一步验证社会性学习行为的重要意义。研究表明，猿猴中几乎不存在社会性学习过程，黑猩猩母亲会以适当的方式传授用石头砸开核桃，幼猩猩也只是通过模仿来学习母亲的行为方式。而这种模仿行为是无法与人类的文化行为相提并论的。

姑且不论考古学家通过社会性学习行为来解释旧石器时代的技术发展，仅就社会性学习行为而言，就需要借助社会性活动才有可能实现。随着文化创造等社会性活动日趋复杂，无论基于个体意识的表达、特定信息的传递，还是社会性学习的需要，可能都会促进以音节为核心特征的语言的发展，逐渐形成日趋复杂的语言系统。从人类的进化谱系与发展过程来看，复杂的语言系统可能出现于人科动物与猿类分化之后，处于考古记录的时间范围。现代人的行为在根本上是由语言构建的，因而由语言构建的行为方式，也可以从器物空间形态、规模及其所反映的复杂程度予以评估和判断。考古学家试图通过打制石器建立一种能够辨别早期人类语言能力的标准。有学者认为当石器生产达到了类似于现代人的复杂程度时，即可暗示出语言的存在，进而认为晚期直立人应当具有初步的语言能力以交流和学习石器加工技巧。一般认为，语言的出现不是突变而是长期进化的结果，原始语言原则上可能主要是手势语，从手势语到发声语的演变是一个缓慢的过程，但远远早于旧石器时代中期向晚期的过渡。随着人类群体的增大和活动与交往的日益复杂，使语言成为社会活动不可或缺的重要手段。②

尽管语言是人类传递信息、表达思想的基本方式，但在电子和网络技术发明之前，语言表达方式的局限性也是显而易见的。具体来说，语言表达明显受到了时间和空间的限制，即语音的传播时间和空间是非常有限的，难以实现长时间和大范围的信息传递、思想交流。即便一些民族创造出了口耳相传的史诗，其传承功能和影响作用也是非常脆弱和有限的。

（三）象征符号的系统化

在人类开始有意识通过有形符号来象征实物、表达思想之后，象征符号必然也会随着人类思想和文化的发展而日趋复杂。因为单一的象征方式并不能够完全满足人类表达思想、传递信息的全部需求。从目前的发现来看，除了绘画、雕塑等形式的艺术象征外，音乐、歌舞等声乐艺术象征也出现甚早。而

① ［英］科林·伦福儒、保罗·巴恩：《考古学：理论、方法与实践》（第六版），陈淳译，上海古籍出版社 2015 年版，第 365 页。

② 陈淳：《考古学理论》，复旦大学出版社 2004 年版，第 149—150 页。

且，在含义广泛的象征符号中，还逐渐演化出一种狭义的象征符号系统。诸如中国新石器时代的所谓刻画符号，明显具有简单化和抽象化的特点，而艺术特征极不明显。尽管我们未必能够完全理解这些符号的具体含义，也很难否认隐含在其中的象征意义。从形式及其突出特征来看，狭义的象征符号与以后形成的文字符号更为接近。

在中国，这种狭义的刻画符号，最早出现于新石器时代中期。在河南舞阳贾湖裴李岗文化遗址中，就发现有少量刻画符号，主要刻画于随葬龟甲、叉形器和骨板上，种类有十余种（图7-7）。[①] 在甘肃秦安大地湾遗址第一期遗存中，发现有彩绘符号标本23个，以红彩或白彩绘制于盆、钵类器物内壁，符号种类有13种。[②] 及至新石器时代晚期，陶器刻画符号在黄河、长江流域普遍有所发现，但特征有所不同。黄河流域以仰韶文化、大汶口文化为代表，刻画符号的发现概率和种类明显增加。以仰韶文化为例，在西安半坡、临潼姜寨、宝鸡北首岭等遗址的仰韶文化早期遗存中，就发现有270余件刻画符号标本，主要刻画于圜底钵的黑彩

图7-7 舞阳贾湖M344出土龟甲刻符

---

① 河南省文物考古研究所：《舞阳贾湖》，科学出版社1999年版，第445—446、458页。
② 甘肃省文物考古研究所：《秦安大地湾新石器时代遗址发掘报告》，文物出版社2006年版，第46—48页。

宽带纹上，符号种类已达 50 余种。① 在长江中下游和淮河流域也有较多同类发现。相当于仰韶文化早期的安徽蚌埠双墩遗址中，就集中发现了 633 件刻画符号标本，主要刻画于圈足碗的外底部分，② 有别于仰韶文化。在湖北秭归柳林溪遗址、宜昌杨家湾遗址也发现有相当数量的刻画符号标本，类似于双墩遗址，主要刻画于圈足碗的外底部分。

有关龙山时代的刻画符号，仅在马家窑文化晚期遗存中发现数量较多，且集中发现于青海乐都柳湾墓地马厂类型墓葬的随葬陶器上。计有彩绘符号的陶器标本 679 件，主要见于彩陶壶的下腹部，少数在彩陶壶或其他器物底部。其中，几何形符号标本多达 674 件，动物形符号仅 5 件，符号种类达 144 种之多。③ 此外，在龙山文化、石家河文化、良渚文化中都有少量发现。尽管发现数量相对较少而显得零散，但也出现了一些不同于以往的显著特点，即同一件陶器上刻有多个符号。尤其山东邹平丁公龙山文化城址发现了一块刻有 11 个符号的陶片（图 7-8），被视为刻画陶文。④ 类似的发现也见于江苏高邮龙虬庄龙山文化遗址、苏州澄湖和浙江平湖庄桥坟等良渚文化遗址。不同符号的相互联结，一则表明刻画符号已经初步

图 7-8　山东邹平丁公龙山城址出土陶文拓片与摹本

① 石兴邦：《仰韶文化》，中国大百科全书总编辑委员会《考古学》编辑委员会、中国大百科全书出版社编辑部编：《中国大百科全书·考古学》，中国大百科全书出版社 1986 年版，第 601 页。
② 安徽省文物考古研究所、蚌埠市博物馆：《蚌埠双墩——新石器时代遗址发掘报告》，科学出版社 2008 年版，第 183—272、320—398 页。
③ 青海省文物管理处考古队、中国社会科学院考古研究所：《青海柳湾——乐都柳湾原始社会墓地》，文物出版社 1984 年版，第 159—165 页。
④ 栾丰实：《丁公龙山城址和龙山文字的发现及其意义》，《文史哲》1994 年第 3 期。

具备了系统化特征，二则表明它们可能已经开始转化为文字符号。如果能有更多的发现，既可证明刻画符号的规范化程度，也有利于对其进行进一步的释读。

学术界普遍认为，这种刻画符号和文字的起源密切相关。[①] 不过，单个的符号往往只能作为某种记号，或者象征某种具体的实物，却很难完整而准确地表达人们的思想意识。进而，符号的信息往往因时过境迁而变得模糊不清，极具隐性特征。也就是说，缺乏系统化和规范化的刻画符号，既不能实现和语言的有机结合，还会因符号含义的模糊性而无法使各种信息和思想得到长期传承。

（四）文字的功能

古文献和民族学资料表明，在文字发明之前，人类已经开始采用口耳相传、结绳记事等传承历史信息的记忆方式。较之记录语言的符号，文字的功能更为突出。一般说来，文字主要有三个方面的功能，一是记录语言，二是帮助记忆，三是跨越时空传递信息。[②] 文字本身就是记录语言的符号，记录语言的功能无须赘言。至于人们为什么要创造文字，以帮助记忆和跨时空传递信息，即帮助记忆和传递信息的目的又是什么？

无论手势语还是发声语（音节），皆可实现近距离的直接交流。而帮助记忆和远距离信息传递，均包含着跨越时空的功能需求。从时间上来说，帮助记忆就是人们希望或要求能够准确地记住业已发生的事情，避免混淆和误解。从空间上来说，信息传递就是要把特定的信息传递到视距和听觉距离以外的地点，但信息的传递过程未必是由信息发出者直接完成的。在战国以来的古籍中，常常把结绳和书契联系在一起，并有"结绳而治"之说。如《周易·系辞下》中有"上古结绳而治，后世圣人易之以书契"；《尚书序》中有"造书契以代结绳之政"。显然，结绳和文字是前后相继的不同记录方式，虽然两者的效率差别较大，但功能基本一致。许慎《说文解字·叙》的记载更为详细，"及神农结绳为治而统其事"。"治"和"政"均可理解为治理、管理，"统其事"应是指规范和统一治理过程中所涉及的各种事务，而结绳和文字都应是实现规范化和统一化治理的重要方式。《尚书序》孔颖达疏虽有"八卦画万物之象，文字书百事之名"的说法，但"百事之名"可能只是"统其事"的具体内容之一，而非全部。

可以设想，如果治理的对象只是一个氏族或部落，便无需如此复杂的"统其事"方式。反之，如果治理的对象远远超出单一氏族或部落的范畴，或者涉及考古学中属于同一时期的若干聚落单元时，有效的"统其事"方式就显得十分重要。

[①] 拱玉书、颜海英、葛英会：《苏美尔、埃及及中国古文字比较研究》，科学出版社 2009 年版，第 96—144 页。

[②] 拱玉书、颜海英、葛英会：《苏美尔、埃及及中国古文字比较研究》，科学出版社 2009 年版，第 37 页。

《周易集解》引《九家易》云："约誓之事，事大，大其绳；事小，小其绳。结之多少，随物众寡。各执以相考，亦足以相治也。"显然，记忆的目的是为了"相考"和"相治"，促使约誓者互相遵守所达成的各项协定，从而形成具有长效性的约束力。

在古代，基于交通条件的制约和影响，约誓或盟誓之事，通常发生在邻近的不同社会集团或群体之间，无论约誓之后的政治关系是否平等。春秋战国时期，频繁发生的盟誓现象常常见诸文献记载乃至考古发现。进而可以推断，在人类社会从氏族、部落走向酋邦、国家的过程中，随着社会集团规模的不断扩大，不同集团之间通过更加有效的方式，确认结盟或联合时的权利分配，并以准确记忆的记录方式长期保留下去，对于维护各集团利益及新型社会政治关系，都是非常必要的。同时，通过文字方式"统其事"，能够更加准确且远距离地传达同样的信息，更好地适应社会集团规模不断扩大的发展趋势，从而在更大的空间范围内实现有效管理。

另外，在宗教信仰的支配下，政权更迭或者新型社会关系的确立，以及各种重大事务的决策，往往还需要借助神灵的力量。所以，文字有时也被视为人神沟通、传达和记录上天意志的工具。殷墟甲骨文中大量存在的卜辞，即应是这一功能存在的有力证据。

无论如何，能够帮助记忆、跨时空传递信息的文字记录方式，既是人类文化发展的重大成就，更是适应日趋复杂的社会关系的重要结果。秦汉以来的历史发展，已经充分证明了秦始皇统一文字、度量衡的重要历史作用。因此，把文字作为文明的重要因素之一，具有很强的合理性。尽管在次生文明中，国家可以先于文字而产生，如中国北方地区先后存在的游牧民族政权，但早期的原生文明几乎都存在特有的文字系统。当然，文字的记忆和信息传递功能，还有助于强化民族意识和文化传统。另外，在文字记录日渐系统化的基础上，历史文献也逐渐具备了总结和汲取历史经验教训的功能，不断完善社会制度和管理系统，正如司马光《资治通鉴》书名所昭示的意义那样。

第二节　习俗、礼仪与宗教

习俗、礼仪和宗教，也是人类思想文化的集中反映。三者的概念和含义明显有所区别，但具体内容往往存在重叠交织现象。客观而言，无论是习俗还是礼仪或宗教，其实都是从不同角度对人类思想文化的概括、总结和体现，只是出发点和侧重点有所区别而已。其中，由于历史时期形成的世界三大宗教即佛教、基督教和伊斯兰教影响甚大,宗教遗存相当丰富,从而在考古学的分支体系中形成了专门的宗教考古学乃至佛教考古学等。不过,这里只是从社会文化的宏观角度,对宗教思想进行一般性的阐述。

一、习俗的产生和发展

(一)习俗及其文化特征

习俗即风俗习惯,是指人们长期形成且不易改变的行为、倾向、礼节或社会风尚等。许慎《说文解字》云:"俗,习也。"郑玄进一步解释为"俗谓土地所生习也。"(《周礼·地官司徒·大司徒》郑玄注)显然,习俗也可以简单地理解为生活习惯,而且是在适应自然环境的基础上逐渐形成的。当然,也不能忽视社会性活动对习俗形成的重要影响。即人类在适应、利用和改造自然环境的过程中,随着人类思维能力的发展和社会性需求的增多,逐渐形成了各种风俗习惯。在不同的自然环境背景下,由于生产生活方式的差异,以及技术进步等因素的影响,风俗习惯往往具有显著的地域性、民族性和时代性特征。换句话说,风俗习惯往往包含着思想观念、民族心理、审美意识、道德风尚等方面的信息和内容,某种程度上也可理解为意识形态领域的文化传统。

风俗习惯往往涉及社会生产生活的方方面面,与人类社会的文明化程度密切相关。按照社会功能和意义,可以把风俗习惯分为住居、饮食、服饰、丧葬、婚庆、节日、祭祀、仪礼等类别。世界各地不同风土人情的背后,往往都是不同风俗习惯的直接表现。而且,几乎所有的风俗习惯,通常都会拥有特定的物质载体。比较而言,最全面、最容易了解的,无疑应是存在于近现代各民族中的风俗习惯。民族志资料一般是通过直接调查近现代不同民族而形成的,其中所记录的风俗习惯理应最为系统、全面。历史时期的风俗习惯,则不同程度地见诸文献记载。

对于考古学而言,有关古代,尤其史前时期的风俗习惯,则必须通过实物资料去探索。尽管这些风俗习惯可能都有特定的物质载体,但在实物资料中仍表现出若隐若现的特点。一则物质载体并不能充分揭示当时的风俗习惯,尤其是仪式过程等方面的内容;二则物质载体明显存在物理化学方面的特性差异,其中有机质往往不易保存。比较而言,在实物资料中保存最为系统的还是丧葬习俗,主要在于墓葬的主体部分多在地下,相对不易遭受破坏;住居、饮食、服饰方面的风俗习惯也会保留部分物质载体,如残破的房屋基址、炊具与饮食器皿、装饰品等,衣服只有在特殊环境下才能有所保存;其他习俗的物质载体往往不易保留,或者不易确认,特别是婚庆、节日习俗等。

(二)习俗产生的原因

不同的风俗习惯,其具体形成原因各有不同。依据功能学派的理论,文化是为了满足人类的需要，因此民俗的产生从宏观上可以概括为三大原因，即生存性需求、社会性需求和心理性需求。这三个方面的原因未必能够完全割裂，并且在不同风俗习惯形成过程中的作用也有主次之分。

在风俗习惯中，住居、饮食、服饰等应是在生存性需求的主要作用下形成的。由于自然环境是人类赖以生存的物质基础，所以这些风俗习惯往往具有适应特定环境的地域色彩（图7-9）。婚庆、节日、仪礼等风俗习惯，应是在社会性需求的主要作用下形成的，明显具有强化社会责任、规范社会行为和情感交流的突出特征。其中，婚姻本身并不在于两性关系的合法性，而是强调男女双方对于家庭或家族乃至整个社会所承担的种种责任，婚礼其实就是面对亲属以及其他社会成员的一种宣示，婚姻关系同时会受到保护和监督。丧葬、祭祀等风俗习惯，主要是基于心理性需求而产生的。祭祀习俗、丧葬习俗主要是在宗教信仰的作用下而出现的。史前葬俗的出现，虽然不能排除亲情因素的影响，但一般认为主要是在万物有灵的宗教信仰支配下，基于灵魂不灭和祖先崇拜等观念的作用而发生的。

图7-9 陕西吴堡后寨子峁遗址附近的现代窑洞

（三）习俗的发展演变

风俗习惯会随着时代变迁而不断发展变化。技术创新、制度变革、思想进步和文化交流等因素，皆可导致风俗习惯的新旧交替和发展演变。

技术创新，尤其导致技术系统转变的关键技术，无论其影响作用如何深远而巨大，但一般都会首先导致住居、饮食、服饰等风俗习惯的演变。从史前考古学来说，人类的住居习惯曾经历了树栖、天然穴居、季节性营地和人工定居的演变过程。其中，从树栖到天然穴居的技术创新，可能就在于用火技术的发明，人类从此拥有了抵御大型食肉动物的有效方法。不仅如此，用火技术还引起了人类饮食习惯的转变，通过烧烤方式开始食用易于消化的熟食，减少了消化过程中的能量消耗。人类彻底摆脱天然洞穴束缚，从季节性营地向人工定居转变的技术创新，主要在于磨制石器与木加工技术，最早出现的磨制石器种类主要是斧、锛、凿等木加工工具，而与之相适应的就是，建筑材料由大型动物骨骼、皮革转变为木材、泥土或石材等。[1] 而这一变化的基础则是农牧业的生产型经济模式逐渐取代了采集和渔猎的攫取型经济模式。不过，城乡分化意义上的早期城市，则主要是由于社会集团规模不断扩大过程中的制度变革而出现的，成为政治、经济、军事和文化中心，是贵族、高级手工业者等非农业人口聚居的场所。

制度变革不仅是人类社会不断发展的重要原因之一，同时也会引发社会习俗的发展变化。诸如婚庆、节日、仪礼习俗等，主要是由制度变革（包括历法制度）而引起的。其中，婚庆习俗可能是母系家庭向父系家庭转变的产物，改变了母系家庭形态下双方始终生活在各自族群或家庭的纯粹婚姻关系，男子不仅在婚姻家庭关系中居于主导地位，而且女子还要离开生养她的族群或家庭，通过婚礼的宣示就显得十分必要。而节日习俗则主要是以历法制度的产生为基础的，包括以社会教育为主要目的的纪念性节日。

思想进步也可以导致或促进社会习俗的发展演变。诸如丧葬、祭祀习俗等主要基于思想进步而产生的。无论如何，宗教也是人类思想文化的重要组成部分。虽然宗教思想中时常包含着一些消极因素，但从思维与历史发展的角度来看，也应是特定历史阶段人类思想进步的表现形式之一。一般认为，"灵魂不灭"和"祖先崇拜"等原始宗教观念的形成，引起了"事死如事生"的埋葬现象与丧葬习俗的发生发展。

文化交流对于风俗习惯发展演变的影响作用也非常显著。张骞出使西域与丝绸之路的开通，佛教在中国的流行等，都对中国古代风俗习惯的发展演变产生了重要影响。如同现在，在我们坚守传统节日习俗的同时，元旦、圣诞节、情人节、愚人节等西方节日之所以能够渗透到日常生活之中，无疑也是文化交流过程中潜移默化的影响结果。

二、礼仪和礼制

（一）礼仪和礼制

礼仪就是礼节和仪式，既可作为社会成员的行为规范，也可用于强化某种思

---

[1] 钱耀鹏：《略论磨制石器的起源及其基本类型》，《考古》2004 年第 12 期。

想意识或宗教信仰。姑且不论日常生活中的基本礼节，各种宗教活动往往也是通过一定的礼节和仪式进行的。礼制即以"礼"为突出特征的政治制度，其中也包括道德规范和行为准则，是中国古代重要的政治文化现象。历史文献中所谓的"礼"，之所以不同于一般的礼仪，主要在于"礼不下庶人"，即礼制最初是专门用于约束和规范贵族阶级的行为准则。也就是说，礼制是社会等级分化达到一定程度时，在既有礼仪或者风俗习惯的基础上而不断制度化和规范化所形成的。《周礼》所体现的因俗制礼的思想，即已说明礼俗同源。①

在历史传说中，礼制形成于西周初期，即周公制礼作乐，创立了礼治的基本纲领。后经孔子、孟子、荀子等人的倡导和不断完善，礼乐文明逐渐成为儒家思想的核心内容。西汉以来，《仪礼》《周礼》《礼记》被列入学官，不仅成为文人必读的经典，也是历代王朝制礼的基础。中国古代的礼名目繁多，影响也极为广泛。如《中庸》所云："礼仪三百，威仪三千。"礼仪之邦的说法当源于发达的礼制，"礼尚往来""来而不往非礼也"等早已成为耳熟能详的日常用语。

据《周礼·春官·大宗伯》，礼可分吉礼、凶礼、军礼、宾礼、嘉礼五大类。吉礼是指祭祀之礼，因为求吉祥而祭祀，故曰吉礼。所谓"以吉礼祀邦国之鬼、神、示"，即祭祀人鬼、天神和地示（祇，指地神），其下又各分若干等。凶礼是指救患消灾的礼仪，"以凶礼哀邦国之忧"，包括荒礼和丧礼两大类，还可分若干细目。其中，荒即指荒年，有时也包括瘟疫之灾。军礼是指军队和征战之礼，军队的组建规模、管理、训练等皆需遵循礼制。《周礼》中的军礼，包括大师之礼（天子亲征的礼仪）、大均之礼（按建制征兵并自备军需以平摊军赋）、大田之礼（诸侯亲自参加四时田猎，以检阅和训练军队）、大役之礼（营造宫邑、堤防等而役使民众时要求按民力强弱分派任务）、大封之礼（诸侯因侵犯他国而受到征伐后，要确认原有疆界，聚集失散居民，因疆界都要封土植树而称大封之礼）。宾礼是指天子、诸侯接待宾客的礼仪，所谓"以宾礼亲邦国"。宾礼的名目有六种："春见曰朝，夏见曰宗，秋见曰觐，冬见曰遇""时见曰会""殷见曰同"，前四种是指六服之内的诸侯，按季节轮流进京朝见天子；"时见曰会"是指天子出征叛逆诸侯时，其他诸侯觐见天子；"殷见曰同"是指天子十二年未巡狩，四方诸侯齐往京师朝见。另外，诸侯之间也要定期相互聘问。嘉礼是饮食、婚冠、宾射、燕（宴）飨、脤膰（用于宗庙社稷的祭肉）、贺庆、巡狩、改元之礼的总称，嘉为善、好之意，所谓"以嘉礼亲万民"。

（二）礼制和礼器

从古文献记载来看，礼的体系非常博大，名目繁多，内容各异，但都包含着

---

① 彭林：《中国古代礼仪文明》，中华书局 2004 年版，第 12 页。

一些共同的要素。大致说来，礼的构成要素包括礼法、礼义、礼器、辞令、礼容、等差等几个方面的内容。[①] 礼法是指行礼的章法和程式，包括行礼的时间、场所、人选、衣着服饰、站立位置、使用辞令、行进路线、所用礼器和行礼的顺序等。礼义是指礼的本义，或者希望达到的目标，具有明显的道德指向。如"燕（宴）礼者，所以明君臣之义也。乡饮酒之礼者，所以明长幼之序也。"（《礼记·射义》）礼器是礼的物质载体，即行礼需要借助特定器物才能进行，所谓"器以藏礼"（《左传·成公二年》）。按质地包括青铜器、玉器、陶器（春秋战国为仿铜陶礼器）等；按用途包括炊器（鼎、鬲、甗等）、食器（簋、簠、豆等）、酒器（爵、觚、角、觯、尊、觥、卣等）、盥器（盘、匜等）、乐器（铙、钟、磬、鼓等，图7-10）、兵器（斧钺、彤弓等）。辞令即言语，礼仪中的辞令多有一定的格式。礼容是指行礼者的容貌、体态、声音、气息等。等差是指不同等级行不同等级的礼，等级越高，礼数越高。而礼数通常是由礼器来表示的，主要体现在礼器大小、多少、繁简等方面。以多为贵者，如天子用九鼎八簋、诸侯用七鼎六簋、大夫用五鼎四簋、士用三鼎二簋；以高为贵者，如天子之堂九尺，诸侯七尺，大夫五尺，士三尺；以大为贵者，如宫室、丘封、器皿等；以文为贵者，愈尊则纹饰愈复杂，如天子之冕，朱绿藻十有二旒，诸侯九，上大夫七，下大夫五，士三。不过，也有例外或与之相反的情况存在。

图7-10 湖北随州曾侯乙墓随葬的青铜编钟

从文献记载来看，西周以来的礼仪和礼制相当复杂，甚至包括宗教祭祀礼仪在内。然而，具体到实物遗存中，完整的礼节和仪式过程往往很难得到显现。在礼的构成要素中，只有礼器（应包括遗物和遗迹两类）和等差体现得较为突出，其他要素则鲜有保存。进而，由于地表上的土木建筑等极难保存，所以礼器和等

---

① 彭林：《中国古代礼仪文明》，中华书局2004年版，第34—46页。

差现象通常集中反映在墓葬遗存方面。从考古发现和研究结果来看，礼制与社会的复杂化进程密切相关。社会规模越大、等级分化越严重，礼制就越复杂。史前墓葬不仅直接揭示出等级分化与礼制的形成过程，而且礼制的形成时间也远在周公制礼作乐之前。

另外，从礼制涉及的对象与范围来说，宗教祭祀礼仪之所以被置于礼制体系之中，很可能与五帝传说中的帝颛顼"绝地天通"有关。亦即帝颛顼通过"绝地天通"，把宗教权力置于王权之下，从制度层面明确了王权的职责范围，同时也杜绝了产生独立宗教的法理基础。[①]

（三）礼制源于等级制

考古发现表明，农业的出现明显加快了史前社会经济和文化的发展进程。农业经济的发展，则促进了社会劳动分工，各类手工业的专业化趋势越来越显著。而社会经济的全面发展和人口的增长，必然会加剧氏族部落之间的竞争，氏族或部落首领的社会责任、权利和义务便随之增强。进而，在社会集团规模不断扩大和竞争日益增强的过程中，社会内部结构不断趋于复杂化，氏族或部落首领的社会权力也日显突出。于是，氏族部落社会内部逐渐产生等级性的阶层分化。这种现象不仅充斥着社会生活的方方面面，也体现在埋葬制度上，逐渐出现了反映死者生前社会地位的等级埋葬现象。换言之，考古遗存所揭示的等级分化现象，实际是以等级制为基础的，同时也一定程度地反映出礼制的形成过程。

等级分葬原则：就是按照死者生前身份地位的等级差异分别埋葬于不同墓区。史前时期的等级分葬，主要是指贵族和一般社会成员分别埋葬于不同墓区的现象。在大汶口文化中，大汶口墓地明显存在几个不同的墓区，其中最北的墓区从早到晚都是整个墓地中随葬品最为丰富的墓葬所在，最南侧的墓区则从早到晚都是墓坑最小、随葬品最为贫乏的墓葬，而中间的墓区始终也不显富有。[②] 莒县陵阳河发现的45座大汶口文化墓葬分为四个墓区，分别位于遗址北部、西北、东北和东南部，其中北部墓区是墓地大墓所在，其余三个墓区都是小墓。[③] 良渚文化中普遍存在诸如反山、瑶山（图7-11）等贵族专用墓地。而同一阶层不同等级的差异则主要是通过墓葬规格和随葬品多寡优劣来体现。

墓葬等级原则：就是通过墓葬规格、葬具和随葬品等来体现死者的身份和等级。目前，能够从墓葬规格方面充分揭示等级分化现象的典型墓地，还应属山西

① 钱耀鹏：《中国史前城址与文明起源研究》，西北大学出版社2001年版，第283页。
② 白寿彝总主编、苏秉琦主编：《中国通史》第二卷《远古时代》，上海人民出版社1994年版，第266页。
③ 山东省考古所等：《山东莒县陵阳河大汶口文化墓葬发掘简报》，《史前研究》1987年第3期。

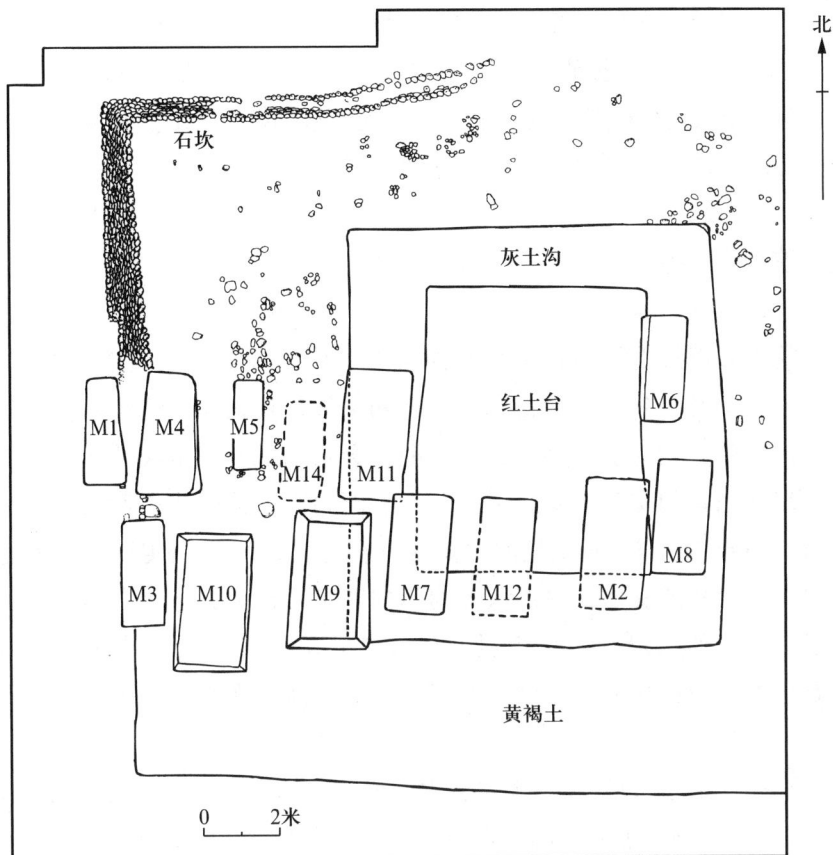

图 7-11　浙江余杭瑶山良渚文化祭坛和贵族墓葬平面图

襄汾陶寺墓地。陶寺墓地的墓葬可以分为大、中、小三类，而且每一类墓葬还可划分出若干等级。其中大墓可分甲、乙两种，占 1% 左右；中型墓葬可分甲、乙、丙三种甚或四种，不及 12%；小墓大致可分两种，占 87% 左右，构成三大类七八个等级阶梯，[①] 明显具有金字塔式的结构特点。

　　等级随葬原则：就是通过随葬品的多寡优劣来体现被葬者的身份等级差异。在以农业经济为基础的社会形态下，所谓贫富差异在很大程度上几乎可以等同于等级差异，即财富拥有量往往与等级地位成正比。随葬品的多寡优劣既是财富占有量的体现，也是身份地位的象征。甚至有什么样的地位，才可能有什么样的随葬品，所谓礼仪性用品就是根据使用者的身份地位来确定的。而在等级随葬原则中，礼器即礼仪用品更能凸显死者的身份和等级地位，用以"明贵贱，辨等列"（《左传·隐公五年》）。中国古代的礼仪制度异常发达，礼器的种类、数量、质量和组合等无不昭示着社会成员的身份和等级地位。礼器在贵族墓葬的随葬品中极

---

① 高炜等：《关于陶寺墓地的几个问题》，《考古》1983 年第 6 期。

为常见，涉及祭器、食器、酒器、乐器、兵器、车马器、服饰等，几乎包括了人们日常活动的各个方面。据研究，礼制的成熟和完善大约是在龙山时代。① 夏商周以来，体现礼制的遗存在考古发现中十分普遍，墓葬结构和青铜礼器等都揭示出礼制日益发达和成熟，并得到历代统治者的继承和发展。

三、信仰和宗教

（一）信仰和宗教观念

信仰就是人们接受某种思想并奉为圭臬。从考古学和民族学的角度来看，早期人类的信仰几乎就是宗教信仰，信仰和宗教都是人类思维和社会意识形态日渐发达的产物。实际上，宗教也是一种社会意识形态，是人类社会发展到一定历史阶段才出现的文化现象，最多只能追溯到旧石器时代中期的早期智人阶段（以埋葬现象为标志）。宗教的主要特点表现为，相信现实世界之外存在着超自然的神秘力量或实体，并统摄万物而拥有绝对权威、主宰自然进化、决定人世命运，从而使人对其产生敬畏和崇拜，并从而引申出信仰认知和仪式活动。而在原始宗教的信仰体系中，"万物有灵"的宗教观念普遍流行，包括灵魂观念。

在早期人类的进化过程中，随着智力和文化的不断发展，人类的生存需求渐趋复杂，尤其在生理需求的基础上逐渐衍化出了人类特有的心理或精神需求。而心理需求无疑又会引发了一系列新的矛盾现象，诸如认知欲望和认知能力、理想和现实矛盾、生的欲望和生命规律等。这些矛盾现象进一步激发了思维方式的发展，促使二元认知模式形成，包括唯心色彩突出的想象思维。宗教观念可能就是在这些矛盾现象的作用下，通过二元认知方式创造的。即对于唯物认知途径所导致的各种矛盾现象，人们又进一步通过唯心途径，借助想象思维加以认知和解释，从而创造出了"万物有灵"的原始宗教。几乎所有的宗教观念，都是通过二元认知方式，根据人类的心理需求和想象创造出来的。无论是道教的长生不老（修炼成仙），还是佛教的极乐世界等宗教观念，都从另外一个方面反映出人类丰富的情感、对生命的无限渴望和对美好未来的期盼。基于二元认知方式的交互作用，尽管宗教思想中包含着浓厚的唯心色彩，但也不乏合理的成分。否则，我们便无法解释宗教为何能够如此流行。无论如何，宗教也是人类精神领域的一种文化现象，是人类在大自然面前的无奈和茫然，也是人类心灵脆弱的具体表现。即便在今天，高度发达的科学文化也很难以自然规律去消弭每个人的心理需求，灵堂的哀乐与

① 高炜：《龙山时代的礼制》，庆祝苏秉琦考古五十五年论文集编辑组编：《庆祝苏秉琦考古五十五年论文集》，文物出版社 1989 年版，第 235 页。

"魂兮归来"的哀号也许只是形式不同而已。而女娲抟土造人、嫦娥奔月等神话传说，则一定程度地反映出人类的认知欲望或者一度无法实现的某些愿望，不妨也可以将其理解为人类的"童话"！

毋庸置疑，宗教是人类信仰的重要构成部分，它是以超自然与超人的形式表达了人类对无法认知和控制的自然力量和命运的敬畏，也表达了人类的种种期盼或愿望。宗教超越了人类日常生存的物质世界，但都是以客观世界为基础，根据人类自己的意愿和想象创造出来的，因而也可以说是人类心灵世界的表现形式之一。同时，宗教作为人类精神领域的重要文化现象之一，也会演变成一种社会行为，尤其古代统治者常常将其作为实施控制和管理的工具和手段，用以规范社会等级和社会成员的行为。包括宗教信仰在内，意识形态对文化变迁和社会发展的影响作用，已经引起了当代考古学者的极大关注。甚至认为，意识形态和象征的能动作用，在重大的文化变迁中扮演了非常重要的角色。[①] 当然，这并不排斥经济技术、文化交流等因素对文化变迁和社会发展的推动作用，只是以往过于淡化了精神方面的意识形态因素。

（二）宗教信仰的象征物

宗教信仰形成以后，始终伴随着人类文化和社会的发展，并具有特殊而复杂的意识形态体系。而以宗教遗存为主要研究对象的宗教考古学，也被视为考古学的重要分支，尤其历史时期的佛教考古、基督教考古等影响较大。中国境内包括石窟寺在内的佛教寺院遗存数量众多，且有佛教经典和历史文献可资借鉴，所以研究工作开展较多，甚至可以详细区分不同宗派的思想体系。但在缺乏文字记载的史前阶段，宗教考古研究的难度很大，原因在于物质遗存本身并不能直接揭示它们在宗教仪式中的作用和意义。对于宗教考古研究而言，首先需要准确识别宗教类物质遗存，即宗教仪式活动中的各类象征物。

伦福儒和巴恩曾经提出，分辨宗教仪式的重要之处就在于那些神秘而超自然的仪式活动用品。[②] 由于宗教仪式包括富有想象力的祭拜活动表演，至少涉及四种成分在内：一是集中注意力，即祭拜行为既需要同时也会引起一种增强主持祭拜者意识或宗教兴趣的状态，往往需要一系列集中注意力的设施，诸如利用神圣的地点、神庙等建筑、光线、声音和气味等，以保证所有的眼睛都注视着关键的仪式行为。二是现实世界和神界的界限，即仪式行为的焦点就是现实世界和神界的边界地区，神秘、特殊而又充满危机，任何不洁或不当行为都会带来危险。三是

---

① ［美］罗伯特·沙雷尔、温迪·阿什莫尔：《考古学：发现我们的过去》（第三版），余西云等译，上海人民出版社 2009 年版，第 425—426 页。

② ［英］科林·伦福儒、保罗·巴恩：《考古学：理论、方法与实践》（第六版），陈淳译，上海古籍出版社 2015 年版，第 385—386 页。

神祇的存在，即对于有效的仪式而言，神祇或神秘力量一定以某种形式（某种物质或肖像等）存在着，或者被引出，这正是神祇和人的强烈关注所能达到的效果。四是参拜和供奉，即祭拜活动对参拜者都有一定的要求，这不仅对祷告者或参加者的语言或姿势有所规定，而且要求他们积极参与活动，通常还包括向神供奉牺牲和供物。仪式中对祭拜物品的仪式性埋葬是可以确认的最早的祭拜活动，而明确的祭祀标志物即可成为判断宗教活动存在的依据。

把握宗教仪式活动与象征物之间的关系非常重要，但宗教遗存，尤其象征物的确认实非易事。在史前考古学中，明确的宗教遗存多与墓葬相关，例如一些墓地中就发现有可能用于祭祀祖先或死者的墓祭遗迹。如辽宁牛河梁墓地发现的红山文化"女神庙"（图7-12），就处在积石冢的环绕之中，即"女神庙"居于牛河梁地区积石冢群最显著的位置，形成冢、庙相互联系的布局结构。一般认为，所谓的"女神庙"，是以女神为主要祭祀对象的大型祭祀场所。① 不过，"女神庙"居于墓地中心，其祭祀活动就不可能与墓祭毫无关系。甘肃临夏大何庄齐家文化墓地附近，发现有5座用扁平砾石组成的"石圆圈"，直径约4米；其中第1号"石圆圈"附近发现一具被砍头的母牛及未出生的小牛，第5号"石圆圈"西侧有一具羊骨架，第3号"石圆圈"附近发现两块卜骨。② 这些遗迹位于墓地附近而又不同于一般墓葬，也应属于墓祭遗迹。而墓葬中"事死如事生"的随葬现象，以及二次葬、二次扰乱葬等埋葬方式，也都是在宗教信仰的作用下形成的。

图7-12　辽宁建平牛河梁红山文化"女神庙"遗址及出土女神头像

---

① 孙守道、郭大顺：《牛河梁红山文化女神头像的发现与研究》，《文物》1986年第8期。
② 中国科学院考古研究所甘肃工作队：《甘肃永靖大何庄遗址发掘报告》，《考古学报》1974年第2期。

（三）信仰和社会发展

在考古学研究中，探讨宗教信仰与意识形态及其对于文化变迁与社会发展的影响作用，需要以物质文化遗存所构建的文化背景为基础，进而与历史文献记载及民族学资料进行详细类比，深入分析相互间的异同，才有可能做出合理的解释，或者能够重新认识和理解某些历史文献记载的真谛。

例如，以考古学所构建的宏观文化背景为基础，重新审视古代的某些神话传说，也可一定程度地说明宗教信仰对于社会发展的影响作用。诸如"天生玄鸟，降而生商"的"感生"故事，事件本身可能是历史事实，而事件内容却非历史真实。从考古学的角度分析，这些感生人物往往都是男性英雄人物，其母系祖先明显具有现实社会中普通女性的一般特点。尤其汉高祖刘邦感天而生的故事，更加清楚地揭示出了此类事件的社会历史意义。其母刘媪"梦与神遇。是时雷电晦冥，（父）太公往视，则见蛟龙于其上。已而有身，遂产高祖。"① 刘邦之所以"感天而生"，原因就在于出身低微，有别于贵族出身的项羽。因此，感生故事实际就是以不真实的内容掩盖真实的目的，借助宗教信仰来渲染和神化王族的父系血统，通过"天人合一、王权神授"的宗教外衣确立王权的合法地位和感召力，从而达到迅速建立或维持社会秩序的终极目标。②

另外，从秦末的陈胜、吴广到太平天国的洪秀全，中国历史上的农民战争也多是借助宗教的号召力，足以说明宗教信仰或意识形态对社会发展的影响作用。当然，宗教信仰不是建立和维持社会秩序、推动文化和社会发展的唯一途径，甚至在特定历史阶段还会产生阻碍作用，就像神学统治下的欧洲中世纪等。

无论如何，基于对意识形态即思想文化研究的重视，考古学界也会像民族学、历史学那样，不断地取得一系列重要进展。特别是包括人类遗骸在内的实物遗存，可以有效唤醒对人的生物特征的高度关注。换言之，人的社会性特征是以生物性特征为基础的，并直接制约着人类的基本行为特征和思想观念等。一味地强调社会性特征而忽略了生物性特征，相关的研究和认识难免失之偏颇。只有通过对生物特征的深刻认识，才能更好地把握人的社会性特征（包括思维方式或意识形态）。人类社会的和谐发展和"人类命运共同体"的构建，似乎都需要寻求生物性特征与社会性特征的最佳平衡机制。

思考题：

1. 从汉字"王"字的形成解析王权符号的象征意义。

---

① 司马迁：《史记》卷八《高祖本纪》，中华书局 1959 年版，第 341 页。
② 钱耀鹏：《感生故事与早期政权的更迭》，《中原文物》2006 年第 3 期。

2. 从认知方式分析宗教的形成原因及其作用。

3. 试析习俗发展演变的过程和主要原因。

4. 中国古代礼制是否具有借鉴意义？

▶ 拓展阅读

第八章　遗址保护与公共考古学

人类文化与社会进步的加速度发展，关键在于知识的积累、传承与创新。国际社会早就以"遗产"的理念来认识和看待人类文化，并以物质文化遗产和非物质文化遗产加以区分。而考古学中的文化遗存无不属于物质文化遗产的范畴，具有不可再生的资源特性。因此，考古学家不仅需要关注考古遗产的价值认知，还要高度关注考古遗产的价值传承和实现。遗产的保护和管理是其价值传承与实现的基础，而广泛的社会参与则是保证遗产价值得到传承、实现的重要手段，从某种意义上说，社会参与遗产保护、管理、传承在未来国际文化遗产保护中将会越来越重要。就社会意义而言，考古学不是考古学家的考古学，而是社会的考古学、公共的考古学。

第一节　考古遗址的保护与利用

考古遗址既是考古学的重要研究对象之一，也是人类物质文化遗产的重要组成部分。就中国而言，幅员辽阔，环境多样，在悠久的历史发展进程中，形成了丰富多样的古文化遗址。考古遗址既是人类历史发展进程中各类事件（政治、军事、经济、文化等）的直接见证，也是构成中国历史文化遗产的主体。它们不仅承载着中国文化遗产的特色和优势，也充分展现出中国古代文明的丰富内涵。面对这些历史文化资源，相关的保护管理与开发利用工作无疑任重而道远。

一、管理和制度

（一）保护现状和思考

面对丰富多样的古代遗址，可以从不同的角度进行遗址类型的划分，以便研究和管理。通常，可以根据具体的研究目标，选择最能体现研究目的的突出特征作为分类标准，以便获得最佳的分类结果。根据《中华人民共和国文物保护法》，古文化遗址、古墓葬、古建筑、石窟寺、石刻、壁画、近代现代重要史迹和代表性建筑等不可移动文物，根据它们的历史、艺术、科学价值，可以分别确定为全国重点文物保护单位，省级文物保护单位，市、县级文物保护单位。根据研究需要，也可以按照考古遗址的现存状态，分为地面遗址和地下遗址两大类；按照考古遗址的性质或功能，分为聚落遗址（包括城址）、手工业遗址、宗教遗址、军事遗址等；按照文字的产生与否，分为史前遗址和历史时期遗址等。

考古遗址是古代文化的有机集合体，承载着历史，描绘着历史文化及其演进过程，具有十分重要的学术和社会价值。换句话说，考古遗址本身就是人类历史发展过程的产物，保存着各种人类活动的历史印记，往往可以直接反映当时的自然环境和社会的政治、经济、科技、军事、文化等状况。考古遗址的核心或灵魂就在于它所拥有的历史文化价值，并成为衍生其他相关价值的重要基础。几乎每个考古遗址本身，都包含着有关自然环境（人地关系）、时代发展和文化传承等诸多特有的历史文化信息，文化价值不言而喻。考古遗址中的各类遗迹遗物，都是人们利用当时所能得到的材料及其所掌握的技术创造出来的，分别从不同侧面揭示出人类的知识水平和利用、改造自然的能力，是那个时代科学技术与生产力发展水平的重要标志，能够为重新认识古代先民的技艺与智慧提供可靠依据，所以各类遗存所承载的工艺技术就是古代科技遗产的宝库。进而，考古遗址所承载的历史文化信息，常常可以使之成为精神文明建设的重要基地，从而拥有爱国主义教育、提高民族自信的社会功能。考古遗址一旦成为可供社会公众通过观赏、体验、学习、休憩等方式共享其历史、艺术、科学价值的场所时，文化旅游方面的经济价值也就随之显现。

考古遗址属于不可再生的文化资源，无论其时代、性质、功能和具体文化特征如何，首先需要加以保护。如果具备良好的文化开发价值，可以在充分论证的基础上合理地开发利用。而考古遗址一般都占据一定的空间，无论遗址保护还是开发利用，往往都与所在地的社会经济发展息息相关，因此受到当代社会发展和人口、资源、环境等因素的巨大影响。尤其是社会经济的快速发展，使得考古遗址与经济建设时常联系在一起，触及经济发展的诸多领域。而且，公共媒体的关注与宣传，也使得考古遗址以各种形式进入社会公众的视野，并在一定程度上影响了考古遗址的保护。因此，处理好考古遗址与经济建设、社会发展的关系，已经成为考古学研究和考古遗址保护所面临的重要问题之一。

基于考古遗址的地理位置、内涵特征、保存状况、文化开发价值等方面的差异，使得它们在社会经济发展中扮演着不同的角色，境遇也因此而大不相同。随着时间的推移，考古遗址除了因自身属性（如土遗址、土木及土石遗址等）而逐渐风化剥落，以及风蚀、冻融、暴雨、地震等自然因素的影响外，那些对促进经济发展推动力较大或尚未对社会经济发展产生阻滞作用的考古遗址，或被当地政府和群众积极保护、适度利用，或依然幸运地沉睡于大自然的怀抱。然而，也不乏一些考古遗址因保护需要而暂时影响民生工程、城市化进程或者区域经济发展，这些遗址的命运就千差万别。在文化遗产保护意识薄弱的情况下，或者被逐渐蚕食，或者已经遭到严重的破坏。这些消极因素直接影响了考古遗址及其背景环境的保护，不同程度地破坏了考古遗址的历史、科学和文化价值，有碍于社会经济与遗产保护的协调发展。

随着改革开放、市场经济体制的逐渐建立，在城镇化发展、大型建设工程和旅游开发的过程中，无可避免地引发出遗址类文化遗产保护的种种问题与矛盾冲突。尤其 20 世纪 90 年代以来，随着中国经济步入了一个快速发展的现代化建设高潮，考古遗址保护面临的挑战和困难与日俱增。由于一些地方政府、工程单位及社会公众的文化遗产保护意识不足，大规模的基本建设使一些考古遗址逐渐被城镇现代化建筑所蚕食，或者造成过度商业化和现代化的周边环境与考古遗址极不协调的景观。毋庸置疑，伴随着城镇化高速发展和基本建设的快速推进，如何科学合理地协调和解决相关古代遗址及其背景环境的保护问题，已经刻不容缓。

然而，中国目前对于考古遗址保护管理的体制研究还不够深入，保护管理机构的设置形式多样，缺乏统一、规范的标准；不同的遗址管理模式差别较大，效果也各不相同。有些考古遗址管理机构及其管理模式、体制等，明显难以满足现阶段文物保护工作的实际需要。具体来说，中国遗址类文化遗产的保护和管理，并没有形成相对独立的有效运行机制和管理体系，而是沿袭了文物管理体制下的行政管理体系和管理理念。尽管文物保护管理工作的方针是"保护为主，抢救第一，合理利用，加强管理"，但保护管理与开发利用还需要进一步协调。而且，遗址类文化遗产的保护长期偏重于技术性保护，而管理性保护的可行性和有效性明显不足；相关的管理机构往往偏重于文化遗产的科研功能，对于价值认知的重视程度远远超过了价值传承和价值实现，致使教育和展示功能的技术手段单一、设施落后；有的仅仅作为爱国主义教育示范基地，服务对象局限于专家学者和学生，没有充分担负起面向全社会公众传播民族历史文化的神圣责任。

因此，科学、有效、可持续的保护管理，已经成为考古遗址日常管理的迫切需要。而实现这一目标的前提条件之一，就是传统的保护管理与开发利用关系理念的转变。事实上，20 世纪 60 年代以来，一些相关的国际宪章和世界遗产公约就提出并不断倡导一种理念：文化遗产背景环境是遗产文化价值的主要组成部分，强调遗产保护与当地社会发展密不可分，而两者的有效结合必定是地区发展和国家各级规划的一个基本方面。2005 年 10 月，国际古迹遗址理事会第 15 届大会的会议宣言，即《西安宣言——保护历史建筑、古遗址和历史地区的环境》的核心，就是阐述遗址及其背景环境的协调问题。针对中国考古遗址周围环境治理远远落后于遗址本身的维护力度这一现状，国内有学者提出，遗址保护必须坚持遗址背景环境保护与社会和谐发展相协调，与生态环境保护相结合，达到保持文化遗产的完整性和真实性。考古遗址保护需要充分考虑如何促进当地经济社会发展，改善民生的问题，保护和利用应是相辅相成而非完全对立的矛盾关系。具体而言，遗址保护需要充分整合遗址区域的各种有效资源，把遗址保护、展示与环境保护、生态保护、地方社会经济发展、居民生产生活改善有机结合起来，通过遗址保护一定程度地拉动区域经济、促进社会发展并有效惠及民生。目前，"积极保护、合理利用是更高层次保护"的科学发展理念，已经逐渐为一些地方政府所接受。

不仅如此，考古遗址保护还应遵循人人保护、人人共享文化遗产资源的原则。在保护方式上，应积极倡导"从专门的专业保护到社会参与保护，从单一的行业保护到各级政府保护，从被动的限制性保护到主动的引导性保护"等新的理念。可以设想，如果把考古遗址作为一项文化、生态和旅游系统工程，实施保护性开发利用，成为城市功能区和城市文化建设的有机组成部分，遗址保护也就有效融入了城市经济与社会发展之中，从而惠及广大公众；同时，在促进经济发展与文化建设的基础上，也有利于地方政府与社会公众支持和加强考古遗址保护，从而实现文物保护与经济社会和谐发展、群众生产生活水平不断提高的多赢局面。这样，也就使得考古遗址保护与利用相辅相成、相得益彰。

在上述理念的指导下，随着国家和社会对文化遗产保护的不断重视，考古遗址的保护与利用也在实践中不断发展进步，国家考古遗址公园应运而生。它是指以重要考古遗址及其背景环境为主体，具有科研、教育、游憩等功能，在考古遗址保护和展示方面具有全国性示范意义的特定公共空间。它转变了保护管理与开发利用的关系，让考古遗址与城市协调发展。

在大明宫考古遗址保护示范园区和大明宫遗址公园的建设中，就密切结合了西安市城市建设总体规划和北部棚户区改造工程规划。在大明宫国家遗址公园建设的带动下，以组织大型企业参与土地开发为主导，以"整体拆迁、整体建设"为保障，以改善居民生活水平、提升城市品质为宗旨，将大明宫遗址保护与遗址周边城市建设结合起来，积极探索考古遗址带动城市发展的新模式，开辟了考古遗址保护和利用的新路径。

首先，国家大力支持文化遗产保护事业，形成考古遗址保护新格局。自"十一五"以来，国家加大了对大遗址的保护和投入力度，加强了对我国重要历史文化片区、线路和150处大遗址的重点保护利用，以此为支撑，构成了大遗址保护格局，取得了显著的成效。2009年，国家文物局创新性提出了国家考古遗址公园的理念，截至2017年，共公布了三批36家国家考古遗址公园，并发布《国家考古遗址公园创建及运行管理指南（试行）》（2017），指导国家考古遗址公园的建设发展。党的十八大以来，习近平总书记就传承中华优秀传统文化、增强文化自信、加强文物保护发表了系列重要论述，2016年，国务院发布《国务院关于进一步加强文物工作的指导意见》，将一批文物领域重大项目、重大工程、重大政策纳入"十三五"国家规划及专项规划。

其次，新理念带来新机遇。除了实施具体的保护措施之外，我国在文化遗产保护利用方面还不断倡导新的保护理念，利用新技术，让"沉睡的"古遗址走进人们的生活。自2006年起，将每年6月的第二个星期六定为中国"文化遗产日"，我国每年都在全国范围内开展不同主题的文化遗产日活动，并推行开放共享的文物利用理念，鼓励具备条件的文物保护单位、史迹遗址对公众开放，对文化遗产的保护和宣传起到很大的作用。2013年，习近平总书记在重要讲话中提出"要系统梳理传统文化资源，让收藏在禁宫里的文物、陈列在广阔大地上的遗产、书写在古籍里的文字都活起来"①，"让居民望得见山、看得见水、记得住乡愁"② 等理念，都为文化遗产保护带来了新的动力和保障。2015年，李克强总理在政府工作报告中首次提出"互联网+"行动计划，给文化遗产保护传承起来带来了机遇。在2016年召开的全国文物工作会议提出并启动"互联网+中华文明"行动计划，诠释了"互联网+文物文创产品""互联网+文物教育""互联网+文物旅游""互联网+文物素材创新"等，通过互联网，考古遗址的历史文化价值以快速、灵活、创新的方式走入人们的生活。

第三，前所未有的国际交流局面。自2013年9月习近平主席提出"一带一路"倡议以及丝绸之路申遗成功以来，我国和沿线多个国家开展了15个境外联合考古项目，加强不同国家文化之间的交流与合作，在"十三五"期间，继续拓展文物对外交流。同时，加强与香港、澳门、台湾在文物领域的交流合作，促进港澳台同胞共享中华优秀文化遗产。

（二）管理体制和模式

20世纪50年代，中国遗址类文化遗产管理逐步形成了以地方政府管理为主、专业管理为辅的管理体制和模式。各省、市、自治区设立直属的文物管理委员会（简称文管会），由文教机构和民政机构联合组成，地方文物管理委员会的经费由当地人民政府负担。对于有特殊重要价值的遗址，中央人民政府文化部直接在该地区设立文物管理所，或会同中国科学院（考古研究所）设立相关研究机构。这一时期地方文管会的管理权限很小，后因考古发掘和保护的需要，有的文管会或博物馆下设考古队。在一些地区，文管会模式一直沿用至今。

随着1961年国务院公布第一批全国重点文物保护单位，各地陆续成立了文管所或由文化（文物）部门代管的基层管理机构，以管理这些国保单位的遗址类文化遗产，并接受地方政府的行政管理。20世纪80年代后期，尤其第三批国保单位名单公布后，各省、市、自治区逐步成立了遗址保护管理机构，具体负责遗址的

① 《习近平谈治国理政》，外文出版社2014年版，第161页。
② 《十八大以来重要文献选编》（上），中央文献出版社2014年版，第603页。

日常管理和保护工作。而国家文物局则是中国遗址类文化遗产管理的最高职能部门。1998 年 3 月，国务院明确规定，国家文物局归属文化部管理，是国务院下设的统筹规划管理全国文物工作的政府职能部门。

中国遗址类文化遗产管理体制的构成主体是文物管理体制，迄今依然实行双轨并行的分级属地管理体制，可分别概括为"条状管理"和"块状管理"系统。业务上采取自上而下的多级垂直管理系统，即中央政府文化部及国家文物局——省级文化厅及文物局——市（地区）级文物局或文物处——县级文管所，形成多级纵向管理体系。行政上采取分级横向管理系统，即各级管理机构分别接受所属地方人民政府的行政管辖，形成多级横向管理体系。在这种条块管理的宏观体制下，一方面，遗址类文化遗产管理机构在行政上隶属于地方文化（文物）部门，接受其专业上的业务指导；另一方面，遗址类文化遗产的保护管理分属于地方政府的其他部门，如城建、规划、土地、公安、工商、税务、宗教等部门也负有相应的管理职权，是横向分部门管理。它们共同构成了遗址类文化遗产保护管理中的纵向分级与横向分部门的交叉管理格局。

各省、自治区、直辖市和市、县政府均设立负责文物保护的行政机构，管理保护本行政区内的遗址类文化遗产。有的省文物管理业务（包括遗址类文化遗产的保护和管理）隶属于省文化厅（省政府组成部门）文物处（省文物管理委员会办公室），如湖南、江西、广东等 27 个省区；有的省文物管理业务隶属于文物局（省政府直属机构），如陕西、山西等 4 个省区。相应地，地（市）级文物管理业务沿承省级的业务管理体系。中央、各省和一些市、县还设有文物考古研究所、博物馆、古建筑保护研究所等文物事业单位，也承担本地区遗址类文化遗产的研究、收藏、保管和展示工作。

中国考古遗址的基层机构和日常管理，长期以来主要沿用文管所或遗址博物馆实施遗址保护的行政监督、文物部门联合地方各相关职能部门进行文物保护执法的管理模式。这种模式在考古遗址保护中发挥了重要作用，但也存在着相当多的体制问题。如对跨行政区的考古遗址，没有统一的行政机构全面负责文物保护；条块分割，多头管理，各管理部门和机构的协调和平衡比较困难；责权不对称，职能单一的文物行政管理部门难以处理复杂的管理问题；遗址保护的资金渠道单一，大多以财政拨款为主，没有形成有效的激励制度，难以吸引社会资金参与文物保护；专业人才供不应求等。因此，当地方经济发展与文物保护发生矛盾时，一些地方政府和相关部门往往以经济发展为首要目标，遗址保管所和遗址博物馆因权限制约而无法有效地进行管理和协调。

针对这一情况，有学者根据北京十三陵、浙江良渚遗址等地区考古遗址保护的成功经验，提出应在西安、洛阳的考古遗址群地区集中设立"国家考古遗址保护特区"。针对西安、洛阳考古遗址比较集中的区域，由陕西、河南两省调整原有的行政区划，成立考古遗址保护特区管理委员会，负责管理考古遗址保护特区范围内的文化遗产保护与城乡规划、经济发展、社会管理等工作，对考古遗址保护特区实行统一规划、统一建设、统一管理。考古遗址保护特区管理委员会要以文化遗产保护为中心，通过合理规划建设遗址区以外的城市发展空间，分流考古遗址保护区内的人口和产业；通过大型遗址公园和文化遗产园区的建设，改善当地人文景观和生态环境，借以提升周边可建设用地的综合效益，使当地公众直接受益，并"反哺"考古遗址保护，实现考古遗址保护区与周边地区的全面和谐发展（图8-1）。

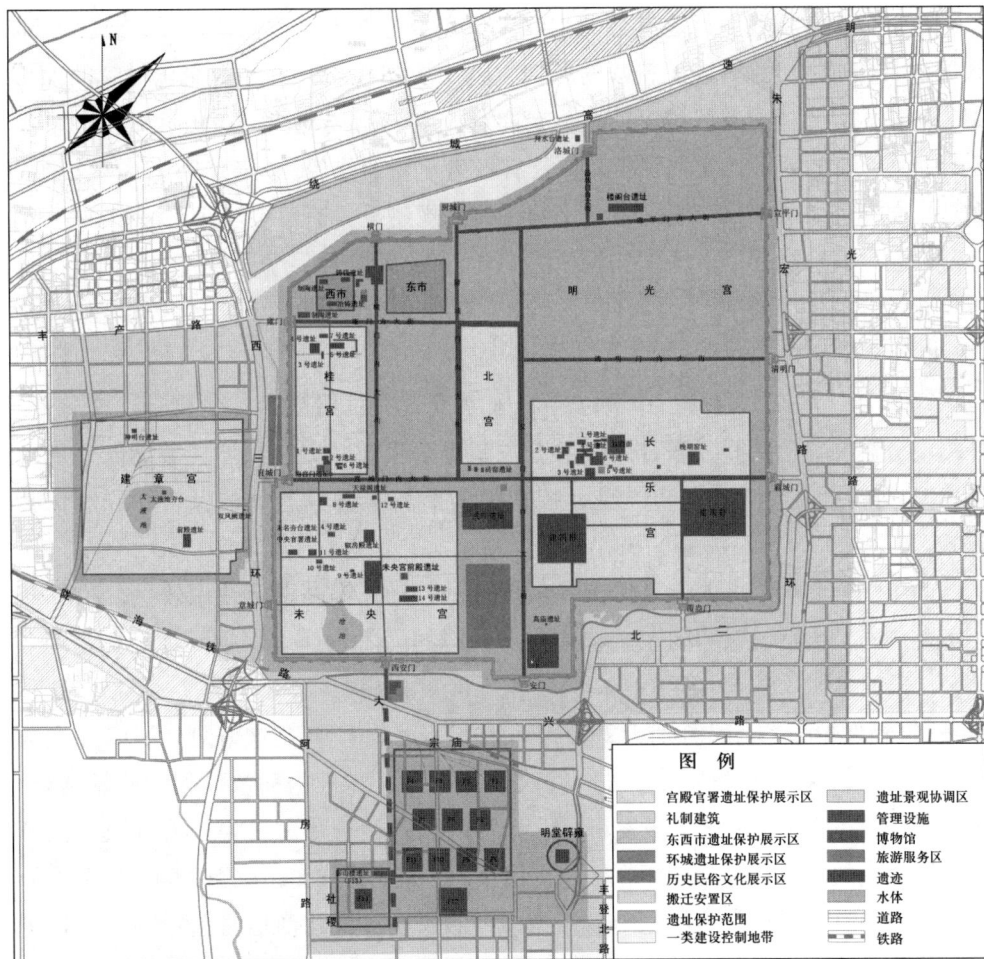

图 8-1　西安汉长安城遗址保护总体规划图

（三）法律制度建设

相对完善的法律制度是考古遗址有效管理的重要保障，中国特色文物法律体系的形成以文物保护法的制定和修订为标志。1961年国务院颁布《文物保护管理暂行条例》，1982 年全国人大常委会通过《中华人民共和国文物保护法》，该法是我国文化领域第一部专门法律，为之后的文物法规、规章制度和规范性文件的制定提供了上位法依据。1997 年国务院在《关于加强和改善文物工作的通知》（国发〔1997〕13 号）中，要求各地、各部门将文物保护纳入经济和社会发展计划，纳入城乡建设规划，纳入财政预算，纳入体制改革，纳入各级领导责任制，称为"五纳入"，把各级政府保护文物的责任进一步具体化。

2002 年《中华人民共和国文物保护法》进行第一次修订，与 1982 年《文物保护法》相比，它在加强文物行政、管理职权和明确文物行政部门及政府有关部门的行政执法主体地位与执法权等方面都较原法有了很大的发展。更重要的是，新法把长期以来在实践中行之有效的文物工作指导方针上升为法律准则，把"五纳入"的具体要求分别写进了新法的条文，将历史文化街区、历史文化村镇的保护纳入法律内容，标志着我国开始建立起单体文物、历史地段、历史性城市的多层次保护体系。这对我国文物保护工作具有极为重要的作用，是对 1982 年《文物保护法》的继承、发展和完善，自此文物法律法规建设提速发展。在此法律框架下，还颁布了《中华人民共和国文物保护法实施条例》（2003 年）、《关于加强我国世界文化遗产保护管理工作的意见》（2004 年）、《世界文化遗产保护管理办法》（2006 年）等法规和文件。

2003 年，国家文物局、中央编办、国家发改委、财政部、建设部、文化部、国家税务总局等七部委，联合发布了《关于进一步做好文物保护"五纳入"的通知》（文物办发〔2003〕26 号），特别强调要加强考古遗址的保护手段和保护方式。

为了加强和规范考古遗址保护专项资金的管理，提高资金使用效益，2005 年国务院颁布了由财政部和国家文物局负责解释的《考古遗址保护专项经费管理办法》。

《文物保护法》后又分别于 2007 年、2013 年、2015 年三次修订，2017 年完成第五次修订，这次《文物保护法》修改是为了进一步推进简政放权、放管结合、优化服务改革，更大程度上激发市场、社会的创新创造活力，为"放管服"改革破除制度上的障碍。这次修订涉及《文物保护法》6 处条文，对于文物保护单位原址保护、国有文物收藏单位之间借用馆藏一级文物、文物商店售前审核等工作进行了相应规范，比如：将第二十条第二款修改为："实施原址保护的，建设单位应当事先确定保护措施，根据文物保护单位的级别报相应的文物行政部门批准；未经批准的，不得开工建设。"进一步确定了遗址安全与隐患预防的重要性，这次修订进一步完善了文物保护的相关内容，对于文物保护工作具有重要的意义。

除了法律建设，还出台了配套部门规章和规范性文件，如《关于推动文化文物单位文化创意产品开发的若干意见》（2016 年）、《大遗址考古工作要求》（2013年）、《关于促进文物合理利用的若干意见》（2016 年）、《关于进一步加强文物工作的指导意见》（2016 年）等，用以指导文物工作。

各地也加快制定文物保护地方性法规。一些地方政府曾制定了针对遗址类文化遗产的保护条例，如西安《周丰镐、秦阿房宫、汉长安城和唐大明宫遗址保护管理条例》《河南安阳殷墟保护管理条例》《杭州良渚遗址保护管理条例》《周口店遗址保护管理办法》等。近年来，各地方政府依据国家法律法规及政策结合自身实际情况制定相关的地方性法规，如《陕西省政府关于进一步加强文物工作的实施意见》（2016 年）、《陕西省石峁遗址保护条例》（2017年）等。

在国家"十三五"规划中，要求进一步完善文物法律制度，健全文物政策措施，推动制定配合文物法律法规实施的部门规章及规范文件，同时，根据《国务院关于修改部分行政法规的决定》，对《中华人民共和国文物保护法实施条例》和《历史文化名城名镇名村保护条例》中的部分条款进行修订，深入推进文物领域"放管服"改革，简政放权，转变职能，优化文物行政审批流程，更新文物行政审批事项服务指南，加强事中事后监管。政府将继续深化改革、完善管理体制，文化遗产保护也将更加科学合理。还要继续开展普法工作，鼓励社会力量参与文物法制宣传建设工作。加大层级监督，强化文物行政执法督察，坚决制止"法人违法"现象的再次发生。

二、保护和规划

中国历史悠久，考古遗址数量大、分布广、类型多，又跨越不同的自然地理带，虽然有文物保护相关法律、法规和条例，仍然不能很好地解决考古遗址的保护问题，考古遗址保护与区域社会经济发展之间还存在着许多矛盾。

解决这一问题的有效方法就是针对具体的考古遗址，编制科学合理的保护规划，直接为考古遗址的保护利用提供对策。考古遗址规划是指为了更好地保护考古遗址，根据其本身属性和所处区域的自然、经济、社会条件，在考古研究的基础上，以遗址价值为导向，以保护为基础并充分发挥遗址的价值，通过遗址的保护和解读，让更多的人了解遗址、关心遗址、保护遗址，让遗址与区域发展紧密结合，永续发展。考古遗址规划是保护和管理考古遗址的基本依据，是保证遗址安全的前提条件，是实现遗址价值的重要手段。20 世纪 90 年代中期，中国逐步开始了考古遗址的保护规划工作，迄今已完成了一大批考古遗址的保护规划，为中国考古遗址保护工作提供了针对性强、科学性高的管理对策，较好地解决了考古遗址的日常管理和保护发展问题，具有积极的意义。

考古遗址保护规划是针对考古遗址的专项规划，是在文物法等法规文件的基础上，对某个考古遗址的具体安排和针对性管理措施。因此，在考古遗址保护规划中，要充分调研，认真分析，力求能够全面准确地掌握考古遗址价值和存在问题，并结合遗址所在区域的发展水平等因素，做出具有针对性、前瞻性和可操作性的保护规划，以规范和保障考古遗址的保护管理工作。

2004 年 7 月 21 日，国家文物局审议通过《全国重点文物保护单位保护规划编制审批办法》和《全国重点文物保护单位保护规划编制要求》。2004 年 8 月 2 日正式颁布实施，成为考古遗址保护规划的纲领性文件，极大地促进了中国考古遗址保护事业的发展。按照编制要求，文物保护单位保护规划设计成果应包括：规划文本、规划图纸、规划说明及基础资料汇编等内容。

规划文本要求能表达规划的意图、目标和对规划的有关内容提出的规定性要求，文字表达应当规范、准确、肯定、含义清楚。规划图纸要用图像表达现状和规划内容，清晰准确，图例统一，图纸表达内容应与规划文本一致。规划说明应包括文物保护单位的价值与重要性、现状、管理等各项评估的详细内容，论证规划意图，解释规划文本等。基础资料汇编包括有关文物保护单位的各类基础资料与规划依据等。

配套实施的审批办法进一步规范了考古遗址的保护规划工作。文件要求尽可能减少对文物本体的干预，保存文物本体的真实性，注重文物环境的保护和改善，保护文物本体及其环境的完整性；做好前期调研和评估工作，充分考虑文物本体的组成要素及其环境的历史格局，提高保护措施的科学性、前瞻性和可操作性；坚持科学、适度、持续、合理地利用，统筹协调文物保护与地方经济发展的关系。

考古遗址保护规划在中国尚属新生事物，还没有形成独立的理论和方法体系。因此，目前的规划工作基本都是在城市规划理论框架下进行的。按照城市规划的分类方式，考古遗址保护规划也可分为总体规划和详细规划两个层次。

考古遗址总体规划通常以考古综合研究为基础，确定考古遗址性质、规模和空间布局形态，统筹制定考古遗址整体保护对策，合理安排各项保护工程和基础设施，协调好保护与区域发展的关系，处理好远期与近期的关系，以指导考古遗址的保护管理工作。

考古遗址详细规划则以总体规划为依据，对一定时期内考古遗址的土地利用、空间环境和各项保护工程进行具体的安排。主要是确定考古遗址保护范围或者建设控制地带内的土地功能，详细规定各类用地的各项控制指标和规划管理要求，或直接对保护展示项目做出具体安排和规划设计。

考古遗址的保护规划必须由具有相应资质的机构来编制。按照国家文物局《文物保护工程勘察设计资质管理办法》的有关规定，文物保护工程勘察设计资质等级分为甲、乙、丙三级和暂定级。甲级资质单位可承担所有级别文物保护工程的勘察设计项目，乙级资质单位可承担工程等级为二级及以下的勘察设计项目，丙级资质单位可承担工程等级为三级及以下的勘察设计项目，暂定级资质单位可承担工程等级为四级的勘察设计项目。

目前，中国参与考古遗址保护规划的人员主要有考古、文物保护技术、城市规划、古建设计等不同专业方向的人员。由于专业知识和理念的差异，不同的考古规划编制工作机构及参与人员，往往对考古遗址的理解等存在着较大差异。考古和文物保护技术专业人员，通常比较重视考古遗址的保护，对考古遗址的价值认知准确，能够科学分析并很好地解决日常保护管理中的问题，更好地保障遗址安全；而城市规划或者古建设计专业人员则比较注重考古遗址规划中的展示设计，力图通过展示充分发挥考古遗址的现实效益，进而促进考古遗址的全面保护。无论是遗址的价值保存，还是遗址的价值实现，对于考古遗址本身而言都非常重要。所以，在审定考古遗址的保护规划编制成果时，往往会出现难以抉择的情况，也存在一些相对主观的判定。因此，在考古遗址规划中，急需编制具有可操作性的、科学合理的规范要求，以矫正不同专业人员编制规划的差异，同时也需要不同专业人员组成综合规划编制团队。2017 年，为了适应文物保护新形势的需要，充分发挥保护规划在文物整体保护、环境风貌控制、文物展示利用等方面的重要作用，国家文物局组织相关单位开始对《全国重点文物保护单位保护规划编制要求》进行修订。通过不断完善使中国考古遗址规划工作更加科学，更符合考古遗址保护管理的实际需要。

无疑，考古遗址规划编制方案的具体实施同样重要。科学合理的规划还需要具体有效的贯彻实施，否则便是一纸空文，无法产生任何实际的效益。对那些遗址分布面积大、包含遗存众多，编制文物保护规划可以制定有针对性的保护策略，对保护范围内的遗址进行有效的统一管理，及时解决遗址保护的隐患。比如，辽宁牛河梁红山文化遗址群、集安高句丽王城及贵族墓葬遗址、无锡鸿山遗址等，都属于面积大、遗存丰富且分布广泛的遗址，文物保护总体规划的制定保证了遗址整体性，最大限度地保留遗址历史文化信息，防止遗址出现破碎化。

目前，中国考古遗址规划基本依赖政府实施。由于中国正处于经济快速发展阶段，无论是可用资金还是政府的精力，都显不足。因此，许多理想的规划方案一时难以实施，造成资源浪费并使很多考古遗址的保护管理工作受到影响。另一方面多种规划并行，没有统一衔接，造成矛盾，导致文物保护工作不能有效进行。针对这一情况，国家开始推行"多规合一"。2015 年国务院先后批准设立 14 个国家级新区，在规划编制和实施的过程中都具备"多规合一"的良好条件，将文物保护规划与城乡规划、生态环境保护规划、土地利用规划等多个规划相互融合，实现一个地区一本规划、一张蓝图，解决现有的多个规划自成体系、内容冲突、缺乏衔接等问题。

考古遗址保护规划编制实施问题的解决，是一个庞大的系统工程，需要建立在长期探索的基础之上。目前，国家可制定《考古遗址保护规划基本规范》，要求考古遗址保护规划应该明确考古遗址的保护范围，可以采用制图形式，在地图上标明具体的保护界限。考古遗址总体规划应该明确保护范围内禁止从事和发展的产业，保护区内什么是可以经营的，什么是不可以经营的，哪些范围应该完全保护，哪些范围应该一般保护，设定严格的界限和标志，而不是所有保护范围内都进行封闭式管理。国家应出台考古遗址保护的相关法律法规，保障考古遗址保护规划的实际执行力，建立考古遗址保护规划执行监督机制。考古遗址保护规划应由地方人大审议通过，获得和城市发展总体规划同等的法律约束力。以立法的形式明确考古遗址的保护范围、保护方法、建设控制地带和重要遗址点，并将考古遗址保护规划纳入当地的社会经济发展规划、城乡建设规划和土地利用规划，促使地方政府把当地社会和经济发展与考古遗址保护结合起来。为了督促考古遗址保护规划的执行，应该明确国家文物局为保护规划的审批和执行监督机构。

三、开发和利用

文化遗产保护的目的，不应是盲目地保护，更不能为保护而保护，而是为社会文明的发展服务的。习近平总书记在十九大报告中提出要加强文物保护利用和文化遗产保护传承，从国家层面上再次强调了文化遗产保护、利用、传承的重要性。考古遗址作为一种特殊的文化遗产，主要特征之一就是其不可再生性，无论损坏还是破坏，都意味着永远的消失，因而需要长期持之以恒的保护管理。考古遗址本身具有不可移动性、不可复制性和不可替代性等，因而不可能像其他可移动文物那样异地保护（如博物馆馆藏保护），在区域经济发展过程中具有不可跳跃性，其开发和利用必须在原地进行。

在考古遗址保护尤其相关材料和技术手段不够成熟的情况下，长期执行的是严格而单一的保护措施，限制任何可能不利于遗址保护的开发利用。这种限制开发的保护性措施无可厚非，保护作用也无可置疑，却极大地限制了考古遗址的价值实现，有碍于遗址区经济发展与文化建设。而限制性保护的结果之一，就是遗址区经济相对于遗址区外经济的巨大落差。即便是短时期的不均衡发展，也会造成地方政府和公众对遗址保护的冷漠乃至反感。如果长期得不到较好解决，难免引起整个区域经济发展的不均衡甚至出现局部经济落后，同时遗址保护也会成为地方政府的沉重负担。因此，坚持以保护主导开发、以开发促进保护的原则，科学合理地开发利用考古遗址，不仅有助于促进区域社会经济发展，也有助于提高当地政府和民众的保护意识和积极性。

目前，中国相关部门和机构已经开始了这一方面的探索。尤其在考古遗址的开发利用模式方面，一是国家投入资金用于考古遗址的保护与管理工作，通过国家的初始资金投入，有效地解决考古遗址保护资金不足、缺乏投资吸引力的困境，以确保考古遗址的有效保护和社会服务功能，同时可以通过后期的运营收入逐年收回投入资金，比如秦陵博物苑、故宫博物院。二是政府主动引入大型企业参与考古遗址的保护项目中，企业在投资遗址本体区域保护工程和环境优化、美化的同时，可以获得周边一定区域的土地开发权，通过考古遗址周边区域的运营开发，弥补其为考古遗址保护所投入的资金，并获得相应的利益回报，如大明宫、良渚遗址的保护开发，充分运用市场手段弥补大遗址保护和利用的资金缺口。三是政府作为主体投资方，投入大量资金用于考古遗址保护项目和周边环境的优化、美化，并作为城市绿地和市民的休憩场所，向公众免费开放。而由于考古遗址本体环境优化、美化所产生的周边效应，提升了周边区域的土地附加值。当地政府可以借由周边区域的地产开发等措施，间接获得因考古遗址保护所产生的经济回报和收益，进而提升区域社会文化品质。例如，2018 年开放的西安天坛遗址公园，以保护遗址为前提，按照合理的服务半径建设占地约 35 亩的天坛遗址公园，利用天坛遗址位于城市建成区的客观现实和它作为文化遗产资源的独特性，建成免费向公众开放的文化休闲公园。四是通过引导和扶持民营企业参与考古遗址的保护项目中，鼓励民营企业先期投入资金，实施考古遗址保护项目，而民营企业可以通过对周边区域的商业开发，以获得其投资回报。如西安大唐西市遗址，遗址保护利用都由民间企业投入资金，并通过周边商业开发，反哺遗址保护利用。

在遗址类文化遗产保护和管理的资金投入机制上，也进行了诸多有益尝试。坚持考古遗址保护的公益性，加大对考古遗址保护的投入力度，坚持"政府主导、国家保护为主，广泛动员、吸引国内外社会各阶层共同参与"的原则，积极争取中央财政支持，不断增大各级地方政府投入，拓宽融资渠道，吸引国际文物保护基金。以中央"五纳入"工作要求作为考古遗址保护的资金保障制度，考古遗址专项保护经费多由中央财政拨款，专项保护经费的配套经费由省、市财政拨款，日常管理费和在编人员工资由所属地方政府财政拨款。中央财政还设立了国家重点文物保护专项补助经费，对经济欠发达地区的重点文物保护和维修等项目给予专项补助。对区域文物资源丰富的县级以上人民政府，要求设立文物保护专项经费，用于本行政区域的重点文物保护工作。中央财政文物专项保护经费作为中央财政转移支付的一部分，虽然在中央财政转移支付的整体数量中所占比例较小，但对中国文物保护事业却极为重要，涉及每一个省、市、自治区，涉及每一处国家重点文物保护单位和每一项文物保护工程。这种资金运作方式，可以保证所有考古遗址能够获得来自中央财政和地方财政支持的专款经费。

文化遗产发展离不开国家和社会财政支持，但其自身也必须提升造血机能。比如，发掘文化遗产特色，进行文创产品的研发；发展"知识经济"；利用互联网平台打造自身文化品牌效应等，都可以为遗址自身带来经济效益，从而带动遗址区的发展，也能减轻政府财政负担。

"十二五"期间，国家确定了以六片（西安片区、洛阳片区、荆州片区、成都片区、曲阜片区、郑州片区）、四线（长城、大运河、丝绸之路、茶马古道）、一圈（边疆和海疆）为重点，150 处重要考古遗址为支撑的考古遗址保护战略，以考古遗址保护展示工程和考古遗址公园建设为主要内容，突出政府在考古遗址保护过程中的主导作用，进一步促进考古遗址保护融入经济社会发展和文化建设之中，推动考古遗址保护成果能够为全民所共享。还提出了新型城镇化建设，新型城镇化中的城市发展与文化遗产的关系密切，众多的物质与非物质遗产构成了城市特色——"记得住的乡愁"，合理的保护，方式适当的利用，可以让城市转变发展方式，体现出以文化遗产为特色的新型城镇化。

"十三五"阶段，在《国家文物事业发展"十三五"规划》中，对文物的合理利用、资金状况等多方面都做了明确要求和规划。在资金投入方面，拓宽投入渠道，提高文物保护资金使用效益，建设文物保护中央财政专项资金管理平台，发挥文物保护基金平台作用，探索开发文物保护保险产品等。

同时，研究制定文物保护补偿办法，广泛动员社会参与。推广政府和社会资本合作（PPP）模式，拓宽社会资金进入文物保护利用渠道。研究制定文物保护志愿者管理制度，培育文物行业社会组织。

在文物合理利用方面，实施国家记忆工程、"互联网+中华文明"三年行动计划、全国可移动文物资源共享工程、"一带一路"文化遗产长廊建设工程等几大工程，充分发挥文物资源的社会教育功能，传承弘扬中华优秀传统文化，彰显文物资源的比较优势，促进经济社会发展，不断满足人民对生活水平、个人发展、美好生活向往的需求。

第二节　公共考古学

公共考古学的概念是美国学者查尔斯·麦吉姆西（又译查尔斯·麦克基姆）在 1972 年出版的同名著作中首次倡导的。作者通过考古学与经济、政治、文化等不同社会元素之间的关系分析，提出了以协作方式保护历史资源的构想。公共考古学的核心在于，人们开始尝试研究考古学存在的社会价值和意义。经过几十年的发展和实践，公共考古学所倡导的公众、政府和考古学家通过合作来保护历史资源的理念得到了广泛认同。这一理念最初的产生与文物保护的紧迫性紧密联系在一起。

一、缘起和内容

（一）公共考古学的缘起

公共考古学的兴起，主要缘于三个方面的因素：考古遗产保护运动的兴起、新民族国家与本地社会群体的文化身份认同需求、文化旅游产业的发展需求。[①]

1. 考古遗产保护运动的兴起

20世纪60年代，随着经济发展不断加速，美国考古学界开始注意到许多珍贵的历史资源正面临着被破坏，甚至是被彻底摧毁的严重威胁。考古学家一方面游说政府，希望通过联邦立法加大文物保护的力度和范围，另一方面积极寻求更广泛的社会力量介入历史资源的保护。与此同时，"新考古学"的出现标志着考古学已经发展到一个全新的阶段。如何有效利用社会资源进行考古遗址和文化资源保护，成为考古学家必须思考的问题。至20世纪70年代，世界能源危机和生态危机的发生促使西方社会深刻意识到，人类活动已经造成并正在加剧环境的恶化和自然资源与文化遗产的枯竭。因此，文化遗产保护理念也随之发生了一些变化，为新的文化遗产保护和管理方式奠定了理论基础。

首先是保存理念的变化。20世纪五六十年代，考古学界意识到，考古遗存是一种有限的、不可再生的文化资源。古代遗址一经发掘就不复存在，因此应当尽可能为未来而保护这些遗产，并非现在就将它们发掘和利用殆尽。未来会出现新的理论框架、分析方法和研究技术，可以获取比现在更多、更有价值的信息。其次是整体意识理念的出现。以往，文物保护集中于个别的器物和古代建筑，常常将一些具有特殊历史意义的遗迹孤立地加以保护。20世纪70年代逐渐形成了整体意识理念，认为这些器物或古代建筑与特定的自然人文背景密不可分，它们的价值也交织在与之共生的环境之中，因此必须将周围的景观和历史作为整体保留下来（图8-2）。再次是公众意识理念的产生。文化遗产保护要有公众参与，国家在文物保护中投入大量源于纳税人的资金，因此文化资源管理必须对公众有所回报。另外，公众对于文物保护也能够发挥潜在的巨大作用，只有当他们认识到保护文化遗产的重要性时，各种保护法规才能得以有效实施。

在这些新的保护理念的推动下，20世纪70年代之后，许多国家纷纷立法以加

---

① ［英］科林·伦福儒、保罗·巴恩主编：《考古学：关键概念》，陈胜前译，中国人民大学出版社2012年版，第222—223页。

图 8-2 比萨大教堂和比萨斜塔

大文物保护的主动性和有效性。到 80 年代，欧美等发达国家以保护和管理为宗旨的"文化资源管理"已成为文物考古工作的指导方针，不断通过立法和管理措施加强文化遗产的保护力度。另外，在文化资源和考古遗址保护的各项法规中，特别规定了相关管理机构和考古学家需要承担的义务，即通过某些形式向公众介绍文化资源和考古遗址所包含的意义，使公众更好地了解人类自身的过去。同时，为防止文化资源进一步遭受破坏，考古学家也主张将更多社会力量引入考古遗址和文化资源的保护过程中。

2. 新民族国家与本地社会群体的文化身份认同需求

公共考古学兴起的第二个动因，源于新民族国家与本地社会群体对文化身份认同的社会需求。20 世纪下半叶，随着殖民体系的全面瓦解，形成了许多新的民族国家，它们力图从古代遗存中寻找本民族文化的历史根源，故而对当地"过去"的研究兴趣日益增长。与此同时，美洲等地的本地社会群体和其他少数民族群体，也要求对自身历史的真实性拥有发言权。这些运动得到了世界考古大会和一系列出版物的支持，从而使经济全球化背景下的考古学以及本土考古学的问题越来越受到关注。

3. 文化旅游产业的发展需求

公共考古学兴起的第三个动因则是文化旅游产业的发展需求。考古遗产明显具有资源性特点，文化遗产地往往是旅游胜地，具有自身的经济价值。新的考古发现，常常意味着新的旅游资源的诞生；考古研究成果的不断积累，则为旅游资源的开发提供了知识准备和论证基础。遗址博物馆的建设，依托考古遗产开发的文化旅游产品等，使得文化旅游更具生命力。类似埃及金字塔、英国巨石阵等考古遗存的开发和利用，吸引着越来越多普通公众的兴趣。当代社会及公众对古代遗存的关注，有力促进了公共考古学的兴起与发展（图8-3）。

图 8-3 埃及吉萨金字塔

（二）公共考古学的内容

1. 公共考古学的概念

就其发展历史而言，公共考古学还是一门新兴的分支学科。公共考古学的概念及其所包含的目标、范围和方法论等，还没有形成较为一致的认识（国内就有公共考古学和公众考古学两种提法）。公共考古学的提出者麦吉姆西强调："这里并没有所谓的'个人考古学'，而且任何人也不能够威胁或破坏公众了解人类过去的公共权利。"英国学者蒂姆·斯伽德勒-霍尔也指出，公共考古学是"考古活动中任何与公众有互动，或者有可能存在与公众互动的领域"。在《公共考古》期刊的创刊号中，英国学者尼尔·阿舍森进一步指出，公共考古学关注的是"当考古学不再只是存在于单纯的学术领域，而是与真实世界中的经济、政治和伦理等领域不断地发生冲突中产生的问题"①。

尽管这些定义不尽相同，但有一点是共通的，即文化资源的所有者不仅仅是考古学家，还包括了其他众多利益相关者。公共考古学中的"公共"，作为一个多元的、由不同个体所组成的群体，既是文化资源的所有者，也是文化资源的消费者，他们对文化遗产的参与权与解释权应得到充分尊重。从这个角度讲，公共考古学是指由政府管理的从公众共同利益出发的考古学，其主体可以归纳为公众、管理机构和考古学家三方。概言之，公共考古学是服务于公众兴趣的考古学研究方向，它协助立法保护古代遗存、管理博物馆收藏，并向公众展示古代历史，与

---

① Neal Ascherson, "Editorial," *Public Archaeology*, vol. 1（2000）, pp. 1—4.

开发商协商尽可能减少建设项目对古代遗存的影响。它强调考古学的公益性，尊重公众对考古活动的参与权、知情权、监督权和受益权，通过管理机构和考古学家引导和转换，使公众能够共享考古成果，最终达到文化遗产有效保护和传承以及满足公众文化需求的目的。①

2. 公共考古学的基本理念和方法

沟通和阐释是贯穿于公共考古学理论和实践中的基本理念和方法。通过有效的沟通，在公众和考古、考古学家之间可以搭起一座理解、合作的桥梁；阐释则是在公共考古实践中进行沟通的一种重要手段，通过恰当的考古阐释可以达到在公众和考古、考古学家之间进行有效沟通的目的。

吸引公众参与考古的目的和出发点不同，所采用的沟通方式和阐释手段就不同，由此产生的实践效果也就截然不同。在欧美公共考古学实践中，吸引公众参与的出发点有两种常见模式。一是"民智不足"模式，认为公众对有关考古知识缺乏理解力，容易被误导，因而需要正确的教育和引导，并树立公众对考古学家工作的信心。二是"多角度模式"，让公众参与考古的宗旨是为了鼓励自我实现、丰富人们的生活、刺激思考和激发创造性。这一模式鼓励非专业人群根据自身的背景重新理解考古资源的意义，而不是强迫人们接受来自专业人士的说教。

以上两种模式的实践效果各有其优势和劣势。民智不足模式下的公共考古实践，可以确保考古遗址和考古记录为将来而保存，对考古学名词、年代学、文化史等方面知识的普及，也会促进相关的交流和讨论开展，但这种模式无法调和由公共考古本身固有的多样性和不和谐性所产生的矛盾和冲突。多视角模式下的实践，能够积极主动地满足公众的需求，鼓励广大公众对历史多样化的兴趣，但也会导致失去平衡乃至毫无批评和区别地接受所有公众参与考古的方式，而忽视其内容或政治的倾向性。公共考古学发展到今天，经历了从民智不足模式到多视角模式，再到二者相互协调的历程。

3. 公共考古学的研究领域

公共考古学的兴起，意味着考古学并非仅仅因为学术性和客观性而具有合理性，社会需要才是考古学存在的根本原因，所以考古学必须回馈当今社会。实际上，公共考古学就是要在处理公众、管理机构和考古学家三者之间相互关系的基础上，将考古学纳入广泛的社会体系当中，使考古学与社会紧密结合。② 伴随公共考古学的发展，其研究领域也越来越宽泛，包括公共考古教育、文化遗产的保护与利用、文化遗产的阐述与展示权、文化遗产所有权、考古学界与公众之间的沟

---

① 郑嫒：《试论在中国建立"公众考古学"的必要性》，《文物世界》2010 年第 4 期。
② 郭立新、魏敏：《初论公众考古学》，《东南文化》2006 年第 4 期。

通等。此外，还涉及文化人类学、管理学、经济学、心理学、法学、博物馆学等相关领域。

公共考古教育在公共考古实践中开展较早。20 世纪 70 年代，为了发挥公众在文化资源保护中的作用，美国联邦政府负责文化资源保护的各部门开始采取革新措施，为公共考古教育提供联络和咨询服务。到 20 世纪后半期，在政府的领导和资助下，由考古学家发起，教育学家积极参与并联合各社会团体开展的公共考古教育，已经面向从学龄前儿童直至在校大学生、其他普通公众在内的广泛群体，不断地推出丰富多彩的公众教育与参与活动，吸引了大批公众对文化遗产保护和研究的兴趣。同时，在大学本科和研究生层面开设的公共考古领域课程，也为各级政府文化资源保护部门及社会团体培养了大批专业人才。①

公共考古学研究领域中的诸多问题都围绕文化遗产展开。联合国教科文组织将遗产定义为"遗产是我们从过去获得的遗留之物，是我们今天赖以生存并将传递给后代的东西"。遗产是表现在古代遗存上的当代价值，这一特点导致围绕遗产的争论多与价值相关，这也是公共考古学的关键问题。文化遗产的价值评估是其受到保护和利用的伦理前提。那么，究竟哪些遗址应该受到保护？某个遗址是否比其他遗址具有更大的展示价值？如果遗产是有价值的，谁又是它的拥有者？谁对文化遗产的阐释是正确的？

上述一系列问题，正在引导公共考古学研究逐渐从个案分析走向理论构建。由价值问题引发的一系列争端，比如古物返还和重新埋藏古代遗存问题，往往是由于古代遗存所有权关系的排他性造成的。但后过程主义考古学所强调的考古学理论认为，古代遗存理所当然可以存在多样性和多元话语。从这个角度出发，考古学家不再是文化资源的管理者，而更像是围绕古代遗存的各种利益的协调者。因而，公共考古实践也更强调考古工作者的职业操守和道德标准。美国考古学会、欧洲考古学家学会等都建立了相应的职业操守规范，考古伦理学也逐渐成为公共考古的研究内容。

经过数十年的发展和创新，公共考古学所倡导的公众、管理机构和考古学家通过合作来保护历史资源的理念得到了广泛认同。当然，公共考古学实践的价值不仅在于更加有效的保护文化遗产，还在于它丰富了人们的生活，开阔了视野，提升了人文素质，增进了不同种族、民族、国家和地区的人们之间彼此尊重、理解、互信和合作，使整个社会变得更加宽容、和谐、美好。②

---

① 崔玉范：《美国的公众考古教育——实现文化遗产保护目的的一个途径》，《南京社会科学》2007 年第 8 期。

② 李琴、陈淳：《公众考古学初探》，《江汉考古》2010 年第 1 期。

二、现状和发展趋势

公共考古学自产生以来，在欧美各国大致经历了"政府参与""公众参与"和"公众导向"三个阶段。中国公共考古学则是在考古资源和文化遗产保护面临严峻挑战的背景下，直接跨入了"公众参与"阶段。公共考古学未来研究的主题和导向，应致力于协调公众、管理机构和考古学家这三个主体之间的认知分歧与利益冲突。

（一）欧美公共考古学的三个阶段

自 20 世纪 70 年代以来，在欧美公共考古学所经历的"政府参与""公众参与"和"公众导向"三个阶段中，政府的职能和作用在公共考古学实践中逐渐淡化，而公众则由被动接受逐渐转为主动参与。①

1. "政府参与"阶段（20 世纪 70—80 年代）

1972 年，麦吉姆西在《公共考古学》一书中，首先根据公民的基本权利概念，指出公众有权了解自身的过去，这种权利是不能受到任何组织和个人威胁的。他在进行了大量考古资源保护个案分析后，指出考古资源是人类了解自身过去的最重要的方式之一，考古资源的保护应当在联邦政府主导下进行。另外，考古资源的保护过程只有在联邦立法、管理机构和考古学家三者的协作下才能充分实现。公共考古学概念的提出，为美国国会通过立法保护考古资源提供了理论支撑。1974 年通过的《文物保护法》和 1979 年通过的《考古资源保护法》，标志着"政府参与"的价值诉求得以实现。

20 世纪 80 年代初期，公共考古学的概念在欧洲得到广泛传播。欧洲委员会分别于 1984 年和 1987 年召开过两次文化遗产保护研讨会，对于"考古遗迹的保护需要法律手段和行政手段相结合"的理念达成一致。随后，很多国家都制定了文物保护的相关法律法规，为考古遗址和文化资源的保护提供了制度层面的法律依据。

2. "公众参与"阶段（20 世纪 90 年代）

早在公共考古学概念提出之际，麦吉姆西等学者就曾指出，除了保护、管理之外，公共考古学还应包括志愿服务、公众阐释和公共考古教育等方面的内容。但直到 20 世纪 80 年代末，考古学仍然蒙着神秘的面纱，公众对历史及其遗产只能隔着博物馆的展柜玻璃进行观看。20 世纪 80 年代后期，在"政府参与"阶段被忽视的上述义务逐渐进入学术界视野。经过十年的考古资源和文化遗产保护过程后，公共考古学的价值诉求第一次发生了转变，以"公众参与"为价值诉求的公共考古实践活动，逐渐发展为公共考古学研究的核心问题。

自 20 世纪 90 年代开始，公共考古学的研究逐渐由建立初期的理论探讨，转向

---

① 魏峭巍：《国外公共考古学研究现状综述》，《南方文物》2010 年第 3 期。

以公共考古实践活动为主体的研究范式,即如何有效实现考古学家与公众的交流问题。公共考古教育成为主要的实践方式之一,一大批针对普通公众的考古学普及读物的出版,以及美国国家公园管理局组织的诸多公共教育活动,都为公众参与提供了有效途径,使得"公众参与"成为这一阶段公共考古学研究的核心价值取向。通过行政主管部门、考古学专业团体、博物馆、教育学界等多方面的密切合作,公众与考古学专业团体之间搭建起交流平台,这也为普通公众掌握考古学知识,了解历史和文化遗产的价值奠定了良好的基础。

3. "公众导向"阶段(21世纪以来)

进入21世纪,信息技术在很大程度上改变了人类的生存和生活方式。计算机和互联网的普及,为人类提供了新型交流平台,也为各学科的研究提供了新的视角。公众通过互联网等技术手段,可以主动获取文化资源或者考古遗址的各项信息,并按照自己的方式去理解和分析各种历史资源。"主动获取"是公共考古学价值取向转变的重要推动力,也是"公众导向"价值取向得以实现的基本手段。

在"公众参与"阶段,公共考古的实践活动已经开始和公众建立交流平台,并向公众宣传文化资源和考古遗址的内涵。但此时的交流是单向的,主要由考古学家向公众输出信息。信息交流的内容、方式、时间和地点都是由考古学家决定的,并且信息的内容多为考古学研究成果或者考古学家感兴趣的内容。在"公众导向"的价值取向下,公共考古实践开始尝试改变这种孤立的交流模式,并将普通公众在内的非专业考古人员作为一种伙伴关系进行信息交流和反馈(图8-4)。考古学家尝试融入考古遗址周围的社区,以"伙伴关系"为前提进行公众参与、对话和交流。

图8-4 日本吉野里考古遗址公园复原的弥生时代村落

"公众导向"的价值取向,也为考古学所遇到的一些种族问题和民族主义问题提供了新的视角。随着公共考古实践的不断深入,世界各国的文化资源和考古资源保护工作都逐渐升温。但是，随之而来的诸如文物的归属问题、考古学与意识形态的关系等问题开始不断涌现。面对这些问题，公共考古学开始尝试将不同种族、不同社会团体也加入考古活动中来，让这些团体发现和解释自己的文化传统。这种"社区考古"的实践活动在美国和欧洲都取得了不错的效果，特别是在美国考古学界与印第安部落的合作中，成效非常显著。

（二）公共考古学在中国

20 世纪 90 年代以来，中国兴起一场大规模的开发建设和城市化浪潮，经济建设的飞速发展给考古资源和文化遗产保护带来了严峻挑战。在应对这些破坏性人为挑战的同时，考古和文化遗产保护机构认识到，文化遗产保护涉及社会方方面面的群体，从政府决策者、城市规划部门到遗产地开发商、遗址所在地居民。因此，协调好各阶层公众与考古资源和文化遗产的关系，对于文化遗产保护至关重要。在这一背景下，尽管基础理论尚不完善，中国考古学也开始了公共考古学的探索与实践。

我国是文化遗产大国，文化遗产承载着优秀的传统文化和民族精神。公共考古活动是让文物"活"起来，造福社会、造福人民的具体实践。中国的公共考古经过长期实践，在公共考古传媒、公共考古教育、公共考古活动、公共考古展示等四大方面，取得了长足进步。[①] 目前中国公共考古实践大体可归为四个方面：

第一类是公共考古传媒，即指传统媒体和新兴媒体，前者指图书、报纸、杂志三种印刷媒介和广播、电影、电视三种电子媒介；后者主要指互联网与移动媒介等。普及考古知识的图书如李伯谦、徐天进主编的《考古探秘》，吴汝康的《人类的过去、现在和未来》。电视节目也屡有创新，比如大型文博探索节目《国家宝藏》一经播出，从口碑到收视率均达到当年电视节目的高峰。另一方面，近年来公共考古在新媒体的推动下逐渐走向多样化。广播剧、微电影、考古故事，正在潜移默化地改变着公众对考古的认识。

第二类是公共考古教育，即面向非专业学生或人士讲授的通识性考古课程、社会公共讲座等。例如中国社会科学院考古研究所发起的"中国公共考古论坛"自 2013 年以来每年举办一届，"上海世界考古论坛"也已经连续举办了三届，以网络平台为载体的考古学术讲座、学术会议直播活动也层出不穷，受到热心公共特别是青年群体的极大关注。

第三类是公共考古活动，包括考古夏令营、考古探险活动、考古日和遗产日、考古评选活动、考古志愿者服务等。上述实践活动开展较早，比如 1999 年秋，中

---

① 高蒙河：《创建公共考古学的新园地——〈南方文物〉》"公共考古"专栏开栏语，《南方文物》2017 年第 2 期。

美联合考古队在山东日照两城镇遗址发掘期间，就分批组织当地中小学生和群众进入发掘现场参观，并配备专业人员进行讲解，受到当地人民的欢迎（图8-5）。

图 8-5 日照两城镇中小学生参观考古发掘工地

第四类是公共考古展示，诸如建设考古遗址博物馆、考古遗址公园，考古文创产品开发等。

目前我国公共考古学已经跨入了"公众参与"阶段，正在由初始期的自发性个体倡导、摸索阶段转入自觉性群体觉醒的常态化、制度化建设时期，同时又在新的时代背景下面临一系列新问题。伴随文化和旅游部的组建，如何有效开展公共考古活动，为推动文化事业、文化产业和旅游事业、旅游产业融合发展成为新的课题。乡村振兴战略的实施，使常年在农村工作的田野考古工作者直接参与其中，如何将考古工作融入新农村精神文明建设之中，也要依赖于公共考古的未来探索。

（三）公共考古学的发展趋势

公共考古学的视野较之传统考古学更加广泛，研究的主体更加多元化。从目前的研究现状看，公共考古学的基本理论问题主要包括两个方面：首先是公众、管理机构和考古学家等公共考古学这三个主体之间如何看待考古资源的问题；其次是考古资源及其利益如何在三者之间进行分配的问题。公共考古学的未来发展，就是要致力于协调三者之间的分歧，解决这两个基本问题。

不论对于考古学家还是对于管理机构或公众来讲，考古资源都是人类了解过去的主要途径。公共考古学的核心理念就是为了更有效的利用、开发和保护考古资源。但是，考古资源是一个极为复杂的概念，在不同科学领域内具有不同的性质。公共考古学的三个主体，考古学家、管理机构和公众都会从不同的角度解读考古资源。公共考古学所倡导的公众、政府和考古学家通过合作方式以保护历史资源的理念，首先需要解决三个维度上所存在的分歧。

公共考古学的实践过程就是调和分歧，实现资源与利益的相互转化和重新分配的过程。核心问题是将考古资源按照不同维度的特点进行整合，区分出考古资料、历史文化资源和历史文化遗产等研究对象，以满足不同主体对资源的需求。整合考古资源并实现资源合理配置的过程，就是考古学家、管理机构和公众进行博弈的过程。考古学家为了使管理机构介入考古资源的管理和保护过程中，通过推动管理机构的制度供给，以达到建立和完善考古资源管理和保护的相关法律法规的目的。国内外公共考古实践的案例证明，法律法规的建立和完善为公众参与公共考古的实践活动提供了有力的制度支撑和保证；另外，考古学家和公众的博弈过程，只有管理机构有效的干预，才能通过考古学家和公众合作，完成考古遗址的保护和管理。①

当前我国相当多的公众对考古的认识还停留在"挖宝"和"神秘"的感性认识上，对文物价值的第一印象也多是"值多少钱""有多新奇"等。从这一角度讲，公共考古亟需向公众传达考古发现的科学价值、历史价值、艺术价值、情感价值和文化价值。考古学不仅是一种宝贵的现代科学资源，更是一种稀有的公共知识资源。公共考古是一项公共事业，是现代化建设的有机组成部分。公共考古作为新兴的事业，还在成长之中，需要在内容、形式、途径、方法、工具、效果以及考古界与公众之间如何互动等方面进行探讨。而公众参与考古，更需要有制度保障，包括宏观和微观的可控机制，公众介入考古过程的风险评估，等等。当前，公共考古的政策、经费、人才等方面还缺少相应的保障性措施。很多公共考古活动仍是研究机构或考古学者的自发行为，国家层面的制度性建设还有待进一步加强，公共考古事业体系亟待构建。

目前，中国公共考古学的研究重点，应是建立和完善具有中国特色的公共考古理论与制度架构，开展具有中国特色的公共考古实践活动，努力把考古资源真正打造成为中华民族共有的精神财富，提高全国人民的民族自豪感和凝聚力。

思考题：

1. 试论考古遗址保护与开发利用的关系。
2. 简述考古遗址保护规划的编制及其意义。
3. 简述公共考古学兴起的意义。
4. 概述欧美公共考古学发展历程。

---

① 魏峭巍：《分歧与整合：公共考古学基本理论问题的探讨》，《江汉考古》2011 年第 2 期。

▶ 拓展阅读

阅 读 文 献

■ 恩格斯：《家庭、私有制和国家的起源》，《马克思恩格斯文集》第 4 卷，人民出版社 2009 年版。

■ 中国大百科全书总编辑委员会《考古学》编辑委员会、中国大百科全书出版社编辑部编：《中国大百科全书·考古学》，中国大百科全书出版社 1986 年版。

■ 栾丰实、方辉、靳桂云：《考古学理论·方法·技术》，文物出版社 2002 年版。

■ ［英］科林·伦福儒、保罗·巴恩：《考古学：理论、方法与实践》（第六版），陈淳译，上海古籍出版社 2015 年版。

■ ［美］罗伯特·沙雷尔、温迪·阿什莫尔：《考古学：发现我们的过去》（第三版），余西云等译，上海人民出版社 2009 年版。

■ ［英］格林·丹尼尔：《考古学一百五十年》，黄其煦译，文物出版社 2009 年版。

■ 杨建华：《外国考古学史》，吉林大学出版社 1999 年版。

■ 陈星灿：《中国史前考古学史研究（1895—1949）》，生活·读书·新知三联书店 1997 年版。

■ ［美］张光直、李光谟编：《李济考古学论文选集》，文物出版社 1990 年版。

■ 中国科学院考古研究所：《梁思永考古论文集》，科学出版社 1959 年版。

■ 中国社会科学院考古研究所编辑：《夏鼐文集》（上），社会科学文献出版社 2000 年版。

■ 苏秉琦：《中国文明起源新探》，商务印书馆（香港）有限公司 1997 年版。

■ 裴文中：《裴文中史前考古论文集》，文物出版社 1987 年版。

■ 张光直：《考古学专题六讲》，文物出版社 1986 年版。

■ 俞伟超：《考古学是什么——俞伟超考古学理论文选》，中国社会科学出版社 1996 年版。

■ 张忠培：《中国考古学：实践·理论·方法》，中州古籍出版社 1994 年版。

■ 严文明：《走向 21 世纪的考古学》，三秦出版社 1997 年版。

■ 徐苹芳：《中国历史考古学论集》，上海古籍出版社 2012 年版。

■ 陈淳：《考古学理论》，复旦大学出版社 2004 年版。

■ 国家文物局：《田野考古工作规程》，文物出版社 2009 年版。

■ 冯恩学主编：《田野考古学》，吉林大学出版社 2008 年版。

■［英］科林·伦福儒、保罗·巴恩主编：《考古学：关键概念》，陈胜前译，中国人民大学出版社 2012 年版。

■［美］路易斯·宾福德：《追寻人类的过去——解释考古材料》，陈胜前译，上海三联书店 2009 年版。

■［加拿大］布鲁斯·G. 特里格：《考古学思想史》（第 2 版），陈淳译，中国人民大学出版社 2010 年版。

■ 中国社会科学院考古研究所：《科技考古的方法与应用》，文物出版社 2012 年版。

■ 李文杰：《中国古代制陶工艺研究》，科学出版社 1996 年版。

■ 高星、沈辰主编：《石器微痕分析的考古学实验研究》，科学出版社 2008 年版。

■ 朱凤瀚：《古代中国青铜器》，南开大学出版社 1995 年版。

■ 白云翔：《先秦两汉铁器的考古学研究》，科学出版社 2005 年版。

■ 朱泓：《体质人类学》，高等教育出版社 2004 年版。

■ 夏正楷：《环境考古学——理论与实践》，北京大学出版社 2012 年版。

■ 刘东生等：《黄土与环境》，科学出版社 1985 年版。

■［澳］M. A. J. Williams 等：《第四纪环境》，刘东生等编译，科学出版社 1997 年版。

■ 刘长江、靳桂云、孔昭宸：《植物考古：种子和果实研究》，科学出版社 2008 年版。

■ 谢维扬：《中国早期国家》，浙江人民出版社 1995 年版。

■ 彭林：《中国古代礼仪文明》，中华书局 2004 年版。

■ 拱玉书、颜海英、葛英会：《苏美尔、埃及及中国古文字比较研究》，科学出版社 2009 年版。

人名译名对照表

[美]	艾尔弗雷德·基德尔	Alfred V. Kidder
[法]	埃杜瓦·拉尔泰	Edouard A. I. H. Lartet
[美]	埃尔曼·塞维斯	Elman R. Service
[英]	爱德华·哈里斯	Edward C. Harris
[法]	爱德华·皮埃特	Edouard Piette
[英]	爱德华·泰勒	Edward Tylor
[美]	安德鲁·道格拉斯	Andrew E. Douglass
[法]	安东尼·德·朱西厄	Antoine de Jussieu
[瑞典]	安特生	Johan G. Andersson
[法]	奥古斯特·马里埃特	Auguste Mariette
[瑞典]	奥斯卡·蒙特柳斯	Oskar Montelius
[法]	奥托·蒂施勒	Otto Tischler
[美]	芭芭拉·普赖斯	Barbara J. Price
[英]	保罗·巴恩	Paul G. Bahn
[英]	彼得·哈格特	Peter Haggett
[法]	伯希和	Paul Pelliot
[瑞典]	步林	Birger Bohlin
[加]	布鲁斯·炊格尔/特里格	Bruce G. Trigger
[法]	步日耶	Henri-Edouard-Prosper Breuil
[英]	查尔斯·达尔文	Charles R. Darwin
[英]	查尔斯·莱尔	Charles Lyell
[美]	查尔斯·里德	Charles A. Reed
[美]	查尔斯·麦吉姆西	Charles R. McGimsey
[英]	大卫·克拉克	David Clarke
[英]	弗林德斯·皮特里	Flinders Petrie
[英]	戈登·柴尔德	Vere G. Childe
[美]	戈登·威利	Gordon R. Willey
[英]	格林·丹尼尔	Glyn E. Daniel
[德]	古斯塔夫·科西纳	Gustaf Kossina
[德]	海因里希·谢里曼	Heinrich Schilemann
[英]	亨利八世	Henry Ⅷ

［英］	惠勒	Mortimer Wheeler
［爱尔兰］	霍德·韦斯特罗普	Hodder M. Westropp
［英］	霍华德·卡特	Howard Carter
［法］	加布里埃尔·德·莫尔蒂耶	Gabriel de Mortillet
［美］	卡尔·波拉尼	Karl P. Polanyi
［英］	科林·伦福儒	Colin Renfrew
［俄］	克列缅茨	Д. А. Клеменц
［美］	肯特·弗兰纳里	Kent V. Flannery
［英］	理查德·霍尔	Richard C. Hoare
［美］	路易斯·宾福德	Lewis R. Binford
［美］	路易斯·摩尔根	Lewis H. Morgan
［美］	罗伯特·沙雷尔	Robert J. Sharer
［美］	罗伯特·亚当斯	Robert M. Adams
［英］	马修·约翰逊	Matthew Johnson
［英］	迈克尔·罗兰兹	Michael J. Rowlands
［法］	拿破仑	Napoleon Bonaparte
［古巴比伦］	纳波尼德	Nabonidus
［英］	尼尔·阿舍森	Neal Ascherson
［英］	尼古拉斯·列维特	Nicholas Revett
［英］	皮特-里弗斯	Augustus H. L. -F. Pitt-Rivers
［美］	乔治·拉普	George R. Rapp
［法］	乔治·居维叶	Georges Cuvier
［美］	赛勒斯·托马斯	Cyrus Thomas
［法］	桑志华	Emile Licent
［法］	商博良	Jean-Francois Champollion
［英］	斯坦因	Aurel Stein
［美］	斯特德曼·厄珀姆	Steadman Upham
［瑞典］	斯文·赫定	Seven A. Hedin
［古罗马］	苏埃托尼乌斯	Gaius Suetonius Tranquillus
［丹麦］	汤姆森	Christian J. Thomsen
［英］	蒂姆·斯伽德勒-霍尔	Tim Schadla-Hall
［美］	托马斯·杰弗逊	Thomas Jefferson
［美］	威拉德·利比	Willard F. Libby
［美］	威廉·霍姆斯	William H. Holmes

［英］	威廉·卡姆登	William Camden
［英］	威廉·坎宁顿	William Cunnington
［美］	威廉·麦克唐纳	William A. McDonald
［美］	威廉·桑德斯	William T. Sanders
［美］	温迪·阿什莫尔	Wendy Ashmore
［美］	沃尔特·泰勒	Walter W. Taylor
［美］	西奥多·怀特	Theodore E. White
［丹麦］	延斯·沃尔索	Jens J. A. Worsaae
［英］	伊恩·霍德	Ian Hodder
［法］	伊萨克·拉皮莱	Isaac La Peyrere
［英］	约翰·利兰	John Leland
［英］	约翰·卢伯克	John Lubbock
［德］	约翰·温克尔曼	Johann J. Winckelmann
［英］	约翰·伊文思	John Evans
［英］	詹姆斯·赫顿	James Hutton
［英］	詹姆斯·斯图尔特	James Stuart
［意］	朱塞佩·菲奥雷利	Giuseppe Fiorelli
［美］	朱利安·斯图尔德	Julian H. Steward

说明：人名翻译主要参考了《中国大百科全书·考古学》（中国大百科全书出版社 1986 年版）。

地名中英文对照表

中文	英文
阿里卡梅都遗址	Arikamedu Site
白噶什遗址	Begash Site
拉斯帕古斯洞穴	Cave of Lespugue
查耶尔遗址	El Chayal Site
赫库拉尼姆遗址	Herculaneum Site
希沙立克	Hissarlik
伊克泰普克遗址	Ixtepeque Site
康斯坦茨湖	Lake Constance
拉斯考克斯洞穴	Lascaux Cave
黎凡特	Levant
林肯郡	Lincolnshire
勒·马斯德·阿齐尔遗址	Masd' Azil Site
美索不达米亚	Mesopotamia
新几内亚岛	New Guinea
奥伯尔美伦湖居遗址	Obermeilen Lake Dwellings
奥哈楼遗址	Ohalo II Site
米诺索斯王宫	Palace of Knossos
庞贝遗址	Pompei Site
乌尔墓地	Royal Cemetery at Ur
索尔兹伯里平原	Salisbury Plain
图坦卡蒙墓	Tomb of Tutankhamun
特洛伊城	Troy
维鲁河谷	Viru Valley
威伦多夫遗址	Willendorf II Site
威尔特郡	Wiltshire
尤卡坦半岛	Yucatan Peninsula

专用术语中英文对照表

中文	英文
阿舍利	Acheulean
氨基酸外消旋测年法	Amino-Acid Racemization Dating
奥瑞纳	Aurignacian
游群	Band
广谱革命	Broad-Spectrum Revolution
灾变论	Catastrophism
舍利	Chellean
酋邦	Chiefdom
社区形态	Community Patterns
共时性	Contemporaneity
提取性遗址	Extraction Sites
法斯凯斯	Fasces
全覆盖式调查	Full-Coverage Survey
地理信息系统	Geographical Information System，GIS
哈拉巴文化	Harappa Culture
烧失量	Losson Ignition，LOI
马格德林	Magdalenian
市场交换	Market Exchange
玛雅文化	Maya Civilization
米诺斯文明	Minoan Civilization
莫斯特	Mousterian
蒙赛尔色卡	Munsell Color Scale
纳吐夫文化	Natufian Culture
黑曜岩水合测年法	Obsidian Hydration Dating
前陶新石器时代 A	Pre-Pottery Neolithic A，PPNA
前陶新石器时代 B	Pre-Pottery Neolithic B，PPNB
互惠交换	Reciprocal Exchange
再分配交换	Redistributive Exchange
区域系统调查	Regional Systematic Survey
桑人	San People

梭鲁特	Solutrean
风格	Style
共时单位	Synchronic Unit
塔克文王朝	Tarquin Dynasty
热释光测年法	Thermo Luminescence Dating
特里波列文化	Tripolye Culture
均变论	Uniformitarianism
铀系测年法	Uranium Series Dating
虚拟现实技术（VR 技术）	Virtual Reality Technology

插图出处表

章	图号	图名	引用方式	出处
绪论	图1，1	石磨盘和磨棒（阜新查海）	直接引用	辽宁省文物考古研究所：《查海——新石器时代聚落遗址发掘报告》（下册），文物出版社2012年版，图版二〇九：3，T0402②：2
绪论	图1，2	石刀（潜山薛家岗）	直接引用	安徽省文物考古研究所：《潜山薛家岗》，文物出版社2004年版，彩版一五：2，M68：2
绪论	图1，3	骨耜（余姚河姆渡）	直接引用	浙江省文物考古研究所：《河姆渡——新石器时代遗址考古发掘报告》，文物出版社2003年版，彩版二五：3，T1（4）：20
绪论	图2，1	妇好鼎	直接引用	中国青铜器全集编辑委员会：《中国青铜器全集2（商2）》，文物出版社1997年版，第5页，图五
绪论	图2，2	利簋	直接引用	中国青铜器全集编辑委员会：《中国青铜器全集5（西周1）》，文物出版社1996年版，第46页，图四九
绪论	图2，3	对罍	直接引用	中国青铜器全集编辑委员会：《中国青铜器全集5（西周1）》，文物出版社1996年版，第174页，图一八二
绪论	图2，4	父甲觚	直接引用	中国青铜器全集编辑委员会：《中国青铜器全集2（商2）》，文物出版社1997年版，第119页，图一一五
绪论	图2，5	楚王酓章镈钟	直接引用	中国青铜器全集编辑委员会：《中国青铜器全集10（东周4）》，文物出版社1998年版，第157页，图一五九
绪论	图3	水稻扇形植硅体图	改绘	中美联合考古队：《两城镇——1998—2001年发掘报告》（三），文物出版社2016年版，第1132页，图10-41
绪论	图4，1	秦安大地湾F901	直接引用	甘肃省文物考古研究所：《秦安大地湾——新石器时代遗址发掘报告》，文物出版社2006年版，彩版一
绪论	图4，2	临潼姜寨F46	直接引用	西安半坡博物馆、陕西省考古研究所、临潼县博物馆：《姜寨——新石器时代遗址发掘报告》，文物出版社1988年版，第17页，图七
绪论	图5	内蒙古敖汉旗兴隆洼聚落遗址	直接引用	中国社会科学院考古研究所内蒙古工作队：《内蒙古敖汉旗兴隆洼聚落遗址1992年发掘简报》，《考古》1997年第1期，图版一
绪论	图6	安阳殷墟出土的刻辞甲骨文	直接引用	徐苹芳等：《中国文明的形成》，新世界出版社2004年版，第152页，图5-9；第153页，图5-11

续表

章	图号	图名	引用方式	出处
绪论	图7	敦煌莫高窟第112窟南壁反弹琵琶壁画	直接引用	艾绍强:《永远的敦煌》,中国工人出版社2008年版,第77页
第一章	图1-1	画家笔下的庞贝古城	直接引用	[英]保罗·G.巴恩主编:《剑桥插图考古史》,郭小凌、王晓秦译,山东画报出版社2000年版,第63页
第一章	图1-2	C.J.汤姆森向观众介绍博物馆藏品	直接引用	[英]保罗·G.巴恩主编:《剑桥插图考古史》,郭小凌、王晓秦译,山东画报出版社2000年版,第90页
第一章	图1-3	皮特-里弗斯	直接引用	[英]保罗·G.巴恩主编:《剑桥插图考古史》,郭小凌、王晓秦译,山东画报出版社2000年版,第131页
第一章	图1-4	蒙特柳斯用火车车厢演化来说明类型学原则	直接引用	[英]保罗·G.巴恩主编:《剑桥插图考古史》,郭小凌、王晓秦译,山东画报出版社2000年版,第133页
第一章	图1-5	霍华德·卡特发现图坦卡蒙墓	直接引用	[英]保罗·G.巴恩主编:《剑桥插图考古史》,郭小凌、王晓秦译,山东画报出版社2000年版,第230页
第一章	图1-6	惠勒在印度南部阿里卡梅都的发掘场景	直接引用	[英]保罗·G.巴恩主编:《剑桥插图考古史》,郭小凌、王晓秦译,山东画报出版社2000年版,第245页
第一章	图1-7	放射性碳元素断代法的发明人威拉德·利比	直接引用	[英]保罗·G.巴恩主编:《剑桥插图考古史》,郭小凌、王晓秦译,山东画报出版社2000年版,第214页
第一章	图1-8	戈登·柴尔德	直接引用	[英]保罗·G.巴恩主编:《剑桥插图考古史》,郭小凌、王晓秦译,山东画报出版社2000年版,第216页
第一章	图1-9	L.R.宾福德	直接引用	David J. Meltzer, *A Biographical Memoir of Lewis R. Binford（1931–2011）*, Washington, D.C.: National Academy of Sciences, 2011, p.2.
第一章	图1-10	《考古图》书影	直接引用	乾隆壬申年亦政堂藏版
第一章	图1-11	《西清古鉴》著录的青铜器	直接引用	上海书店出版社编:《西清古鉴》,上海书店出版社2012年版,第14页,上图;第149页,上图
第一章	图1-12	辽宁大连四平山35号积石冢	直接引用	澄田正一、小野山节、宫本一夫:《辽东半岛四平山积石冢の研究》,柳原出版株式会社2008年版,第6页,图版5

章	图号	图名	引用方式	出处
第一章	图 1-13	安特生在渑池仰韶村	直接引用	刘大有、刘晓龙：《安特生评传——周口店遗址仰韶文化甘肃青海彩陶的发现者》，文物出版社 2008 年版，插页图片
第一章	图 1-14	中国考古学的早期组织者傅斯年和开创者李济	直接引用	李永迪、冯忠美编：《殷墟发掘照片选辑 1928—1937》，"中央研究院"历史语言研究所 2012 年版，图 118 和图 24
第一章	图 1-15	1935 年安阳殷墟发掘队成员	直接引用	李济：《安阳》，河北教育出版社 2000 年版，序言插图
第一章	图 1-16	梁思永和梁思成在安阳殷墟西北冈	直接引用	李永迪、冯忠美编：《殷墟发掘照片选辑 1928—1937》，"中央研究院"历史语言研究所 2012 年版，图 121
第一章	图 1-17	梁思永发现的安阳后冈遗址"三叠层"	直接引用	中国社会科学院考古研究所：《梁思永考古论文集》，科学出版社 1959 年版，图版一
第一章	图 1-18	周口店遗址主要发掘者及发掘现场	直接引用	黄慰文：《周口店北京直立人遗址》，文物出版社 2007 年版，第 113 页，图三九；第 41 页，图一六
第一章	图 1-19	1937 年安阳殷墟发掘现场	直接引用	李永迪、冯忠美编：《殷墟发掘照片选辑 1928—1937》，"中央研究院"历史语言研究所 2012 年版，图 171
第一章	图 1-20	中国出版的第一部田野考古发掘报告——《城子崖》书影	直接引用	傅斯年、李济等：《城子崖——山东历城县龙山镇之黑陶文化遗址》，中央研究院历史语言研究所 1934 年版，扉页
第一章	图 1-21	夏鼐和 1950 年辉县发掘团成员	直接引用	《考古学家夏鼐·影像辑》编辑组：《考古学家夏鼐·影像辑》，中国社会科学出版社 2011 年版，扉页图；第 74 页，图 5.2.2
第一章	图 1-22，1	苏秉琦	直接引用	中国考古学会、朝阳市人民政府：《苏秉琦先生百年诞辰纪念文集》，科学出版社 2012 年版，彩版五
第一章	图 1-22，2	宿白	拍摄	北京大学考古文博学院杭侃提供
第一章	图 1-23	张光直在济南大辛庄遗址发掘现场（1984 年）	拍摄	山东大学考古学系提供
第二章	图 2-1	遗址断面显示的文化层堆积（山东广饶南河崖遗址）	拍摄	山东大学考古学系王青拍摄

章	图号	图名	引用方式	出处
第二章	图 2-2，1	山东青岛丁字湾沿岸史前遗址的资源域调查举例：即墨北阡遗址	直接引用	丁字湾沿岸史前早期遗址资源域研究课题组：《北阡所在青岛丁字湾沿岸史前早期遗址的资源域调查与分析》，山东大学文化遗产研究院编：《东方考古》第 10 集，科学出版社 2013 年版，第 289 页，图五右
第二章	图 2-2，2	山东青岛丁字湾沿岸史前遗址的资源域调查举例：莱阳庙埠遗址	直接引用	丁字湾沿岸史前早期遗址资源域研究课题组：《北阡所在青岛丁字湾沿岸史前早期遗址的资源域调查与分析》，山东大学文化遗产研究院编：《东方考古》第 10 集，科学出版社 2013 年版，第 300 页，图一四右
第二章	图 2-3	河南伊洛河地区二里头文化聚落分布图	直接引用	陈星灿、刘莉、李润权、华翰维、艾琳：《中国文明腹地的社会复杂化进程——伊洛河地区的聚落形态研究》，《考古学报》2003 年 2 期，第 168 页，图 3
第二章	图 2-4	二里头遗址两种分布范围对比图	直接引用	中国社会科学院考古研究所二里头工作队：《河南洛阳盆地 2001—2003 年考古调查简报》，《考古》2005 年 5 期，第 29 页，图 7
第二章	图 2-5	常规勘探场景（良渚古城钻探）	拍摄	浙江文物考古研究所刘斌提供
第二章	图 2-6	探孔的布置及遗迹的钻探示意图	改绘	冯恩学：《田野考古学》，吉林大学出版社 2008 年版，第 55 页、第 56 页，图 3-3、图 3-4、图 3-5
第二章	图 2-7	安徽蚌埠双墩一号墓的电阻法探测（左）和发掘结果（右）对比图	直接引用	中国社会科学院考古研究所：《考古中华——中国社会科学院考古研究所成立六十周年成果荟萃》，科学出版社 2010 年版，第 306 页
第二章	图 2-8	青海民和喇家遗址的磁法探测磁场分布图（上）与发掘的窖穴（下）对比图	直接引用	中国社会科学院考古研究所：《考古中华——中国社会科学院考古研究所成立六十周年成果荟萃》，科学出版社 2010 年版，第 308 页
第二章	图 2-9	考古遗存的形成和转化过程示意图	直接引用	［美］罗伯特·沙雷尔、温迪·阿什莫尔：《考古学：发现我们的过去》（第三版），上海人民出版社 2009 年版，第 99 页，图 4.7
第二章	图 2-10	水泥基桩规格示意图	直接引用	顾孝烈、鲍峰、程效军：《测量学》（第二版），同济大学出版社 1999 年版，第 155 页，图6-14

章	图号	图名	引用方式	出处
第二章	图 2-11	新疆巴里坤县石人子沟遗址群测量控制网	作者绘制	西北大学 2010 年度"红山口-石人子沟古代游牧民族大型聚落遗址群考古与保护全数字航空摄影测量项目"成果
第二章	图 2-12	常见地图类型示意图	绘制	西北大学文化遗产学院马健绘制
第二章	图 2-13	临淄桐林遗址 03LTTS29E10 遗迹单位关系系统图	直接引用	国家文物局:《田野考古工作规程》,文物出版社 2009 年,第 36 页,示意图十。
第二章	图 2-14	采集方法选择示意图	直接引用	Clive Orton, *Sampling in Archaeology*, Cambridge University Press, 2000, p. 27, fig 2.2. 秦岭译
第二章	图 2-15	水选法收集标本示意图	直接引用	Akira Matsui, *Fundamentals of Zooarchaeology in Japan and East Asia*, Tokyo: Institution National Research Institute for Cultural Properties, 2007, p. 6, fig 7. 秦岭译
第二章	图 2-16	土质描述标准示意图	直接引用	国家文物局:《田野考古工作规程》,文物出版社 2009 年版,第 31 页,示意图二
第二章	图 2-17	水下考古工作流程及出土瓷器	改绘	孙建:《从"南海 1 号"开始的二十年——中国近海水下考古历程》,《中国文化遗产》2007 年第 1 期,第 47、49、50 页
第二章	图 2-18	一组典型的传感器系统示意图	直接引用	刘建国编译:《水下遥感考古》,《文物季刊》1995 年第 2 期,第 90 页,图一
第二章	图 2-19	航空拍摄的内蒙古额济纳旗居延遗址群	直接引用	聂跃平、杨林:《中国遥感技术在考古中的应用与发展》,《遥感学报》2009 年第 5 期,第 948 页,图 7
第二章	图 2-20	遗迹的土壤标志、阴影标志和植被标志示意图	直接引用	刘建国:《遥感考古的原理与方法》,《考古》1994 年第 4 期,第 369 页,图 1
第三章	图 3-1	^{14}C 产生、分布和衰变示意图	直接引用	[美]罗伯特·沙雷尔、温迪·阿什莫尔:《考古学:发现我们的过去》(第三版),上海人民出版社 2009 年版,第 263 页,图 9.12
第三章	图 3-2	^{14}C 半衰期示意图	直接引用	[英]科林·伦福儒、保罗·巴恩:《考古学理论、方法与实践》,中国社会科学院考古研究所译,文物出版社 2004 年版,第 138 页
第三章	图 3-3	树轮计数、匹配和重叠以建立特定地区的年代序列示意图	直接引用	[英]科林·伦福儒、保罗·巴恩:《考古学理论、方法与实践》,中国社会科学院考古研究所译,文物出版社 2004 年版,第 134 页

章	图号	图名	引用方式	出处
第三章	图 3-4	热释光测年法的基本原理示意图	直接引用	[英]科林·伦福儒，保罗·巴恩：《考古学理论、方法与实践》，中国社会科学院考古研究所译，文物出版社 2004 年版，第 151 页
第三章	图 3-5	日照两城镇遗址 T2400 东壁剖面图	直接引用	中美两城地区联合考古队：《山东日照市两城镇遗址 1998—2001 年发掘简报》，栾丰实主编：《两城镇遗址研究》，文物出版社 2009 年版，第 146 页，图三
第三章	图 3-6	苏秉琦关于陶鬲的类型学研究	直接引用	苏秉琦：《瓦鬲的研究》，《苏秉琦考古学论述选集》，文物出版社 1984 年版，第 154 页，图六
第三章	图 3-7	青海民和喇家遗址 F3 平面图	直接引用	中国社会科学院考古研究所甘青工作队、青海省文物考古研究所：《青海民和县喇家遗址 2000 年发掘简报》，《考古》2002 年第 12 期，第 14 页，图二
第三章	图 3-8	庙底沟遗址仰韶文化花瓣纹和回旋钩连纹演变图	直接引用	严文明：《仰韶文化研究》，文物出版社 1989 年版，第 55 页，图六
第三章	图 3-9	海岱龙山文化袋足鬶演变示意图	直接引用	栾丰实：《海岱龙山文化的分期和类型》，《海岱地区考古研究》，山东大学出版社 1997 年版，第 243 页，图四
第三章	图 3-10	鲁中南、苏北地区大汶口文化早期阶段陶器分期图	直接引用	栾丰实：《大汶口文化的分期和类型》，《海岱地区考古研究》，山东大学出版社 1997 年版，第 74 页，图一
第三章	图 3-11	裴李岗文化陶器组合图	直接引用	中国社会科学院考古研究所：《中国考古学·新石器时代卷》，中国社会科学出版社 2010 年版，第 131 页，图 3-10
第三章	图 3-12	裴李岗文化石器和装饰品图	改绘	中国社会科学院考古研究所：《中国考古学·新石器时代卷》，中国社会科学出版社 2010 年版，第 133 页，图 3-11
第三章	图 3-13	舞阳贾湖裴李岗文化 F5 平、剖面图	直接引用	河南省文物考古研究所：《舞阳贾湖》，科学出版社 1999 年版，第 55 页，图三六
第三章	图 3-14	舞阳贾湖裴李岗文化 M127 平面图	直接引用	河南省文物考古研究所：《舞阳贾湖》，科学出版社 1999 年版，第 163 页，图一二七
第三章	图 3-15	龙山文化的地方类型分布示意图	直接引用	栾丰实：《海岱龙山文化的分期和类型》，《海岱地区考古研究》，山东大学出版社 1997 年版，第 269 页，图一五

续表

章	图号	图名	引用方式	出处
第三章	图 3-16，1	东北亚地区的筒形罐：赤峰金龟山遗址	改绘	中国社会科学院考古研究所：《中国考古学·新石器时代卷》，中国社会科学出版社 2010 年版，第 159 页，图 3-20：3
第三章	图 3-16，2	东北亚地区的筒形罐：赤峰富河沟门遗址	改绘	中国社会科学院考古研究所：《中国考古学·新石器时代卷》，中国社会科学出版社 2010 年版，第 360 页，图 4-63：2
第三章	图 3-16，3	东北亚地区的筒形罐	改绘	大贯静夫：《东北亚洲中的中国东北地区原始文化》，《庆祝苏秉琦考古五十五年论文集》编辑组：《庆祝苏秉琦考古五十五年论文集》，文物出版社 1989 年版，第 49 页，图五：28
第三章	图 3-16，4	东北亚地区的筒形罐	改绘	冯恩学：《俄国东西伯利亚与远东考古》，吉林大学出版社 2002 年版，第 257 页，图 59
第三章	图 3-17	仰韶文化群及其主要遗址分布示意图	直接引用	中国社会科学院考古研究所：《中国考古学·新石器时代卷》，中国社会科学出版社 2010 年版，第 209 页，图 4-1
第三章	图 3-18	中国新石器时代文化主要区系分布示意图	作者绘制	山东大学考古系王芬绘制
第三章	图 3-19	中国新石器时代区域文化的扩张及"相互作用圈"示意图	直接引用	张光直：《中国相互作用圈与文明的形成》，《庆祝苏秉琦考古五十五年论文集》编辑组：《庆祝苏秉琦考古五十五年论文集》，文物出版社 1989 年版，第 2 页，图一
第四章	图 4-1	打制石器示意图	直接引用	马鸿藻：《考古器物绘图》，北京大学出版社 2008 年版，第 38 页，图二五
第四章	图 4-2	石器功能微痕分析示意图	直接引用	高星沈辰：《石器微痕分析的考古学实验研究》，科学出版社 2008 年版，图版 3
第四章	图 4-3，1	陶器制作工艺示意图：泥条盘筑法及泥圈套接法	改绘	李文杰：《中国古代制陶工艺研究》，科学出版社 1996 年版，第 103，图五四
第四章	图 4-3，2	陶器制作工艺示意图：泥条盘筑法及模制法	改绘	李文杰：《中国古代制陶工艺研究》，科学出版社 1996 年版，第 187 页，图八六

章	图号	图名	引用方式	出处
第四章	图 4-4，1	陶器器表施加装饰示意图：拍印纹饰	改绘	李文杰：《中国古代制陶工艺研究》，科学出版社 1996 年版，第 86 页，图四一，2
第四章	图 4-4，2	陶器器表施加装饰示意图：压印纹饰	改绘	李文杰：《中国古代制陶工艺研究》，科学出版社 1996 年版，第 86 页，图四一，5
第四章	图 4-4，3	陶器器表施加装饰示意图：刻画纹饰	改绘	李文杰：《中国古代制陶工艺研究》，科学出版社 1996 年版，第 90 页，图四三，4
第四章	图 4-4，4	陶器器表施加装饰示意图：戳印纹饰	改绘	李文杰：《中国古代制陶工艺研究》，科学出版社 1996 年版，第 229 页，图一二二，3
第四章	图 4-4，5	陶器器表施加装饰示意图：附加堆纹	改绘	李文杰：《中国古代制陶工艺研究》，科学出版社 1996 年版，第 74 页，图三二，3
第四章	图 4-5	青铜器范铸法铸造过程示意图	直接引用	马承源：《中国青铜器》，上海古籍出版社 2003 年版，第 511 页
第四章	图 4-6	大汶口文化骨牙蚌器	改绘	中国社会科学院考古研究所：《中国考古学·新石器时代卷》，中国社会科学出版社 2010 年版，第 286-289 页，图 4-28、29
第四章	图 4-7	余姚河姆渡遗址出土木器	改绘	中国社会科学院考古研究所：《中国考古学·新石器时代卷》，中国社会科学出版社 2010 年版，第 453 页，图 5-13
第四章	图 4-8，1	古代纺织品残件：吴兴钱山漾绢片	改绘	浙江省文物管理委员会：《吴兴钱山漾遗址第一、二次发掘报告》，《考古学报》1960 年第 2 期，图版十，8
第四章	图 4-8，2	古代纺织品残件：苏州草鞋山葛纤维纺织品	改绘	南京博物院：《江苏吴县草鞋山遗址》，《文物资料丛刊》三，文物出版社 1980 年版，第 4 页，图六
第四章	图 4-8，3	古代纺织品残件：长沙马王堆 1 号墓绒圈锦	改绘	赵丰、金琳：《纺织考古》，文物出版社 2007 年版，第 57 页，图一九
第四章	图 4-8，4	古代纺织品残件：且末扎滚鲁克墓葬白地挖花毛织物	改绘	赵丰、金琳：《纺织考古》，文物出版社 2007 年版，第 28 页，图七

章	图号	图名	引用方式	出处
第四章	图 4-9，1	先秦时期房址分类图：地穴式：宁夏海原菜园 LF2 平、剖面图	改绘	宁夏文物考古研究所、中国历史博物馆考古部：《宁夏菜园——新石器时代遗址、墓葬发掘报告》，科学出版社 2003 年版，第 145 页，图七五
第四章	图 4-9，2	先秦时期房址分类图：半地穴式：林西白音长汗二期乙类 AF52	改绘	内蒙古自治区文物考古研究所：《白音长汗——新石器时代遗址发掘报告（上下）》，科学出版社 2004 年，第 114 页，图九五
第四章	图 4-9，3	先秦时期房址分类图：地面式：邓州八里岗 F34 平、剖面图	改绘	北京大学考古实习队、河南省南阳市文物研究所：《河南邓州八里岗遗址发掘简报》，《文物》1998 年第 9 期 第 32 页，图二
第四章	图 4-9，4	先秦时期房址分类图：干栏式：余姚河姆渡干栏式建筑第 12 排排桩平、立面图	改绘	浙江省文物考古研究所：《河姆渡——新石器时代遗址考古发掘报告》，文物出版社 2003 年版，第 20 页，图八
第四章	图 4-10	安阳殷墟宫殿区礼仪建筑分布示意图	直接引用	杜金鹏：《殷墟宫殿区建筑基址研究》，科学出版社 2010 年版，第 424 页，图 12-5
第四章	图 4-11	平山中山王墓出土"兆域图"铜版摹本	直接引用	中国社会科学院考古研究所：《中国考古学·两周卷》，中国社会科学出版社 2004 年版，第 345 页，图 8-43
第四章	图 4-12	安阳殷墟武官村大墓平、剖面图	直接引用	中国社会科学院考古研究所：《中国考古学·夏商卷》，中国社会科学出版社 2003 年版，第 342 页，图 6-15
第四章	图 4-13	日本登吕遗址弥生文化水田遗迹分布示意图	直接引用	工乐善通：《水田の考古学》，东京大学出版会 1991 年版，第 7 页，图 6
第四章	图 4-14	大冶铜绿山 X1 号矿体冶炼遗址 9 号炼铜炉及辅助设施平面图	直接引用	黄石市博物馆：《铜绿山古矿冶遗址》，文物出版社 1999 年版，第 151 页，图八九-1

章	图号	图名	引用方式	出处
第四章	图 4-15	观台磁州窑 Y2 平、剖面图	直接引用	北京大学考古学系、河北省文物研究所、邯郸地区文物保管所：《观台磁州窑址》，文物出版社 1997 年版，第 26 页，图一一
第四章	图 4-16	汤阴白营遗址水井	直接引用	中国社会科学院考古研究所：《中国考古学·新石器时代卷》，中国社会科学出版社 2010 年版，第 553 页，图 6-18
第四章	图 4-17	人体骨骼示意图	直接引用	［英］夏洛特·罗伯茨、基恩·曼彻斯特：《疾病考古学》，张桦译，山东画报出版社 2010 年版，第 4 页
第四章	图 4-18	人体骨盆的两性差异示意图	直接引用	Tim D. White, Michael T. Black and Pieter A. Folkens, *Human Osteology*, Academic Press, 2012, p. 417, figure18. 26.
第四章	图 4-19	成年人耻骨联合面年龄变化示意图	直接引用	Tim D. White, Michael T. Black and Pieter A. Folkens, *Human Osteology*, Academic Press, 2012, pp. 396-397, figure18. 12.
第四章	图 4-20	锁骨骨折示意图	直接引用	Tim D. White, Michael T. Black and Pieter A. Folkens, *Human Osteology*, Academic Press, 2012, p. 433, figure19. 1.
第四章	图 4-21	猪的全身骨骼示意图	改绘	Simon J. M. Davis, *The Archaeology of Animals*, New Haven: Yale University Press, 1987, p54, figure2. 10.
第四章	图 4-22	骨骼表面的人工痕迹示意图（广西百色革新桥遗址）	拍摄	山东大学考古学系宋艳波拍摄自百色革新桥遗址出土遗物
第四章	图 4-23	浮选仪（左）和所获得的炭化稻米（右）	拍摄	山东大学考古学系靳桂云拍摄
第四章	图 4-24	植物印痕	拍摄	山东大学考古学系靳桂云拍摄自栖霞杨家圈遗址和即墨北阡遗址
第四章	图 4-25	稻叶（左）和稻壳（右）上的植硅体（山东胶州赵家庄遗址）	拍摄	山东大学考古学系靳桂云拍摄自胶州赵家庄遗址
第四章	图 4-26	禾本科植物花粉形态（山东胶州赵家庄遗址）	拍摄	山东大学考古学系靳桂云拍摄自胶州赵家庄遗址
第四章	图 4-27	沉积物结构示意图	拍摄	山东大学考古学系靳桂云拍摄

章	图号	图名	引用方式	出处
第四章	图4-28	长清月庄遗址土壤微形态特点	直接引用	Yijie Zhuang, Wenbo Bao and Charles French, "River Floodplain Aggradation History and Cultural Activities: Geoarchaeological Investigation at the Yuezhuang Site, Lower Yellow River, China," *Quaternary International*, vol. 315 (2013), p. 108, fig. 5.
第五章	图5-1	黄土记录的第四纪气候旋回示意图	直接引用	T. S. Liu and Z. L. Ding "Chinese Loess and the Paleomonsoon," *Annual Review of Earth and Planetary Science*, vol. 26 (1998), p. 117, figure. 4.
第五章	图5-2	湛江湖光岩玛珥湖孢粉曲线和其他气候记录对比图	直接引用	S. Y. Wang, H. Y. Lu, J. Q. Liu and Jörg. F. W. Negendank, "The Early Holocene Optimum Inferred from A High-resolution Pollen Record of Huguangyan Maar Lake in Southern China," *Chinese Science Bulletin*, vol. 52, no. 20 (2007) pp. 2834, figure 5.
第五章	图5-3	基于孢粉数据重建的欧洲西部距今9000年、6000年、3000年和现今主要植被类型对比图	直接引用	B. Huntley and I. C. Prentice, "Holocene Vegetation and Climates of Europe," in H. E. Wright, Jr. J. E. Kutzbach, T. Well III, W. R. Ruddiman, F. A. Street-Perrott and P. J. Bartlein, eds., *Global Climate Since the Last Glacial Maximum*, Minneapolis and London: University of Minnesota Press, 1993, p. 147, fig 7. 6.
第五章	图5-4	渤海西南岸全新世中期最大海侵范围与海岸线分布示意图	直接引用	王少青、孟广兰、韩有松:《渤海湾及莱州湾沿岸全新世中期的最大海侵范围与古岸线》,施雅风、王明星、张丕远、赵希涛等著:《中国气候与海面变化研究进展(二)》,海洋出版社1992年版,第67页
第五章	图5-5	河谷横剖面结构图	直接引用	杨景春、李有利:《地貌学原理》,北京大学出版社2001年版,第20页,图3-1
第五章	图5-6	河谷形态特征示意图	直接引用	杨景春、李有利:《地貌学原理》,北京大学出版社2001年版,第21页,图3-2
第五章	图5-7	许昌灵井遗址大型动物肋骨上的切割痕	直接引用	张双权、高星、张乐、李占扬:《灵井动物群的埋藏学分析及中国北方旧石器时代中期狩猎-屠宰遗址的首次记录》,《科学通报》,2011年第56卷第35期,图4
第五章	图5-8	旧石器时代晚期人类用火痕迹	直接引用	周振宇、关莹、王春雪、高星:《旧石器时代的火塘与古人类用火》,《人类学学报》2012年31卷第1期,图3
第五章	图5-9	西亚黎凡特地区前陶时期遗址分布及最早出现农业的"黎凡特走廊"	直接引用	Ofer Bar-Yosef:《农民与采集者的相互关系:来自西亚的认识》,王佳音译,北京大学考古文博学院编:《考古学研究》(九),文物出版社2012年版,第250页,图三

续表

章	图号	图名	引用方式	出处
第五章	图 5-10	中国稻作，粟作农业起源和初期发展阶段出土稻粟遗存遗址分布示意图	改绘	秦岭：《中国农业起源的植物考古研究与展望》，北京大学考古文博学院编：《考古学研究》（九），文物出版社 2012 年版，第 262 页图一，第 292 页图二
第五章	图 5-11	中国农业起源初期发展阶段出土猪骨遗址分布示意图	改绘	罗运兵：《中国古代猪类驯化、饲养与仪式性使用》，科学出版社 2012 年版，第 2—3 页插页，图 1-0-1
第五章	图 5-12	赤峰南台子遗址房址及其出土细石器的数量分布图	改绘	李新伟：《地理信息系统支持的兴隆洼文化手工业生产专业化研究》，《考古》2008 年第 6 期，第 60 页，图 1
第五章	图 5-13	安阳殷墟孝民屯晚商铸铜遗址平面布局示意图	改绘	殷墟孝民屯发掘队：《河南安阳市孝民屯商代房址 2003—2004 年发掘简报》，《考古》2007 年第 1 期，第 4 页，图 2
第五章	图 5-14	安阳殷墟晚商时期从事手工业专业化生产的族邑分布图	改绘	郑若葵：《殷墟"大邑商"族邑布局初探》，《中原文物》1995 年第 3 期，第 86 页，图 2
第五章	图 5-15	交换或贸易数量沿贸易路线递减模式示意图	直接引用	［美］罗伯特·沙雷尔、温迪·阿什莫尔：《考古学：发现我们的过去》（第三版），余西云等译，上海人民出版社 2009 年版，第 386 页，图 15.7
第五章	图 5-16	原料产地和目的地之间可能存在的交易行为示意图（箭头表示交易方向）	直接引用	［美］罗伯特·沙雷尔、温迪·阿什莫尔：《考古学：发现我们的过去》（第三版），余西云等译，上海人民出版社 2009 年版，第 382 页，图 15.2
第五章	图 5-17	英国南部新石器时代石斧趋势面分布图	改绘	［英］科林·伦福儒、保罗·巴恩：《考古学：理论、方法与实践》（第六版），陈淳译，上海古籍出版社 2015 年版，第 350 页
第五章	图 5-18	西亚地区新石器时代早期的黑曜石贸易地图	改绘	［英］科林·伦福儒、保罗·巴恩：《考古学：理论、方法与实践》（第六版），陈淳译，上海古籍出版社 2015 年版，第 349 页

续表

章	图号	图名	引用方式	出处
第五章	图 5-19	尤卡坦半岛玛雅文化的黑曜石贸易地图	改绘	[美] 罗伯特·沙雷尔、温迪·阿什莫尔:《考古学:发现我们的过去》(第三版),余西云等译,上海人民出版社 2009 年版,第 367 页,图 14.3
第六章	图 6-1	维鲁河谷:前殖民时期聚落分布图	直接引用	Scarre Christopher and Warwick Bray, *Past Worlds: Atlas of Archaeology*, Ann Arbor, Michigan: Borders Press, 2003, pp. 32—33
第六章	图 6-2	西安半坡遗址发掘现场	直接引用	中国科学院考古研究所、陕西省西安半坡博物馆:《西安半坡——原始氏族公社聚落遗址》,文物出版社 1963 年版,图版叁(Ⅲ)
第六章	图 6-3	郑州大河村仰韶文化 F1—F4 平、剖面图	改绘	郑州市文物考古研究所:《郑州大河村》,文物出版社 2001 年版,第 168 页,图九二
第六章	图 6-4	临潼姜寨仰韶文化早期聚落遗址平面图	改绘	西安半坡博物馆、陕西省考古研究所、临潼县博物馆:《姜寨——新石器时代遗址发掘报告》(上),文物出版社 1988 年版,图六
第六章	图 6-5	偃师二里头遗址平面布局图	改绘	许宏、陈国梁、赵海涛:《二里头遗址聚落形态的初步考察》,《考古》2004 年第 11 期,第 24 页,图一
第六章	图 6-6	临潼姜寨仰韶文化早期聚落复原图	直接引用	西安半坡博物馆、陕西省考古研究所、临潼县博物馆:《姜寨——新石器时代遗址发掘报告》(下),彩版图片
第六章	图 6-7	安徽蒙城尉迟寺大汶口文化聚落遗址平面图	直接引用	中国社会科学院考古研究所、安徽省蒙城县文化局:《蒙城尉迟寺》第二部,科学出版社 2007 年版,图 2
第六章	图 6-8	陕西华县元君庙遗址仰韶文化墓地平面图	改绘	北京大学历史系考古教研室:《元君庙仰韶墓地》,文物出版社 1983 年版,第 15 页,图六
第六章	图 6-9	良渚古城和外围的大型水坝遗迹平面图	直接引用	浙江省文物考古研究所王宁远提供
第六章	图 6-10	陶寺龙山时代城址平面图	直接引用	中国社会科学院考古研究所、临汾市旅游发展委员会:《中国陶寺遗址出土文物集粹》,天津古籍出版社 2018 年版
第六章	图 6-11	鲁东南区域调查发现的龙山、周代和秦汉遗址分布图	直接引用	中美日照地区联合考古队:《鲁东南沿海地区系统考古调查报告》,文物出版社 2012 年版,第 300 页,图一四五;第 315 页,图一四九;第 323 页,图一五二

章	图号	图名	引用方式	出处
第六章	图 6-12	赤峰调查区域各时代陶片分布和人口关系对比图	改绘	赤峰中美联合考古项目：《内蒙古东部（赤峰）区域考古调查阶段性报告》，科学出版社 2003 年版，第 198、199 页，图 4.6、4.7
第六章	图 6-13	兖州王因大汶口文化晚期墓地的内部结构示意图	直接引用	王芬：《王因墓地分析》，《考古学报》2006 年第 1 期，第 10 页，图六
第六章	图 6-14	安阳殷墟侯家庄西北冈王陵坑位布局示意图	改绘	徐苹芳等：《中国文明的形成》，新世界出版社 2004 年版，第 187 页，图 6-27
第六章	图 6-15	非洲南部桑人狩猎采集的营地（大约摄于 1927 年）	直接引用	［英］科林·伦福儒、保罗·巴恩：《考古学：理论、方法与实践》，中国社会科学院考古研究所译，上海古籍出版社 2015 年版，第 193 页
第六章	图 6-16	山东长岛北庄大汶口文化早期房址平面分布图	改绘	张江凯：《北庄类型前期的房屋建筑与聚落结构》，宿白主编：《苏秉琦与当代中国考古学》，科学出版社 2001 年版，第 257 页，图六
第七章	图 7-1	欧洲旧石器时代晚期的"维纳斯"雕像	直接引用	［美］罗伯特·沙雷尔、温迪·阿什莫尔：《考古学：发现我们的过去》（第三版），余西云等译，上海人民出版社 2009 年版，413 页，图 16.3
第七章	图 7-2	甘肃永靖炳灵寺大佛	拍摄	西北大学文化遗产学院钱耀鹏拍摄
第七章	图 7-3	两河流域楔形文字的演化	直接引用	［英］科林·伦福儒、保罗·巴恩：《考古学：理论、方法与实践》（第六版），陈淳译，上海古籍出版社 2015 年版，第 373 页
第七章	图 7-4	西安半坡出土彩陶鱼纹盆	直接引用	中国科学院考古研究所、陕西省西安半坡博物馆：《西安半坡》，文物出版社 1963 年版，彩色图版壹·1
第七章	图 7-5	河南汝州阎村遗址陶缸上的"鹳鱼石斧图"	直接引用	严文明：《仰韶文化研究》，文物出版社 2009 年版，图版一二
第七章	图 7-6	玛雅文化中的神官和文字	直接引用	下中邦彦编集：《世界考古学大事典·上》，平凡社 1979 年版，第 1057 页，插图

章	图号	图名	引用方式	出处
第七章	图7-7	舞阳贾湖M344出土龟甲刻符	直接引用	河南省文物考古研究所：《舞阳贾湖》，科学出版社1999年版，彩版四七·2
第七章	图7-8	山东邹平丁公龙山城址出土陶文拓片与摹本	直接引用	山东大学历史系考古专业：《山东邹平丁公遗址第四、五次发掘简报》，《考古》1993年第4期，第296页，图三
第七章	图7-9	陕西吴堡后寨子峁遗址附近的现代窑洞	拍摄	西北大学文化遗产学院钱耀鹏拍摄
第七章	图7-10	湖北随州曾侯乙墓随葬的青铜编钟	直接引用	湖北省博物馆：《曾侯乙墓：战国早期的礼乐文明》，文物出版社2007年版，第62—63页，照片
第七章	图7-11	浙江余杭瑶山良渚文化祭坛和贵族墓葬平面图	改绘	浙江省文物考古研究所：《瑶山》，文物出版社2003年版，第6页，图四
第七章	图7-12	辽宁建平牛河梁红山文化"女神庙"遗址及出土女神头像	直接引用	朝阳市文化局、辽宁省文物考古研究所：《牛河梁遗址》，学苑出版社2004年版，第12页图6、第19页图16
第八章	图8-1	西安汉长安城遗址保护总体规划图	直接引用	西北大学文化遗产保护规划中心：《汉长安城遗址保护总体规划》，2009年
第八章	图8-2	比萨大教堂和比萨斜塔	拍摄	重庆中国三峡博物馆王川平拍摄
第八章	图8-3	埃及吉萨金字塔	拍摄	山东大学考古学系栾丰实拍摄
第八章	图8-4	日本吉野里考古遗址公园复原的弥生时代村落	拍摄	山东大学考古学系栾丰实拍摄
第八章	图8-5	日照两城镇中小学生参观考古发掘工地	拍摄	美国耶鲁大学人类学系文德安拍摄

后　记

　　《考古学概论》是马克思主义理论研究和建设工程重点教材，是在教育部实施马克思主义理论研究和建设工程领导小组领导下组织编写的。在编写过程中，得到了教育部马克思主义理论研究和建设工程重点教材审议委员会的指导，得到了中宣部、中央党校、中央编译局、求是杂志社、中国社会科学院等有关部门和有关专家学者的支持。同时，广泛听取了高校教师和学生的意见建议。

　　本教材由首席专家栾丰实主持编写，钱耀鹏、方辉任副主编。导论，栾丰实撰写；第一章第一节，陈雪香撰写，第二节，栾丰实撰写；第二章第一、第二、第四节，王青撰写，第三节，陈洪海撰写；第三章，王芬撰写；第四章第一、第二节，陈淑卿撰写，第三节，宋艳波、靳桂云撰写；第五章第一、第二节，靳桂云撰写，第三节，王青撰写；第六章第一节，栾丰实、方辉撰写，第二节，栾丰实撰写；第七章，钱耀鹏撰写；第八章第一节，刘军民撰写，第二节，陈雪香撰写。赵宾福、赵辉、霍巍等参加了学科专家审议并提出了修改意见。顾海良作了出版前的审读。

2014 年 12 月 29 日

第二版后记

定期修订马克思主义理论研究和建设工程重点教材是保证其编写质量的重要途径。党的十九大胜利召开后，为推动习近平新时代中国特色社会主义思想进教材、进课堂、进头脑，深入贯彻落实党的十九大和十九届二中、三中全会精神，教育部统一组织对已出版教材进行了全面修订。本书经国家教材委员会高校哲学社会科学（马工程）专家委员会审核通过。

栾丰实主持了本次教材修订工作，钱耀鹏、方辉、王芬、王青、刘军民、宋艳波、陈洪海、陈雪香、陈淑卿、靳桂云参加了具体的修订工作。

2018 年 6 月

郑重声明

高等教育出版社依法对本书享有专有出版权。任何未经许可的复制、销售行为均违反《中华人民共和国著作权法》，其行为人将承担相应的民事责任和行政责任；构成犯罪的，将被依法追究刑事责任。为了维护市场秩序，保护读者的合法权益，避免读者误用盗版书造成不良后果，我社将配合行政执法部门和司法机关对违法犯罪的单位和个人进行严厉打击。社会各界人士如发现上述侵权行为，希望及时举报，我社将奖励举报有功人员。

反盗版举报电话　　（010）58581999　58582371

反盗版举报邮箱　　dd@hep.com.cn

通信地址　北京市西城区德外大街4号

　　　　　高等教育出版社法律事务部

邮政编码　100120

教学支持服务说明

本书有配套教学课件,供教师免费下载使用,请访问 xuanshu.hep. com.cn,经注册认证后,搜索书名进入具体图书页面,即可下载。